MARINA RAMOS THEMUDO

ÉTICA E SENTIDO

ENSAIO DE REINTERPRETAÇÃO DO *TRACTATUS LOGICO-PHILOSOPHICUS* DE
LUDWIG WITTGENSTEIN

LIVRARIA ALMEDINA
Coimbra — 1989

Dissertação de Doutoramento em Filosofia apresentada à Faculdade de Letras da Universidade de Coimbra

Este trabalho foi subsidiado pelo Instituto Nacional de Investigação Científica

À memória de meu Pai

À Mãe

À minha família

"ALMA MATER"

- *Ao Professor Doutor Miguel Baptista Pereira, da Faculdade de Letras da Universidade de Coimbra*
- *A Monsieur Le Professeur Jean Ladrière, de L'Institut Supérieur de Philosophie de L'Université Catholique de Louvain-la-Neuve*

   que superiormente inspiraram, orientaram e corrigiram este trabalho
- *A todos aqueles que me iniciaram na "palavra", através da pedagogia do diálogo ou da escrita*
- *À Professora Doutora Maria de Fátima Sousa e Silva e à Dra. Ana Maria Delgado, pela disponibilidade com que se dispuseram a rever o original deste texto*
- *A todos aqueles que, de algum modo, contribuíram ou tornaram possível este trabalho*
- *Aos colegas e, muito particularmente, ao Dr. João Maria André pelo seu apoio incondicional, inteligente e amigo*
- *Aos alunos*

"Hoje, interrompemos a alma com palavras;
as palavras pesam como se fossem inexplicáveis dias de chuva"

(Victor de Matos e Sá)

Todas as palavras guardam seu segredo.

Esfingicamente sorriem, aliciando-nos - do interior - para a aventura do seu desvelamento.

Radiosa, recortando-se na intensidade do lúmen desse sorriso, Beatriz estende-nos, generosamente, sua mão translúcida e convida-nos a caminhar.

Conduzidos por ela, peregrinamos, esclarecidos, nos imprevisíveis corredores das secretas moradas.

Até que - súbito! - no último limiar, lassa a sua mão nos desprende e, abandonados, vagueamos, perseguindo a réstea de luz a esvair-se no progressivo afastamento da sua etérea figura.

Erguem-se, desta ausência, as longas horas.

Espaços de surpresa e desencanto, incomparáveis momentos de entusiasmo e fervor, entrelaçam-se na abissal geometria da sua construção.

Mortais, estas moradas habitamos, esperando, sem promessa, o definitivo regresso de Beatriz.

Eternamente aliciados, sem descanso repetimos nossa peregrinação circular...

...e assim, segregando a teia, em crisálidas nos vamos metamorfoseando, pressentindo, no estremecer da mudança, o voo, no éter, da borboleta que não seremos.

As palavras, com que Vos falo, conhecem as moradas das longas horas. Têm, justamente, o seu peso, a sua medida, o seu limite. Procuram a luz e a altura, no limiar da obscuridade em que se aprisionam. Como fios, desvanecer-se-ão na teia que o Tempo - tecelão imparável! - vai tecendo, lentamente preparando o véu de Beatriz.
Neste intervalo breve da presença, as palavras fremem acrisoladas, na tentativa do voo que Vos procura.

Dizer-Vos é tocar, em seu corpo de carne, os veios profundos que o percorrem.
Inominados, assim, permaneceis além da memória - linfa e seiva, brotando inesgotável da furtiva mão de Beatriz. Sois Palavra nas palavras com que Vos falo, Vós os que Vos dizeis nas palavras em que digo. Rastros de escuridão e luz, abristes e fazeis o caminho do corpo-palavra em que me ergo - rosto abscôndito de uma história esfingicamente guardando o seu sentido.

Credores da nossa gratidão são também a Comissão Científica do Grupo de Filosofia, os Conselhos Directivo e Científico da Faculdade de Letras da Universidade de Coimbra, pelas facilidades concedidas nas nossas deslocações a Louvain-la-Neuve, na Bélgica, em viagens de estudo e obtenção de bibliografia.

Uma palavra especial de agradecimento ao Instituto Nacional de Investigação Científica pela concessão de bolsas que viabilizaram financeiramente viagens e estadias, tornando assim possível este trabalho.

LUDWIG JOSEF JOHANN WITTGENSTEIN
(1889-1951)

"On Friday, April 27th, he took a walk in the afternoon. That night he fell violently ill. He remained conscious and when informed by the doctor that he could live only a few days, he exclaimed: 'Good!'. Before losing consciousness he said to Mrs. Bevan (who was with him throughout the night):'Tell them I've had a wonderful life!'."

(N. MALCOLM, *Ludwig Wittgenstein. A Memoir*, 81)

INTRODUÇÃO

"Como se começa a pensar? Por questões que nos pomos a nós mesmos a partir de nós mesmos, na sequência de acontecimentos originais? Ou por pensamentos e obras com os quais começamos por entrar em contacto?" - perguntou, um dia, em entrevista publicada numa obra conhecida[1], Philippe Nemo ao filósofo contemporâneo Emmanuel Levinas.

A questão de Philippe Nemo profundamente pertinente, atendendo à *história* pessoal do entrevistado - duplamente marcada, sob o ponto de vista existencial e literário, pelo acontecimento do Holocausto e pela pedagogia bíblica - ultrapassa, não obstante, em alcance, o limite do aspecto circunstancial determinante e visa qualquer caminho de reflexão, seja qual for a extensão percorrida e o valor dos efeitos do percurso.

Um caminho de reflexão é, de um modo geral, uma viagem à volta de uma questão. Temos, pois, a ideia de que, tal como tudo o que é temporal, teve um início no tempo; e, tal como tudo o que é humano, aconteceu a partir de uma motivação. Somos, assim, tentados a encontrar a *substancialidade* deste *a partir de* na estrutura quadridimensional (cronotopológica) do acto em que - detendo-nos - arrancamos, deslocando-nos ao longo da questão.

Pode-se, sem dúvida, *a posteriori*, pontuar o tempo, utilizando a sinalização da escrita, colhida na aprendizagem das regras gramaticais.

Os sinais têm as suas regras de uso.

Mas quem escreve, inscreve, apenas, - no espaço de flexibilidade permitido por essa generalidade formal - a margem de liberdade da sua escrita: a manipulação de um domínio que não domina, ou seja, a sua espacio-tempo-literalidade.

A pontuação tem, pois, a sua perversidade, a sua errância própria.

Estamos, por conseguinte, sempre dentro do gesto infractor, mesmo se e sobretudo se esse gesto é um *gesto de pensamento*.

O que o atravessa e se atravessa através dele, é inominado. Não permite

---

[1] E. LEVINAS, *Éthique et Infini. Dialogues avec Philippe Nemo*, Paris, 1982, 15: "Comment commence-t-on à penser? Par des questions qu'on se pose à soi-même et de soi-même, à la suite d'événements originels? Ou par les pensées et les oeuvres avec lesquelles on entre d'abord en contact?"

sequer a designação ostensiva do *isto*. A sua presença - produto, efeito, traço - é captável, apenas, na manifestabilidade que lhe é própria, ao nível do que, com Nietzsche e Heidegger, se pode designar como *disposição* (*Stimmung*) - um certo *clima* de pensamento - a partir do qual se realiza o trabalho filosófico[2].

O que se deixa dizer por essas expressões não se situa no âmbito delimitado pelos fenómenos de natureza psicológica.

Disposição e clima de pensamento não remetem para o humor particular de um pensamento individual - mesmo que as questões, que tece e de que se entretece, sejam as mais urgentes e as mais prioritariamente interessantes para a subjectividade.

O que, por esse modo, se assinala, refere-se, propriamente, a algo que tem antes a ver com uma certa configuração epocal do pensável[3] e que transcende o gesto de decisão do pensador, por mais genial que ele seja. Este, ao contrário, emerge para a questão do interior labiríntico de uma intriga que o provoca, inventando Ariadne, na construção de cada resposta.

A nossa questão é, pois, uma questão epocal. Onde começa ela? Poder-se-ia responder, como Levinas responde a Philippe Nemo, acentuando a "referência 'ontológica' do humano ao livro" (modalidade do nosso ser) e religando, em sua última pertença, dois níveis diferenciados da experiência do pensamento questionante: o originário do vivido, não explicitamente verbalizado; e o da emergência da sua corporalização verbal explícita, no acto de leitura de textos, não necessariamente filosóficos[4].

Teríamos feito uma pontuação: delineáramos uma trajectória, uma história individual. De-lineáramos uma trajectória.

Todo o *logos* se apoia numa sintaxe e esta numa *pontuação*. Quem pontua, opera, separando, dividindo, articulando a temporalidade própria do *logos*.

Todo o *logos* é, assim, epocal. Epocal não só porque pertence à época, mas epocal porque faz *epoche*. Desta *epoche* fala, ainda que silenciosamente, o discurso da dualidade do vivido e do escrito, da experiência e do texto. Onde o lugar da relação entre o interior e o exterior? Do texto e da experiência. Dos textos e das experiências.

---

[2] Cf. J. GREISCH, *Herméneutique et Grammatologie*, Paris, 1977, 148.
[3] Cf. IDEM, *ibidem*.
[4] Cf. E. LEVINAS, *op. cit.*, 15-16.

A nossa questão é epocal. É-o nesse duplo sentido. Nos duplos sentidos. Ela pertence à época por esta *configuração global do pensável*, que da filosofia faz questão - pondo-a em questão -, questionando-a a partir de um espaço teoreticamente a definir. (A serpente morde a sua própria cauda?)

Neste horizonte do pensamento filosófico auto-questionante — delimitado pelo feixe de linhas de pensamento, movendo-se sinuosamente a partir das direcções mais opostas e diversificadas — recorta-se a questão das questões, implicada e implicante, posta, mas sempre pressuposta, última mas primeira, do *para quê* do *porquê*: aquela que designamos genérica e tradicionalmente por Ética.

A *vontade de poder* operou, como Nietzsche nos ensina, na interioridade do(s) texto(s) metafísico(s). Jamais estes foram produção espiritual pura, acto contemplativo desinteressado, intenção inócua do saber.

A relação saber/poder não é questionável, apenas, a partir da modernidade. Ela é arqueologicamente metafísica. Metafisicamente epocal.

Reescrevendo várias escritas que nos estão próximas, Fougeyrollas traça a história da nossa experiência mais recente: "considerada como a procura de certo saber e de certo poder, a actividade filosófica foi, de malogro em malogro, de sua cintilação helénica ao cientismo e ao tecnicismo contemporâneos, que respondem do exterior ao niilismo, do qual dá testemunho no interior de si mesma"[5]. Interior e exterior: duas pontuações - só. Da relação entre ambos se pode falar de correspondência, derivação, interacção. Cada uma destas noções diz essa mesmidade diferenciada, sem poder fixar nem ordens nem prioridades unilaterais. Os planos interpenetram-se e a geometria deste espaço reclama-se do fluido e movediço: os lugares sucedem e alternam-se em sucessões e alternâncias refractárias à rigidez da regra, que pressupõe a permanência na alteridade.

É do pleno do movimento reflexo e rotativo desta interioridade/exterioridade que a questão emerge e insta na sua urgência. Ou seja, é da interioridade/exterioridade do poder niilizante do saber técnico-científico, cuja dominância e domínio invadem já os espaços inter-relacionais do *ser-no--mundo,* que colhe o seu sentido o questionarmos o em-si da Questão (Filosófica e Ética), num tempo-espaço destinado à experiência do seu

---

[5] P. FOUGEYROLLAS, *A Filosofia em Questão*, trad. de Roland Corbisier, Rio de Janeiro, 1967, 67.

esquecimento ou do seu sem-sentido. Ao questionarmos a Questão, questionamos o saber/poder que a move e atravessa: o Saber e o Poder, metafisicamente distinguindo.

Os caminhos do pensamento não são caminhos solitários. Ao longo deles, reencontram-se os guias (invisivelmente eles nos guiavam já). Difícil falar-se, aqui, de escolhas ou preferências. É sobre um caminho de pensamento que eles se tornam guias. Eles abriram o espaço da questão em cuja clareira nos movemos. E é aí, precisamente, que os encontramos. Nós, os que pertencemos já à história do seu texto.

O *Tractatus Logico-Philosophicus* de Ludwig Wittgenstein não foi, pois, propriamente o objecto de uma escolha. A apropriação e a reclamação do texto de Wittgenstein pelo Empirismo Lógico colocou-o no caminho do nosso questionamento como o *inquietante* que é necessário questionar. Assim ele se tornou guia.

A experiência da leitura desse texto e do que acerca do mesmo se escrevera - no enquadramento dos testemunhos vivos e dos depoimentos do próprio autor - reconduziu-nos ao desejo de percorrer os caminhos da escrita, onde ele se esboçava projectivamente, na suspeita da possibilidade de um outro desvelamento que, de antemão, nos desafiava já.

A produtividade deste percurso foi-se afirmando progressivamente, ao longo da detecção dos sucessivos deslocamentos e remissões, que nele operavam, no processo da instauração da fractura de sentido, onde definitiva e intencionalmente o dizer do texto se instalava. O patenteado nesta escrita era o "nonsense" da sua auto-negação; o repto proposto ao intérprete, o torná-lo falante tanto quanto possível, ao explicitar, em novo discurso, a sua significação: o que ela *quer dizer* - o seu sentido; e aquilo para que nos remete - a experiência referencial a que aponta.

A especificidade do texto em questão obrigava - pela *intenção significante* que se nos manifestava - a pôr em acção uma estratégia múltipla de *tecnologias de interpretação* que, em nosso parecer, poderiam melhor dar conta da sua *significância*, entendida esta como o "processo imanente no e pelo qual não cessa de se produzir a sua significação"[6].

A diversidade das abordagens utilizadas - genética, semiótica, analítica - mostraram-se fecundas, articuláveis e não incompatíveis, na prossecução

---

[6] J. LADRIÈRE, "Avant-propos", in: A.-L. DESCAMPS et al., *Genèse et Structure d'un Texte du Nouveau Testament. Étude Interdisciplinaire du Chapitre 11 de l'Évangile de Jean*, Paris/Louvain-la Neuve, 1981, 8.

desse objectivo. Certamente que a compatibilidade das várias metodologias só foi possível pela renúncia aos *imperialismos disciplinares*, na recusa a instituir os seus pressupostos em dogmas ontológicos, condição exigida, como defende Jean François Malherbe, a todo o trabalho interdisciplinar[7].

As abordagens diacrónica e sincrónica operaram conjuntamente, completando-se de modo tal, que é possível considerar o trabalho, no seu todo, como a análise de um *corpus* transtextual - uma totalidade significante mais ampla (constituída por três textos: *Resumo do Evangelho* de L. Tolstoï, *Tagebücher 1914-1916* e *Tractatus Logico-Philosophicus* de L. Wittgenstein[8]) - no interior do qual uma mesma *estrutura lógica* (definida pelo movimento dialéctico da vontade, em vista à sua conversão beatificante) se dissemina.

O texto produzido, de natureza monográfica, deverá também ser entendido como um modo de *reflexão concreta* de que fala Ricoeur. Pois foi na "direcção", aberta pela análise transtextual, que caminhámos, percorrendo veredas da questão que nos questionava. No gesto hermenêutico realizado, a apropriação da *intenção do texto* esclareceu-nos sobre o pensamento que aí está em acto, e permitiu-nos aprofundar a compreensão quer do espaço, onde irresistível germina o élan que nos move para a questão do Sentido (cristalizando em sistemas que, simultaneamente, lhe dão resposta e a traem), quer da *topologia* da fractura, onde se joga a indizibilidade do seu não-dito (não só do texto wittgensteiniano, mas também daqueles em que contemporaneamente nos inscrevemos).

Finalmente, essa *apropriação* aponta para um caminho de *saggezza possível* - a serenidade - num tempo que urge ser questionado, pela indecisão de horizontes fortemente atractivos que dirijam a nossa caminhada histórica, neste dobrar do século em que experienciamos, paradoxalmente, o diminuir progressivo do nosso poder de decisão e o aumentar, proporcional, da nossa responsabilidade.

---

[7] J.-F. MALHERBE, "Genèse et/ou structure? À propos de l'articulabilité des approches historico-critique et structurale", *ibidem*, 157.

[8] Limitámo-nos, neste trabalho, a abordar os textos de Wittgenstein acima indicados. Subjacente operou a ideia de que eles constituíam um momento bem definido e muito particular da produção teórica do seu autor. A escrita em que os redizemos apela possivelmente para uma outra: o exercício intelectual posterior, materializado no que hoje convencionalmente se designa por segundo Wittgenstein, encerra ainda um campo de estudo promissor.

I PARTE

DA GÉNESE DO *TRACTATUS LOGICO-PHILOSOPHICUS*

DE

LUDWIG WITTGENSTEIN

"Quid statis? Nolint. Atqui licet esse beatis".

Horácio, Sátiras, I, 1, 19.

CAPÍTULO I

UM "DIÁRIO DE GUERRA". ONDE, A GUERRA?

Wittgenstein redigiu, entre 22 de Agosto de 1914 e 10 de Janeiro de 1917, os textos hoje conhecidos sob o título de *Tagebücher 1914-1916* [1].

Como diz Gilles Granger [2], são uma espécie de *diário filosófico*, facto que, em si, não é inédito na história do pensamento [3].

Mas o surpreendente, o estranho, o quase escandaloso, para não dizer insólito, deste diário, é o específico da circunstância em que tomou forma, o espaço e o tempo de onde emergiu, o mais propício a frustrar a nossa expectativa de uma obra desta natureza.

---

[1] L. WITTGENSTEIN, *Tagebücher 1914-1916*, in: *Schriften 1*, Frankfurt am Main, ⁴1980.
Seguiremos esta edição de *Schriften 1*, e citá-la-emos, usando a abreviatura *Tagebücher*, seguida da data do registo. Para outras traduções desta obra, utilizadas como confronto na elaboração do presente trabalho cf. bibliografia final.
Sobre os *Tagebücher* poderá ler-se:
R. J. BERNSTEIN, "Notice of *Notebooks*", *Review of Metaphysics*, 15 (1961), 197; I. DAVIE, "Review of *Notebooks*, Anscombe, and Stenius", *Tablet*, 215 (May 6, 1961), 440; G. WEILER, "Review of *Notebooks*", *Philosophical Books*, 2 (1961),16-18; não assinado, "The essential nature of propositions", *Times Literary Supplement*, 60 (August 11, 1961), 528; R. D. PREUS, "Review of *Notebooks*", *Concordia Theological Monthly*, 33 (1962), 120; E. RIVERSO, "Review of *Notebooks*", *Rassegna di Scienze Filosofiche*, 15 (1962), 252; I. M. COPI, "Review of *Notebooks*", *The Journal of Philosophy*, 60 (1963), 764-768; M. BLACK, "Critical notice of *Notebooks*", *Mind*, 73 (1964), 132-141; M. TRINCHERO, "Review of *Notebooks*", *Rivista di Filosofia*, 55 (1964), 495-497; P. WIENPAHL, "Wittgenstein's *Notebooks 1914-1916*", *Inquiry*, 12 (1969), 287-316; J. BOUVERESSE, "La voie et le moyen", *Critique*, 28 (1972), 444--459; J. H. ROBINSON, "Seeing the world aright: a study of Wittgenstein's pretractarian *Notebooks*", *Dissertation Abstracts*, 36 (1975),1585 A.
Sobre o espólio literário de Wittgenstein cf. G. H. von WRIGHT, "The Wittgenstein papers", in: *Wittgenstein*, Oxford, 1982, 35-62. Esta é uma versão corrigida e aumentada do texto inicialmente publicado em *The Philosophical Review*, 78 (1969), 483--503.

[2] Cf. G. G. GRANGER, "Introduction", in: L. WITTGENSTEIN, *Carnets 1914-1916*, trad. par G. G. Granger, Paris, 1971, 8.

[3] Para citar um exemplo: os *Philosophical Commentaries*, de G. Berkeley (in: *The Works of George Berkeley Bishop of Cloyne*, I, ed. by A. A. Luce and T. E. Jessop, Edinburg, 1948-1957). Há similaridades notáveis entre estas duas obras.

É que este diário acompanhou o seu autor na peregrinação dolorosa pelas várias frentes de combate, por onde o foi arrastando o destino do exército austríaco, no qual voluntariamente se alistara, durante a Grande Guerra de 1914 a 1918[4]. Aí, precisamente, nesse espaço e nesse tempo, definido pelo risco e pela morte, tinto de sangue, pleno de horrores — macabro desfile do irracional em explosão — cumprem-se, dia a dia, estes cadernos, gerados numa outra tensão, entretecendo um outro drama, em clareira que intencionalmente se rasgou, como possível acto de decisão, num cenário saturado de predeterminações aparentemente irrecusáveis.

Todavia, eles emergem como a afirmação da possibilidade de uma recusa, decididamente impenetráveis à filtragem do acontecimento. A circunstância, com toda a densidade de tragédia que a constituía, impropriamente se diria ser a outra margem, a fronteira deste diário de guerra. Ela é, surpreendentemente, a realidade que lhe parece ser desconhecida — não o seu "alter", mas a irrealidade da sua realidade[5].

O único combate, que se presentifica nos *Tagebücher,* é o das ideias. Combates que se travam, preferentemente, no isolamento dos gabinetes e na tranquilidade do ócio, condição esta primeira do acto de filosofar.

Estes cadernos de 1914-16 são, sem dúvida, um esplêndido campo de batalha, onde as ideias se jogam e se enfrentam, conquistam e perdem

---

[4] Cf. G. H. von WRIGHT, "A biographical sketch", in: N. MALCOLM, *Ludwig Wittgenstein. A Memoir*, Oxford/New York, ²1984, 8.
A resenha biográfica de G. H. von Wright apareceu, pela primeira vez, na Suécia, em 1954, no anuário da Sociedade Filosófica da Finlândia. No ano seguinte é publicada em *The Philosophical Review*, LXIV (1955) 527-545. Integra, em 1958, a primeira edição da obra de Malcolm e, em 1967, a 2ª edição da mesma, com algumas modificações e correcções. É incluída na colectânea: K. T. FANN (ed.), *Ludwig Wittgenstein: The Man and his Philosophy*, New Jersey/Sussex, 1978, 13-29. Outras alterações lhe foram introduzidas pelo autor, quando a inseriu entre os ensaios da sua obra: *Wittgenstein*, 13-34.

[5] Wittgenstein não deixou de registar os episódios da sua vida militar, ao tempo em que redigia os *Tagebücher*, muito embora o fizesse em escrita cifrada. Este outro diário foi publicado por W. BAUM, sob o título de "Ludwig Wittgenstein, geheime Tagebücher" na revista *Saber* de Barcelona (1985, nº5-6) (Cf. J. ALFARO, S. I., "Ludwig Wittgenstein ante la cuestión del sentido de la vida", *Gregorianum*, 674 (1986), 706 n. 30). Em nossa opnião, a existência deste texto não invalida o que afirmamos em relação aos *Tagebücher*. É ao nível da reflexão filosófica que nos supreende a omissão de um questionamento sobre o fenómeno da guerra e as suas implicações existenciais.

posições — reflexo da mobilidade especulativa de um espírito profundamente dialéctico[6], permanentemente insatisfeito, ensaiando e testando, no movimento das posições opostas, o valor e o desvalor das teses enunciadas. Combate árduo e sem tréguas, marcado por alguns momentos de desânimo, logo superados por uma persistência que se obstina firme em manter-se no caminho da dificuldade, como o único possível, mesmo sem regresso, uma vez a viagem iniciada.

Este espectacular combate, que se expõe e se oculta, simultaneamente, no hermetismo de um estilo quase sibilino, mostra, na exibição permitida, o processo fecundante da génese do *Tractatus* [7].

A reflexão debate-se, aí, na quase totalidade do texto, com as mais difíceis questões da lógica matemática, sempre no respeito do mais rigoroso tecnicismo, numa indagação exaustiva da necessidade que lhe é própria, uma vez considerada insatisfatória a solução que Russell lhe dera[8].

As cartas de Wittgenstein, escritas ao seu mestre e amigo de Cambridge, no período que vai de 1912 a 1920, testemunham e completam esta preocupação[9].

Com efeito, o distanciamento dos *Tagebücher*, em relação à circunstância na qual foram redigidos, pode-se traduzir conceptualmente por *nadização*.

Aparentemente, a história foi anulada por um puro acto de mágica intelectual, como se, Constantinopla conquistada, se continuasse a discutir o sexo dos anjos.

Mas o insólito do diário dificilmente se pode espelhar no insólito da anedota histórica, justificativa de Aristófanes, quando, por malícia, destinou às nuvens o *habitat* do filósofo.

---

[6] Cf. A. W. LEVI, "Wittgenstein as dialectician", in: K. T. FANN (ed.), *Ludwig Wittgenstein: The Man and his Philosophy*, 366-379.

[7] D. PEARS, *Wittgenstein*, Glasgow, [7]1981, 56: "The *Tractatus* is brief, enigmatic, and therefore apparently confident, but when the same topics are discussed in the *Notebooks*, the treatment is more extended, and brings in conflicting arguments, and it is sometimes tormented by doubts. So when a comparison between the two books is possible it throws a lot of light on the *Tractatus*".

[8] Cf. IDEM, *ibidem*, 46. Cf. I. GRATTAN-GUINNESS, "On Russell's logicism and its influence 1910-1930", in: H. BERGHEL, A. HÜBNER, E. KÖHLER (Hrsg.), *Wittgenstein der Wiener Kraus und der Kritische Rationalismus, Akten des 3. Internationalen Wittgenstein Symposiums, 13. bis 19. August 1978, Kirchberg am Wechsel (Österreich)*, Wien, 1979, 275-279.

[9] Cf. Ludwig WITTGENSTEIN, *Letters to Russell, Keynes and Moore*, Oxford, 1974.

Wittgenstein é o homem comprometido. Alista-se como voluntário no exército austríaco. Toma parte nos acontecimentos, vive-os com intensidade e deixa-se implicar por eles[10]. Não lhe podemos imputar, pois, nem o cinismo da indiferença, nem a loucura do alheamento.

Daí a natureza específica, problemática, quase apelativa, deste insólito. Sentimo-lo como se ele também nos implicasse, colocando-nos na charneira do não-senso e da inteligibilidade, que tem de ser procurada a um outro nível do sentido, para além da evidência do imediato, circunscrito no limite do explicitamente articulado no acto da escrita.

Pensámos, então, que, do ponto de vista metodológico, se exigiam outras articulações, talvez diferenciadas e vectoriadas em direcções múltiplas, como hipótese de trabalho, se quiséssemos dar resposta ao que na leitura se nos oferecia como problema.

Impunha-se, assim, a opção por uma metodologia que assentasse em pressupostos teóricos que satisfizessem as condições requeridas.

Admitimos, com Lain Entralgo[11], que toda a criação humana é sempre uma resposta. E que o é de dois modos, verdadeiramente complementares entre si. Resposta, porque pressupõe, da parte do criador, uma interrogação inicial e um esforço, consubstanciados na atitude de procura, que solicitou, justificou e concretizou a ocorrência criadora. Resposta também, porque o esforço e a realização só foram operantes e fecundos na doação e na entrega, isto é, no envolvimento aceite do apelo implicativo, ao elaborar e dar forma à ideia inovadora[12].

Este pressuposto teórico, uma vez admitido, permite o desdobrar de questões, por elas mesmo libertadoras, enquanto desocultantes, das

---

[10] Cf. P. ENGELMANN, *Ludwig Wittgenstein. Briefe und Begegnungen*, hrsg. von B. F. MacGuinness, Wien und München, 1970, c.III, 51-61. Engelmann salienta o profundo sentido da responsabilidade que distinguia a personalidade de Wittgenstein, expressando-se emocionalmente num forte sentimento de culpa que o perseguia. A ideia de "um juízo final" parecia atormentá-lo, muito embora Wittgenstein não parecesse inclinado a partilhar a crença da imortalidade da alma. Este aspecto da sua personalidade é evocado como argumento por B. SMITH ["Law and eschatology in Wittgenstein's *Tractatus*", *Inquiry*, 21 (1978) 425-441], em apoio da tese de que o *Tractatus* se pode entender melhor, se admitirmos que ele reflecte um certo modelo de código jurídico.
[11] Cf. P. LAIN ENTRALGO, "Creacion, respuesta y responsabilidad", in: A. ALBARRACIN TEULON et al., *Homenaje a Xavier Zubiri*, II, Madrid, 1970, 163-177.
[12] Cf. IDEM, *ibidem*, 169.

multiplicidades interrelacionais inerentes ao acto de criação. Elas possibilitarão, estabelecida e articulada a sua rede, aventurarmo-nos numa leitura, que não deixará, por isso, de ser perspectivística e temporal; porque, ao interrogarmos a resposta que constitui toda a criação humana, nós recriamos, no acto da indagação, um outro envolvimento, um novo parâmetro relacional, agora, o da obra com a questão que lhe dirigimos. Mas esta é a condição da possibilidade do diálogo, da leitura, da interpretação.

Desdobremos, então, o horizonte da interrogação, nos diversos planos que o constituem:
— A *que* responde o homem criador?
A resposta é dupla. Em primeiro lugar, o homem criador responde à sua situação[13]. Como ser situado, ele é historicidade profunda, o que significa o estar implicativamente no mundo, numa interrelação osmótica de tal modo perfeita, que os seus problemas são o mundo enquanto problema e este só se manifesta como tal, porque o homem é problema para si mesmo.
O homem criador responde, também, com a sua obra, a uma recordação: "à parcela de situação e à parcela de recordação que recortam, associados entre si, o seu talento e a sua vocação pessoais"[14].
— A *quem* responde o homem criador?[15]
Também a esta questão teremos de dar uma dupla resposta.
Por um lado, o homem criador responde aos criadores da sua situação[16].
Por outro, ele responde também a si mesmo. E responde a si mesmo de um duplo modo: enquanto sujeito que formula a interrogação e enquanto sujeito realizador da obra[17].
Como sujeito da interrogação, ele é o que se pergunta pela possibilidade da resposta a dar à sua situação histórica e pela sua própria possibilidade de resposta[18].

---

[13] Cf. IDEM, *ibidem*, 170.
[14] IDEM, *ibidem*, 170: "A mi juicio el creador responde [...] a la parcela de situación y a la parcela de recuerdo que recortan, aunados, entre si, su talento y su personal vocación".
[15] Cf. IDEM, *ibidem*.
[16] Cf. IDEM, *ibidem*, 171.
[17] Cf. IDEM, *ibidem*.
[18] Cf. IDEM, *ibidem*.

Como sujeito realizador, ele é o que, nos limites do jogo dessas possibilidades, responde, concebendo e dando realidade material à sua obra[19].

Neste movimento interrelacional de questões e respostas, operam, de modo implícito, juízos axiológicos sobre o que o sujeito, que as formula, se representa de si como pessoa e sobre o significado que para ele tem a obra que se propõe realizar. E não só. Como, de forma tão clara e penetrante, o diz Lain Entralgo: "A verdade é que, mais ou menos explícita e lucidamente, o criador 'responde' com a sua obra a uma ideia do que é e significa a actividade a que se consagra — filosofia, arte, ciência, política, etc. —, e, em consequência, a uma ideia do que é e significa o homem, e, por fim, a uma ideia do que é e significa a realidade; o que não seria possível sem aflorar, mesmo que inconscientemente, o problema do *fundamento último* de tal actividade, da humanidade e do real"[20].

Centrar-nos-emos, pois, na multidimensionalidade das articulações desdobradas pela análise da obra de criação, concebida como resposta.

Como hipótese metodológica, cremos que ela pode conduzir-nos à senda da integração dialéctica da obra com o seu mundo, permitir-nos encontrar os elos de significação mais ou menos implícitos no discurso em que se constituiu, possibilitar, pelo texto assim instaurado, a leitura aberta à interrogação que lhe dirigimos.

Necessário é também que, no articulado das questões, a nossa indagação se explicite, se articule ela própria, de modo a possibilitar direcção e sentido que libertem respostas, perfilando-se na intersecção dos dois horizontes deste duplo questionamento, o da interrogação e o do interrogado na interrogação.

Clarifiquemos, então, os diversos planos que constituem as questões deste novo horizonte:

— Existe, nos *Tagebücher 1914-1916*, alguma ligação entre a problemática lógico-linguística, que é a dominante, e os poucos parágrafos,

---

[19] Cf. IDEM, *ibidem*.

[20] Cf. IDEM, *ibidem*: "La verdad es que, más o menos explícita y lúcidamente, el creador "responde" con su obra a una idea de lo que es y significa la actividad a que él se consagra — filosofia, arte, ciencia, política, etc. —, y, por tanto, a una idea de lo que es y significa el hombre, y en definitiva a una idea de lo que es y significa la realidad; lo cual no sería posible sin rozar, siquiera sea inconscientemente, el problema del *fundamento último* de tal actividad, de la humanidad y de lo real".

(comparativamente), onde Wittgenstein se interroga sobre o sentido da vida?

— Tratando-se de dois conteúdos diferenciados, constitui cada um deles uma resposta típica à situação? Ou a resposta, que define os *Tagebücher*, só se deixa plenamente captar na articulação das temáticas, por mais subtil que ela seja?

— Que espécie de recordações (experiências e saberes) estão presentes nessa(s) resposta(s), determinando-a(s) e pessoalizando-a(s)?

— A *quem* respondem os *Tagebücher*? Estamos perante os mesmos interlocutores, aos diversos níveis em que a resposta se constitui, ou eles vão-se diferenciando, ao longo do diálogo que mantêm?

Tem algum interesse significativo a existência ou não da pluralidade de interlocutores, para a natureza da resposta?

— Em que medida esses diversos níveis, se os houver, respondem à ideia do que significa, para o homem Wittgenstein, a actividade a que ele se consagra?

Qual é o "modus" da resposta, se por acaso ela for dada?

E o mesmo, relativamente à ideia do que é e significa o homem, do que é e significa a realidade.

— Qual a *natureza* da relação que mantêm entre si os *Tagebücher* com o *Tractatus*? Será possível ler o *Tractatus* como resposta - responsável a um outro interlocutor e a uma outra situação, a definir-se esta no conjunto de respostas dos *Tagebücher*, metamorfoseadas, agora, em realidade de um novo apelo, para um outro compromisso?

— Permitirá essa leitura entender em que medida a intenção do *Tractatus* é ética, segundo afirmação do seu próprio autor em carta dirigida a Ficker, quando desesperadamente lutava pela sua publicação?[21]

---

[21] Cf. P. ENGELMANN, *op.cit.*, 121: " [...] der Sinn des Buches ist ein ethischer". Esta carta encontra-se também em: G. H. von WRIGHT, "Historical introduction. The origin of *Tractatus Logico-Philosophicus*", in: L. WITTGENSTEIN, *Prototractatus. An Early Version of 'Tractatus Logico-Philosophicus'* Ithaca, New York, 1971, 15; L. WITTGENSTEIN, "Letters to Ludwig von Ficker" (trans. by B. Gillette; ed. by A. Janik), in: C. G. LUCKHARDT (ed.), *Wittgenstein. Sources and Perspectives*, Hassocks, Sussex, 1979, 94-95.

CAPÍTULO II

QUESTÕES PRELIMINARES A UMA RESPOSTA

Questão um

Antes de iniciarmos tão delicado, difícil e, sem dúvida, moroso processo de questionamento, análise e construção, não queremos deixar de fazer algumas observações, que se nos apresentam como pertinentes.

Salientamos, em primeiro lugar, o risco de artificialismo que se corre, em tomar como ponto de partida, para uma interpretação do *Tractatus*, os *Tagebücher 1914-1916*. Pois, como se sabe, estes cadernos são uma pequena parte dos apontamentos preliminares ao texto definitivo, os quais, em 1950, Wittgenstein ordenou que fossem destruídos. Foi um mero acaso, o facto de três de entre eles se encontrarem em Gmuden, em casa da irmã mais nova de Wittgenstein, Mrs. Stonborough, e não em Viena, que nos permite ter hoje este testemunho da gestação da primeira obra do pensador austríaco[1].

Eis porque temos duas dificuldades a resolver: a primeira tem a ver com o facto de não possuirmos senão uma pequena parcela de um conjunto desaparecido para sempre, de onde decorre o risco de considerarmos estes textos como os da génese do *Tractatus*. Sem dúvida, o *Tractatus* tem aí a sua origem, mas é preciso recordarmos que outros textos, que nós não possuímos, seriam também necessários para o explicar. Precisamente, porque o levamos em conta, o nosso objectivo é de atribuir aos cadernos, — na perspectiva que é a nossa — o que julgamos ser o seu valor real. O que significa que, uma vez que os dois primeiros cadernos não têm lacunas[2] e que respeitam a um período bem delimitado na vida de Wittgenstein, a nossa leitura deve considerá-los exclusivamente no âmbito desse limite. Por

---

[1] Cf. G.H. von WRIGHT e G.E.M. ANSCOMBE, "Editor's preface", in: L. WITTGENSTEIN, *Notebooks 1914-1916*, Oxford, 1969, V-VI; G. H. von WRIGHT, "The Wittgenstein papers", in: *Wittgenstein*, 37.
[2] G.H. von WRIGHT e G.E.M. ANSCOMBE, *op. cit.*, V.

consequência, a relação com o *Tractatus* não será estabelecida senão quando for permitida ou exigida por essa leitura.

A segunda dificuldade reside na questão que se deve pôr: a de saber se temos o direito de utilizar textos que o seu autor condenou ao desaparecimento.

Cremos serem muito úteis e pertinazes as considerações de G. H. von Wright e G. E. Anscombe, a propósito do modo como utilizar o texto dos *Tagebücher* [3]. Em primeiro lugar: nunca procurar estabelecer o acordo forçado entre as teses dos *Tagebücher* e as do *Tractatus*, sempre que entre elas se verifiquem diferenças, tendo bem presente que o estado final dos enunciados de Wittgenstein se encontram no *Tractatus* e só aí. Depois, as teses dos cadernos poderão, com legitimidade, funcionar de modo negativo, como critérios de controlo de interpretações do texto do Tractatus extrapoladoras do contexto a partir do qual elas verdadeiramente germinaram, o que permite entendê-las de modo mais adequado.

Aceitando estes princípios, tentaremos evitar um outro risco, que é o de ser seduzido por uma interpretação de carácter psicologista, fácil, imaginativa e romanesca. Julgamos poder evitar esta tentação, pensando sempre e só no interior dos textos, nas relações pressupostas e não supostas que eles patenteiam, nas confidências feitas em carta ou em conversação com os amigos, no que Wittgenstein disse e ensinou nas lições ou em apontamentos ditados. Igualmente teremos em consideração o que aqueles que conviveram e tiveram o privilégio de serem seus amigos nos deixaram em memória sobre o homem que Wittgenstein foi, na dimensão ética que imprimiu à sua existência[4].

Cremos encontrar, na totalidade destes elementos, postos em jogo pelos horizontes já definidos do nosso questionar e no seu maior respeito, a possibilidade de respostas, situando-nos numa atitude hermenêutica que recusa, de antemão, o subjectivismo impressionista e a ilusão de uma identidade inter-subjectiva, irrealizável e enganadora.

---

[3] Cf. IDEM, *ibidem*.

[4] Cf. F. PASCAL, "Wittgenstein: a personal memoir", in: R. RHEES (ed.), *Ludwig Wittgenstein. Personal Recollections*, Totowa/New Jersey, 1981, 61: "Thus he remains a moral presence — oddly enough, not forbidding or admonishing, but benign and encouraging, perhaps because one thinks of him as always engaged in struggle."

Questão dois

O estudo que pretendemos fazer do pensamento de Wittgenstein, dentro das linhas metodológicas já desenhadas, assume as teses de A. Janik e S. Toulmin, expressas na obra *Wittgenstein's Vienna* [5] e propõe-se aprofundar o que, pela própria natureza do trabalho, pouco mais fora do que proposto.

Inspiraram-se estes autores na obra de Paul Engelmann, *Ludwig Wittgenstein Briefe und Begegnungen*, que lançava uma nova luz sobre o *Tractatus* enquanto obra, reivindicando-a como produto de uma tradição cultural bem definida, a da Viena da meninice e juventude de Wittgenstein, por onde pontificaram, nas letras e nas artes, um Karl Kraus e um Adolf Loos entre outros. Pretendia, assim, aquele que fora o grande amigo e confidente de Wittgenstein, libertar o *Tractatus* das interpretações meramente logicistas e positivistas que o perspectivavam, sobretudo, no horizonte de uma outra, e bem conhecida, tradição.

O estudo de A. Janik e S. Toulmin é um desenvolvimento desta nova orientação, que investiga, nas diversas dimensões socio-político-culturais, a vida de Viena do fim do século passado e do princípio do nosso, para trazer à compreensão essa realidade, e demonstrar por essa via, quanto o *Tractatus* se esclarece e se ilumina à luz dessa filiação. E isto significa que o que deste estudo resulta é uma nova leitura desta primeira obra de Wittgenstein. Reler, pois, o *Tractatus* em conjunção com os problemas, as angústias, as interrogações, os desalentos e frustrações dos intelectuais seus contemporâneos, é lê-lo como resposta a todos os apelos que lhe eram dirigidos pela sua realidade existencial e nos limites por ela estabelecidos[6]. Logo, à luz deste contexto, pode compreender-se que a problemática do *Tractatus* não é, na sua intenção mais profunda, nem de natureza meramente lógica, nem uma especulação motivada, apenas, pela interrogação epistemologicamente desinteressada das relações entre a linguagem e o mundo. O que, então, se evidencia é que a intenção do *Tractatus* é sobretudo ética e se justifica, porque aos "olhos da sua família e

---

[5] A. JANIK e S. TOULMIN, *Wittgenstein's Vienna*, ed. by Simon and Schuster, New York, 1973; tradução francesa de J. Bernard, *Wittgenstein, Vienne et la Modernité*, Paris, 1978.
Será a esta versão francesa que nos referiremos, sempre que a obra for mencionada no nosso texto.
[6] Cf. IDEM, *ibidem*, 24.

dos seus amigos, o *Tractatus* é um *acto que mostra* a natureza da ética"[7]. E, acima de tudo, dá razão ao juízo que sobre a obra faz o próprio autor, na carta dirigida a Ficker, já referida[8].

Por tudo isto, a obra de A. Janik e S. Toulmin nos parece constituir uma peça fundamental para uma interpretação mais correcta do pensador austríaco. E pensamos que, dificilmente, qualquer intérprete de Wittgenstein a poderá desconhecer, sem prejuízo.

Assim, estes dois autores, ao mostrarem a relação profunda que liga o *Tractatus* às preocupações da "intelligentzia" austríaca, na viragem do século XIX para o XX, e ao insistirem na intenção ética que o motiva, opõem-se aos que pretendem ter sido o interesse filosófico de Wittgenstein desperto, apenas, pela "descoberta da lógica matemática de Frege e de Russell, e depois pela epistemologia e análise linguística de Russell e Moore."[9]

De acordo com o que o estudo da sociedade vienense desse determinado período lhes permite concluir, os homens da cultura, fossem das letras, das artes, ou mesmo da política, não dissociavam as suas preocupações específicas do fundo especulativo filosófico post-kantiano de que se sentiam herdeiros[10]. Logo, em virtude desta simbiose tão perfeita entre os diversos ramos da cultura — manifesta ao nível individual, na multiplicidade de aptidões e de expressões criativas dos seus representantes mais ilustres, como Schönberg[11] e o próprio Wittgenstein[12] — e do importante centro cultural, que era para a Viena de então, o meio

---

[7] IDEM, *ibidem*, 18: "Aux yeux de sa famille et de ses amis, le *Tractatus* est même un *acte qui montre* la nature de l'éthique".

[8] Cf. *supra*, c. I, 29 n.21.

[9] A. JANIK e S. TOULMIN, *op. cit.*, 22: "Les ouvrages qui lui sont consacrés (dont la récente étude de David Pears) nous incitent à croire que son intérêt pour la philosophie n'a été éveillé que par sa découverte de la logique mathématique de Frege et de Russell, puis de l'épistémologie et de l'analyse linguistique de Russell et de Moore. Cela est très contestable".

[10] Cf. IDEM, *ibidem*, 21.

[11] Cf. IDEM, *ibidem*, 80.

[12] Cf. IDEM, *ibidem*, 178. Sobre o seu talento para a arquitectura cf. B. LEITNER, *The Architecture of Ludwig Wittgenstein*, London, 1973. Este volume, para além de uma resenha biográfica interessante sobretudo para o conhecimento do período em que, conjuntamente com o arquitecto P. Engelmann, Wittgenstein colaborou no projecto da casa da sua irmã Grete, contém também documentação fotográfica sobre a mesma.

familiar do jovem pensador[13], inferem Janik e Toulmin a consequência de uma real preocupação filosófica de Wittgenstein anterior à descoberta da lógica matemática e ao seu encontro com Russell e Frege[14]. Mais: essas preocupações seriam determinantes da sua decisão de os procurar e conhecer a sua obra[15].

Nós estamos de acordo com as duas primeiras teses de Janik e Toulmin, mas só parcialmente, ou, pelo menos, com alterações, em relação à terceira que acabámos de expor. Não se pode recusar que o *Tractatus* seja um produto das preocupações intelectuais e morais dominantes na sociedade vienense, nem que a sua intenção fundamental seja ética — a obra em questão prova-o sobejamente. Perguntar-se-á, então, como é que nestas circunstâncias, a última tese, que intimamente se relaciona com as duas primeiras, pode dispensar-nos de um mesmo grau de adesão. Sem dúvida, os autores de *Wittgenstein's Vienna* demonstram que, no princípio do século, se tinha instaurado, nesta cidade, um processo de julgamento crítico de todos os meios de expressão: foram seus principais responsáveis Hertz e Boltzmann no campo do discurso científico, Kraus no do discurso literário e político, Loos, Schönberg, no da expressão plástica e no da expressão musical respectivamente. Deste modo "a ideia de considerar a linguagem, os simbolismos e todos os meios de expressão como portadores de 'representações' (*Darstellung*) ou de 'figuras' (*Bilder*) era, desde 1919, correntemente admitida em Viena"[16]. Consequentemente, "o mérito de Wittgenstein não é de ter aberto o debate, mas de o ter concluído graças a uma análise completa e definitiva do assunto"[17].

---

[13] Cf. A. JANIK e S. TOULMIN, *op. cit.*, c. 6, 141-172.

[14] Cf. IDEM, *ibidem*, 20-21; cf. também B. SMITH, "Wittgenstein and the background of austrian philosophy", in: E. LEINFELLNER et al. (Hrsg.), *Wittgenstein und sein Einfluß auf die gegenwärtige Philosophie, Akten des 2. Internationalen Wittgenstein Symposiums 29. August bis 4. September 1977 in Kirchberg (Österreich)*, Wien, ²1980, 31-35. Cf. também E. HELLER, "A symposium: assessment of the man and the philosopher,I", in: K. T. FANN (ed.), *Ludwig Wittgenstein: The Man and his Philosophy*, 64-66.

[15] Cf. A. JANIK e S. TOULMIN, *op. cit.*, 22.

[16] Cf. IDEM, *ibidem*, 23-24: "Loin de prendre sa source dans le *Tractatus* de Wittgenstein, l'idée de considérer le langage, les symbolismes et tous les moyens d'expression comme porteurs de 'représentations' (*Darstellung*) ou de 'tableaux' (*Bilder*) était, dès 1910, couramment admise à Vienne".

[17] Cf.IDEM, *ibidem*: "Selon nous, le mérite de Wittgenstein n'est pas d'avoir ouvert le débat, mais de l'avoir conclu grâce à une analyse complète et définitive du sujet".

Não pomos em dúvida que a experiência de um meio cultural, onde a problemática da linguagem era tão instante, não deixasse a sua marca na orientação do pensamento do jovem intelectual vienense e não fosse responsável pelo modo como ele assimilou e superou o logicismo de Frege e Russell. Todavia, isto está bem longe de implicar que, quando Wittgenstein partiu para Inglaterra, em 1911, o *Tractatus* e os problemas aos quais ele dá resposta, fossem já um projecto bem definido no seu espírito: "conciliar, numa teoria coerente, a física de Hertz e de Boltzmann e a ética de Kierkegaard ou de Tolstoï."[18]

Nós temos argumentos contra esta terceira tese. Dos testemunhos que nos restam daqueles que conviveram com Wittgenstein, entre eles Georg Henrik von Wright, colhemos a informação de que as preocupações dominantes do futuro autor do *Tractatus*, no período que vai de 1908 a 1911 e que corresponde ao da sua primeira estadia na Inglaterra, estavam centradas nos estudos sobre aeronáutica[19]. Mas é também durante o mesmo período, que se verifica uma deslocação dos seus interesses para o campo das matemáticas puras e, seguidamente, para o domínio já filosófico, dos fundamentos da matemática[20].

O interesse pela matemática pode explicar-se pelo empenho de Wittgenstein na construção de modelos de propulsores. E, como diz G. H. von Wright, o desenho dos modelos "era essencialmente uma tarefa matemática"[21].

Motivado pelos seus novos interesses, alguém lhe indicou os *Principles of Mathematics* de Russell, que ele teria lido com entusiasmo[22]. Sugere G. H. von Wright que terá sido esta leitura a conduzi-lo ao conhecimento da obra de Frege [23].

---

[18] Cf. IDEM, *ibidem*, 141: "[...] concilier en une théorie cohérente la physique d'Hertz et de Boltzmann et l'éthique de Kierkegaard ou de Tolstoï". Como aqui se diz também, explicitamente: "Nous avons donc émis l'hypothése que c'était là le problème qui intéressait initialement Wittgenstein et qu'il se proposait de résoudre".

[19] Cf. G. H. von WRIGHT. "A biographical sketch", in: N. MALCOLM, *Ludwig Wittgenstein. A Memoir*, 5. Sobre a estada de L. Wittgenstein em Manchester e sobre os interesses e actividades que, então, o moviam, cf. W. MAYS, "Recollections of Wittgenstein", in: K. T. FANN (ed.), *Ludwig Wittgenstein: The Man and his Philosophy*, 79-88.

[20] Cf. G. H. von WRIGHT, *op. cit.*, 5.

[21] IDEM, *ibidem*: " [...] the design of the propeller, which was essentially a mathematical task".

[22] Cf. IDEM, *ibidem*.

[23] Cf. IDEM, *ibidem*.

E é depois de ter desistido dos seus estudos de engenharia e de uma visita a Frege, em Jena, que, possivelmente por conselho deste, Wittgenstein decidiu regressar a Inglaterra, para seguir os cursos de Russell em Cambridge[24].

Parece-nos existir uma lógica quer nos factos, quer nas motivações que lhes estão na origem, que julgamos sustentarem-se mutuamente, sem necessitarmos de recorrer a outros interesses ocultos, para que aqueles se nos imponham como aceitáveis.

Assim, compreende-se que as primeiras investigações filosóficas de Wittgenstein se situem no domínio dos problemas familiares a Frege e Russell e que, consequentemente, conceitos tais como "função proposicional", "variável", "generalidade" e "identidade", etc., fossem então objecto da sua reflexão[25].

Do mesmo modo, nos parece significativo que seja a problemática lógica a parte mais antiga do *Tractatus* [26] e que em 1914, antes da guerra, a sua teoria lógica tivesse já a forma definitiva[27].

O que nós pretendemos defender é, então, o seguinte: estamos de acordo com A. Janik e S. Toulmin em que o *Tractatus* tem de ser entendido na relação íntima que mantém com a vida cultural vienense, o mundo problemático, onde o seu autor viveu, como é natural, as primeiras experiências intelectuais. Mas acrescentamos, à maneira dos matemáticos: esta é uma condição necessária, mas não suficiente. Pois, embora o *Tractatus* se ocupe de questões discutidas havia quinze anos em Viena, todavia, a problemática concernente à natureza e aos limites da linguagem,

---

[24] Cf. IDEM, *ibidem*, 6. Sobre este período da aprendizagem em Cambridge cf. B. RUSSELL, "Memoirs of Wittgenstein, I", in: K. T. FANN (ed.), *Ludwig Wittgenstein: The Man and his Philosophy*, 30-33; B. RUSSELL, *My Philosophical Development*, London, 1959, passim; IDEM, *Autobiography*, London, George Allen and Unwin, 3 voll., 1967-69, passim. É também a partir dessa altura que Wittgenstein assiste às lições de Moore sobre psicologia. Este, que virá mais tarde a assistir às aulas do seu aluno, admira-lhe já o talento e a penetração filosófica. Cf. G. E. MOORE, "An autobiography", in: Paul SCHILPP (ed.), *The Philosophy of G. E. Moore*, New York, ²1952, 3-39. Reimpresso parcialmente in G. E. MOORE, "Memoirs of Wittgenstein, III", in: K. T. FANN (ed.), *Ludwig Wittgenstein: The Man and his Philosophy*, 39-40.

[25] Cf. G. H. von Wright. "A biographical sketch", in: N. MALCOLM, *Ludwig Wittgenstein. A Memoir*, ed. cit., 7.

[26] Cf. IDEM, *ibidem*.

[27] Cf. IDEM, *ibidem*.

bem como à que com ela está conectada, ou seja, a da necessidade lógica, têm de se subordinar à intenção mais profunda — a ética —, se quisermos respeitar as afirmações do próprio Wittgenstein e dar crédito ao que sobre o mesmo diz o seu amigo pessoal Paul Engelmann: "o sistema de pensamento do *Tractatus* nasce da profunda experiência e conflitos pessoais do seu autor"[28]. O que significa que o *Tractatus*, enquanto acto ético, só toma forma quando a problemática ética, ou seja, do sentido da vida, domina o horizonte da reflexão de Wittgenstein.

Assim sendo e tendo em consideração: a) que a redacção do *Tractatus* estava completa em Agosto de 1918[29]; b) que as preocupações teóricas dominantes de Wittgenstein antes da guerra respeitavam, essencialmente, ao problema dos fundamentos da matemática e da lógica; c) que esta problemática é a mais antiga e que praticamente encontrara a sua formulação definitiva antes da guerra; d) que o "período da guerra desencadeou uma crise na vida de Wittgenstein"[30]; e) que, justamente, nesse período, Wittgenstein leu os escritos ético-religiosos de Tolstoï e que este "exerceu uma forte influência sobre a visão do mundo de Wittgenstein, o que o levou ao estudo dos Evangelhos"[31]; f) que após a guerra ele renuncia à fortuna que herdara de seu pai[32] e que se verifica mesmo uma profunda mudança no seu "modus vivendi", marcado, agora, por uma extrema simplicidade e frugalidade[33] — segue-se que o *Tractatus*, quer o consideremos sob o ângulo da sua gestação teórica, quer sob o da vivência pessoal do seu autor, é um produto da experiência de guerra do homem e do pensador Wittgenstein. Impossível compreendê-lo fora deste contexto.

Mas ler o *Tractatus* nesta outra dimensão contextual, a da guerra, é lê-lo na sua relação genética com os *Tagebücher 1914-1916*, ou seja, lê-lo sob a

---

[28] P. ENGELMANN, *op.cit.*, 76.
[29] Cf. G. H. von WRIGHT, *op. cit.*, 9.
[30] IDEM, *ibidem*: "The period of the war was a crisis in Wittgenstein's life".
[31] Cf. G. H. von WRIGHT, *op. cit.*, 10: "Tolstoy exercised a strong influence on Wittgenstein's view of life, and also led him to study the Gospels". Cf. H. WITTGENSTEIN, "Mein Bruder Ludwig" in: R. RHEES (ed.), *Ludwig Wittgenstein Personal Recollections*, 14-25.
[32] Cf. G. H. von WRIGHT, *op. cit.*, 10. Será também durante a guerra que se verificará a distribuição de donativos pelos artistas austríacos com dificuldades económicas, da qual encarregou, pedindo anonimato, Ficker, director da revista *Der Brenner*. Cf. L. FICKER, "Rilke und der unbekannte Freund", *Der Brenner*, 18 (1954), 234-248.
[33] Cf. G. H. von WRIGHT, *op. cit.*, 10.

forma das interrogações, das hesitações, das hipóteses admitidas e logo abandonadas, no espaço aberto por este esforço especulativo, onde as vozes que o *Tractatus* silencia falam ainda tão vivamente. Será também entender com mais clareza o rigor da demonstração lógica dos limites da esfera da ética, numa compreensão permissiva da revelação do jogo dialéctico do argumento que, ao negar o valor, afirma o ser e, ao afirmar o ser, não pode mais negar o valor. O argumento lógico levado ao limite, ou seja, uma vez percorrida a via da *episteme*, abre-se para um espaço novo, o do *paradoxo*, onde as alternativas se equivalem e o princípio da não-contradição deixa de ter sentido. Esta leitura deve também permitir compreender melhor a intenção ética do *Tractatus*, interpretando-o como uma rigorosa demonstração lógica da experiência do *paradoxo* que ela põe em evidência, quando levanta a questão do *sentido*.

Deste modo, o *Tractatus* responde, sob a égide de Kierkegaard e, sobretudo, de Tolstoï, à questão do *sentido da vida*, tão claramente formulada nos *Tagebücher*, onde eclode, emergindo da matriz de angústia e de horror que é a experiência da guerra.

Mas esta resposta é suportada pela serena beleza dum argumento construído com os materiais mais ricos que a recente tradição filosófica colocava à sua disposição: Frege e Russell, Hertz e Boltzmann, isto é, a lógica matemática e a teoria científica dos modelos.

Por este contexto de guerra e pela sua significação ética, o *Tractatus* revela afinidades com as obras dos pensadores das filosofias da existência[34] e, desse modo, não somente de Kierkegaard[35], mas de outros também,

---

[34] A propósito da relação de Wittgenstein com as filosofias da existência, para além dos textos que estabelecem confrontos específicos com alguns dos mais notáveis representantes destas filosofias, cf., e. g.: H. LÜBBE, " Wittgenstein ein Existentialist?", *Philosophisches Jahrbuch*, 69 (1962), 311-24; S. CAVELL, "Existentialism and analytic philosophy", *Daedalus*, 93 (1964), 946-974; S. M. ENGEL, "Wittgenstein, existentialism and the history of philosophy", in: B. SCHLUDERMANN (ed.),*Deutung und Bedeutung*, Paris, Mouton, 1973, 228-247; L. ADLER, *Ludwig Wittgenstein. Eine existenzielle Deutung*, Basel und München,1976.

[35] Para um confronto entre o pensamento de Wittgenstein e o de Kierkegaard, cf., e. g.: R. H. BELL, "Kierkegaard and Wittgenstein: two strategies for understanding theology", *Illif Review*, 31 (1974), 21-34; R. H. BELL and R. E. HUSTWIT (edd.), *Essays on Kierkegaard and Wittgenstein*, College of Wooster, 1978; Stanley CAVELL, *art. cit.*, [sec. III]; M. P. GALLAGHER, "Wittgenstein's admiration for Kierkegaard", *The Month*, 225 (1968), 43-49; R. H. JOHNSON, *The Concept of Existence in the 'Concluding Unscientific Postscript'*, The Hague, 1972.

entre os quais Heidegger[36], ainda que afastado metodológica e formalmente desta referência. Os textos dos *Tagebücher* aproximam-se-lhe, sobretudo, quando as questões sobre o *eu*, a *liberdade da vontade*, *Deus*, o *sentido da vida* e a *morte*, aí fazem a sua aparição.

Pode dizer-se, então, que se assiste a um verdadeiro processo de analítica existencial, a um esforço hermenêutico, em que o autor põe em questão o sentido da sua própria existência, pretendendo inferir categorias que permitam descrevê-la teoricamente. O *Tractatus* é o *eco* do resultado desta análise. Mas somente ela o esclarece de modo a permitir que se *mostre*, na clareira da dizibilidade, o que ele não diz, mas significa intencionalmente.

---

[36] Atinge já certa amplitude o número de estudos onde se confronta o pensamento dos dois filósofos em vários aspectos das suas temáticas e estádios das suas evoluções. Cf.: P. CHIODI, "Essere e linguaggio in Heidegger e nel *Tractatus* di Wittgenstein", *Rivista di Filosofia*, 46 (1955) 170-191; I. HORGBY, " The double awareness in Heidegger and Wittgenstein", *Inquiry*, 2 (1959), 235-264; G. M. WEIL, "Esotericism and the double awareness", *Inquiry*, 3 (1960), 61-72; M. CRISTALDI, "Nota sulla possibilità di un'ontologia del linguaggio in Wittgenstein e in Heidegger", *Teoresi*, 22 (1967), 47-86; S. A. ERICKSON, "Meaning and language", *Man and World*, 1 (1968), 563-586; R. A. GOFF, "Wittgenstein's tools and Heidegger's implements", *Man and World*, 1 (1968), 447-462; K. HARRIES, "Wittgenstein and Heidegger", *The Journal of Value Inquiry*, 2 (1968), 281-291; J. C. MORRISON, "Heidegger's criticism of Wittgenstein's conception of truth", *Man and World*, 2 (1969) 551-573; M. W. CRISTALDI, *Wittgenstein. L'Ontologia Inibita*, Bologna, 1970; D. A. ROHATYN, "A note on Heidegger and Wittgenstein", *Philosophy Today*, 15 (1971), 69-71; A. T. FAY, "Early Heidegger and Wittgenstein on world", *Philosophical Studies* (Irlanda), 21 (1972), 161-171; P. McCORMICK, E. SCHAPER, J. M. HEATON, "Symposium on saying and showing in Heidegger and Wittgenstein", *The Journal of the British Society for Phenomenology*, 3 (1972) 27-35, 36-41, 42-45; G. HOTTOIS, "Aspects du rapprochement par K.- O. Apel de la philosophie de M. Heidegger et la philosophie de L. Wittgenstein", *Revue Internationale de Philosophie*, 30 (1976), 450--485; R. MANDEL, "Heidegger and Wittgenstein. A second kantian revolution", in: M. MURRAY (ed.), *Heidegger and Modern Philosophy. Critical Essays*, New Haven, 1978, 259-270; S. L. BINDEMAN, *The Role of Silence in the Philosophies of M. Heidegger and L. Wittgenstein*, London, 1979; T. A. FAY, "Heidegger and Wittgenstein on the question of ordinary language", *Philosophy Today*, 23 (1979), 154-159; IDEM, "Two approaches to the philosophy of ordinary language. Heidegger and Wittgenstein", *Rivista Critica di Storia della Filosofia*, 35 (1980), 79-86; K.- O. APEL, "Wittgenstein y Heidegger: la pregunta por el sentido del ser y la sospecha de carencia de sentido dirigida contra toda metafísica", in: *La Transformación de la Filosofía*, I, versión castellana de A. Cortina, J. Chamorro y J. Conill, Madrid, 1985, 217-264.

E Wittgenstein — tal como Heidegger —, ao ligar tão íntima e profundamente a problemática ética à ontológica, embora se pretenda como momento de ruptura relativamente à tradição, prolonga-a, todavia, num dos seus aspectos mais essenciais. Pois, ao situar-se em parâmetros teóricos opostos aos dos filósofos axiológicos contemporâneos, permite a quem lê, interrogando-o na proposta ética que é a sua, encontrar a velha tese escolástica "omne ens est bonum" e "bonum conuertitur cum ente", sem deixar de ressalvar o sentido que o novo contexto teórico lhes imprime.

Questão três

Em Junho ou Julho de 1914, por ocasião de uma estadia na Áustria, Wittgenstein escreve ao amigo Bertrand Russell e confessa-lhe ter interrompido o seu trabalho, por falta de condições, sobretudo psicológicas, para o continuar. Prevendo a crítica do amigo, observa:

> "Hoje, nada te posso escrever sobre lógica. Talvez penses que é uma perda de tempo; mas como posso eu ser um lógico, se não for um ser humano! *Antes de mais*, tenho de aclarar as coisas dentro de mim."[37]

Por patético que pareça o desabafo de Wittgenstein, este é significativamente a expressão do nível existencial em que a sua vida se projectou. Em nosso entender, o mesmo aponta em direcção à mensagem ética do *Tractatus* e esclarece o sentido dos *Tagebücher*, enquanto diário de guerra. Os acontecimentos posteriores, documentados pela correspondência que até nós chegou, confirmarão sobejamente esta ideia.

Assim, quando em 5 de Fevereiro de 1915 Russell respondeu de Cambridge à carta, que em Janeiro do mesmo ano recebera de Wittgenstein, não deixa de lhe exprimir a sua surpresa, por este, mesmo em tempo de guerra e estando ao serviço do exército austríaco, continuar a escrever sobre os problemas da lógica[38].

---

[37] Ludwig WITTGENSTEIN, *Letters to Russell, Keynes and Moore*, R. 29, 57: "Über Logik kann ich Dir heute nichts schreiben. Vielleicht glaubst Du daß es Zeitverschwendung ist über mich selbst zu denken; aber wie kann ich Logiker sein, wenn ich noch nicht Mensch bin! *Vor allem* muß ich mit mir selbst in's Reine kommen!"
[38] Cf. IDEM, *ibidem*, 60.

A Keynes, um outro amigo, com quem Wittgenstein se corresponde durante o mesmo período ele escreve:

> "A propósito, enganas-te se pensas que ser um soldado me impede de continuar a reflectir sobre as proposições. Ultimamente, com efeito, escrevi uma grande parte de um ensaio sobre lógica e espero, em breve, escrever mais"[39].

Prosseguir a reflexão sobre a lógica, que iniciara em 1912 sob a orientação de Russell, e fazê-lo em tempo de profunda perturbação, desordem e irracionalidade, isto é, perseverar em ser um lógico em tempo de guerra, não significará, agora, a sua possibilidade de continuar a ser acima de tudo e primordialmente, um ser humano, em tão ameaçadora situação?

Este diário de guerra — os *Tagebücher 1914-1916* —, que perturba os críticos pela ausência de qualquer nota ou observação a traduzir a relação do homem com os acontecimentos em que tomava parte, adquire, por isso mesmo, — desde que considerado em relação à situação e entendido como uma resposta a ela — uma dimensão ética e existencial. Mas este modo de superar e transcender a situação — de profundamente empenhado nela, envolvido por ela, não permitir que ela o afectasse e fosse impeditiva da realização do seu projecto fundamental, que fora objecto de uma decisão reflexiva e voluntariamente querida —, pela dimensão existencial e ética que comportava, era suficiente e fortemente aliciante, para, por si só, se constituir como objecto de reflexão, em tempo propício à interrogação sobre o sentido da vida e da existência.

Assim, se o homem e o pensador Wittgenstein dera como resposta à situação histórica, nos limites da sua própria possibilidade de resposta, o alistamento no exército austríaco e a decisão de não interromper a obra que iniciara, realizando o *pensador* para não deixar submergir o *homem*, bem podia ser solicitado, pela nova situação que criara (a da sua própria resposta), a responder por ela, no âmbito da questão que ela própria suscitava. Deste modo, o percurso teórico dos *Tagebücher* encontra uma tradução

---

[39] IDEM, *ibidem*, K. 8, 111: "By the way, you're quite wrong if you think that being a soldier prevents me from thinking about propositions. As a matter of fact I've done a good deal of logical work lately, and hope to do a good deal more soon".

existencial. Dimensão existencial dificilmente encontrada no *Tractatus*, onde a ordem é a das razões e, por isso, meramente lógica. Mas um diário traça a história de cada dia e mesmo que esta história seja a das ideias, ele deixa-se atravessar por uma dimensão cronológica que já é, de per si, de natureza existencial. Daí que se torne significativo que as questões éticas, as do sentido da vida, só apareçam registadas ao longo das páginas do diário datadas de 1916. As reflexões que o ocupam, durante os anos de guerra 14 e 15, são de outra ordem.

O pensamento percorre o caminho que resumiu mais tarde, a 2.8.16, quando as questões existenciais fizeram já a sua aparição:

> "Na verdade, o meu trabalho desenvolveu-se a partir dos fundamentos da lógica até à existência do mundo"[40].

A correspondência trocada, então, com Russell, denuncia uma clara preocupação de Wittgenstein de não vir a ser bem compreendida, por aquele, a nova orientação.

Apesar de as divergências entre ambos tornarem, por vezes, difíceis as suas relações – o que levara Wittgenstein a propor a Russell, em carta de 3.3.14, absterem-se de discutir assuntos de natureza axiológica a fim de preservar a amizade que os une – nota-se existir entre ambos um bom entendimento a nível teórico:

> "Agora, queria fazer-te uma proposta. Continuemos a escrever-nos sobre o nosso trabalho, saúde, etc., mas evitemos, no que dissermos, formular qualquer juízo de valor — seja sobre que assunto for — e reconheçamos francamente que em tais juízos nenhum de nós podia ser *completamente* honesto sem magoar o outro (isto é certo, pelo menos, para *mim*)"[41].

---

[40] *Tagebücher*, 2.8.16: "Ja, meine Arbeit hat sich ausgedehnt von den Grundlagen der Logik zum Wesen der Welt".
[41] L. WITTGENSTEIN, *Letters to Russell, Keynes and Moore*, R. 27, 52-53: "Ich schlage Dir nun dies vor: Machen wir einander Mitteilungen über unsere Arbeiten, unser Befinden und dergleichen, aber unterlassen wir gegen einander jedwedes Werturteil — worüber immer —, in dem vollen Bewußtsein, daß wir hierin gegen einander nicht *ganz* ehrlich sein könnten, ohne den anderen zu verletzen (zum mindesten gilt dies bestimmt von *mir*)".

Todavia, durante a guerra e na carta datada de 22.5.15, começa a verificar-se uma extensão dos motivos de desentendimento à matéria do próprio trabalho, o que, de acordo com o acima dito, não acontecera até então:

> "Lastimo imenso que não tenhas podido entender as notas de Moore"[42].

Refere-se aos apontamentos que ditara a Moore aquando da sua estadia na Noruega, antes do começo da guerra.

E que esse distanciamento se agudizara nos últimos tempos, testemunha-o Wittgenstein, na mesma carta:

> "Os problemas tornaram-se cada vez mais lapidares e gerais e o método mudou de forma radical"[43].

Curiosamente, é no dia seguinte à redacção desta carta, que surge, pela primeira vez nos *Tagebücher*, a problemática solipsística[44] e, com ela, uma reflexão de tonalidade existencial, que não deixa também de nos surpreender, quando se acompanha, a par e passo, as difíceis elaborações que Wittgenstein vai entretecendo entre a resolução da problemática da necessidade lógica e da natureza da proposição. Antes, apenas uma só nota, isolada no conjunto, anunciara já um outro tipo de preocupações, como que a exigir resolução a partir das teses lógicas admitidas:

---

[42] IDEM, *ibidem*, R. 31, 62: "Daß Du Moores Aufschreibungen nicht hast verstehen können tut mir außerordentlich leid!"

[43] IDEM, *ibidem*: "Die Probleme werden immer lapidarer und allgemeiner und die Methode hat sich durchgreifend geändert." A relação entre Wittgenstein e Russell ir-se-á progressivamente degradando. O afastamento dos dois pensadores foi determinado, sobretudo, pela diferença das suas trajectórias intelectuais. Cf. B. RUSSELL, "Memoirs of Wittgenstein, I", in: K. T. FANN (ed.), L. *Wittgenstein: The Man and his Philosophy*, 30-33; B. RUSSELL, *My Philosophical Development*, cc X e XVIII; K. BRITTON, "Portrait of a philosopher", in: K. T. FANN (ed.), *Ludwig Wittgenstein: The Man and his Philosophy*, 56-63. Sobre o forte entusiasmo inicial de B. Russell pelo talento filosófico e o trabalho realizado pelo seu aluno cf., além dos textos de B. Russell acima referidos, B. RUSSELL, "The philosophy of logical atomism", in: *Logic and Knowledge*, London, 1956, 177-343; H. T. COSTELLO, "Logic in 1914 and now", *The Journal of Philosophy*, 54 (1957),245-260.

[44] Cf. *Tagebücher*, 23.5.15.

> "O livre arbítrio consiste no facto de que os acontecimentos futuros não *podem* ser agora *conhecidos*. Não poderíamos conhecê-los a não ser que a causalidade fosse uma necessidade INTERIOR, como por exemplo a da inferência lógica. A ligação do conhecimento e do conhecido é *a ligação* da necessidade lógica."[45]

Os receios de Wittgenstein, relativamente à incompreensão de Russell, não eram vãos, como se sabe: a introdução que este escreve para o *Tractatus* confirmá-los-á em absoluto[46]. Mas já antes, logo após o fim da guerra, em resposta a instantes pedidos de Wittgenstein, que entretanto lhe fizera chegar às mãos o manuscrito do *Tractatus*, Russell decide, enfim, vir ao seu encontro, em Hague, na Holanda. E é daí, que, em carta datada de 20 de Dezembro, Russell escreve a Lady Ottoline, dando-lhe conta das impressões deixadas por esse encontro[47]. Sabe-se, assim, que, durante uma semana, o *Tractatus* foi objecto de discussão diária. Russell considera-o uma obra notável, se bem que não se sinta apto a decidir se o que nele se diz é totalmente falso ou totalmente verdadeiro, o que para ele constituía, aliás, a marca das "grandes obras"[48]. Mas, sobretudo, impressionara-o a tendência fortemente mística que descobria na obra e no seu autor. Evoca, a propósito, que, mesmo antes da Guerra, Wittgenstein lia Kierkegaard e Angelus Silesius[49] e que a obra de William James, *Varieties of Religious*

---

[45] IDEM, *ibidem*, 27.4.15: "Die Willensfreiheit besteht darin, daß zukünftige Ereignisse jetzt nicht *gewußt* werden *können*. Nur dann könnten wir sie wissen, wenn die Kausalität eine INNERE Notwendigkeit wäre — wie etwa die des logischen Schlusses — Der Zusammenhang von Wissen und Gewußtem ist *der* der logischen Notwendigkeit. [S. 5.1362]"
[46] Um dos primeiros críticos dessa introdução foi F. P. Ramsey, que a considerou, na generalidade, bastante limitada e nada esclarecedora dos aspectos mais herméticos do *Tractatus*. Cf. F. P. RAMSEY, "Review of *Tractatus*" in: I. M. COPI e R. W. BEARD (edd.), *Essays on Wittgenstein's Tractatus*, London, 1966, 9-23.
[47] Cf. L. WITTGENSTEIN, *Letters to Russell, Keynes and Moore*, 82.
[48] IDEM, *ibidem*: "I told him I could not refute it, and that I was sure it was either all right or all wrong, which I considered the mark of a good book; but it would take me years to decide this".
[49] Angelus Silesius é o pseudónimo literário do jovem médico silesiano Johannes Scheffler, autor de um dos textos mais interessantes do barroco alemão: *Cherubinischer Wandersmann*. Considerado o "último dos místicos alemães", o *élan* ascético que atravessa o essencial do seu misticismo encontra o apoio necessário num acto de conversão de vontade, no qual a "renúncia" joga papel fundamental.

Experience [50] o pertubara vivamente, despertando nele um desejo de vida monacal, o qual não só se mantivera, mas aumentara mesmo, durante o período que passou sozinho na Noruega[51]. Contudo, o acontecimento, que Russell considera ter sido definitivo, é aquele cuja narrativa ele introduz da seguinte forma: "Então, durante a guerra, uma coisa curiosa aconteceu"[52]. Wittgenstein vai em serviço à cidade de Tarnov, na Galícia, entra numa livraria, onde inesperadamente encontra um único livro que compra. "Trouxe-o simplesmente porque não havia outro", conta Russell[53]. E acrescenta: "Leu-o, releu-o e, desde então, teve-o sempre consigo, em combate e em todos os momentos"[54]. Era o *Resumo do Evangelho* de Tolstoï[55]. Wittgenstein será conhecido, durante esse tempo, pelos colegas do regimento, como o "homem dos evangelhos"[56]. Ele, pessoalmente, chamava-lhe: "o livro que me salvou a vida"[57].

Temos agora um conjunto de informações que estabelecem um horizonte nos limites do qual devemos fazer a leitura do texto: em primeiro lugar, uma mudança *radical* de método; em segundo, uma temática nova, que irrompe entre as questões lógico-sintácticas, no preciso momento em que a alteração metodológica era noticiada a Russell; finalmente, um *acon-*

---

[50] Esta obra de William James reflecte o *empirismo pragmático* que caracteriza a sua posição filosófica, transposto para o domínio da experiência religiosa. A mesma é discutida na pluridimensionalidade de manifestações e variedade de aspectos contextuais, nos quais reside a sua concretude, e cujo valor se mede, exclusivamente, pela força da transformação espiritual, operada por sua mediação. A totalidade das experiências descritas confirmam o aforismo witgensteiniano de que "o mundo do homem feliz é um mundo diferente de o do homem infeliz".
[51] Cf. Carta de Russell a lady Ottoline in: L. WITTGENSTEIN, *Letters to Russell, Keynes and Moore*, 82.
[52] IDEM, *ibidem*: "Then during the war a curious thing happened."
[53] IDEM, *ibidem*: "He bought it merely because there was no other."
[54] IDEM, *ibidem*: "He read it and re-read it, and thenceforth had it always with him, under fire and at all times."
[55] IDEM, *ibidem*: "However, he went inside and found that it contained just one book: Tolstoy on The Gospels."
[56] Cf. H. WITTGENSTEIN, *op. cit.*, 17: "Es wurde von den Soldaten 'der mit dem Evangelium' genannt, weil er immer Tolstois Bearbeitung der Evangelien bei sich trug."
[57] Cf. L.WITTGENSTEIN, "Letters to Ludwig von Ficker" (trans. by B. Gillette; ed. by A. Janik), in: C. G. LUCKHARDT (ed.), *Wittgenstein, Sources and Perspectives*, carta datada de 24 de Julho de 1915, 90-91.

tecimento, referido como importante para explicar a tendência mística do *Tractatus*, que reforça uma inclinação anterior, despertada por outras leituras.

A mudança de método, o aparecimento da nova temática, e o *acontecimento* determinante, interligam-se necessariamente para explicar a nova orientação do pensamento de Wittgenstein. A mudança de método, que ele próprio qualifica de *radical*, não poderemos entendê-la como essa prioridade ética da pergunta pelo sentido da vida? Como o momento em que a sua resposta à situação de guerra, pela marca de força voluntária de que é portadora (ao transcender-se na serenidade do "bios theoréticos" à agitação desordenada das paixões e dos acontecimentos), se constitui ela própria em objecto de interrogação, exprimindo-se, no texto dos *Tagebücher*, na insistente pergunta pelo *eu*, o *sujeito da vontade*? O sujeito cognoscente, como se verá, dissolve-se no *grande espelho*, o puro reflexo, sem face nem objecto, a simples coincidência dos opostos que são o *eu* e o *mundo*, ou para melhor dizer, o lugar desta coincidência, isto é, a linguagem. Que o sujeito cognoscente seja uma "pura ilusão", é a consequência da solução de Wittgenstein para o problema da necessidade lógica, com a qual estão em relação a sua "Teoria da Figuração" e as teses ontológicas que defende. Mas o sujeito da vontade "que é o suporte da ética" não respeita a esta problemática.

A afirmação da realidade do sujeito da vontade, tão categórica e insistentemente reafirmada, tem a força de um enunciado que se formula pelo imperativo do seu referente; ao presentificar-se, este acede à linguagem e diz-se, nomeando-se, sem que ao nomear-se se deixe explicar:

> "O sujeito da representação é seguramente uma vã ilusão. Mas o sujeito da vontade existe.
> Se não houvesse a vontade, também não haveria este centro do mundo a que chamo Eu e que é o suporte da ética"[58]

Três meses depois desta nota, durante os quais a problemática do *eu* continua a preocupá-lo, Wittgenstein escreve a 4 de Setembro, de forma decisiva:

> "O sujeito é o sujeito da vontade"[59].

---

58 *Tagebücher*, 4.8.16: "Das vorstellende Subjekt ist wohl leerer Wahn. Das wollende Subjekt aber gibt es. [Vgl. 5.631].
Wäre der Wille nicht, so gäbe es auch nicht jenes Zentrum der Welt, das wir das Ich nennen, und das der Träger der Ethik ist."
59 IDEM, *ibidem*, 4.11.16: "Das Subjekt ist das wollende Subjekt.

Todavia a questão é deixada em aberto:

> "Sobre que género de fundamento repousa a hipótese de um sujeito da vontade?"[60]

Wittgenstein não pode dizer que tem experiência de um sujeito da vontade, não pode encontrar aí um fundamento para o mesmo, porque, segundo a perspectiva teórica que é a sua, não é possível dizer-se que temos experiência senão da realidade empírica, contingente, mutável, constituída pelos factos do mundo. A 9 de Novembro de 1916, escrevera:

> "Toda a experiência é mundo e não tem necessidade de sujeito.
> O acto voluntário não é uma experiência"[61].

A afirmação da realidade do sujeito da vontade, se não é uma consequência teórica da sua reflexão sobre a necessidade lógica e a natureza da proposição, em nosso parecer, ela não deriva de uma influência directa de Schopenhauer[62], aliás, autor referido nos *Tagebücher* [63]. Como esperamos demonstrar, a questão à volta do sujeito da vontade, se tem uma relação com qualquer texto, para além daquela tão íntima que mantém com a própria experiência do homem Wittgenstein, é com o *Resumo do Evangelho* de Tolstoï e não *Die Welt als Wille und Vorstellung* de Schopenhauer.

A tradição do voluntarismo germânico pesou, sem dúvida, no pensamento de Wittgenstein. Sabe-se que o *Tractatus* permite uma leitura kantiana[64] e que a referência a Schopenhauer não se deve menosprezar.

---

[60] IDEM, *ibidem*, 19.11.16: "Was für ein Grund ist da zur Annahme eines wollenden Subjekts?"
[61] IDEM, *ibidem*, 9.11.16: "Alle Erfahrung ist Welt und braucht nicht das Subjekt. Der Willensakt ist keine Erfahrung."
[62] Cf. M. MICHELETTI, *Lo Schopenhauerismo di Ludwig Wittgenstein*, Padova, 1973, passim.
[63] Cf. *Tagebücher*, 2.8.16.
[64] A favor ou contra essa leitura podem consultar-se entre outros: E. STENIUS, *Wittgenstein's 'Tractatus': A Critical Exposition of its Main Lines of Thought*, Oxford, 1964; W. STEGMÜLLER, "L. Wittgenstein als Ontologe, Isomorphietheoretiker, Transzendentalphilosoph and Konstruktivist", *Philosophische Rundschau*, 13 (1965), 116-152 (é um exame crítico daquela obra de Stenius, sobretudo no que respeita ao confronto entre Wittgenstein e Kant"); IDEM, *Aufsätze zu Kant und Wittgenstein*, Darmstadt, 1970; E. WÜST, "Wittgenstein, Kant und Probleme der

Todavia, este inquietante e misterioso "eu" que é o "sujeito da vontade", o "centro do mundo" e o "suporte da ética", é, insistimos, muito mais que um dado teórico, muito mais que uma hipótese metafísica; é, sobretudo, a realidade permanente e constante da sua experiência pessoal, realizando-se existencialmente de forma intensa e agónica, durante os anos de guerra.

No *Resumo do Evangelho* de Tolstöi, Wittgenstein encontrava, para essa experiência pessoal, uma confirmação e um reforço, que nada tinham a ver com a especulação teórica; mas onde, sob a forma de uma prédica e de uma doutrina, se exprimia um *logos* profundamente apelativo, dirigido, sobretudo, à realidade humana, ao mais íntimo da vocação do seu desejo.

Não é por acaso que Paul Engelmann reúne num mesmo capítulo[65], destinado a dar testemunho do sentimento religioso de Wittgenstein, o seguinte conjunto de referências: a admiração e o respeito ilimitado deste por Tolstoï, principalmente o alto apreço em que tinha os *Contos Populares* e o *Resumo do Evangelho*; a experiência da guerra; os problemas existenciais respeitantes ao valor da vida e à sua realização pessoal. E fá-lo, na clara intenção de propocionar uma chave importante para a interpretação do *Tractatus*.

Como também não é por acaso que Paul Engelmann termina este capítulo com uma citação do Evangelho segundo S. João. Citação escolhida por Tolstoï como motivo de inspiração para um dos seus contos, que Paul Engelmann resume procurando assim, de forma parabólica, *mostrar* o espírito que animava o sentimento religioso de Wittgenstein[66].

Ethik" in: E. MORSCHER und R. STRANZINGER (Hrsg.), *Ethik, Grundlagen, Probleme und Anwendungen, Akten des 5. Internationalen Wittgenstein Symposiums 25. bis 31. August 1980, Kirchberg/Wechsel (Österreich)*, Wien, 1981, 426-428; E. PANOVA "Kant's influence on the *Tractatus logico-philosophicus*, in: R. HALLER und W. GRASSL (Hrsg.), *Sprache, Logik und Philosophie, Akten des 4. Internationalen Wittgenstein Symposiums 28. August bis 2. September 1979 Kirchberg/Wechsel (Österreich)*, Wien, 1980, 272-274; J. HINTIKKA, "Wittgenstein's semantical kantianism", in: E. MORSCHER und R. STRANZINGER (Hrsg.), *op. cit.*, 375-390; R. C. S. WALKER, "Transcendental idealism: Kant's reply to Wittgenstein", *ibidem*, 391--398; H. VISSER, "Wittgenstein as a non-kantian philosopher", *ibidem*, 399-405.
65 Cf. P. ENGELMANN, *op. cit.*, c. III, 50-61.
66 Cf. IDEM, *ibidem*, 61: "Gerade vor diese Erzählung aber hat Tolstoi als Motto eine Stelle aus dem Evangelium des Johannes (IV, 19-23) gesetzt. Und ich glaube, daß der Gegenstand, dem diese Betrachtungen gewidmet sind, nicht unwürdig ist, sie damit zu beschließen:
'Das Weib spricht zu ihm: Herr, ich sehe, daß Du ein Prophet bist. Unsere Väter haben auf diesem Berge angebetet und Ihr saget, zu Jerusalem sei die Stätte, da

Estas são as razões por que nos permitimos interpretar as teses dos *Tagebücher*, no que respeita à problemática do sentido da vida, à luz do texto de Tolstoï[67]. As mesmas razões que nos permitem encarar essas teses como o germen de onde brotará o *Tractatus*, o fruto maduro do processo de gestação que aí se inicia.

---

man anbeten solle. Jesus spricht zu ihr: Weib, glaube mir, es kommt die Zeit, daß Ihr weder auf diesem Berge noch zu Jerusalem werdet den Vater anbeten. Ihr wisset nicht, was Ihr anbetet; wir wissen aber, was wir anbeten; denn das Heil kommt von dem Juden. Aber es kommt die Zeit, und ist schon jetzt, daß die wahrhaftigen Anbeter werden den Vater anbeten im Geist und in der Wahrheit.' "

[67] Num dos mais interessantes e bem trabalhados artigos sobre o misticismo do *Tractatus*, o autor, B. F. McGUINNESS ["The mysticism of the *Tractatus*", *The Philosophical Review*, 75 (1966), 305-328] levanta a questão de saber se Wittgenstein teria vivido uma experiência mística durante a guerra, talvez depois de ter lido Tolstoï. Considerando "ousado" e "imprudente" admitir que entre as experiências vividas durante esse período se pudesse destacar uma especificamente mística, reconhece, todavia, após laboriosa argumentação, haver razões para crer que Wittgenstein, ao tempo da escrita dos *Tagebücher* e composição do *Tractatus*, não teria associado a ética e existência do mundo ao misticismo, se a primeira e a terceira experiências descritas em "A Lecture on Ethics" não tivessem sido vividas por ele de modo intenso e para além do normal. McGuinness não as associa, contudo, a qualquer influência da obra de Tolstoï, reconhecendo, muito embora, a alta estima em que Wittgenstein a tinha. Este artigo tem, sobretudo, o mérito de relacionar os temas da lógica, religião, ética e natureza da filosofia com o misticismo do *Tractatus*. Estabelecendo idêntica relação, mas a partir de uma argumentação bastante diferente, quer da de McGuinness quer da nossa; cf. E. ZEMACH, "Wittgenstein's philosophy of mystical" in: I. M. COPI e R. W. BEARD (edd.), *Essays on Wittgenstein's 'Tractatus'*, 359-375.

CAPÍTULO III

RESUMO DO EVANGELHO DE L. TOLSTOÏ — "O LIVRO QUE ME SALVOU A VIDA"

Impõe-se-nos, assim, para que possamos proceder ao desenvolvimento e confirmação das teses que acabamos de enunciar, que demos notícia da origem, objectivo e conteúdo da obra de L. Tolstoï, *Resumo do Evangelho*.

III.1 Origem e objectivo da obra

Tal como refere Nicolas Weisbein, esta obra da maturidade de Tolstoï concretiza uma ideia que bem cedo, deste 1855, este registara no seu diário íntimo: "... Ontem, uma conversa sobre o divino e a fé sugeriu-me uma grande ideia, uma ideia formidável, à realização da qual me sinto capaz de consagrar toda a minha vida. Esta ideia é o estabelecimento de uma nova religião correspondente ao desenvolvimento da humanidade, a religião de Cristo, mas despojada da fé e dos seus mistérios, uma religião prática, que não prometa uma beatitude futura, mas que dê a betatitude neste mundo... Agir cientemente de modo a ligar as pessoas à religião, eis o fundamento da ideia que, espero, me apaixonará"[1]. Durante um ofício fúnebre, por ocasião da morte de seu irmão mais velho, esta ideia precisar-se-á sob a forma de

---

[1] L. TOLSTOÏ, Journal intime, 25 octobre 1860, *apud* N. WEISBEIN, no prefácio à sua edição de: L. TOLSTOÏ, *Abrégé de l'Évangile*, texte présenté, établi, traduit et confronté avec l'Édition synodale et la Bible de Jérusalem, thèse complémentaire en vue du doctorat ès-lettres, Paris, 1969, XVI-XVII: " [...] Hier, une conversation touchant au divin et à la foi m'a amené à une grande idée, une idée formidable, à la réalisation de laquelle je me sens capable de consacrer toute ma vie. Cette idée est l'établissement d'une religion nouvelle correspondant au développement de l'humanité, la religion du Christ, mais dépouillée de la foi et de ses mystères, une religion pratique, ne promettant pas la béatitude à venir, mais donnant la béatitude ici-bas ... Agir sciemment pour rattacher les gens à la religion, voilà le fondement de l'idée qui je l'espère me passionnera."

projecto de "escrever um evangelho materialista, a vida de um Cristo materialista"[2]. Todavia, será apenas em Março de 1880, após a crise de consciência, tão determinante na vida de Tolstoï, que este começa a trabalhar entusiasticamente[3] na obra que será intitulada: *Reunião, Tradução e Exame dos Quatro Evangelhos* [4]. Esta resultará trabalho de erudição, destinada, por isso, ao leitor culto e, como tal, condenada a ficar inacessível às grandes massas[5]. Talvez mais por este motivo do que propriamente por outra qualquer razão, Tolstoï virá a preferir-lhe um extracto que dela veio a fazer, este sim, dirigido a um público mais amplo, ao leitor médio: o *Resumo do Evangelho* [6].

A obra original compunha-se de quatro partes: a primeira, de natureza biográfica e confessional, descrevia o percurso espiritual de Tolstoï até ao momento do seu reencontro com o Cristianismo, ou seja, ao da descoberta de que só neste residia a Verdade[7]; seguia-se-lhe um estudo de carácter histórico e crítico, obra verdadeiramente de erudição, onde o pensador russo expunha e refutava a versão da doutrina cristã, tal como ela resultava, quer da prédica da Igreja ortodoxa, quer da Igreja em geral, na continuidade da tradição apostólica e patrística[8]; a terceira parte constituía o momento doutrinário por excelência, na medida em que pretendia ser uma reposição unificada e fiel da doutrina cristã, tal como ela era susceptível de ser captada, a partir exclusivamente dos dados em que os quatro evangelhos eram coincidentes[9]; a quarta e última parte, de intenção pedagógica, era, nas palavras do seu próprio autor:

> "Uma exposição do sentido autêntico da doutrina cristã, assim como das causas que permitiram que esta doutrina se tivesse deformado e das consequências a que deve conduzir a sua prédica"[10].

---

[2] IDEM, *ibidem*, XVII
[3] N. WEISBEIN, *Ibidem*, VII e XVII.
[4] IDEM,*ibidem* , VII.
[5] IDEM,*ibidem*.
[6] Cf. IDEM,*ibidem*, VIII: "Il semble bien que Tolstoï lui même ait considéré *l'Abrégé de l'Évangile* comme seul texte valable. [...] C'est dans ces quelques pages, en effet, que l'on peut reconnaître la pensée de Tolstoï, à la poursuite de la vérité".
[7] Cf. L. TOLSTOÏ, *Abrégé de l'Évangile*, ed. cit., "Avant-propos", 2.
[8] Cf. IDEM,*ibidem*.
[9] Cf. IDEM,*ibidem*.
[10] Cf. IDEM,*ibidem* : "Un exposé du sens authentique de la doctrine chrétienne, ainsi que des causes qui ont permis que cette doctrine fut déformée, et des suites

O *Resumo do Evangelho* corresponde, pelo seu conteúdo, apenas à terceira parte da edição erudita, ou seja, à exposição dos evangelhos, segundo a doutrina que resulta da exegese a que Tolstoï os submete e que, em seu entender, se aproximará da que fora a verdadeiramente pregada por Cristo[11].

A grande questão que Tolstoï pusera ao Cristianismo era a de saber como esta doutrina, apesar das vicissitudes, dos erros e das heresias de que fora vítima ao longo da história, vinha, todavia, ao nosso encontro — embora quase irreconhecível — ainda fresca, actual e instante, sugestiva e irrecusável[12]. A resposta encontra-a Tolstoï na capacidade ímpar de o *logos* evangélico, ao revelar-se, se revelar como a única doutrina capaz de dar sentido à vida. Nas suas palavras:

> "Eu considero o cristianismo não como uma revelação exclusivamente divina, nem tão pouco como um fenómeno histórico; eu considero o cristianismo como uma doutrina que dá um sentido à vida"[13].

O critério de verdade que escolhe é pragmático e existencial. A verdade da doutrina será medida pelo seu efeito: pela vivência da aposta que

---

que doit entraîner la prédication de celle-ci".
[11] Cf. IDEM, *ibidem*.
[12] IDEM, *ibidem*, 12-14: "Ce n'est ni par les études théologiques, ni par les études historiques que j'ai été amené au christianisme, mais par le fait que, âgé de cinquante ans, après m'être interrogé moi-même, ainsi que tous les gens cultivés et sages de mon milieu sur ce que j'étais, moi, et sur ce qu'était le sens de ma vie, je reçus la réponse suivante: tu es un amalgame accidentel de particules, la vie n'a pas de sens et est elle-même un mal; — [*cella fit qu'*] une telle réponse me conduisit au désespoir et je voulus me tuer; mais, me souvenant de ce qu'autrefois, dans mon enfance, quand j'avais la foi, la vie avait un sens pour moi, et me souvenant aussi de ce que les gens qui m'entouraient et qui avaient la foi — la majeure partie des gens qui ne sont pas corrompus par la richesse ont toujours cette foi et détiennent le sens de la vie, je doutai de la véracité de ce qui m'était proposé par la sagesse des gens de mon milieu, et m'efforçai de saisir la réponse qu'apporte le christianisme à ceux qui comprennent le sens de la vie. Je me mis donc à étudier le christianisme dans ce qui de cette doctrine commande à la vie des hommes. Je me mis à l'étude de ce christianisme, dont je voyais la mise en pratique dans la vie, et je commençai à comparer cette mise en pratique et ses sources".
[13] IDEM, *ibidem*, 12: "Je considère le christianisme non pas comme une révélation exclusivement divine, et non plus comme un phénomène historique; je considère le christianisme comme une doctrine qui donne un sens à la vie".

contém, pela paixão com que se deixa viver, pela natureza da felicidade de que é portadora — dando, desse modo, resposta à inquieta insatisfação humana no *porquê* e *para quê* de uma existência difícil, complicada e finita. Por essa via, a doutrina mostra o seu valor e oferece-se como o Caminho, o único caminho.

A palavra vem assim ao nosso encontro e, ao iluminar as trevas, traz consigo a vida, a verdadeira vida, revelando e fazendo dom do mundo. E por este dom, se revela a si mesma como credível:

> "Eu procurava uma resposta para o problema da vida, mas não uma resposta teológica ou histórica; assim, para mim, a questão essencial não é de saber se Jesus Cristo era ou não Deus, nem de quem procedia o Espírito Santo, etc.; é, igualmente, sem importância e inútil saber quando e por quem foi escrito tal ou tal Evangelho e que parábola pode ou não ser atribuída a Cristo. O que me importa é esta luz que há 1800 anos iluminou a humanidade, me iluminou e ilumina ainda; quanto a saber que nome dar à fonte desta luz, quais são os seus elementos e quem a acendeu, isso pouco me importa"[14].

E esta é a razão pela qual a mensagem de Cristo "substitui a fé num Deus tangível pelo entendimento da vida", tal como o título que Tolstoï deu à sua tradução/interpretação do evangelho, segundo S. João[15].

---

[14] IDEM, *ibidem*, 16: "Je cherchais une réponse au problème de la vie, mais non pas une réponse théologique ou historique; aussi, pour moi, la question essentielle n'est elle pas de savoir si Jésus-Christ était Dieu ou non, ni de qui procédait le Saint-Esprit, etc.; il est également sans importance et inutile de savoir quand et par qui a été écrit tel ou tel Évangile, et quelle parabole peut ou ne peut pas être attribuée au Christ. Ce qui m'importe, c'est cette lumière qui, voilà 1800 ans, éclaira l'humanité, qui m'a éclairé et m'éclaire encore; quand à savoir quel nom donner à la source de cette lumière, quels en sont les éléments et par qui elle a été allumée, cela m'importe peu".

[15] IDEM, *ibidem*, "Évangile. Introduction", 36: "La nouvelle que Jésus-Christ apporta a remplacé la foi en un Dieu tangible par l'entendement de la vie"; IDEM, *ibidem*, "Avant-propos", 6: "L'Introduction et la Conclusion ne constituent pas la partie essentielle de la doctrine. [*Elles ne sont que des considérations générales sur l'ensemble de la doctrine.*] Bien que l'Introduction comme la Conclusion eussent pû être laisées de côté sans détriment aucun pour le sens même de la doctrine (et cela d'autant plus que ces [*deux*] parties ont été écrites au nom de Jean, et non pas de Jésus), je ne les ai maintenues que parce que, quand on a de la doctrine du Christ

Este critério subjectivo e existencial da verdade, este encontro com a Palavra que vem até nós e por ela mesmo põe sentido na vida humana, este critério que para Tolstoï se apresenta como condição necessária e suficiente de reconversão da existência, determinará também o critério metodológico da sua exegese do texto bíblico: isto é, restituí-lo à simplicidade original, para que através dele se mostre e se recorte, em plena luz, a doutrina de vida de que é o mensageiro, por excelência. Como diz Nicolas Weisbein: "É porque Tolstoï se interessou pela exegese evangélica que ele sabe que durante séculos se coligiu, depurou, ampliou, comentou os Evangelhos, que ele não pode considerar nem admitir o texto actual dos Evangelhos, como testemunho intrínseco dos apóstolos e dos discípulos directos de Jesus"[16].

O grande equívoco começou, segundo Tolstoï, com S. Paulo. Este é responsável — por uma incompreensão imperdoável do que de novo havia na doutrina do nazareno — de ter ensaiado e efectivado a síntese da mensagem cristã com a tradição religiosa judaica[17]. Daí se originam as grandes contradições contidas no Talmude — que data da época de Paulo — e que atravessam toda a tradição eclesial. Pois, se por um lado — para dar um exemplo — a Igreja, desde o Concílio de Niceia, definiu e expôs com precisão e clareza os artigos fundamentais do seu credo, inteligentemente orientados para não deixar dúvidas quanto à sua profissão de fé na natureza divina de Jesus, que proclamava como a segunda pessoa da Santíssima Trindade e reconhecia, enquanto tal, como o *Logos* divino encarnado; por outro, incoerentemente, não se sentiu obrigada, por esse reconhecimento, a atribuir mais importância à sua palavra divina que a textos ditos inspirados. Subalternizando a *boa-nova*, reduziu-a a ser um elo duma cadeia de revelações, que se prolonga desde a origem do mundo até aos nossos dias[18]. Assim sendo, a grande preocupação dos exegetas encaminhou-se

---

une intelligence simple [*et raisonnable*] ces parties, en se complétant l'une l'autre et en confirmant l'ensemble de la doctrine en opposition avec les étranges commentaires de l'Église, offrent l'indication la plus simple qui soit du sens qui doit être donné à la doctrine".

16 N. WEISBEIN, prefácio a L. TOLSTOÏ, *Abrégé de l'Évangile*, ed. cit., X:"C'est parce que Tolstoï s'est intéressé à l'exégèse évangélique qu'il sait que pendant des siécles on a colligé, épuré, amplifié, commenté les Évangiles, qu'il ne peut considérer ni admettre le texte actuel des Évangiles, comme le témoignage intrinsèque des apôtres et des disciples directs de Jésus"; cf. L. TOLSTOÏ, "Avant--Propos", *ibidem*,10-12.

17 N. WEISBEIN, *ibidem*, X-XI.

18 Cf. IDEM,*ibidem*, XI.

no sentido de pôr em harmonia a diversidade e pluralidade dos textos, ainda que, deste modo, falseasse a doutrina, que se ia afastando progressivamente dos testemunhos dos apóstolos, mais próximos do discurso original[19]. É que a enorme e profunda contradição, que se segue ao equívoco inicial, manifesta-se no carácter inconciliável do Antigo e do Novo Testamento, sob o ponto de vista doutrinário: impossível harmonizar a dimensão essencialmente legalista do primeiro, com o mandamento do amor do segundo[20]. O esforço exegético de Tolstoï orientou-se, assim, para libertar o texto evangélico de tudo o que julgou ser-lhe exterior. Erro grosseiro consistia para ele a interdição de alterar o texto dos evangelhos tal como o reconhece a autoridade da Igreja. Daí esta advertência:

> "O leitor deve recordar-se que não somente não há prejuízo em rejeitar dos Evangelhos as passagens inúteis, em esclarecê-los uns pelos outros, mas, bem pelo contrário, é insensato não o fazer e considerar um certo número de versículos e de letras como sagrados"[21].

Tolstoï apresentará, em primeiro lugar, cada versículo em grego e depois em russo "de acordo com o texto da edição sinodal"[22]. Analisa, comenta, discute um por um, e acabará por fazer não uma tradução, mas uma interpretação pessoalíssima de todos eles[23]. O que significa que, quer na selecção que faz dos textos (dando preferência a João e a Mateus)[24], quer na supressão de versículos, quer na forma como interpreta os que conservou, o objectivo de Tolstoï é, inalteravelmente, a exposição da doutrina cristã na sua simplicidade, expurgada de tudo o que a tradição de supérfluo lhe acrescentou. O sentido deste supérfluo outro não é, todavia, senão o ponto de vista teológico e o ponto de vista histórico dos Evangelhos, segundo os

---

[19] Cf. L. TOLSTOÏ, "Avant-propos", *ibidem*, 16-18.
[20] Cf. IDEM, *ibidem*, 18-20; cf. N. WEISBEIN, *ibidem*, XI.
[21] L. TOLSTOÏ, "Avant-propos", *ibidem*, 12: "Le lecteur doit se rappeler que non seulement il n'y a pas de préjugé à rejeter des Évangiles les passages inutiles, à éclairer les uns par les autres, mais bien au contraire, qu'il est déraisonnable de ne pas le faire, et de considérer un nombre donné de versets et de lettres comme sacrés".
[22] N. WEISBEIN, *ibidem*, VII: "Chaque verset est d'abord cité en grec, puis en russe d'après le texte de l'édition synodale".
[23] Cf. IDEM, *ibidem*.
[24] Cf. IDEM, *ibidem*, XII.

textos sinópticos, tal como hoje os encontramos, na versão recomendada pela Igreja[25]. Deste modo, Tolstoï realiza o seu projecto inicial de estabelecimento de uma religião nova, a religião de Cristo, exposta sem dogmas nem mistérios, oferecida como a Palavra que abre ao homem o caminho da beatitude, possível e experienciável na duração finita da sua existência.

Neste espírito, o seu Evangelho termina com a Paixão e a Morte na Cruz. Excluídas foram todas as passagens evangélicas não compatíveis com a exigência de um Cristianismo depurado:

> "Mas, nesta exposição, foram omitidos os versículos que se referem à concepção, ao nascimento de João-Baptista, à sua prisão e à sua morte; ao nascimento e à genealogia de Jesus, à sua fuga para o Egipto com a sua mãe; aos milagres de Jesus em Caná e Cafarnaum, à expulsão dos demónios, ao caminhar sobre as águas, à maldição da figueira, à cura dos doentes, à ressurreição dos mortos, à ressurreição de Cristo e às indicações das profecias cumpridas na vida de Cristo"[26].

O que resta, então, é a doutrina liberta da carga teológica, reduzida essencialmente a um moralismo, cujo fundamento último é o *entendimento da vida*, "fundamento e princípio de tudo"[27], "luz da verdade", que "ilumina todo o homem que nasce neste mundo"[28], mas princípio imanente que se revela na palavra de Jesus, filho de Deus entre os filhos de Deus, nem profeta nem redentor[29], antes o Mestre bem-amado, da palavra doce e mansa, que ensinara o amor do próximo como mandamento novo.

---

[25] Cf. IDEM, *ibidem*, X.
[26] L. TOLSTOÏ, "Avant-propos", *ibidem*, 8: "Mais dans cet exposé-ci ont été omis les versets ayant trait à la conception, à la naissance de Jean-Baptiste, à son emprisonnement et à sa mort; à la naissance, et à la généalogie de Jésus, à sa fuite en Égipte avec sa mère; aux miracles de Jésus à Cana et à Capharnaüm, à l'expulsion des démons, à la marche sur les eaux, à la malédiction du figuier, à la guérison des malades, à la résurrection des morts, à la résurrection du Christ lui-même, et aux indications des prophéties accomplies du vivant même du Christ".
[27] L. TOLSTOÏ, "Évangile. Introduction", *ibidem*, 36: "3. Le fondement et le principe de tout fut l'entendement de la vie".
[28] IDEM, *ibidem*: "8. La lumière de la vérité a toujours été, et elle illumine tout homme qui naît en ce monde".
[29] OSSIP-LOURIÉ, *La Philosophie de Tolstoï Suivie de ses Pensées*, Paris, [5]1931, 101: "L'Église chrétienne a inventé la légende de la divinité de Jésus pour aveugler

III.2 Análise do conteúdo existencial do *Resumo do Evangelho*

III.2.1 *Considerações metodológicas*

A análise a que vamos proceder tem como intenção fundamental libertar o conteúdo existencial mais relevante do texto envangélico, tal como ele resulta da hermenêutica de Tolstoï, sequente à crítica histórica a que submeteu os sinópticos, na subordinação aos princípios normativos que a regularam.

Na prossecução deste objectivo, daremos conta das deslocações semânticas que se efectuam na versão tolstoiana do evangelho, relativamente aos textos consagrados pela ortodoxia, e ensaiaremos tornar manifesta a intenção, que lhe subjaz, de alterar a significação teológica dos versículos bíblicos, ao transformá-los em enunciados simbólicos de situações e valores existenciais.

O texto, que resulta da nossa leitura, apoia-se num procedimento analítico, baseado não só no confronto dos textos que nos pareceram mais significativos, como ainda, e em primeiro lugar, na detecção de algumas estruturas pertinentes. Inspira-se, no que a estas últimas respeita, nos modelos de exegese estrutural, propostos respectivamente por Guy Lafon, em "Propositions pour une Lecture Sémiotique"[30], e por Daniel e Aline Patte, em *Pour une Exégèse Structurale* [31], ainda que não pretenda ser uma análise semiótica completa. Do primeiro colhemos a ideia de um conjunto de regras operatórias, que permitem tratar sempre o texto como um todo coerente. O cumprimento dessas regras dará origem a uma série de operações conducentes ao reconhecimento, quer de "um certo traçado

---

les peuples qu'elle voulait asservir, dont elle voulait accaparer les biens. Tolstoï reffuse de reconnaître cette divinité. Il considère Jésus comme un grand homme dont la doctrine n'est grande que parce qu'elle exprime, d'une façon claire et compréhensible ce que d'autres ont exprimé d'une façon parfois obscure. La grandeur de Jésus est faite par la simplicité irrépréhensible de sa manière de vivre, d'où résulte tout son enseignement."

[30] In: A.-L. DESCAMPS et al., *Genèse et Structure d'un Texte du Nouveau Testament. Étude Interdisciplinaire du Chapitre 11 de l'Évangile de Jean*, 185-211.
[31] Paris, 1978.

gráfico", quer de uma determinada "organização semântica", quer de uma certa "figura lógica". Um último conjunto de operações permitirá reunir os elementos precedentes e organizá-los, com vista à escrita do texto que o leitor produzirá, como expressão da sua leitura[32]. O primeiro conjunto de operações define-se como "delimitação do conjunto do texto" e como "articulação do conjunto textual", ou seja, respectivamente, escolha do "corpus"[33], isto é, delimitação do texto que se vai ler e sua fragmentação em elementos que possam, por sua vez, ser considerados como um conjunto, sendo os verbos os termos que permitem operar a articulação[34]. O segundo conjunto de operações concretiza-se no levantamento dos registos nos quais se depõe a significação, entendendo-se por tal o estabelecimento de "uma ordem onde os significados, representados pelos diversos lexemas dos textos, podem ser aproximados uns dos outros, em razão de uma certa semelhança semântica"[35]. Ao terceiro grupo de operações correspondem as que se definem pela descoberta do encadeamento lógico, que suporta todo o texto e que neste se impõe por re-inscrições várias, constituindo-se, desse modo, como garante da coerência da sua leitura[36]. O último grupo de operações conduz não só à dramatização do conjunto textual[37], como também à detecção da enunciação desse conjunto[38] e à sua leitura terminal[39]. O suporte greimassiano da sua inspiração, explica que nos tenhamos socorrido, neste momento da análise, do modelo da estrutura narrativa, tal como é proposto por Daniel e Aline Patte[40], uma vez que, sem trair o essencial dessa mesma concepção teórica, a torna mais operacional

---

[32] Cf. G. LAFON, *op. cit.*, 185.
[33] A. J. GREIMAS, *Sémantique Structurale*, Paris, 1976, 142: "On peut définir le *corpus* comme un ensemble de messages constitué en vue de la description d'un modèle linguistique". IDEM, *ibidem*, 143: "On dira qu'un corpus, pour être bien constitué, doit satisfaire à trois conditions: être *représentatif, exhaustif* et *homogène*".
Cf. G. LAFON, *op. cit.*, 186-187.
[34] Cf. IDEM, *ibidem*, 187-188.
[35] IDEM, *ibidem*, 190 "Par ce terme de registre on désigne un ordre où les signifiés, représentés par les divers léxémes du texte, peuvent être rapprochés les uns des autres en raison d'une certaine similitude sémantique".
[36] IDEM, *ibidem*, 191-192.
[37] IDEM, *ibidem*, 192-196.
[38] IDEM, *ibidem*, 196-198.
[39] IDEM, *ibidem*, 198-201.
[40] D. et A. PATTE, *op. cit.*, 59.

pela introdução de algumas alterações. Os elementos, hierarquicamente distintos, que compõem esse modelo, são os seguintes:
- Programas narrativos[41],
- Sintagmas narrativos[42],
- Enunciados narrativos[43],
- Modelo actancial[44],

---

[41] IDEM, *ibidem*, "Glossaire", 246: "PROGRAMME NARRATIF (ou PN) — Une unité syntagmatique [...] du *contenu* d'un *macro-signe*- récit: a) Un PN est constitué d'une suite d'énoncés narratifs formant trois *syntagmes narratifs* (les syntagmes contractuel, disjonctionnel/conjonctionnel et performanciel) qui mettent en jeu les relations entre *actants* dans le cadre du *modèle actantiel*. Le syntagme contractuel établit les relations entre SUJET, DESTINATAIRE et ADJUVANT; le syntagme disjonctionnel/conjonctionnel établit les relations entre SUJET, OPPOSANT (et certains ADJUVANTS); le syntagme performanciel établit les relations entre SUJET, OBJET, DESTINATEUR (sur la base des relations déjà établies). [...] b) Un PN peut être représenté de manière minimale par la *transformation narrative* qu'il opère: quand un SUJET attribue un OBJET à un DESTINATAIRE, l'état du DESTINATAIRE est transformé (il est maintenant qualifié comme étant conjoint à l'OBJET). Dès lors un PN peut être représenté par la formule $S(O \rightarrow D^{re})$". Traduzimos "performanciel" por performancial, a exemplo do que fazem os autores franceses apropriando-se do termo inglês. Quer referido a sintagma, quer a enunciado, o significado que lhe está associado é o de *actualização, concretização, execução.*

[42] IDEM, *ibidem*, "Glossaire", 248: "SYNTAGME [...] a) Unité signifiante caracterisée par l'organisation en chaîne des éléments qui la constituent. Ex.: un texte considéré du point de vue de l'ordre logique de son argumentation (les éléments textuels forment une chaîne). Les relations syntagmatiques sont d'ordre métonymique. b) Dans un *signe* (ou *macro-signe*): une série d'éléments de la substance de l'*expression* ou du *contenu* organisés en chaîne. Ex.: syntagme narratif. La *forme* de l'expression et du contenu manifeste des structures syntagmatiques (les lois qui régissent l'organisation syntagmatique) ainsi que des structures paradigmatiques.

[43] IDEM, *ibidem*, 64: "Les ÉNONCÉS NARRATIFS — Chaque syntagme se compose d'énoncés narratifs qui sont des éléments de la structure narrative. En langage technique, l'expression 'énoncé narratif' désigne une unité structurelle combinant deux éléments fondamentaux de la narration: les *fonctions* et les *actants*. Au niveau de la manifestation, l'unité structurelle 'énoncé' est manifestée par la description d'une action ou d'une série d'actions, accomplies par un même personnage en relation avec d'autres personnages ou avec des choses. Les différentes manifestations peuvent être ramenées à un certain nombre d'énoncés de base, qu'on appelle 'énoncés canoniques', autrement dit à une série d'énoncés auxquels peut être réduite toute combinaison d'actants et de fonctions."

[44] IDEM, *ibidem*, 246: "MODÈLE ACTANTIEL — Élément de la *structure narrative*. Représente la relation entre six rôles actantiels ou actants:

- Funções[45]
- Actantes[46].

Ele difere do de Greimas, no dizer dos seus proponentes, apenas num aspecto: na concepção mais funcional do programa narrativo. Segundo este modelo, ele é concebido "de modo a permitir dar conta simultaneamente das 'performances' e do estabelecimento dos programas pela comunicação das modalidades ao SUJEITO"[47].

A introdução de um processo comparativo, heterodoxo dentro dos princípios de uma leitura estrutural, justifica-se, na economia da metodologia seguida, pela função, de certo modo "marginal", que lhe pretendemos atribuir. Ele permite, em nossa intenção, estabelecer um parâmetro de *diferença* relativamente aos textos sinópticos, *confirmando* e *reforçando* o significado existencial que emerge das estruturas do texto, no nível em que foram consideradas. Integra-se, assim, no objectivo que preside a esta análise, o de, mediante ela, trazer à presença a semântica viva[48] do texto, tornar manifesta a sua *intenção significante* [49].

DESTINATEUR — OBJECT — DESTINATAIRE
ADJUVANT — SUJET — OPPOSANT."
[45] IDEM, *ibidem*, 64: "LES FONCTIONS NARRATIVES CANONIQUES — En tant qu'éléments fondamentaux de la structure narrative, les fonctions canoniques n'apparaissent pas directement dans le texte. Elles y sont manifestées par les différents verbes d'action, à savoir, les prédicats de la classe du 'faire'. La liste des fonctions canoniques peut être établie en réduisant un nombre presque illimité de variables (tous les prédicats de la classe du 'faire') à un nombre limité de constantes structurelles, ou invariants."
[46] IDEM, *ibidem*, 66: "LES ACTANTS [...] — Comme les fonctions, les actants sont obtenus en réduisant un jeu presque illimité de variables (les multiples personnages des récits) à un nombre limité d'invariants structurels: des 'rôles actantiels', ou 'actants'. En tant qu'unité structurelle, l'actant ne doit pas être confondu avec les acteurs ou les personnages de la manifestation."
[47] IDEM, *ibidem*, 59: "Le modèle qui va être présenté ici [...] dérive pour l'essentiel de celui de Greimas. Il en diffère toutefois sur un point: le concept de programme narratif est compris de manière à permettre de rendre compte simultanément des performances et de l'établissement des programmes par la communication des modalités au SUJET.".
[48] A expressão é de P. RICOEUR. Aparece em "Qu'est-ce qu'un texte? Expliquer et comprendre", in: R. BUBNER, K. CRAMER, R. WIEHL (Hrsg.) *Hermeneutik und Dialektik. Aufsätze*, Tübingen, 1970, 197.
[49] IDEM, *ibidem*.

Assim, o jogo de resistência da materialidade própria do texto, com o esforço de sistematização, traduzido em operações múltiplas e diversificadas a efectuar sobre este, delimitará o espaço polémico da leitura e abri-la-á à sua dimensão poética, ou seja, ao carácter produtivo e inovador deste outro discurso em que aquele se re-escreverá[50].

III.2.2 Delimitação do conjunto textual

O *corpus* em que consiste o *Resumo do Evangelho* de Tolstoï é constituído por doze capítulos, que se dispõem de acordo com os seguintes títulos e subtítulos:

C. I. — *O Filho de Deus*.
O homem, filho de Deus, é fraco na sua carne e livre em espírito[51].

C. II — *O Serviço de Deus*.
Esta é a razão pela qual o homem deve obrar não para a carne, mas para o espírito[52].

C. III — *O Princípio da Vida*.
É do espírito do Pai que procede a vida de todo o homem[53].

C. IV — *O Reino de Deus*.
Esta é a razão pela qual a vontade do Pai é a vida e o bem de todos os homens[54].

C. V — *A Vida Verdadeira*.
A satisfação da vontade pessoal conduz à morte; o cumprimento da vontade do pai dá a verdadeira vida[55].

---

[50] Cf. G. LAFON, *op. cit.*, 201.
[51] L. TOLSTOÏ, *Abrégé de L'Évangile*, ed. cit., 40: "C. I — *Le Fils de Dieu*. L'homme, enfant de Dieu, est faible dans sa chair et libre en esprit."
[52] IDEM, *ibidem*, 54: "C. II — *Le Service de Dieu*. Et c'est pourquoi l'homme doit oeuvrer non pas pour la chair, mais pour l'esprit".
[53] IDEM, *ibidem*, 78: "C. III — *Le Principe de la Vie*. C'est de l'esprit du Père que procède la vie de tout homme."
[54] IDEM, *ibidem*, 96: "C. IV — *Le Royaume de Dieu*. Et c'est pourquoi la volonté du Père est la vie et le bien de tous les hommes."
[55] IDEM, *ibidem*, 122: "C. V — *La Vie Véritable*. L'accomplissement de la volonté

C. VI — *A Falsa Vida*.
E para obter a vida verdadeira, o homem deve sobre a Terra renunciar à falsa vida da carne e viver em espírito[56].

C. VII — *O Pai e Eu somos Um só*.
O alimento verdadeiro da vida eterna é o cumprimento da vontade do Pai[57].

C. VIII — *A Vida não é no Tempo*.
Esta é a razão pela qual a vida verdadeira não é senão a vida no real[58].

C. IX — *As Tentações*.
As aparências enganadoras da vida passageira escondem aos homens a vida verdadeira no presente[59].

C. X — *A Luta contra as Tentações*.
Esta é a razão pela qual, a fim de não sucumbir às tentações, é preciso estar em todos os momentos da nossa vida em união com o Pai[60].

C. XI — *Último Colóquio*.
A vida pessoal é um ludíbrio da carne, um mal. A vida verdadeira é a vida comum a todos os homens[61].

---

personnelle mène à la mort; l'accomplissement de la volonté du Père donne la vraie vie."
[56] IDEM, *ibidem*, 156: "C. VI — *La Fausse Vie*. Et pour obtenir la vie véritable, l'homme doit sur la Terre renoncer à la fausse vie de la chair et vivre en esprit."
[57] IDEM, *ibidem*, 184: "C. VII — *Le Père et Moi sommes Un*. La nourriture véritable de la vie éternelle est l'accomplissement de la volonté du Père.
[58] IDEM, *ibidem*, 216: "C. VIII — *La Vie n'est pas dans le Temps*. Et c'est pourquoi la vie véritable n'est que la vie dans le réel."
[59] IDEM, *ibidem*, 240: "C. IX — *Les Tentations*. Les apparences trompeuses de la vie passagère cachent aux hommes la vie véritable dans le présent."
[60] IDEM, *ibidem*, 270: C. X — *La Lutte contre les Tentations*. Et c'est pourquoi, afin de ne pas succomber aux tentations, il faut être à toute heure de notre vie en union avec le Père."
[61] IDEM, *ibidem*, 294: "C. XI — *Dernier Colloque*. La vie personnelle est une tromperie de la chair, un mal. La vie véritable est la vie commune à tous les hommes."

C. XII — *A Vitória do Espírito.*
Esta é a razão pela qual, para o homem que vive não uma vida pessoal, mas em união com todos na vontade do Pai, não há morte. A morte corporal é a união com o Pai[62].

III.2.3   *Articulação do conjunto textual*

Uma vez delimitado o conjunto do texto, verifica-se ser possível desmembrá-lo em subconjuntos, determinados a partir de um elemento articulador comum a cada um dos membros que os constituem.

Assim:

Subconjunto I: *A Filiação divina.*
                  (C. I)

Subconjunto II: *Deus-Pai, fonte de Vida Verdadeira.*
                  (Cs. II, III, IV)

Subconjunto III: *Vida Verdadeira — submissão à vontade do Pai.*
                  (Cs. V, VI, VII)

Subconjunto IV: *Vida Verdadeira — vida no real e no presente.*
                  (Cs. VIII, IX, X)

Subconjunto V: *Vida Verdadeira — vida em comum com todos os homens.*
                  (C. XI)

Subconjunto VI: *Vida Verdadeira — triunfo sobre a morte.*
                  (C. XII)

---

[62] IDEM, *ibidem*, 314: "C. XII — *La Victoire de l'Esprit sur la Chair.* Et c'est pourquoi pour l'homme qui vit non de sa vie personnelle mais en union avec tous dans la volonté du Père, il n'est point de mort. La mort corporelle est l'union avec le Père."

A análise dos núcleos temáticos dos seis Subconjuntos (Sc.) permite ainda relacioná-los segundo uma ordem de subordinação, representável do seguinte modo:

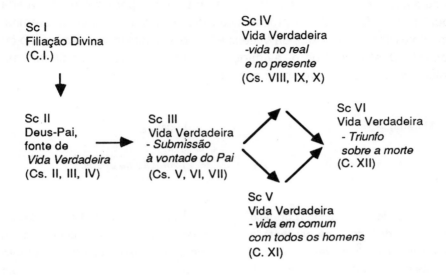

III.2.4 *Semântica do conjunto textual*

Análise do Subconjunto I

Este subconjunto é constituído, exclusivamente, por um único elemento: o Capítulo I. O mesmo apresenta como título: "*O Filho de Deus*"; e em subtítulo: "O homem, filho de Deus, é fraco na sua carne e livre em espírito".

O registo semântico dominante é o da *filiação divina*. Verifica-se, todavia, de imediato, a existência de uma deslocação da problemática doutrinal evangélica, ao expurgar da expressão "O Filho de Deus" a sua significação teológica e cristológica, para a fazer valer, apenas, na relação opositiva Deus/homem; assim se efectua, no acto de nivelamento pelo qual a afirmação da pessoa divina de Jesus se anula no texto, o acentuar da imanência do *espírito*. O relato das tentações de Jesus, no deserto, após os quarenta dias sem comer nem beber, é o lugar do sentido desta primeira unidade temática e, em consequência, o momento mais fortemente expressivo da referida deslocação. A análise a que iremos proceder mostrará igualmente a sua natureza paradigmática em relação à consonância do sentido do texto. Ela permitirá definir qual a operação lógica que se encontra disseminada em todo o conjunto textual, revelando, por esse modo, a sua coerência profunda[63]. Na prossecução deste objectivo transcreveremos, em primeiro lugar, os textos de Mateus e Lucas em conjunto com a versão de Tolstoï. Deste confronto evidenciar-se-ão diferenças significativas, indiciando um outro universo de sentido.

Mateus$_{c4}$

Jesus no deserto — As tentações.

1 Jesus foi então conduzido pelo Espírito ao deserto, para ser tentado pelo Demónio. 2 E, tendo jejuado durante quarenta dias e quarenta noites, depois teve fome. 3 Aproximou-se o Tentador e disse-Lhe:

— Se és Filho de Deus, dize a estas pedras que se transformem em pães.

4 Mas Ele respondeu:

— Está escrito: *Nem só de pão vive o homem, mas de toda a palavra que procede da boca de Deus.*

5 Então levou-O o Demónio à Cidade Santa, colocou-O sobre o pináculo do templo 6 e disse-Lhe:

Lucas$_{c4}$

Tentação de Jesus.

1 Jesus, cheio de Espírito Santo, retirou-se do Jordão e, no deserto, foi conduzido pelo Espírito 2 durante quarenta dias, sendo tentado pelo Diabo. Nada comeu nesses dias e, quando eles terminaram, sentiu fome. 3 Disse-Lhe o Diabo:

— Se és Filho de Deus, manda a esta pedra que se transforme em pão.

4 Respondeu-lhe Jesus:

— Está escrito:*Nem só de pão vive o homem.*

5 Levando-O para o alto, mostrou-Lhe num instante todos os reinos do Universo.

---

[63] G. LAFONT, *op. cit.*, 191: "La lecture de tout le texte comme un ensemble cohérent n'est possible que si l'on vérifie la dissémination de la même opération logique dans toutes les séries ternaires qu'on a d'abord établies à la faveur d'indices purement sémiotiques".

— Se és Filho de Deus, deita-Te abaixo, pois está escrito que *ordenará aos Seus Anjos que olhem por Ti, e eles tomar-Te-ão nas mãos, para que não magoes o Teu pé nalguma pedra.*

7 Disse-lhe Jesus:

— Também está escrito: *Não tentarás ao Senhor, teu Deus.*

8 De novo O leva o Demónio a um monte muito alto, mostra-Lhe todos os reinos do mundo e a sua magnificiência 9 e disse-Lhe:

— Tudo isto Te darei, se, prostrado, me adorares.

10 Então, diz-lhe Jesus:

— Vai-te, Satanás, pois está escrito: *Adorarás ao Senhor, teu Deus e a Ele só prestarás culto.*

11 Deixou-O então o Demónio, e eis que se aproximaram Anjos e O serviam[64].

6 — Dar-Te-ei todo este poderio e a sua glória — disse-Lhe o Diabo — porque me está entregue e o dou a quem quiser.

8 Respondeu-lhe Jesus:

— Está escrito:*Ao Senhor, teu Deus, é que hás-de adorar e só a Ele prestarás culto.*

9 Levou-O ainda a Jerusalém, colocou-O sobre o pináculo do Templo e disse-Lhe:

— Se és Filho de Deus, atira-Te daqui abaixo, 10 pois está escrito:*Ordenará aos Seus Anjos que olhem por Ti, a fim de que Eles Te guardem.*

11 E também:

Nas mãos Te hão-de tomar, não vás bater com o Teu pé nalguma pedra.

12 Respondeu-lhe Jesus:

— Está declarado:*Não tentarás ao Senhor, teu Deus.*

13 E, tendo esgotado toda a espécie de tentação, retirou-se o Diabo de junto d'Ele, até um certo tempo[65].

---

[64] *Bíblia Ilustrada*, I, trad. do texto original e notas por um grupo de Professores de Sagrada Escritura, Porto, 1957, 63-64.
[65] IDEM *ibidem*, 305-306.

Texto de Tolstoï

"53. Jesus passou no deserto quarenta dias e quarenta noites sem comer nem beber.

54. E diz-lhe a voz da carne:

55. Se tu fosses o filho de Deus todo poderoso, a teu desejo poderias transformar as pedras em pão; mas tu não podes fazer isso, por consequência não és o filho de Deus.

56. Mas Jesus diz de si para si: Se eu não posso transformar as pedras em pão, isso só quer dizer que não sou o filho de Deus da carne, mas o filho de Deus do espírito. Eu não vivo de pão, mas de espírito. E o meu espírito pode desprezar a carne.

57. Mas a fome fazia-o, todavia, sofrer; e a voz da carne diz-lhe ainda: se tu vives somente de espírito e podes desprezar a carne, então podes renegar a tua carne, e o teu espírito permanecerá vivo. E pareceu-lhe que se encontrava sobre o telhado do templo, e que a voz da carne lhe diz: se tu és o filho do Deus do espírito, lança-te do alto do templo, e não morrerás.

58. Mas uma força invencível te preservará, te sustentará e te libertará de todo o mal.

59. Mas Jesus diz a si mesmo: eu posso desprezar a carne, mas não posso renegá-la, porque nasci espírito num corpo de carne. Tal foi a vontade do Pai do meu espírito, e não posso ir contra ele.

60. Então a voz da carne diz-lhe: Se não podes ir contra a vontade de teu Pai e precipitares-te do alto do templo para te privares da vida, também não podes ir contra a vontade de teu Pai e jejuar, quando tens fome. Não deves negligenciar os desejos da tua carne; estão em ti e deves obedecer-lhes. E apareceram a Jesus todos os reinos da terra, e todos os homens, (e ele viu) como eles vivem e se fatigam pela sua carne, esperando dela recompensa.

61. E a voz da carne diz-lhe: Vês, é por mim que eles se fatigam, e eu dou-lhes tudo o que desejam.

62. Se, pois, obrares para mim, também tu obterás a mesma coisa.

63. Mas Jesus diz a si mesmo: o meu Pai não é carne, mas espírito. É por ele que eu vivo. É ele que eu reconheço em mim sempre, é ele que venero e por ele só me fatigo, dele só esperando a minha recompensa.

64. Então a tentação cessou, e Jesus conheceu a força do espírito.

65. E tendo conhecido a força do Espírito, Jesus saíu do deserto[66].

Algumas considerações se nos impõem de imediato. Em primeiro lugar, as que concernem à posição dos relatos respeitantes às tentações nos evangelhos sinópticos: Mateus e Lucas colocam-nas entre o baptismo e o princípio da missão de Jesus. A função deste relato na economia do texto

---

[66] L. TOLSTOÏ, *Abrégé de L'Évangile*, ed. cit., 46-48: "53. Jésus passa au désert quarante jours et quarante nuits sans manger ni boire.
54. Et la voix de la chair lui dit:
55. Si tu étais le fils de Dieu tout puissant, à ton désir tu pourrais transformer les pierres en pains; mais tu ne peux faire cela, par conséquent tu n'es pas le fils de Dieu.
56. Mais Jésus se dit: Si je ne puis transformer les pierres en pain, cela veut dire que je ne suis pas le fils du Dieu de chair, mais le fils du Dieu de l'esprit. Je vis non de pain, mais d'esprit. Et mon esprit peut mépriser la chair.
57. Mais la faim le faisait cependant souffrir; et la voix de la chair lui dit encore: si tu vis seulement d'esprit et peux mépriser la chair, alors tu peux renier ta chair, et ton esprit demeurera vivant. Et il lui sembla, qu'il se tenait sur le toit du temple, et que la voix de la chair lui dit: si tu es le fils du Dieu de l'esprit, précipite-toi du haut du temple, et tu ne te tueras point.
58. Mais une force invincible te préservera, te soutiendra et te délivrera de tout mal.
59. Mais Jésus se dit en lui-même: je puis mépriser la chair, mais je ne puis la renier, parce que je suis né esprit dans un corps de chair. Telle fut la volonté du Père de mon esprit, et je ne puis aller contre lui.
60. Alors la voix de la chair lui dit: Si tu ne peux aller contre la volonté de ton Père et te précipiter du haut du temple pour te priver de la vie, tu ne peux également pas aller contre la volonté de ton Père, et jeûner, alors que tu as faim. Tu ne dois pas négliger les désirs de ta chair; ils sont en toi, et tu dois leur obéir. Et à Jésus apparurent tous les royaumes de la terre, et tous les hommes, (et il vit) comment ils vivent et peinent pour leur chair, attendant d'elle leur récompense.
61. Et la voix de la chair lui dit: Vois, c'est pour moi qu'ils peinent, et je leur donne tout ce qu'ils désirent.
62. Si donc tu oeuvres pour moi, toi aussi tu obtiendras la même chose.
63. Mais Jésus se dit en lui même: mon Père n'est pas chair, mais esprit. C'est par lui que je vis. C'est lui que je reconnais en moi toujours, c'est lui seul que j'honore et pour lui seul que je peine, de lui seul attendant ma récompense.
64. Alors la tentation cessa, et Jésus connut la force de l'esprit.
65. Et ayant connu la force de l'Esprit, Jésus sortit du désert."

bíblico seria, assim, a de "mostrar a vitória do Mestre sobre os poderes do Mal", legitimando e preparando a compreensão dos "seus exorcismos e milagres posteriores"[67]. Esta função gora-se no texto de Tolstoï, de onde os exorcismos e os milagres foram excluídos. Em segundo lugar, as que respeitam ao relato propriamente dito. As diferenças mais significativas entre a narrativa de Mateus e a de Lucas residem, fundamentalmente, na redacção de alguns versículos (Lucas 6,7 e 13) e, sobretudo, na distribuição das três tentações no texto[68]. Possivelmente Lucas teria alterado a ordem original, invertendo as posições da segunda e da terceira tentações, em obediência à sua vocação mais profunda, a de "teólogo da história do plano de Deus"[69], e conduzindo o relato bíblico para a escalada até Jerusalém, cenário do sacrifício, da ressurreição e da ascensão, onde aquele se cumpre[70]. Assim, o texto de Lucas sublinha — ao destacar para último lugar aquela que é a segunda tentação da narrativa de Mateus — a vitória de Jesus sobre a sua tentação suprema: "a de escapar à morte por ser Filho de Deus"[71], pela entrega aos desígnios do Pai, num acto de confiança e abandono totais[72]. A vitória de Jesus instaura, na força do imperativo da proibição do desafio-teste ao poder e ao auxílio do Pai (v. 12), o sentido da exigência mais profunda da fé, a da entrega incondicional e confiante.

Mas, quer em Mateus, quer em Lucas, a pedagogia das tentações desdobra-se em três aspectos fundamentais: evidenciar, por um lado, a humanidade de Jesus, enquanto sujeito de tentação; desvelar "o modo concreto da missão de Jesus e os privilégios da sua situação de Filho de Deus"; salientar como "Jesus não quer aproveitar-se desta situação para escapar à morte, à fome, à condição humana e para conseguir, sem esforço, a sua realeza divina"[73].

O texto de Tolstoï apresenta, tal como o dos sinópticos, as três tentações, mas com a particularidade de que as duas últimas reforçam e desenvolvem o conteúdo da primeira, aquela que não só significativamente

---

[67] A. GEORGE, *Para Ler o Evangelho Segundo S. Lucas*, trad. do francês de P. H. Alves, Lisboa, 1979, 20.
[68] Cf. IDEM, *ibidem*, 20.
[69] Cf. X. LÉON-DUFOUR, *Les Évangiles et l'Histoire de Jésus*, Paris, 1963, 197.
[70] Cf. IDEM, *ibidem*, 198, 200; A. GEORGE, *op. cit.*, 21.
[71] A. GEORGE, *ibidem*.
[72] Cf. *Bíblia Ilustrada*, ed. cit., 64 n.6.
[73] Cf. A. GEORGE, *op. cit.*, 21.

se apoia na filiação de Jesus[74], mas também a que mantém com a situação concreta, em que as tentações acontecem, o laço mais íntimo, mais estreito: o isolamento e o jejum prolongado. O texto acentua a realidade existencial da situação, ao deslocar os interlocutores e todo o cenário exterior para a interioridade subjectiva (com excepção, naturalmente, do deserto), onde as forças em presença são a *carne* e o *espírito*. Por último, opera uma outra redução, que aprofunda as anteriormente assinaladas, ao dimensionar Jesus nos limites do humanamente possível. Deste modo, enquanto nos textos sinópticos, a verdadeira personagem do drama é Jesus, *o filho de Deus feito homem, o Cristo, o Enviado, o Mediador*, e onde o criacionismo subjaz como pressuposto teológico, na expressão do domínio omnipotente de Deus sobre a carne e o espírito (realidade que não é posta em causa, somente não é *usada* para que o plano se cumpra), no texto de Tolstoï, ao desdobramento entre o Deus da carne e o Deus do espírito vai corresponder a impossibilidade real, irrecorrível, de Jesus transformar as pedras em pão. O plano da transcendência está profundamente comprometido; a semântica do texto é uma outra.

Impõe-se que nos debrucemos, então, sobre este novo "corpus", procurando na vectorização das suas estruturas, o sentido para que aponta.

Como é sabido, os textos evangélicos estruturam-se e organizam-se, em seus desenvolvimentos, de acordo com dois modelos fundamentais, designados por estrutura concêntrica e estrutura paralela[75].

Acompanha a diferença estrutural de cada um dos modelos uma função apelativa diferente. À estrutura concêntrica corresponde uma forma arquitectónica de organização do texto, num triplo elemento, que se repete, mas na ordem inversa, a partir de um centro comum. Esquematicamente podê-la-emos representar do seguinte modo: ABC—D—C'B'A'. Sob o ponto de vista estrutural, esta organização destina-se a evidenciar o eixo que constitui o nó temático fundamental; sob o ponto de vista da função apelativa, ela visa normalmente comunicar uma revelação que interpela quer a fé dos discípulos quer a dos leitores[76].

---

[74] Cf. IDEM, *ibidem*.
[75] Cf. P. MOURLON-BEERNAERT, S. J., "Parallélisme entre Jean 11 et 12. Étude de structure littéraire et théologique", in: A.-L. DESCAMPS et al., *Genèse et Structure d'un Texte du Nouveau Testament. Étude Interdisciplinaire du Chapitre 11 de l'Évangile de Jean*, 136
[76] Cf. IDEM, *ibidem*.

A estrutura paralela, ao contrário, não apresenta centro. A sua arquitectura constrói-se, como a designação indica, a partir da repetição de situações paralelas, atravessadas, todavia, por um movimento interior de desenvolvimento da ideia que lhe é intrínseca. Este articulado destina-se, em sua função apelativa, a interpelar discípulos e leitores a um *compromisso* [77].

O tipo de estrutura, que se evidencia no texto de Tolstoï, é o de estrutura paralela, que aí se dispõe do seguinte modo:

53. Jesus passou no deserto quarenta dias e quarenta noites sem comer nem beber.

I Tentação

A — E diz-lhe a voz da carne:

A' — Mas Jesus disse de si para si.

B — Se tu fosses o filho de Deus todo poderoso,

B' — [...] não sou o filho de Deus da carne,

C — [...] a teu desejo poderias transformar as pedras em pão;

C' — [...] não posso transformar as pedras em pão,

D — [...] mas tu não podes fazer isso,

D' — E o meu espírito pode desprezar a carne — Eu vivo não de pão, mas de espírito.

E — por consequência não és o filho de Deus.

E' — [...] sou [...] o filho de Deus do espírito.

II Tentação

F — [...] a voz da carne diz-lhe ainda:

F' — Mas Jesus diz a si mesmo:

---

[77] Cf. IDEM, *ibidem*, 137.

G — se tu vives somente de espírito e podes desprezar a carne, então podes renegar a carne, e o teu espírito permanecerá vivo.

H — [...] se tu és o filho do Deus do espírito, lança-te do alto do templo, e não morrerás.

G' — eu posso desprezar a carne, mas não posso renegá-la, porque nasci espírito num corpo de carne.

H' — Tal foi a vontade do Pai do meu espírito e eu não posso ir contra ela.

III Tentação

I — Então a voz da carne diz-lhe:

J — Se não podes ir contra a vontade do teu Pai e precipitares-te do alto do templo para te privares da vida, tu não podes ir igualmente contra a vontade de teu pai e jejuar quando tens fome. Não deves negligenciar os desejos da tua carne; estão em ti e tu deves obedecer-lhes.
[...] todos os homens [...] vivem e se fatigam pela sua carne, esperando dela recompensa.
[...] Vês, é por mim que eles se fatigam, e eu dou-lhes tudo o que desejam.
Se, pois, tu obrares para mim, também obterás a mesma coisa.

I' — Mas Jesus diz a si mesmo:

J' — o meu Pai não é carne, mas espírito. É por ele que eu vivo. É ele que eu reconheço em mim sempre, é ele que venero e por ele só me fatigo, dele só esperando a minha recompensa.

64. Então a tentação cessou, e Jesus conheceu a força do espírito.
65. E tendo conhecido a força do Espírito, Jesus saíu do deserto.

Do levantamento dos registos semânticos nos quais se dispõe a significação do conjunto textual, evidencia-se a dominância do registo do *poder* na sua dupla forma de potência/impotência, interceptando-se este, relacionalmente, com os registos respectivos da *carne* e do e*spírito*, e o seu conjunto, com os da filiação divina e a obediência à vontade do Pai.

Se lermos, agora, o texto, conjugando o tipo estrutural da sua arquitectura com a combinatória resultante da associação dos registos semânticos indicados, verifica-se que o mesmo é percorrido por um movimento antitético, exposto nos enunciados simétricos que se dispõem de um e de outro lado da coluna.

Assim:

B ⎱ Apresentação do Poder
C ⎰ da Carne (sob forma hipotética).

B' ⎱ Negação do Poder da
C' ⎰ Carne.

D — Negação do poder da Carne.

D' — Afirmação do Poder do Espírito.

E — Negação da filiação divina — perda da identidade (não és ...)

E' — Afirmação da filiação divina — recuperação da identidade (sou ...).

G ⎱ Filiação divina: afirmação do poder do espírito sob
H ⎰ forma da renegação da carne.

G' ⎱ Filiação divina: afirmação do poder do espírito sob a forma de desprezo e não de renegação da carne —
H' ⎰ submissão à Vontade do Pai.

I — Filiação divina: submissão à Vontade do pai — escravização pelos desejos da carne.

I' — Reafirmação do poder do espírito, na obediência à vontade do Pai: assunção da condição carnal, sem escravidão.

Se se atender a que o conteúdo do conjunto B e C é apresentado sob o modo condicional, hipotético, teremos que a primeira afirmação ou tese é a *impotência da carne* (B' e C') de que D é, pura e simplesmente, uma confirmação; assim sendo, a segunda tese relevante seria D' que afirma o *poder do espírito*; a terceira tese, E, enuncia a perda da identidade, pela não existência do poder da carne; e a quarta tese, E', a recuperação da identidade, pelo reconhecimento do poder do espírito. Todavia, a recuperação da identidade deve incluir tanto o momento negativo E (não sou), como o momento positivo E' (sou): o reconhecimento simultâneo da impotência da carne e da potência do espírito. O movimento antitético que percorre os conjuntos (G H — G' H') e (I — I') aprofunda esta síntese, implicada pela identidade, e explicita, na interioridade do poder do espírito, a assunção da condição carnal, expressa na declaração do propósito de obediência à vontade do Pai. Ficamos, assim, reduzidos a três afirmações fundamentais, que se organizam dialecticamente segundo o esquema:

Tese — a impotência (da carne).
Antítese — a potência (do espírito).
Síntese — a im-potência (a recuperação da identidade pela apropriação da impotência e da potência que são essenciais a um ser que, sendo espírito, o é num corpo).

Chega-se, por este modo, à revelação do movimento dialéctico que constitui a operação lógica subjacente à narrativa tolstoiana das tentações e inscrita na totalidade do texto do *Resumo do Evangelho*, retomada, muito embora, em registos semânticos diferentes que progressivamente aprofundam a sua significação.

Se instituirmos cada um dos momentos deste movimento dialéctico num paradigma[78], obteremos três paradigmas: o da *impotência* (da carne); o da *potência* (do espírito); o da *im-potência* (ou da apropriação da identidade pelo reconhecimento da filiação). Poderemos, a partir deles, mostrar como todo o conjunto textual se integra nestas três unidades.

---

[78] D. et A. PATTE, *op. cit.*, "Glossaire", 246. "PARADIGME: a) Unité signifiante caractérisée par l'organisation en système des éléments qui la constituent. Ex.: un système de valeurs manifestées par des éléments textuels éparpillés tout au long du texte. Une lecture paradigmatique d'un texte est une lecture 'verticale" (et non "horizontale" comme la lecture syntagmatique). Les relations paradigmatiques sont d'ordre métaphorique.
b) Dans un *signe* (ou *macro-signe*) une série d'éléments de la substance de l'*expression* ou du *contenu* organisés en système signifiant. La *forme* de l'expression et du contenu manifeste des structures paradigmatiques (les lois qui régissent l'organisation paradigmatique) ainsi que des structures syntagmatiques."

Assim:

Paradigma da *impotência* (da carne):

- C. I. O homem [...] é fraco na carne.
- C. II. Esta é a razão pela qual o homem deve obrar não para a carne [...].
- C. V. A satisfação da vontade pessoal conduz à morte [...].
- C. VI. A falsa Vida [...] vida da carne.
- C. IX. *As aparências enganadoras da vida escondem* ao homem a vida verdadeira no presente[79].
- C. XI. A vida pessoal é uma ilusão da carne, um mal.

Paradigma da *potência* (do espírito)

- C. I. O homem [...] é livre em espírito.
- C. II. Esta é a razão pela qual o homem deve obrar [...] para o espírito.
- C. III. É do Espírito do Pai que procede a vida de todo o homem.
- C. VI. E para obter a verdadeira vida o homem deve sobre a Terra [...] viver em espírito.
- C. VIII. A vida não é no Tempo.

Paradigma da *im-potência* (ou da apropriação da identidade pelo reconhecimento da filiação):

- C. I. *O homem, filho* de Deus, [...].
- C. II. Esta é a razão pela qual a *vontade do Pai* é a vida e o bem de todos os homens.
- C. VII. O Pai e Eu somos Um só.
  O alimento verdadeiro da vida eterna é o cumprimento da vontade do Pai.
- C. VIII. Esta é a razão pela qual a *vida verdadeira é* a vida no real.

---

[79] Nesta apresentação esquemática do título dos capítulos do *Resumo do Evangelho* de L. Tolstoï, todos os sublinhados são da nossa responsabilidade.

C. IX. As aparências enganadoras da vida passageira escondem aos homens a *vida verdadeira no presente*

C. X. Esta é a razão pela qual, a fim de não sucumbir às tentações, *é preciso estar, em todos os momentos da nossa vida, em união com o Pai*.

C. XI. *A vida verdadeira é a vida em comum com todos os homens*.

C. XII. Esta *é a razão pela qual para o homem que vive não uma vida pessoal, mas em união com todos na vontade do Pai, não há morte*.

A mesma estrutura lógica, cujos momentos correspondem a estes paradigmas, é reconhecível no traçado gráfico, resultante da operação de articulação do conjunto textual.

Assim:

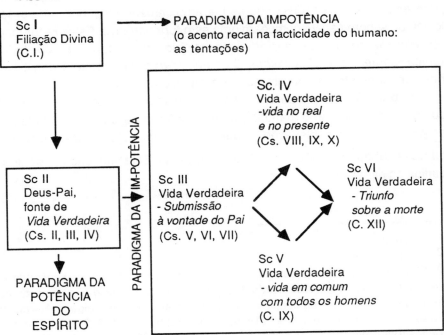

Foi nosso objectivo mostrar que uma mesma forma lógica, penetrando o conjunto do texto, evidencia a sua unidade profunda e deverá, por isso, produzir a leitura coerente da sua totalidade[80].

[80] Cf. G. LAFON, *op. cit.*, 192.

III.2.5 *Dramatização do conjunto textual*

Qual o valor semântico deste encadeamento lógico que, desvelado a partir da análise da narrativa das tentações, se mostra disseminado pela articulação global do conjunto do texto?

Retornemos ao *lugar* do desvelamento — o relato das tentações — e proceda-se à representação semântica da sua estrutura lógica, considerada esta como a história da transformação de uma situação inicial de carência. Chamaremos a esta operação "dramatização do conjunto textual"[81]. Descobrir-se-á, então, que a temporalidade, que afectava os três momentos sucessivos da estrutura lógica, não é mais do que o percurso de uma força, o desejo, no movimento dialéctico em que se transforma a situação inicial de carência[82].

Seguiremos, nesta operação, o modelo de estrutura narrativa, tal como nos é proposto por Daniel e Aline Patte[83]. De acordo com o mesmo, vários *programas narrativos*, dispondo-se hierarquicamente segundo uma ordem lógica de subordinação, compõem uma estrutura narrativa. Estes reagrupam-se em três *conteúdos narrativos*: *conteúdo inicial correlato; conteúdo tópico; conteúdo final correlato*. O conteúdo inicial correlato é constituído por um conjunto de programas narrativos, que expõe a situação de impossibilidade em que se encontram os membros de uma sociedade de cumprir o *contrato* (ou o mandato) de que estão investidos enquanto tal, em sequência de uma sublevação ou desordem social, cujas causas podem ser ou não explicitadas por um ou vários programas. Esta situação é o ponto de partida da narrativa.

---

[81] Cf. IDEM, *ibidem*.
[82] Cf. IDEM, *ibidem*.
[83] Cf. D. et A. PATTE, *op. cit.*, 60-77. A propósito deste modelo, os seus autores (*ibidem*, 59 n. 1) na impossibilidade de reconstruirem o processo que conduziu até ele, remetem-nos para um conjunto de obras que lhe estão na origem. Assim: "V. Propp, *Morphologie du conte* (1965); — É. Souriau, *Les 200.000 situations dramatiques* (1950); — A. J. Greimas, *Sémantique* (1966); *Du sens* (1970); *Essais de sémiotique poétique* (1972) et "Les actants, les acteurs et les figures" (1973). En outre, à C. Brémond, "Le message narratif" (1965) et "La logique des possibles narratifs" (1966); — T. Todorov, "Les transformations narratives" (1970); et aux diverses publications de L. Marin (1971) qui a utilisé cette méthode dans l'analyse de textes bibliques."

O objectivo de restaurar a ordem e repor as condições de cumprimento do contrato inicial desencadeia o conjunto de acções que dão continuidade à narrativa, realizadas por um ou vários heróis, em obediência a um outro contrato (contrato tópico) e com o auxílio de um adjuvante. Podem suceder-se vários contratos, até que o objectivo determinante seja finalmente alcançado. Os programas, que expõem este conjunto de acções, constituem a substância do *conteúdo tópico*.

A restauração da ordem inicial e a possibilidade de cumprir o contrato inicial são expostos pelo conjunto de programas que se reagrupam no *conteúdo final*.

Um prolongamento da narrativa pode ser constituído pelo reconhecimento do herói enquanto herói e a sua glorificação.

Cada programa compreende, por sua vez, três sintagmas: *sintagma contratual*; *sintagma disjuncional/conjuncional*, *sintagma performancial*. O primeiro expõe o estabelecimento do contrato: quem realiza a acção, que acção e como. O segundo, os afastamentos (disjunção) e as aproximações (conjunção) de pessoas, lugares e coisas, a que são obrigados os que se propuserem realizar o contrato. O terceiro, o seu modo de execução.

Compõem-se os sintagmas de *enunciados narrativos*, onde *funções* e *actantes*, elementos fundamentais da narração, se combinam na descrição de acções levadas a efeito pelos diversos personagens. Os verbos da classe do "fazer" manifestam, ao nível do texto, as funções narrativas canónicas. Estas são constantes estruturais ou invariantes, obtidas a partir do número ilimitado de variáveis que são todos os verbos de acção. Uma lista das mesmas foi estabelecida por Jean Calloud, que as designa deste modo: chegada *vs* partida, partida *vs* regresso; conjunção *vs* disjunção; mandato *vs* aceitação/recusa; confrontação (ou afrontamento); dominação *vs* submissão; comunicação *vs* recepção; atribuição *vs* suspensão[84]. As invariantes estruturais, actantes, estabelecem-se a partir de três eixos: o *eixo da comunicação*, o *eixo do querer* e o *eixo do poder*. Três posições actanciais se encontram sobre o *eixo da comunicação*: a do DESTINADOR, a do

---

[84] Cf. J. CALLOUD, *L'Analyse Structurale du Récit. Éléments de Méthode*, Lyon, 1973, 16-17. Citado por D. et A. PATTE, *op. cit.*, 64-65. IDEM, *ibidem*, 64 n. 1: "Le symbole VS [...] note la relation sémantique dans son double aspect de rupture et de continuité, de conjonction et de disjonction".

OBJECTO, a do DESTINATÁRIO[85]. O papel actancial do DESTINADOR consiste em instaurar o programa de acção ou mandato, determinando que OBJECTO é necessário e a quem ele é necessário: o DESTINATÁRIO. O DESTINADOR apresenta-se, muitas vezes, como entidade abstracta. A posição de SUJEITO é ocupada, na relação de comunicação, pela personagem que recebe o mandato. A nível deste eixo, o OBJECTO é definido por "aquilo que falta" ao DESTINATÁRIO. Os papéis actanciais de SUJEITO e OBJECTO redefinem-se, quando os reencontramos sobre o *eixo do querer*, sobre o qual se encontram, como é óbvio, todos os fenómenos respeitantes ao projecto e ao querer. O SUJEITO é agora a personagem que, tendo recebido o mandato, cumpre a tarefa de tornar possível a comunicação do OBJECTO ao DESTINATÁRIO. Nesta situação, o OBJECTO constitui-se como "aquilo" que o SUJEITO "quer" conferir ao DESTINATÁRIO. Todavia, para que o SUJEITO possa cumprir essa função, torna-se exigível que ele tenha "poder". Este ser-lhe-á conferido pelo auxílio de uma pessoa, objecto, qualidade ou "saber", o qual ocupará a posição actancial de ADJUVANTE. A representar, por antítese, as forças negativas que se opõem à realização do projecto do SUJEITO, encontra-se, neste novo eixo — o *eixo do poder*—, o OPONENTE. Se se verifica a inversão do modelo actancial e o OPONENTE domina o SUJEITO e o seu ADJUVANTE, ele ocupará, então, a posição de ANTI-SUJEITO. Para além do facto de um personagem poder ocupar várias posições actanciais neste *modelo actancial*, é bom frisar que cada uma delas, na sua manifestação, pressupõe a totalidade do modelo, mesmo quando, por hipótese, a narrativa manifesta, apenas, uma parte do mesmo.

Os diversos programas, que se reagrupam para constituírem uma estrutura narrativa, são instaurados, então, por um *sintagma contratual* — definidor e determinador, mesmo que de forma implícita, das diversas posições dos actantes —, constando de dois *enunciados narrativos contratuais*: o *enunciado modal do querer* EC_1, e o *enunciado modal do poder e/ou saber*, EC_2. Respeita o primeiro às funções de "mandato/aceitação" ou "mandato/recusa", e à investidura do SUJEITO na *modalidade do querer*, no caso de aceitação do mandato; o segundo contempla as funções de "comunicação e recepção" e corresponde à

---

[85] Seguimos a indicação de D. et A. PATTE (*ibidem*, 66 n. 1) de transcrever em letras maiúsculas os termos que designam os actantes, sempre que utilizados em sentido técnico.

investidura do SUJEITO *nas modalidades do poder e do saber*, condições da realização do seu mandato. Um *sintagma disjuncional/conjuncional* expõe a primeira etapa da realização do contrato e apresenta-se sob a forma de um *enunciado disjuncional ou conjuncional*, ED, expressando as funções de "chegada e partida" ou "partida e chegada", correspondentes às deslocações do SUJEITO e à teia de relações que este desenvolve, no cumprimento do seu mandato[86]. Três *enunciados performanciais*, EP_1, EP_2, EP_3, integram o *sintagma performancial*, que relata o modo de execução do contrato. EP_1 consigna uma função de "confrontação", a do encontro do SUJEITO com a "falta" que foi provocada pelo OPONENTE[87]. EP_2 expõe uma função de "dominação *vs* submissão". Num programa não interrompido, em que o SUJEITO vence o OPONENTE, a função é naturalmente a de "dominação". EP_3 determina a função de "atribuição" do OBJECTO ao seu DESTINATÁRIO, assinalando, por esse modo, o cumprimento do programa do SUJEITO.

Expostas, de modo breve e sucinto, as noções principais implicadas por este modelo de estrutura narrativa, passaremos à sua aplicação ao *corpus* que temos em análise. Verifica-se, de imediato, que o programa narrativo que compõe o *conteúdo inicial correlato*, revela uma perturbação não somente da ordem social como ainda da ordem natural. Ele é constituído, exclusivamente, por um *sintagma disjuncional,* que dá conta da situação de ruptura na rede de relações humanas e materiais em que se encontra o SUJEITO, Jesus. Segundo o *enunciado disjuncional* (ED), em "Jesus passou no deserto quarenta dias e quarenta noites sem comer nem beber", a função de disjunção, explicitada pelo verbo *passar* e o topónimo *deserto*, exprime o corte com a comunidade dos homens; enquanto a abstenção relativamente à comida e à bebida, necessidades materiais orgânicas, assinala o corte com o elemento natural. A *subversão da ordem* é, neste caso, a expressão desta dupla ruptura do homem relativamente às totalidades — social e natural — em que se inscreve. A ausência, neste

---

[86] Cf. IDEM,*ibidem*, 70: "Une fois le contrat exécuté, on rencontre parfois un second ED (souvent symétrique du précédent), si le SUJET, après avoir rejoint un certain lieu pour sa performance, doit aussitôt en partir. En fait, ce nouvel énoncé narratif est un ED appartenant à un autre programme. Il manifeste que le personnage effectuant un nouveau déplacement s'apprête à accomplir un autre contrat."
[87] Cf. IDEM,*ibidem*, 71 n. 1: "Dans la pratique analytique, cet énoncé est très rarement repérable. Malgré sa justification théorique, il conviendra peut-être de modifier sur ce point le modèle."

programa narrativo, do *sintagma contratual* não permite determinar, no *eixo da comunicação*, mais do que o SUJEITO. DESTINADOR, OBJECTO, DESTINATÁRIO ficam ocultos. A finalização da acção é, consequentemente, omissa. Esta omissão opera, assim, no sentido de destacar o *sintagma disjuncional* e o conteúdo de quebra de relações por ele veiculado. E como estas se mostram ser as fundamentais relativamente à sobrevivência do humano, poderemos designar a situação do SUJEITO, tal como se expõe no *sintagma disjuncional,* de situação limite. A morte perfila-se no horizonte, anunciando a sua inevitabilidade.

Restabelecer os elos da ordem original subvertida e reinscrever o SUJEITO nas totalidades, que lhe permitam a superação da situação limite insuportável, é a finalidade determinante do programa apontado pela "voz da carne" (DESTINADOR).

Este propõe ao SUJEITO (Jesus), que dê satisfação efectiva ao seu *desejo* (DESTINATÁRIO), transformando as pedras em pão (OBJECTO). O mandato toma, todavia, a forma de desafio (tentação). O que se insinua é que Jesus (SUJEITO) não poderá satisfazer a necessidade do seu desejo (DESTINATÁRIO), transformando as pedras em pão (OBJECTO), pela impotência em que se encontra o seu querer à falta de ADJUVANTE, o auxílio do Pai, o Deus todo-poderoso.

O programa mostra ser, todavia, um falso programa. A afirmação: "Eu vivo, não de pão, mas de espírito" denuncia o erro na determinação da natureza do OBJECTO, inicialmente indicado como objecto da carência. O valor narrativo da afirmação é o de um *enunciado performancial*, EP_1, cujo conteúdo expõe o reencontro do SUJEITO com a necessidade que tem o DESTINATÁRIO (o desejo) do OBJECTO. Este revela-se não como *pão*, mas como *espírito*. Contemporânea desta revelação é a de que o SUJEITO está de facto investido da *modalidade do poder* : ele não pode transformar as pedras em pão, mas "*pode* desprezar a carne". O que significa poder renunciar ao mandato do DESTINADOR, desclassificado este pela descoberta do logro a que pretendera conduzir o SUJEITO (Jesus): a transformação das pedras em pão colmataria, artificialmente, o espaço da carência do desejo (DESTINATÁRIO), ferido de morte na sua apetência de vida.

O esquema repete-se nos programas sucessivos que a voz da carne vai delineando: a segunda e a terceira tentações. O SUJEITO recusará os mandatos e os programas serão interrompidos. A falsidade destes torna evidente para o SUJEITO o carácter de *tentação* do mandato. O SUJEITO dispõe, na realidade, de um ADJUVANTE, o Deus do Espírito, o Pai, na luta contra a morte, consequente à desertificação a que parecia estar condenado. Ele pode, então, executar um verdadeiro programa de salvação, de vida, investido como está das modalidades do poder e do saber: "o meu Pai não é carne, mas espírito. É por ele que eu vivo. É ele que reconheço em mim sempre, é ele que eu venero e por ele só me fatigo, dele só esperando a minha recompensa". No eixo da comunicação, DESTINADOR e SUJEITO, agora, coincidem: "Mas Jesus diz a *si mesmo*". A saída do deserto vale por um *enunciado modal do querer*. O mandato é aceite. O SUJEITO quer, pode e sabe como executá-lo: ele torna-se capaz de cumprir a sua missão.

A observação atenta dos títulos dos restantes capítulos do *Resumo do Evangelho* de Tolstoï desvela como eles são o prolongamento da narrativa das Tentações e se constituem como seus verdadeiros desenvolvimentos. Os capítulos II e III valem por um sintagma disjuncional/conjuncional, pois compõem a primeira etapa da realização do novo contrato. Este sintagma consiste fundamentalmente nas funções de afastamento e de aproximação, referentes aos movimentos necessários ao SUJEITO para execução do seu programa. O *Serviço de Deus* (c. II) é simultaneamente este duplo movimento: *separação*, enquanto libertação da servidão da carne: "o homem deve obrar não para a carne"; *aproximação*, na procura de um outro vínculo, o serviço do espírito: "o homem deve obrar [...] para o espírito", no reconhecimento do Pai de onde "procede a vida de todo o homem" (C. III). O capítulo IV e os Subconjuntos que integram — no traçado gráfico da articulação do conjunto textual — o *paradigma da im-potência*[88], valem por um sintagma performancial. *O Reino de Deus ...* é a *vida e o bem de todos os homens* (C. IV), a *Vida Verdadeira* (C. V), mas ela só se cumpre na *submissão à vontade do Pai* (Cs. V, VI, VII). A obediência filial há-de, então, tomar forma no restabelecimento de todas as relações, cuja ruptura criara o espaço de carência de onde, ameaçador, se soerguia o fantasma da morte. A submissão à vontade do Pai reintegrará o filho nas totalidades a que naturalmente pertencia: *a vida no real e no presente* (Cs. VIII, IX, X); *a vida em comum com todos os homens* (C. XI). A narrativa prolonga-se pelo que se poderia chamar, à semelhança de Propp[89], uma *prova glorificante*: o triunfo final sobre a morte, exposto no conteúdo do C. XII.

---

[88] Cf. Diagrama da p. 77.
[89] IDEM,*ibidem*, 61: "Le récit peut alors se prolonger par ce que Propp appelle

III.2.6 Re-escrita "poética" do texto. Da beatitude

A unidade do texto evangélico, que por este modo se manifesta, define-o como exposição, ao mesmo tempo, da história de uma carência fundamental e do sentido da acção que é necessário efectivar para levar a bom termo o seu preenchimento.

O que *falta* é a vida.

A tentação, a que dá forma a "voz da carne", exprime, no modo condicional em que se verbaliza, a interrogação que corporiza a dúvida das horas da experiência do *limite* e da *impotência* frente a um "transcendente" que se escapa e não se domina. A *impotência*, aqui, é a da vontade (sujeito do desejo) na sua acção transformadora e operante sobre o mundo, o transcendente, representado de modo metonímico pela "pedra".

No movimento dialéctico que anima este diálogo interior ("a voz da carne" e "Jesus *se* diz"), à tese, a que corresponde a *impotência* da vontade, logo se opõe — antítese — a *afirmação* do querer espiritual, a revelar-se no acto pelo qual a *negação* como *desprezo da carne* se instaura.

A vontade humana experiencia-se, assim, antinomicamente, como necessidade e limite, mas também como transcendência e liberdade. Estas impõem-se como as categorias existenciais que cobrem o aspecto dual dessa experiência.

A espiritualidade entende-se, pois, como libertação da *carne*, signo da *facticidade*, do já-aí, do mundo como acontecimento, simultaneamente transcendente e limite, espaço de frustração da vontade, enquanto sujeito do desejo. Assim, o *obrar para o espírito* (C. II) tem a ver com a realização da liberdade, entendida como o acto de transcendência, expresso no *desprezar da carne*, cujo sentido existencial o texto evangélico de Tolstoï irá precisando, no movimento superador da síntese, anunciada metaforicamente na promessa do "Reino de Deus".

O capítulo III — *O Princípio da Vida* — antecipa essa ideia, orientando-nos para a entendermos, quer num sentido individual de realização interior, que exprime uma realidade imanente, quer no sentido mais ecuménico da

---

l'*épreuve glorifiante*: il s'agit d'un ou plusieurs programmes du héros dont l'exécution lui procurera une certaine 'gloire'. Il sera reconnu en tant que héros."

comunidade dos "homens que vivem do espírito"[90]. Mas sobretudo realça, na aposta de o "viver pelo espírito", o viver segundo a liberdade e na liberdade, no acto em que, pela *negação*, a possibilidade de transcender a facticidade efectivamente acontece. A parábola "O fermento", na reinterpretação tolstoiana, reassume esta doutrina, embora se afaste da mensagem que, através dela, se comunica no texto dos sinópticos. Quer em Mateus[91], quer em Lucas[92], o que é posto em relevo é a "força da penetração e transformação que o Evangelho possui"[93], a pequenez inicial do Reino pela cegueira obstinada dos Judeus e a sua expansão, antevista no acolhimento da Palavra pelos gentios[94]. Tolstoï extrai da parábola uma outra lição, exposta nos períodos que citamos: "Enquanto os homens vivem, Deus não intervém na sua vida"; "Para o espírito não há nem a morte nem o mal"[95]. A inteira responsabilidade do homem pelo seu destino — o que significa, no contexto semântico, o perder-se na facticidade, isto é, no "serviço da carne", ou o salvar-se, abrindo-se para a liberdade no gesto de negação em que transcende o vínculo da servidão a que está sujeito — é a ideia que o texto enforma, entrelaçando-a à da superação da morte e à vitória do espírito sobre esta.

---

[90] L. TOLSTOÏ, *Abrégé de L'Évangile*, ed. cit., 90: " 235.[...] et les hommes qui vivent de l'esprit forment le royaume de Dieu.".
[91] Mt.13: " [33]Expôs-lhe ainda outra parábola: — O Reino dos Céus é semelhante ao fermento, que uma mulher tomou e meteu em três medidas de farinha, até que a fermentou toda." (*Bíblia Ilustrada*, Novo Testamento I, ed. cit., 108).
[92] Lc.13: " [20]Disse ainda:
— A que hei-de comparar o Reino de Deus? [21] É semelhante ao fermento que uma mulher tomou e meteu em três medidas de farinha, até ficar tudo fermentado." (IDEM, *ibidem*, 350).
[93] Cf. IDEM,*ibidem*, 108, comentário, em nota de rodapé, ao v. 33.
[94] Ideia que tomou corpo, sobretudo na sequência dos textos de Lucas: *Parábola do grão de mostarda e do fermento* (13, 18-21) e *Rejeição dos judeus e admissão dos gentios* (13, 22-30). (Cf. *ibidem*, 350-351).
[95] É deste modo que Tolstoï (*Abrégé de L'Évangile*, ed. cit., c. III, 90, §235) desenvolve o curto parágrafo do texto dos evangelistas: "235. Lorsqu'une paysanne met dans un pétrin du levain et le mêle à la farine, elle ne brasse plus la pâte, mais la laisse fermenter d'elle-même et lever. Tant que les hommes vivent, Dieu n'intervient pas dans leur vie. Il a donné l'esprit au monde, et l'esprit vit dans les hommes, et les hommes qui vivent de l'esprit forment le royaume de Dieu. Pour l'esprit il n'y a ni mort, ni mal. La mort et le mal sont pour la chair, non pour l'esprit.".

Assim, numa perspectiva bem diversa da que é claramente suposta, por exemplo, no texto de Lucas[96], em Tolstoï, a promessa do "Reino de Deus" corporiza-se, pois, na dupla vectorização da liberdade e da vida, como formas escatológicas imanentes ao acto espiritual do querer[97].

---

[96] O confronto dos textos, o de Lucas e o de Tolstoï, é elucidativo a este respeito. Veja-se em Lucas: "A vinda do Reino de Deus" (17, 20-21) e "O dia do Filho do Homem" (17, 22-25):
Lc. 17: "[20]Interrogado pelos Fariseus sobre quando viria o Reino de Deus, respondeu-lhes, dizendo:
— O Reino de Deus não vem com aparato; [21] nem se dirá: 'ei-lo aqui', ou 'ali'; pois o Reino de Deus está dentro de vós." (*Ibidem*, 362)
Lc. 17: " [22]Disse depois aos discípulos: —
 Dias virão em que tereis o desejo de ver um dos dias do Filho do homem, e não o vereis! [23]Dir-vos-ão: 'ei-lo ali', ou então: 'ei-lo aqui'. Não queirais lá ir nem o sigais. [24]Pois, assim como o relâmpago, ao faiscar, brilha dum lado ao outro do horizonte, assim será o Filho do homem no Seu dia. [25]Mas primeiro tem Ele de sofrer muito e de ser rejeitado por esta geração." (*Bíblia Ilustrada. Novo Testamento*, I, ed. cit., 362).
De acordo com a interpretação corrente, os dias do Filho do homem "são os que se hão-de seguir à Sua manifestação gloriosa, no fim do mundo" (*ibidem*, comentário em nota de rodapé).

[97] A ideia de salvação que não vem de fora, mas que se conquista na conversão da vontade, ganha novo reforço nos parágrafos onde se fala sobre a vinda do Reino. O discurso escatológico está omisso no texto do *Resumo do Evangelho*. Aí o Reino é só imanente, uma vez suposta a opção interior de uma nova atitude em relação ao mundo. Daí também a explicitação e clareza com que, no texto do escritor russo, Jesus estabelece a diferença entre o Reino de Deus que Ele anuncia e o que foi anunciado outrora pelos profetas: não se trata de uma diferença que se estabelece somente ao nível da representação, mas de uma realidade, efectivamente, diversa. Eis a versão tolstoiana destes versículos:
"203. Puis vinrent vers Jésus les bien-pensants et ils se mirent à lui demander comment et quand viendrait le royaume de Dieu. Et il leur répondit; le royaume de Dieu que j'annonce n'est pas celui qu'annonçaient les prophètes d'autrefois. Ils disaient que Dieu viendrait, et se manifesterait visiblement de diverses façons, mais moi je parle d'un royaume de Dieu dont il n'est pas possible de voir l'avènement avec les yeux.
204. Et si l'on vous dit: le voilà venu, ou qui vient, ou bien il est ici ou là, ne le croyez pas. Le royaume de Dieu n'est ni dans le temps ni en quelque lieu que ce soit.
205. Il est, comme l'éclair, ici, là, là-bas et partout.
206. Et il n'y a pour lui ni temps ni lieu, car le royaume de Dieu que je vous annonce est en vous." (TOLSTOÏ, *Abrégé de L'Évangile*, ed. cit., 82).
De ressaltar ainda, a substituição do termo "fariseus" por "bem-pensantes". É certo que Tolstoï, na intenção de aproximar o seu evangelho da experiência do público ao qual o destinava, usou muitas vezes o expediente de traduzir expressões referentes a realidades muito concretas e, por isso mesmo, também muito circunstanciadas, a

A ideia do "Reino" aprofunda-se no capítulo IV: "*O Reino de Deus*. Esta é a razão pela qual a vontade do pai é a vida e o bem de todos os homens"[98]. O texto fulcral é, aí, o do "Sermão da Montanha". O "Reino de Deus" define-se, agora, como grande paradoxo, o paradoxo do Amor, só na derrota triunfante[99]. Ele expõe-se no desafio da doutrina das bem-aventuranças, no jogo das contradições que as anima. O movimento interior de onde estas colhem a sua potencialidade significativa, polariza os opostos, mantém-nos em tensão e fá-los valer pela dialéctica da mediação dos contrários, suscitando o escândalo em que se constituem para o entendimento comum: a força pela fraqueza, o poder pela renúncia, a abundância pela carência, o receber no dar, o consolo ao consolar, o ganhar sempre no perder. Mas esta tensão dos opostos é, no fundo, a que, simultaneamente, isola e reúne o carácter antinómico da vontade: limite e transcendência, impotência e poder, facticidade e liberdade.

A liberdade que, como transcendência, se revelava na possibilidade de *negação*, isto é, na força da renúncia, conquista, pela mediação do seu acto, o poder operante sobre o mundo: "bem-aventurados os mansos porque eles possuirão a terra"[100].

---

realidade geográfica e histórica a que se reportam os Evangelhos, e substituíu-a por outros termos de certo modo correspondentes, mas referidos ao mundo do conhecimento concreto do homem comum do seu país. [Cf. N. WEISBEIN, prefácio a TOLSTOÏ, *Abrégé de L'Évangile*, ed. cit., XV). Todavia, neste caso preciso, para além dessa finalidade, a tradução de Tolstoï adquire uma outra dimensão no conjunto dos textos onde se verifica, em virtude do jogo de oposição na qual o termo "bem-pensantes" se encontra com a expressão "gente simples". Nesse jogo o que se confronta é uma pseudo-sabedoria, pretenciosamente intelectual (os bem-pensantes), com uma outra que não é teórica, mas feita de coração e ainda próxima de uma experiência originária, sem a mediação artificial e engenhosa do jogo das ideias. Se, por um lado, se pode dizer que, ao expurgar o Evangelho da sua carga teológica, Tolstoï o racionaliza (cf. IDEM,*ibidem*), por outro — o que é vivamente notório no texto que nos oferece — faz a condenação implacável do intelectualismo artificioso e abstractizante, arguto e subtil, que se mostra quase sempre falacioso e, muitas vezes, mal intencionado: assim se revelam também os bem-pensantes sempre que se aproximam de Jesus para o interrogar.

98 L. TOLSTOÏ, *Abrégé de L'Évangile*, ed. cit., 96: "*Le Royaume de Dieu*. Et c'est pourquoi la volonté du Père est la vie et le bien de tous les hommes."
99 *Bíblia Ilustrada, Novo Testamento*, ed. cit., 67, comentário, em nota de rodapé, ao v. 3: "Cada palavra [refere-se aos versículos do Sermão da Montanha] devia parecer e parece ainda hoje um paradoxo."
100 Cf. Mt. 5,5 (*ibidem*, 67).

Na experiência da renúncia, duas transcendências se patenteiam e presentificam: a do mundo — na resistência que opõe ao projecto do desejo; a da vontade — no *não* em que abdica do projecto. E é no paradoxo da dupla negação, a do mundo e a da vontade (enquanto vontade egoísta), na negação desta dupla temporalidade, que a Vida e o Tempo (a vida no presente — C. IX) se recuperam e recebem como dom. O acto de renúncia revela-se, assim, de potencialidade infinita. Não significa o abandono ou afastamento, mas o reencontro com o que será dado por acréscimo. No espaço por este aberto, retorna a confiança inicial (agora mediatizada pela renúncia) e repete-se a harmonia, antes quebrada, entre o sujeito existente e o seu mundo.

A *vontade pessoal*, nas suas realizações, conhece a morte, a sua auto-negação, o seu nada. Ela é vontade-desejo expressa como uma preocupação, condenada ao malogro pelo insucesso da sua impotência (limite/finitude), face ao transcendente, que se lhe impõe como se fora uma outra vontade (a facticidade, na pluralidade dimensional da sua realidade). O mundo torna-se-lhe estranho. A existência abre-se à angústia, a suspeita do *sem--sentido* é vivida na fractura entre o sujeito e o seu mundo. O sujeito existente encontra-se egoísticamente solitário, no desconhecimento da sua relação com os outros, fechado nos estreitos limites do seu apetite (deserto).

A vontade pessoal, quando mediatizada pela renúncia, sublima-se no *fiat* da vontade-amor: abre-se aos outros e reencontra-os no horizonte novo de um mundo outro, desenhado pelas fronteiras da solidariedade existencial, vivendo cúmplice a experiência originária do coexistir.

A vontade-amor é comunicação afectiva e procura do outro, na inteira responsabilização dos destinos, individual e colectivo. É corresponsabilização sem limites nem fronteiras:

> "Não trateis diferentemente os homens, distinguindo-os segundo os povos e os reinos"[101].

O reencontro com o mundo, a harmonia inicial restabelecida, a Vida, é ligação fraterna e ao mesmo tempo niveladora:

---

[101] L. TOLSTOÏ, *Abrégé de L'Évangile*, ed. cit., 108: "296. [...] Ne faite pas de différence entre les hommes, d'après les peuples et les royaumes."

> "Para o Pai de todos os homens, não há nem povos diferentes, nem reinos diferentes. Todos são irmãos, todos são filhos de um só Pai"[102].

É, sobretudo, assunção plena do real, na aceitação dos condicionamentos impostos pelo limite e pela finitude de que aquele está afectado (submissão à vontade do Pai).

Esta sublimação do desejo não é senão a máxima potencialização da vontade individual, no acto de coincidência com a vontade transcendente. A experiência da beatitude, a Vida, é, assim, a experiência do paradoxo: o máximo da individualidade, como efeito do acto em que a individualidade se anula. Nessa experiência, a vontade abre-se ao desconhecido, como aceitação do que vem ao seu encontro e se recolhe na temporalidade do acontecimento; obriga-se a ser una com o que ele dispõe e lhe desvela, no empenhamento e no compromisso inteiro e total com a vida que experiencia como *dom*.

> "422. E Jesus diz-lhes: A obra de Deus consiste em crer na vida que ele vos deu"[103].

A Vida Verdadeira, ou seja, a vida vivida como dom — a nova luz a que o *Reino de Deus* se revela, uma vez percorridos os caminhos do malogro e da angústia —, reordena e organiza, agora, o sentido do percurso. O acto de *negação* concretiza-se num conjunto de preceitos, que exigem o despojar do desejo enquanto vontade de ter:

> "457. Acima de tudo não possuais nada de vosso, nem leveis nada convosco: nem saco, nem pão, nem dinheiro — somente as roupas e os sapatos que trazeis."[104]

---

[102] IDEM,*ibidem*: "Pour le Père de tous les hommes, il n'y a ni peuples différents, ni royaumes différents. Tous sont frères, tous sont fils d'un seul Père."

[103] IDEM,*ibidem*, 138: "422. Et Jésus leur dit: L'oeuvre de Dieu consiste à croire en la vie qu'il vous a donnée."
O alcance doutrinal deste texto difere do de S. João. O simples confronto o revela e mostra, de per si, o carácter não abusivo da nossa leitura do texto evangélico de Tolstoï, ao procurar encontrar-lhe a retroversão existencial da natureza hierática e teológica dos evangelhos sinópticos. Veja-se João, 16.: "[29]Respondeu-lhes Jesus: - É esta a obra de Deus: que acrediteis naquele que Ele enviou." (*Bíblia Ilustrada*, ed. cit., 438).

[104] L. TOLSTOÏ, *Abrégé de L'Évangile*, ed. cit., 146: "457.Avant toutes choses, ne

Este *não* às particularidades escravizantes da vontade, esta renúncia (desprezo da carne), são a porta estreita pela qual se há-se entrar no Reino de Deus e receber o dom da vida. Este é o *dom de ser*, ao qual o *dom de ter* foi aparentemente sacrificado: o que se recebe é muito mais do que aquilo a que se renuncia. O acto de *negação* não é um ludíbrio do desejo, mas a sua sublimação, pela *iluminação* que lhe permite conhecer o seu objecto próprio. Esta *iluminação* é a submissão à vontade do Pai, o "Entendimento da vida"[105]. Por ela o dom da vida acontece, sacraliza-se, na experiência da beatitude, expressão existencial da satisfação do desejo (eu posso desprezar a carne, mas não posso renegá-la):

> "484. É preciso estar em uníssono com o espírito da vida. Quem assim não estiver está contra ele. É preciso servir o espírito da vida e do bem em todos os homens e não somente na sua pessoa".
>
> 485. Ou vós considerais que a vida e a felicidade são o bem de todos os homens e então desejai a vida e a felicidade para todos; ou vós considerais a vida e a felicidade como um mal e então não desejeis nem a vida nem a felicidade também para vós. Ou então vós considerais boa a árvore e o fruto que ela comporta ou considerais má a árvore e o fruto que ela dá. Porque a àrvore é apreciada segundo o seu fruto"[106]

E é porque só na beatitude o desejo reconhece o seu objecto próprio, que esta compreensão não pode, por sua vez, ser objecto de

---

possédez rien en propre, ne prenez rien avec vous: ni sac, ni pain, ni argent — seulement les vêtements et les souliers que vous portez."
[105] IDEM,*ibidem*, 36: "4. L'entendement de la vie est Dieu." IDEM,*ibidem*: "6. L'entendement donne la vie véritable. L'entendement c'est la lumière de la vérité."
[106] IDEM,*ibidem*, 154: "484. Il faut faire un avec l'esprit de vie. Qui ne fait pas un avec lui, est contre lui. Il faut servir l'esprit de vie et du bien en tous les hommes, et non pas seulement en soi.
485. Ou bien vous estimez que la vie et le bonheur est le bien de tous les hommes, et alors, aimez la vie et le bonheur pour tous; ou bien vous considérez la vie et le bonheur comme un mal, et alors n'aimez ni la vie ni le bonheur, pour vous non plus. Ou bien vous considérez bon un arbre et le fruit qu'il porte, ou bien vous considérez mauvais l'arbre et le fruit qu'il porte. Parce que l'arbre est apprécié selon son fruit."

demonstração. Ela não se oferece a nenhum raciocínio, mas antes *mostra--se*, *revela-se* na experiência que advém, mediada pelo "entendimento da vida", em que esta, como "dom", é recebida em disponibilidade total:

> "644. De uma outra vez, Jesus, discutindo com os bem-pensantes, disse-lhes: não pode haver provas da veracidade da minha doutrina, como não é possível iluminar a luz. A minha doutrina é a luz verdadeira, que permite aos homens distinguir o que é o bem e o que é o mal, razão pela qual não se pode provar a minha doutrina: é ela que prova todo o resto.
>
> Aquele que me segue, esse, não estará nas trevas, mas terá a vida. A vida e a luz são uma só coisa"[107].

---

[107] IDEM,*ibidem*, 192: "644. Une autre fois, Jésus, discutant avec les bien--pensants, leur dit: il ne peut y avoir de preuves de la véracité de ma doctrine, comme il n'est pas possible d'illuminer la lumière. Ma doctrine est la lumière véritable, qui permet aux hommes de distinguer ce qui est bien et ce qui est mal, et c'est pourquoi on ne peut prouver ma doctrine: c'est elle qui prouve tout le reste. Celui qui me suivra, celui-là ne sera pas dans les ténèbres, mais il aura la vie. La vie et la lumière sont une seule et même chose."

O carácter existencial da experiência desta "compreensão" ganha progressiva força no texto tolstoiano, que acentua, no desvio que faz relativamente aos sinópticos, a natureza imanente da sua dimensão. O confronto dos textos é sempre esclarecedor: Mt.16: "[17]E Jesus, respondendo-lhe, disse:

— Bem aventurado és tu, Simão, Barjona, porque não foi a carne e o sangue que to revelaram, mas Meu Pai que está nos Céus. [18]E Eu digo-te a ti que tu és Pedro e sobre esta pedra edificarei a Minha Igreja; as portas do Inferno não prevalecerão contra ela.(*Bíblia Ilustrada*, ed. cit., 122).

Tolstoï (*Abrégé de L'Évangile*, ed. cit., 214) reescreve deste modo: "748. Et Jésus lui dit: Tu es bienheureux, Simon, d'avoir compris cela. L'homme ne pouvait te révéler cela, mais tu l'as saisi parce que c'est Dieu qui est en toi, qui te l'a révélé. Ce n'est pas un raisonnement d'homme, et ce n'est pas moi qui t'ai révélé cela par mes paroles, mais c'est Dieu, mon Père, qui t'a directement révélé cela.

749. E c'est sur cela que se fonde l'église des hommes, pour lesquels il n'est point de mort."

Melhor e mais claramente ainda, a redução da dimensão transcendente do Cristianismo a uma verdade meramente existencial se expõe na interpretação de Tolstoï dos versículos 41-45, capítulo 22, do evangelho segundo S. Mateus:

Mt22:" [41]Estando os Fariseus reunidos, fez-lhes Jesus esta pergunta:

[42]— Que vos parece de Cristo? De quem é filho?

Responderam-Lhe:

— De David.

A beatitude, a verdadeira vida, é satisfação mediatizada, no vivido da experiência, do desejo. As mediações deverão manter-se para que ela aconteça e, no seu acontecer, se mantenha. Pois é necessário que esta verdade se não perca: "a árvore é apreciada segundo o seu fruto"[108], uma vez que é por ela e através dela que ele foi gerado, se alimentou e respirou. Raiz, tronco, folhas e flores, foram os momentos do percurso, as ocasiões, o anúncio ainda oculto do seu advento. Não pode haver fruto sem árvore. Fora do seio maternal que lhe confere a vida, virá a murchar, ou consumir-se-á no momento de satisfação que proporcionar. Assim, a beatitude, o fruto, há-de pressupor o suporte orgânico da sua existência. Polarizados embora, só na unidade em que se mantêm, se justifica o suporte e ganha ser o fruto. Porque esta beatitude é o objectivo e a recompensa[109]. O acto de vontade sustentar-se-á e valerá por si mesmo; será simultaneamente o meio e o fim. O seu movimento é o movimento dialéctico proposto na doutrina das bem-aventuranças, que conhece, nas inscrições sucessivas da negação, a força emergente da positividade que nelas radica.

Na experiência reflectida por esta reconversão, cobra sentido o que devemos designar por fé:

> "815. A fé não consiste em crer em qualquer coisa de espantoso, mas antes em compreender a vossa posição e onde se encontra a salvação. Se vós compreenderdes a vossa posição, não esperareis então recompensa, mas acreditareis naquilo que vos foi confiado"[110].

---

[43]Tornou-lhes:
— Como é, então, que David, inspirado, Lhe chama Senhor, quando canta:
[44]*Disse o Senhor ao Meu Senhor:*
Senta-Te à Minha direita
até que ponha os Teus inimigos como escabelos de Teus pés?
[45]Se, pois, David lhe chama Senhor, como é seu Filho?" (*Bíblia Ilustrada*, ed. cit. 153).
De novo, Tolstoï, *Abrégé de L'Évangile*, ed. cit., 262: "938. Il leur dit alors: Comment se fait-il donc que David appelle le Christ son Seigneur? Le Christ n'est pas fils de David, il n'est le fils de personne (selon la chair); le Christ, c'est Dieu même, notre Maître que nous connaissons en nous, comme notre vie. *Le Christ c'est l'entendement qui est en nous.*" (O sublinhado é nosso.)
[108] L. TOLSTOÏ, *Abrégé de L'Évangile*, ed. cit., 154. Cf. supra 90 n. 106.
[109] L. TOLSTOÏ, *Abrégé de L'Évangile*, ed. cit., 216: "754. Au royaume des cieux il n'est point de récompense. Le royaume des cieux est le but et la récompense."
[110] IDEM,*ibidem*, 232: "815. La foi ne consiste pas à croire à quelque chose

"O que vos foi confiado", o dom da vida, é *realização* e *tarefa*, nas parábolas evangélicas. E assim encontramo-nos, de novo, no paradoxo, porque a tarefa parece implicar a dimensão temporal do futuro e a preocupação, ou seja, as vias negativas, por onde a beatitude não passa. A preocupação abre a porta à angústia e com ela pode entrar o desespero. É o regresso à consciência da finitude, à insuportabilidade dos limites, na luta antecipadamente derrotada do *dever ser* do projecto contra a facticidade que resiste a conformar-se-lhe.

Só que este *dever ser*, a que a realidade se recusa, se revela um *dever ser* que recusa a realidade: a vida no real (C. VIII); a vida comum a todos os homens (C. XI). Como tal, ele é o projecto de uma vontade subjectiva, egoística e solipsisticamente fechada no seu mundo. A superação do malogro será a rejeição deste projecto inicial, o abrir-se ao mundo, à facticidade resistente, imperante e apelativa, instante (Cs. VIII, IX, X, XI).

O silêncio do *logos* da primeira pessoa *uolo* há-de deixar-se penetrar de vozes que interpelam, a exigir respostas, num convite à dialogante tarefa da construção do discurso, que tece, ao fazer-se, os fios com que se entretecem os lugares e as horas.

O destino (projecto) conforma-se, deste modo, à exigência de cada momento, na atitude expectante e atenta do sujeito que, como eterno hermeneuta de um texto nunca totalmente dado, o reelabora na amplificação do sentido de que cada momento se reveste: a "compreensão da posição" e daquilo "em que consiste a salvação". A tarefa, assim, presentifica-se no que advém, se recebe e se aceita. O futuro deixa de ser vivido como preocupação, mas constrói-se na entrega responsável às exigências do presente: "*A Vida não é no Tempo*. Esta é a razão pela qual a vida verdadeira não é senão a vida no real" (C. VIII)[111].

A vida que não é no tempo é esta entrega total e confiante à instância do momento:

> "825. Assim, não vos deixeis desanimar, e vivei sempre pelo espírito no presente. Para a vida do espírito o tempo não existe"[112].

---

d'étonnant, mais la foi consiste à comprendre votre position, et en quoi se trouve le salut. Si vous comprenez votre position, vous n'attendrez pas alors de récompense, mais vous croirez en ce qui vous a été confié."
111 IDEM,*ibidem*, 216: "*La vie n'est pas dans le Temps*. Et c'est pourquoi la vie véritable n'est que la vie dans le réel."
112 IDEM,*ibidem*, 234: "825. Ainsi ne vous laissez pas abattre, et vivez toujours par l'esprit dans le présent. Pour la vie de l'esprit le temps n'existe pas."

A liberdade, como negação do particular e dos limites da subjectividade (a forma alienada do desejo), conforma-se à necessidade (a facticidade transcendente e apelante — a vontade do Pai) e reconhece-se na beatitude, ao reencontrar-se na harmónica ligação entre o projecto e o destino; fá-lo à luz do novo entendimento que reconduziu a existência à proximidade mais originária, a vida no real. Assim, o nada do futuro fora do presente; assim, o nada da recompensa fora do próprio movimento conversor da vontade. A beatitude é aceitação da vida, intensa e plenamente vivida como tarefa, isto é, como resposta. Ela é a vida a dar-se, como um todo, à vontade, no acto de recusa que foi, por essência, recusa da particularidade, do limite, i. e, recusa do espaço estreito do mundo-do-sujeito, que se amplia, agora, no horizonte ilimitado do sujeito-no-mundo. O sentido da vida é a vida reencontrada pela recusa do limite da subjectividade (a imediatez não mediatizada do desejo, como se de um primeiro momento da dialéctica hegeliana se tratasse, carente e insuficiente pela abstracção que o essencializa). E é porque o desejo é, na sua mediatez, paradoxalmente, uma apetência e uma recusa à vida, que ele vem marcado pela morte.

Pelo movimento dialéctico da renúncia, o desejo reintegra-se no real e insere-se no concreto, no jogo dia-logante em que se joga com o mundo, na abertura aos outros e no reencontro com a vida. A pulsão de morte e a pulsão de vida, vectoriando em direcções opostas, estruturam o desejo. Por esta tensão própria ao seu dinamismo interior, o desejo torna-se o espaço do conflito, o germe da angústia, o mais profundo da tentação (a voz da carne).

De um modo paradigmático, o antepenúltimo e o penúltimo capítulos do evangelho de Tolstoï evocarão novamente a experiência da tentação:

C. IX — "*As tentações.*

As aparências enganadoras da vida passageira escondem aos homens a vida verdadeira no presente"[113].

C. X — "*A Luta contra as Tentações.*

Esta é a razão pela qual, afim de não sucumbir às tentações, é preciso estar em todos os momentos da nossa vida em união com o Pai"[114].

---

[113] IDEM,*ibidem*, C. IX, 240: "*Les Tentations*. Les apparences trompeuses de la vie passagère cachent aux hommes la vie véritable dans le présent."
[114] IDEM,*ibidem*, C. X, 270: "*La Lutte contre les Tentations*. Et c'est pourquoi, afin de ne pas succomber aux tentations, il faut être à toute heure de notre vie en union avec le Père."

Dizemos *paradigmaticamente*, porque o texto de Tolstoï parte da tentação de Jesus no deserto. Mas a tentação dimensionava-se já existencialmente, por isso antecipava, no paradigma do homem-Jesus, o homem-desejo que todos somos. A *revisão*, a que os últimos capítulos procedem, torna-se *repetição*. O homem-Jesus repete-se no homem--desejo, vivo e presente na singularidade de cada existência. E mercê dessa repetição, o moralismo doutrinário resolve-se numa analítica existencial: a apropriação, pela vontade, da sua im-potência, graças ao movimento dialéctico que atravessa a reconversão do desejo.

Assim, os últimos momentos de doutrinação são também, por serem os de despedida, os de máxima clarificação. Às lágrimas dos discípulos, aos receios destes de perderem o Mestre bem-amado, Jesus responde na serenidade da palavra, explicando o modo de eternalização da sua presença:

"1.009. [...] glorificar o filho do homem significa viver na luz do entendimento que está em vós"[115].

Retorna-se à dialéctica do desejo e do Amor, sem que nenhum dos termos possa vir a ser anulado por nenhuma síntese posterior. O Amor é a máxima potencialização do desejo, mediada pela auto-renúncia da sua finitude angustiada:

"1.112. Se vós viverdes a minha doutrina e a puserdes em prática, tereis tudo *o que desejardes*.

1.113. Porque a vontade do Pai é que vós vivais *uma vida verdadeira* e *tenhais tudo o que desejardes*.

[...]

1.121. Não é por vossa vontade que escolhereis a minha doutrina, mas *porque vos mostrei o único caminho de verdade, o que vos dará a vida e tudo o que desejardes*.

---

115 IDEM,*ibidem*, 280: "1.009. [...] glorifier le fils de l'homme signifie vivre dans la lumière de l'entendement qui est en vous."

1.122. Toda a minha doutrina é que vos ameis uns aos outros"[116].

O caminho da verdade, da verdade existencial, da verdade vivida, é o caminho da dialéctica do desejo conducente ao Amor. Mas, como vimos, caminho e meta não se dissociam. Tal como a árvore e o fruto na sua unidade orgânica, metáfora que retornará nas palavras dos últimos momentos:

> "1.109. Segui a minha doutrina de vida e a vida será em vós. Tal como o rebento não vive por ele mesmo, mas da árvore, também vós vivei da minha doutrina"[117].

O caminho mantém-se e sustenta-se por si mesmo, sem alfa nem omega. A vida verdadeira, o Reino de Deus, é o Amor, entendido como a forma do percurso que dá o seu modo às horas e aos dias. Assim, a beatitude penetra no Tempo, pela aceitação e pelo sentido de *dom* de que se reveste o acontecimento. A beatitude reconhece-se no acolhimento sereno do que vem ao nosso encontro, nos interpela, e traz, na temporalidade que prodigaliza, a oferta da tarefa.

O imperativo "*sê feliz!*", que na beatitude se plenifica, é a *arquê* deste *logos* que se quis dizendo a existência para nela se inscrever no dis-curso em que o Sentido emergirá.

Assim, na palavra de despedida:

> "1.114. Tal como meu Pai me deu a felicidade, eu vo-la dou também. Permanecei nesta felicidade"[118].

---

[116] IDEM,*ibidem*, 300-302: "1.112. Si vous vivez de ma doctrine et la mettez en pratique, vous aurez tout ce que vous désirez.
1.113. Parce que la volonté du Père est que vous viviez d'une vie véritable, et que vous ayez ce que vous désirez.
[...]
1.121. Ce n'est pas de votre volonté que vous choisissez ma doctrine, mais parce que je vous ai montré l'unique vérité, qui vous donnera la vie et tout ce que vous désirez.
1.122. Toute ma doctrine est de vous aimer les uns les autres." O sublinhado é nosso.
[117] IDEM,*ibidem*, 300: " 1.109. Suivez ma doctrine de vie, et la vie sera en vous. Comme le surgeon ne vit pas de lui-même mais de l'arbre, vous de même, vivez de ma doctrine."
[118] IDEM,*ibidem*, 300: "1.114. De même que mon Père m'a donné le bonheur, je vous donne le bonheur moi aussi. Demeurez dans ce bonheur."

III. 2.7 *Significado existencial da "religião prática" de Tolstoï. Limites de uma leitura.*

Se atendermos a que Tolstoï retirara intencionalmente do texto evangélico as suas dimensões teológica e histórica, fácil nos é compreender como, no seu próprio texto, se torna mais transparente a visão de uma *experiência fundamental*, a mesma que Bollnow reconhece como suporte comum do Cristianismo e das filosofias da existência[119].

É preciso não esquecer a insistência, no discurso doutrinário, da afirmação de que a verdade, que aí se anuncia, não tem outro referente senão uma experiência possível comum, subjectiva, inapreensível além dos limites da sua revelação: a vivência em que se dá e acontece.

Evoquemos os momentos do texto mais expressivos, sob este ponto de vista: Simão é bem-aventurado porque compreendeu o que nem o raciocínio humano, nem mesmo as palavras de Jesus lhe poderiam revelar; o que ele compreendeu, compreendeu-o somente graças ao "entendimento da vida", metaforicamente no texto, o "Deus em ti"[120]. Entendimento que consiste, como se diz noutro momento, na compreensão da condição humana[121]. Daí que a escolha da doutrina — que, mais do que um conteúdo conceptual, traduz um processo existencial, susceptível de ser experienciado como a via que da angústia conduz à beatitude — não possa ser considerada como acto meramente voluntário, que tem lugar na relação do sujeito com um objecto exterior:

> "Se escolherdes a minha doutrina, não o fareis por determinação da vossa vontade, mas porque vos mostrei a única verdade, que vos dará a vida e tudo o que desejardes"[122].

---

119 O. F. BOLLNOW, *Filosofia Existencial*, trad. do alemão e prefácio de L. Cabral de Moncada, Coimbra, 1946, 27: "A mesma tensão que se nota na atitude cristã em face da cultura e da vida 'terrena' do espírito, volta a aparecer na Filosofia existencialista, levando-nos a crer que a 'vivência existencial', base desta filosofia, não é afinal mais do que a mesma experiência fundamental que está também na base da visão religiosa-cristã do mundo; essa experiência será apenas como que decantada, e a sua estrutura fundamental como que posta mais em relevo por esta filosofia, ainda antes de lhe ser dada qualquer interpretação religiosa."

120 Cf. L. TOLSTOÏ, *Abrégé de L'Évangile*, ed. cit., 214:, "748. Et Jésus lui dit: Tu es bienheureux, Simon, d'avoir compris cela. L'homme ne pouvait te révéler cela, mais tu l'as saisi parce que c'est Dieu qui est en toi, qui te l'a révélé."

121 IDEM,*ibidem*, 232, §815. Cf. *supra*, pp. 92-93 n. 110.

122 IDEM,*ibidem*, 302: "1.121. Ce n'est pas de votre volonté que vous choisissez

Daí também a função fulcral da experiência da tentação, como momento excepcional e privilegiado de revelação. O que através dela se patenteia é uma vivência íntima, que só se deixa captar pela separação e pelo distanciamento de todas as determinações em que se situam as diversas esferas, pelas quais dis-corre a vida, e pelo movimento de autêntico despojamento relativamente a elas: experiência fundamental do acto de trancendência, à luz do qual colhe sentido a categoria da existência, nas filosofias existenciais, e de cujo humus se alimenta a vida espiritual cristã[123]. Ela permite compreender o desenvolvimento doutrinário da pregação como momentos sucessivos do processo do *experiri* da existência, a níveis complementares e progressivamente mais profundos. Assim os últimos capítulos regressam tematicamente à ideia de tentação. Mas esta, descentrada da pessoa de Jesus e referida na sua generalidade a todo o homem, faz valer, como já se disse, a primeira paradigmaticamente em relação à segunda, isto é, determina que tudo o que de válido se mostrara e viera à explicitação na tentação do homem Jesus, se universalize nessa experiência fundamental para qualquer homem, enquanto sujeito de desejo. Deste modo, a doutrina do texto que se dispunha entre esse dois termos (as duas situações de tentação), manifestamente coincidentes, encontra na própria coincidência o seu horizonte de significação e, em consequência, apresenta-se como desenvolvimento e exposição desse centro único, a experiência fundamental da existência, que não é nunca realmente abandonado.

Mas a importância dada ao relato das tentações como momento fulcral de todo o texto evangélico tem ainda a ver com o argumento propriamente tolstoiano, respeitante ao valor do cristianismo. A posição de Tolstoï face à mensagem cristã caracterizou-se, como se disse, por uma exigência: a doutrina deveria, por si só, ser garante do seu próprio valor. Esta atitude não é exactamente a do crente em relação ao objecto da sua crença. É antes a de um homem que, do seio da angústia, lança um apelo de salvação, ao interrogar uma doutrina que o supreende pelo sortilégio da sua atracção, sempre renovadamente vigorosa no trânsito das gerações, mantendo,

---

ma doctrine, mais parce que je vous ai montré l'unique vérité, qui vous donnera la vie et tout ce que vous désirez."
[123] Cf. O.F. BOLLNOW, *op. cit.*, 27.

mesmo no castigo das deformações e deturpações do jogo conspiratório do tempo e dos homens, a matinal frescura da palavra da *boa-nova*. Uma vez excluída a dimensão teológica da mensagem, esta não podia reclamar-se de nenhuma outra autoridade que não fora a de mostrar a via e o caminho que da angústia conduz à beatitude, instituindo-se como *a* resposta à questão do sentido da vida. Mas para que assim seja, para que esse estatuto lhe possa ser conferido, a doutrina terá que *provar* o seu enraizamento profundo no humano, isto é, terá de vir ao encontro da nossa experiência e nela se mostrar como a forma e o modo adequado da *satisfação* ; caber-lhe-á, pois, conduzir, pela via da realização existencial, o desejo ao seu modo possível de ser, no jogo dialéctico em que o ilimitado da sua aspiração se confronta com o real que o limita e condiciona. Precisamente porque Tolstoï quis apresentar a religião de Cristo despojada da dimensão da fé e dos seus mistérios, como religião prática, capaz de proporcionar a beatitude neste mundo, a experiência existencial a que ele tinha de se reportar não podia deixar de ser a experiência do conflito, a de forças opostas digladiando-se no interior da subjectividade humana, como ocasião determinante da emergência da situação de carência e, consequentemente, da exigência da sua satisfação. E esse parece-nos ser o significado, na economia do texto, do relato das tentações. Na versão tolstoiana, ressalta com bastante evidência a carga conflitual inerente à situação existencial que as caracteriza. Os símbolos em presença, a *carne* e o *espírito*, referiam uma dialéctica do desejo e da negação, definindo a situação de malogro simultaneamente como momento de ruptura e de superação.

O movimento do texto bíblico encaminhava-se, assim, para a indicação de uma síntese, a verificar-se na passagem do desejo ao amor, graças à acção mediadora da negação que, sob forma de renúncia, o abre à alteridade; esta revela-se não só como objecto de afecto, mas também de respeito.

Deste modo, porque a beatitude se queria para este mundo e porque ela tem a ver com a apetência de felicidade — e esta não pode desconhecer, enquanto real e efectiva, a situação do homem como ser de desejo e de pulsões — a dimensão dinâmica, que a experiência da tentação contém, não é completamente apreendida pelas categorias das filosofias da existência; exige, para sua leitura, a introdução de categorias dinâmicas, tais como as do desejo e da sua dialéctica, necessárias à interpretação da experiência existencial com que a hermenêutica psicanalítica se depara na sua prática clínica.

E, uma vez que a reflexão teórica, que dessa prática emerge, nunca foi indiferente nem à experiência moral nem à religiosa do homem[124], é no horizonte de inteligibilidade por ela aberto, que nós consideramos ser possível aprofundar a compreensão da natureza da beatitude, prometida pela religião prática de Tolstoï, interessados em detectar o que a religa a essas experiências[125].

---

[124] Cf. W.HUBER, H. PIRON, A. VERGOTE, *A Psicanálise Ciência do Homem*, trad. do francês do Dr. Ramiro da Fonseca, Lisboa, 161.
[125] Recorremos à obra de Antoine Vergote, que temos pelo mais eminente neste domínio teórico.

CAPÍTULO IV

CONTRIBUTOS TEÓRICOS PARA A COMPREENSÃO DA DIMENSÃO ÉTICO-MÍSTICA "DA BEATITUDE"

IV. 1 A concepção psicanalítica e as concepções filosóficas da moral

O que particulariza e define a teoria psicanalítica relativamente ao comportamento moral do homem é a consideração de que ele é uma estrutura, que emerge num determinado momento da onto e da filogénese. Não se caracteriza, pois, por ser uma atitude de cepticismo moral, mas permite, pela sua análise, exercer acção desmitologizante relativamente a toda a tentativa de fundar o bem moral sobre uma qualquer teoria das faculdades, seja de cariz psicológico ou filosófico[1]. Recusa, em princípio, o finalismo ético originário e reconhece uma única ordem de finalidade originária, a do dinamismo do desejo[2]. A finalidade para o bem entende-se, nesta perspectiva, como o resultado de um processo complexo de deslocação e de transformação do dinamismo originário[3]. E, ao estudar este dinamismo, proporciona uma concepção da realidade moral que não contradiz a tradição racionalista, mas antes a inscreve na própria dialéctica do desejo e a interpreta como um momento do devir moral. A este propósito escreve Antoine Vergote: "A filosofia procurou fundar a moral sobre diversos princípios: sobre a razão como potência de harmonia, sobre a vontade racional como capacidade do bem universal, sobre a vontade que nos permite aceder ao reino dos fins. Estas diferentes interpretações dos comportamentos éticos exprimem visões do mundo muito diferentes. Não são, todavia, incompatíveis entre si, e todas têm o seu lugar no pensamento

---

[1] Cf. A. VERGOTE, "La loi morale et le péché originel à la lumière de la psychanalyse", in: *Démythisation et Morale, Actes du Colloque Organisé par le Centre International d'Études Humanistes et par l'Institut d'Études Philosophiques de Rome, Rome, 7-12 janvier 1965*, Paris, 1965, 191.
[2] Cf. IDEM, *ibidem*.
[3] Cf. IDEM, *ibidem*.

ético de Freud. Com efeito, ao assistir à própria génese da atitude ética, a psicanálise revela-lhe as constantes e estuda-lhe as ligações. Fá-lo, situando-as num momento do devir ético, e assim ajuda-nos a dar-lhes o verdadeiro sentido. A psicanálise, como análise constitutiva, esclarece os princípios éticos, sem todavia lhes dar o último fundamento de direito"[4].

Deste modo, abre-nos o acesso à compreensão do espiritual, emergindo da vida pessoal afectiva pela metamoforse que se opera no próprio movimento dialéctico do desejo.

IV. 2 A emergência da consciência moral: o processo da sua formação

A consciência moral é, neste contexto teórico, uma estrutura complexa, que advém do conflito que opõe os desejos à razão e nessa tensão, progressivamente, se conquista e vai constituindo.

Este processo desenrola-se através de múltiplos mecanismos psíquicos, todos eles conducentes ao movimento da subordinação dos impulsos aos poderes de reconhecimento e arbitragem que caracterizam a consciência. Em síntese, poderíamos enunciá-los do seguinte modo: a exigência de medida imposta pela própria economia das tendências opostas que, no ilimitado da satisfação que procuram, tendem de certo modo à sua neutralização recíproca; a interiorização da lei do pai, que acontece na situação estrutural e estruturante edipiana, mercê do conflito que se gera no dualismo original da libido, ternura e sensualidade (a primeira sendo amor no modo de ser e a segunda amor no modo de ter); a renúncia do prazer pela aceitação do princípio da realidade; e, por último, a extensão desta

---

[4] IDEM, *ibidem*, 190:" La philosophie a cherché à fonder la morale sur divers principes: sur la raison comme puissance d'harmonie, sur la volonté raisonnable comme capacité du bien universel, sur la bonne volonté qui nous fait accéder au royaume des fins. Ces différentes interprétations des comportements éthiques expriment des visions du monde très différentes. Elles ne sont cependant pas incompossibles entre elles, et toutes elles prennent leur place dans la pensée éthique de Freud. En effet, en assistant à la genèse même de l'attitude éthique, la psychanalyse en atteste les invariants, et en étudie les jonctions. Elle les relie, en les situant à leur moment dialectique dans le devenir éthique, et par là elle nous aide à leur donner leur vrai sens. La psychanalyse, comme analyse constitutive, éclaire les principes éthiques, sans toutefois leur donner leur ultime fondement de droit."

aceitação, inserindo-se no ciclo vital, no acontecimento da maturação sexual sob a forma adulta da genitalidade[5].

Logo, a consciência moral constitui-se pelo duplo acto no qual o *eu* assume a pulsão e ao mesmo tempo a submete, ao confrontar, ao longo da sua experiência, o desmesurado imaginário da vida pulsional com as exigências que a realidade lhe impõe e que ele aceita a favor do jogo pulsional que o comanda.

IV.3 A consciência moral e a razão

A consciência moral, compreendida na sua dimensão de capacidade de reconhecimento do real, capaz de introduzir a contestação nos desejos, mais não é que a manifestação da razão[6]. Esta define-se, em princípio, pelo carácter negativo do seu acto, e presentifica-se não só como *medida* no conflito que opõe a libido ao impulso de conservação e determina a interiorização da lei do pai (aceitação da interdição e proibição, no conflito libidinal que estrutura o complexo edipiano), como também sob a forma de *renúncia* ao princípio de prazer que comanda a libido, impondo-lhe a aceitação da realidade.

A razão é, assim, pura negatividade: distanciamento, limitação, poder de dizer não, que o desejo só por si desconhece[7].

Se, no plano ontológico, em virtude da negação constitutiva do seu acto, ela é a condição primordial da abertura possibilitante da vida à presença do ser, no plano moral, é ela que, ao introduzir a negatividade formal no jogo das pulsões, contém a tendência expansionista das exigências libidinais; impõe a elas a necessidade de aceitação do sofrimento e da carência e impede a vontade perfeccionista de se fechar sobre si mesma, obrigando-a, dialecticamente, a reconhecer e a aceitar a dinâmica pulsional, de onde afinal emergiu, superando-a, mas integrando-a[8].

---

[5] Cf. A. VERGOTE, "Psicanálise e antropologia filosófica" in: W. HUBER, H. PIRON, A. VERGOTE, *A Psicanálise Ciência do Homem*, 162-173.
[6] Cf. A. VERGOTE, "La loi morale et le péché originel à la lumière de la psychanalyse", 192-196.
[7] Cf. IDEM, *ibidem*, 193-194.
[8] Cf. IDEM, *ibidem*, 194.

IV.4 A dialéctica da razão e do desejo
Moral da Razão e Moral da Felicidade e do Amor

Poder-se-á, pois, dizer que a razão é, primordialmente, limite e negação a obstaculizar a realização da força libidinal que comanda o eu narcísico originário, encerrado nas fronteiras do pequeno mundo do seu corpo, manancial inesgotável de necessidades e emoções libidinais. Mas, pelo não que inscreve, dialecticamente, na própria libido, obriga a consciência a libertar-se do egocentrismo inicial e a realizar o acto de reconhecimento e aceitação do real, enquanto o outro da lei física, biológica e social.

Assim, Antoine Vergote considera que Freud não explorou as possibilidades totais que a experiência poderia oferecer à filosofia moral e isto por falta de uma teoria desenvolvida da simbolização[9]. Nesses limites, Freud, atendendo sobretudo ao aspecto de negatividade da consciência moral (expressivo do que designamos pelo carácter racional), entendeu a moral somente como renúncia e racionalidade[10]. Por isso, no seu ponto de vista, o formalismo ético kantiano era um dado existencial (não uma abstracção teórica), que se inscrevia na própria antropogénese, tese perfilhada e explicada por Antoine Vergote[11]. Mas, o que caracteriza e distingue a posição deste da assumida por Freud, é o ele considerar que, se a lei formal e a obrigação moral não são o primeiro momento da antropogénese, visto que esse é de ordem pulsional, também não constituem o seu momento definitivo. A obrigação enquanto proibição, logo pura negatividade, reveste-se para Vergote do mesmo carácter de absoluto abstracto dos primeiros desejos[12]. O processo construtivo da consciência moral, que passa pelo momento da emergência do poder de negatividade da razão, não tem forçosamente que se consumar nele. A negação da razão dialectiza-se na negação que opõe ao querer racional, quando este se aliena na auto-representação de uma instância superior e marginal à dinâmica das pulsões. O momento dialéctico da negação da negação, estruturante de um novo estádio da consciência moral a avançar no sentido do concreto, há-de,

---

[9] Cf. A. VERGOTE, "Psicanálise e antropologia filosófica" in: W. HUBER, H. PIRON, A. VERGOTE, *A Psicanálise Ciência do Homem*, 174.
[10] Cf. IDEM, *ibidem*, 170.
[11] Cf. A. VERGOTE, "La loi morale et le péché originel à la lumière de la psychanalyse", 196.
[12] Cf. IDEM, *ibidem*.

todavia, necessariamente e só, acontecer no processo da dialéctica vivida dos desejos e da razão[13]. O que significa que para A. Vergote: "[...] o Eu pode, sem se trair, enriquecer-se com as estruturas do inconsciente e passar de uma ética da razão a uma ética da felicidade e do amor"[14]. E isto a partir da convicção de que é só da dialéctica dos desejos e da razão que o reconhecimento do outro resulta como algo de verdadeiramente necessário[15]. Desejos e razão, por si sós, revelam--se insuficientes para o estabelecimento de uma verdadeira relação intersubjectiva, que é condenada, respectivamente, quer ao "contágio afectivo do naturalismo", quer à "universalidade vazia da pura consciência"[16]. Vergote crê que o reconhecimento da existência do outro é correlativo da obrigação, uma vez que os considera incompreensíveis fora da sua mútua implicação. Mas defende que o processo de reconhecimento do outro não se pode reduzir ao momento da negação e proibição, que a razão representa face ao desejo e que põe o outro, na sua alteridade, frente às exigências totalitárias do eu narcísico. No seu ponto de vista, "[...] só as insígnias do outro, que mantêm os meus diversos desejos, podem obrigar-me a sair de mim e me convidam a projectar-me para elas"[17]. É, pois, a própria dinâmica do desejo que nos projecta para os outros e o momento racional inscreve-se aí, como a restrição necessária ao desmedido da sua violência polimorficamente configurada: impondo o outro como alteridade radical, limitando o sentimento e, nesse limite, abrindo o espaço onde o respeito desponta e a liberdade do outro se furta à prepotência da vocação dominadora do desejo[18].

Deste modo, o desejo — como dinâmica de projecção para o outro — e a razão — vectorizando em sentido oposto, em distanciamento e obrigação — não são propriamente duas forças antagónicas e inconciliáveis. Antes se reconhece a relação dialéctica a que se prestam, na síntese em que, no plano dialogal, o outro se determina para o eu, não só como objecto de afecto, mas igualmente de respeito. É na própria constelação triádica

---

[13] Cf. IDEM, *ibidem*.
[14] Cf. A. VERGOTE, "Psicanálise e antropologia filosófica", 174.
[15] Cf. A. VERGOTE, "La loi morale et le péché originel à la lumière de la psychanalyse", 196.
[16] Expressões de A. Vergote in: IDEM, *ibidem*, 200.
[17] Cf. IDEM, *ibidem*, 197: "[...] seuls les insignes de l'autre qui soutiennent mes divers désirs peuvent me faire sortir de moi-même et m'invitent à me projeter vers lui."
[18] Cf. IDEM, *ibidem*.

edipiana que se verifica a emergência da unidade dialéctica dos desejos e da negatividade racional[19]. Esta é, sem dúvida, a relação privilegiada pela força estruturante de que se reveste relativamente à totalidade das relações futuras, que dela recebem o modo e o sentido último. Daí a marca fortemente humana e afectiva de que vem impressa a proibição. A função simbólica do pai comporta, deste modo, a unidade dialéctica do desejo positivo e da razão negativa, em vectorizações plurais. O reconhecimento da função paternal é já um dos momentos dessa vectorização: o pai, ao constituir-se simultaneamente como rival e modelo, integra, nesta dualidade vivida, a síntese da proibição e do sentimento, ou seja, da negação da razão e da afirmação da libido sob a forma de ternura, que conduz à interiorização da proibição e, ao mesmo tempo, da identificação. Por essa síntese, se institui a temporalização afectiva, ao deslocar para o futuro, através da proibição aceite afectivamente, a satisfação do desejo do filho. Por ela, igualmente, se instituem os fundamentos de onde emergirão as estruturas da liberdade e do projecto: na aprendizagem do valor da renúncia do imediato, ao desenvolver-se a expectativa de um futuro compensador. A proibição paternal não anula o desejo do filho. Nesta perspectiva mantém-no vivo, mediado pela experiência da renúncia; ao abri-lo à dimensão temporal do projecto, permite que ele se mantenha disponível a reencontrar um outro sujeito que reconheça como objecto de afecto e de respeito[20].

E é esta unidade dialéctica do desejo e da razão que, ao permitir a abertura ao outro, é o fundamento de uma verdadeira relação intersubjectiva, que possibilita a concialização da renúncia com a satisfação do desejo, logo uma moral de felicidade e de amor.

Esta moral instala-se na felicidade possível. Não recusa a carência originada pelo carácter ilimitado do desejo, frente a uma realidade adversa e não permissiva, que se lhe escapa na alteridade que a constitui e se lhe furta como objecto de prazer. Pelo contrário, reconhece-a e assume-a sem, todavia, se recusar ao prazer possível, quando este se lhe oferece, nos limites que a racionalidade lho permite. O limite expressa o reconhecimento da alteridade, esse *deixar ser* que o respeito significa[21].

Mas esta moral é também uma conquista: simultaneamente obra de *contestação* e de *assunção* [22], num processo que se inscreve não só no

---

[19] Cf. IDEM, *ibidem*, 199.
[20] Cf. IDEM, *ibidem*.
[21] Cf. A. VERGOTE, "Psicanálise e antropologia filosófica", 179-183.
[22] Cf. IDEM, *ibidem*, 175.

âmbito da evolução individual, como igualmente no da evolução da espécie[23]. Enquanto conquista, esta moral cumpre-se no esforço de apropriação, pela consciência, da sua própria verdade, de modo a libertar-se das ilusões sobre si mesma (a omnipotência narcísica, em primeiro lugar) e a reconhecer a sua inserção na vida pulsional[24]. Renúncia ao prazer imediato não implica renúncia ao desejo. Sem a unidade dialéctica da renúncia e do desejo, estes confrontam-se e dilaceram o equilíbrio psicológico, manifestando-se nos sintomas patológicos do nevrosado[25]. O momento de assunção há-de, pois, corresponder ao assumir também do desejo e aceitar a impossibilidade de todo o perfeccionismo, que só aparentemente tem valor ético[26]. A felicidade, que esta dialéctica permite vislumbrar, não se pode identificar com a possessão definitiva de um bem total. Como escreve A. Vergote: "A plenitude desejada não pode identificar-se com a que preenche a carência. [...]. Se o homem aceita o luto e a carência, pode ultrapassar uma vã procura da totalidade e instaurar o seu desejo na própria carência. Aliás os místicos não atingem a presença do Deus todo Outro senão ultrapassando a total renúncia ao mundo e ao próprio Deus"[27].

IV.5 Dimensão ético-mística da "religião prática" de Tolstoï

E de novo tornamos ao texto evangélico. O que significa o retorno ao sentido da situação nuclear do texto, ou seja, à experiência da tentação.

No espaço teórico aberto pela psicanálise, aquela vale, quanto a nós, como expressão alegórica deste esforço de apropriação, tarefa de *contestação* e de *assunção*, a que a consciência tem de se entregar para conquistar a sua própria verdade. O narcisismo originário e genérico é simbolizado na "voz da carne", cuja força ilimitada do desejo e do imaginário se representa textualmente na ilusão, logo superada pela experiência do malogro, da possibilidade de *transformação das pedras em pão*. O poder da renúncia — manifestação da aceitação do princípio da realidade —, acto de

---

[23] Cf. IDEM, *ibidem*, 183.
[24] Cf. IDEM, *ibidem*, 175.
[25] Cf. IDEM, *ibidem*, 183-184.
[26] Cf. IDEM, *ibidem*, 184.
[27] Cf. IDEM, *ibidem*, 181.

distanciamento e de nadização (funções por excelência da razão), representa-se aí, simbolicamente, sob a forma do *desprezo da carne pelo espírito*. E o acto de investidura, pelo qual a realidade se assume e o sofrimento e a carência se enfrentam, sem recusa nem fuga, vale, na polissemia da metáfora, pela *filiação divina*.

Como se viu, todo o corpo doutrinário evangélico, que se situava entre os dois termos reciprocamente paradigmáticos — o da tentação de Jesus e o da tentação do homem em geral —, retirava todo o seu sentido desta posição intercalar e apresentava-se como um aprofundamento e explicitação daquilo que fora simplesmente mostrado, naquela representação dramática. No cerne desse corpo doutrinário, a doutrina das bem-aventuranças, na sua dialéctica de renúncia e de promessa, fala de uma felicidade, de uma beatitude que não têm a ver com a satisfação da carência subjacente ao narcisismo originário. A felicidade prometida pela doutrina das bem-aventuranças pressupõe o luto e a carência, mas assume também o próprio desejo, pois traz a marca da *apropriação* em que o individualmente subjectivo se alarga e amplia, na dinâmica do movimento que o dirige para o seu limite: a abertura esforçada à realidade, simbolizada na *submissão à vontade do Pai*, a vida *vivida no presente e no real*.

Porém, como a realidade não é um dado, mas o objecto de um progresso e de uma conquista — esforço cognoscitivo jamais findo —, a vida no real e no presente tem de ser tensão expectante, de descoberta, mas também de acolhimento, de procura, e igualmente de aceitação. Desta tensão fala a metáfora "da árvore e do fruto" da parábola evangélica, expressando fortemente a paradoxal condição da angustiada-serenidade (na linguagem do discurso psicanalítico, a aceitação da carência, o esforço hermenêutico da libertação das ilusões do imaginário).

Se, portanto, é a esta dinâmica de apropriação, pela consciência, da sua própria verdade que chamamos moral, ela revela-se profundamente implicada nas dimensões cognoscitivas e afectivas do humano, no seu equilíbrio mútuo e no seu aperfeiçoamento progressivo, pois que, com essas dimensões, está directamente relacionada a dialéctica da *contestação* e da *assunção*. Por isso, A. Vergote pode afirmar que esta moral, como conquista e apropriação, tem um outro referente que não o do sentido tradicional dos comportamentos adequados a normas e a preceitos[28]. Ela pode integrar e incluir esses momentos, mas insere-os num processo que

---

[28] Cf. IDEM, *ibidem*, 175.

os transcende e permite inclusive a sua renovação. Tem, sobretudo, a ver com a conquista da felicidade, assente num equilíbrio que passa pelo reconhecimento das relações que ligam os homens entre si, cada homem com o seu passado, a realidade espiritual às leis dos suportes materiais de onde emerge.

Assim, se a questão para a qual quiséramos encontrar resposta, servindo-nos dos contributos dados pelos estudos psicanalíticos para a compreensão do fenómeno da moral, fora a de saber a natureza da beatitude para que apontava a "religião prática" de Tolstoï, parece-nos poder responder que ela é a desta felicidade, tal como a vimos caracterizando. Mas a nossa questão visa mais longe: perguntamos se essa "religião prática" deve ser entendida num sentido meramente moral, ou se ela se resolve num moralismo coincidente com uma realização pessoal através de uma experiência, que, em sua substância, integra também elementos de natureza mística.

Dissemos que o texto evangélico de Tolstoï desconhece a dimensão dogmática e teológica dos mistérios da fé. A paternidade divina não significa, aí, a crença "num Deus tangível", mas de Deus se diz ser o "Entendimento da Vida", princípio que se resolve na mais pura imanência, dissolvendo-se o carácter de absoluto transcendente da divindade, no conteúdo contextual em que a expressão aparece.

Da relação religião/ética, Vergote escreve: "O movimento de estruturação que faz passar o homem da vida impulsiva originária à consciência ética encontra-se na origem da religião. Evidentemente, esta acrescenta uma dimensão nova: a crença na existência de um Pai realmente omnipotente, tido como princípio donde deriva a função paterna e toda a lei"[29]. Ora uma vez excluída da "religião prática" de Tolstoï essa "dimensão nova", em virtude de o conteúdo do texto a não acolher, o movimento interior da espiritualidade que a anima, torna-se profundamente coincidente com o da emergência da consciência ética.

Desse modo, parece-nos poder responder, no âmbito do critério possibilitado pela teoria psicanalítica, que ela justifica a afirmação que a "religião prática" de Tolstoï deverá ser entendida num sentido moral. Mas este sentido não se pode confundir, por tudo o que dele já dissemos, com retórica exortativa ou incitamento emocional a uma determinada normatividade codificada. O texto não é nem teórico nem retórico. Ele é

---

[29] Cf. IDEM, *ibidem*, 203.

essencialmente narrativo, não porque conte a história de Cristo, ou do homem-Jesus, pois que o biográfico foi, como dimensão dogmático-teológica, irradiado do texto. A narratividade, que o caracteriza, traça a trajectória de um outro personagem, o desejo, na dialéctica interna que o movimenta e marca a dinâmica do seu progresso, sem nunca deixar de ser vectorizado pelo reencontro da unidade originária. A substância da trajectória - da qual o desejo de reencontro da unidade originária é o Alfa e o Omega - é a mediação da renúncia, no processo de sublimação, definido sobretudo por esta fixação do desejo na instância do real, com as suas exigências e os seus apelos, as suas recusas e as suas limitações. A fusão apetecida, porque o desejo foi sujeito ao doloroso processo das mediações, uma vez conquistada a consciência da alteridade, orienta-se no sentido de abertura à realidade, procurando conformar-se-lhe, pelo acto de aceitação em que tudo vale por si mesmo e vale igualmente. O eu narcísico originário liberta-se, então, do desejo das consolações imediatas, como da recusa do sofrimento e da dor. Em consequência, vive os acontecimentos do mundo intensivamente, porque nele se encontra mais comprometido ("eu posso desprezar a carne, mas não posso renegá-la").

Eis a razão por que nós pensamos que este esforço de apropriação pela consciência da sua verdade e esta instalação no real por ela implicada, que é simultaneamente desmistificação e libertação das formas narcísicas de uma "felicidade ilusória e decepcionante"[30], retém do misticismo a sua relação à totalidade e a sua apetência fusionária, mas transferidas para outros níveis existenciais, possibilitados pelo novo entendimento a que este esforço conduz. Nisso parece residir, quanto a nós, o que de comum com o misticismo este complexo processo comporta, excluindo, obviamente, a relação ao absoluto transcendente que o misticismo religioso pressupõe.

Tolstoï quisera testar a verdade do cristianismo, no seu enraizamento profundo na experiência humana, e justificar nela a legitimidade apelativa da palavra evangélica[31]. Nós dizemos que essa experiência é o referente matricial a que procuram dar expressão, situadas embora a níveis de explicitação diferentes, as filosofias da existência e a teoria psicanalítica. Daí a permissividade do texto em se deixar ler pelas categorias dos dois discursos teóricos.

---

[30] Cf. IDEM, *ibidem*, 182.
[31] L. TOLSTOÏ, "Pensées de Tolstoï", in: OSSIP-LOURIÉ, *La Philosophie de Tolstoï, Suivie de ses Pensées*, 63, § 146: "L'Évangile est la révélation de cette vérité, que la source première de la vie n'est pas un Dieu extérieur aux choses, comme les hommes se l'imaginent, mais simplement la compréhension même de la vie."

CAPÍTULO V

DA PRESENÇA DO *RESUMO DO EVANGELHO* DE L. TOLSTOÏ NOS *TAGEBÜCHER 1914-1916:* O SENTIDO DA VIDA[1]

A 6.5.16 escreve Wittgenstein:

> "Toda a visão do mundo dos modernos repousa sobre a ilusão de que as pretensas leis da natureza são explicações dos fenómenos.
> Assim estão perante as 'leis da natureza' como perante alguma coisa de *inviolável*, tal como os antigos diante de Deus e do destino.
> E uns e outros estão errados e certos. Os antigos são, de facto, mais claros, no sentido que eles reconhecem um nítido limite, enquanto no novo sistema tudo deve parecer fundado."[2]

---

[1] Cf. M. MICHELETTI, *Lo Schopenhauerismo de Ludwig Wittgenstein*, 57.60. Este autor, para além de reconhecer que a reflexão sobre o sentido da vida, nos *Tagebücher 1914-1916*, encontra a sua motivação no *Resumo do Evangelho* de Tolstoï, aponta o paralelo de algumas expressões que em ambos denotam a similaridade de posições. O autor não explora nem aprofunda esta temática, o que também não era o seu objectivo. A preocupação da leitura schopenhaueriana desvia-o deste filão interpretativo e leva-o a desconhecer a força condutora que ele representa na génese do *Tractatus*. Outros intérpretes, em pequenos artigos, chamam a atenção para a influência de Tolstoï sobre Wittgenstein. Assim: W. BAUM, "Wittgensteins Tolstojanisches Christentum", *Conceptus*, 11, nº 28-30 (1977), 339-349; IDEM, "Ludwig Wittgenstein's world view", *Ratio*, 22 (1980), 64-74; D. MAGNANINI, "Tolstoy and Wittgenstein as 'Imitators of Christ' ", in: E. LEINFELLNER et al. (Hrsg.), *Wittgenstein und sein Einfluß auf die gegenwärtige Philosophie. Akten des 2. Internationalen Wittgenstein Symposiums 29. August bis 4. September 1977, in Kirchberg (Österreich)*, 490-492; R. M. DAVISON, "Wittgenstein and Tolstoy" *ibidem*, 50-52;

[2] *Tagebücher*, 6.5.16: "Der ganzen Weltanschauung der Modernen liegt diese Täuschung zu Grunde, daß die sogenannten Naturgesetze die Erklärungen der Naturerscheinungen sein. [6.371.].
So bleiben sie bei den 'Naturgesetzen' als bei etwas *Unantastbarem* stehen, wie die Älteren bei Gott und dem Schicksal. [S.6.372.].
Und sie haben ja beide recht und unrecht. Die Alten sind allerdings insofern klarer,

Estas linhas são a confissão de uma recusa, o sinal de uma ruptura, que traz a marca da nossa idade, nessa diferença em que se constitui, pelo oposicionamento que assume, em relação à modernidade da qual é a herdeira não de todo emancipada. Mas nesta recusa se antecipa a tonalidade existencial do discurso filosófico, na aceitação do limite, no reconhecimento da impossibilidade de o sistema tudo fundar. À prioridade cartesiana do *cogito* opõe-se a facticidade do mundo e essa relação de inerência que o homem mantém com este, relação que não é passiva, mas profundamente questionante, exprimindo-se na pergunta sobre o sentido da existência:

> "Que sei eu de Deus e da finalidade da vida?
> Eu sei que o mundo existe.
> Que estou situado nele como o meu olho no seu campo visual.
> Que há nele alguma coisa de problemático a que chamamos o seu sentido"[3].

Esse cunho existencial ressalta melhor na relação antitética em que este texto parece colocar-se relativamente aos parágrafos imediatamente anteriores, em que Wittgenstein se interrogava sobre o significado do símbolo lógico ($\exists$ x):

> "| p | (a,a)
> Há também operações com duas bases. Tal é a operação " | ".
> | (ξ,η) ... é um termo qualquer da série dos resultados da operação.
> ($\exists$ x) φ x
> ($\exists$ x) etc., é, então, realmente, uma operação?
> Mas qual seria a sua base?"[4].

---

als sie einen klaren Abschluß anerkannten, während es bei dem neuen System scheinen soll, als sei *alles* begründet. [S.6.372.]".
[3] IDEM, *ibidem*, 11.6.16: "Gott und den Zweck des Lebens?
Ich weiß, daß diese Welt ist.
Daß ich in ihr stehe, wie mein Auge in seinem Gesichtsfeld.
Daß etwas an ihr problematisch ist, was wir ihren Sinn nennen".
[4] IDEM, *ibidem*, 11.5.16: " | p | (a,a)
Es gibt eben auch Operationen mit zwei Basen. Und die " | " — Operation ist von dieser Art.
| (ξ,η) ... ist ein beliebiges Glied der Reihe der Operationsresultate.

Como se o movimento se processasse no sentido da deslocação do nível dos símbolos e do que eles representam — reflexão cuja motivação se joga no âmbito de uma curiosidade de natureza meramente gnoseológica — para o plano onde a realidade existencial se reconhece, numa relação que não é a do símbolo ao seu referente, mas bem ao contrário, como o lugar onde os símbolos emergem e adquirem o seu sentido.

Se o sistema pressupunha a transparência do ser ao pensar, no acto fundante que tornava a totalidade inteligível, este esforço de descida a uma experiência mais originária, em que a imediatidade exigida não é propriamente a da evidência da ideia, embaraça-se na teia do simbólico e não consegue exprimir o seu face a face com o objecto da sua compreensão, a não ser através do discurso metafórico, a morada de luz e de sombra do Ser. Em consequência dessa impossibilidade, a relação específica do homem com o mundo, que exige a pergunta sobre o sentido da vida (relação em que o mundo se constitui para este sujeito como totalidade), expressa-se na metáfora espacial da relação do olho com o seu campo visual. O jogo das analogias, o jogo especular dos símbolos, recreia-se nas equivalências que o discurso entretece, identificando o "sentido da vida" com o "sentido do mundo", dando ao sentido do mundo o "nome de Deus", associando a Deus a "metáfora de um Deus pai" e, finalmente, identificando a oração com "o pensamento do sentido da vida":

> "Ao sentido da vida, isto é, ao sentido do mundo, podemos dar o nome de Deus.
> E associar-lhe a metáfora de um Deus pai.
> A oração é o pensamento do sentido da vida"[5].

Este jogo de reflexos (é bom recordar a importância da metáfora do espelho no discurso wittgensteiniano) reflecte, no jogo das equivalências, o reflexo do texto do *Resumo do Evangelho* de L. Tolstoï[6].

$(\exists x) \varphi x$
Ist denn $(\exists x)$ etc. wirklich eine Operation?
Was wäre aber ihre Basis?".
[5] IDEM, *ibidem*, 11.6.16: "Den Sinn des Lebens, d. i. den Sinn der Welt, können wir Gott nennen.
Und das Gleichnis von Gott als einem Vater daran knüpfen.
Das Gebet ist der Gedanke an den Sinn des Lebens".
[6] Cf. *supra*, c. III.

Tolstoï escolhera, para introdução aos doze capítulos em que organizou o seu texto, o Prólogo ao Evangelho de S. João, numa versão que, como todo o resto, é pessoalíssima. O título que lhe deu contém o pensamento-síntese da sua interpretação: "A mensagem de Jesus Cristo substitui a fé num Deus tangível pelo entendimento da vida"[7].

Nós insistimos bastas vezes no carácter não teológico nem dogmático deste texto. Não o repetiremos de novo. Todavia, é flagrante a oposição entre a fé no Deus de Israel e a fé no "entendimento da vida". A boa-nova, que a doutrina de Jesus anuncia, é a ocasião da mudança.

Parece-nos, pois, fácil a substituição, que é quase decorrente da expressão: "entendimento da vida" por "sentido da vida". Mas, ao longo do *Resumo do Evangelho*, a emergência do homem para a verdadeira vida traduz-se na expressão constante de conformidade da vontade individual à vontade do Pai, significando, como dissemos, o viver a vida no real, nessa abertura ao mundo e aos outros, operada pela nova orientação do desejo. Wittgenstein sentiu e compreendeu o carácter metafórico da expressão e, consequentemente, não nos surpreende que refira de modo explícito o que Tolstoï deixara implícito. Daí que nós não consideremos, como Bouveresse, existirem nos *Tagebücher* duas concepções muito diferentes da divindade: "1) Deus mais ou menos identificado com o mundo dos factos, isto é, com o Destino ou a Natureza (panteísmo), por outros termos, a 'vontade alheia' à qual nos devemos submeter sem compreender, porque nada há a compreender e nada mais a fazer que consentir; 2) Deus como o *sentido* do mundo, exterior ao mundo, isto é, uma espécie de suplemento não factual da factualidade e o remédio possível para a contingência radical dos acontecimentos do universo, que é responsável da desgraça e do desespero do homem"[8]. Preferiríamos dizer que, nos *Tagebücher*, não há

---

[7] L. TOLSTOÏ, *Abrégé de L'Évangile*, ed. cit., 36: "La nouvelle que Jésus-Christ apporta a remplacé la foi en un Dieu tangible par l'entendement de la vie".

[8] J. BOUVERESSE, *Wittgenstein: La Rime et la Raison. Science, Éthique et Esthétique*, Paris, 1973, 93: "1) Dieu identifié plus ou moins avec le monde des faits, c'est-à-dire avec le Destin ou la Nature (panthéisme), en d'autres termes la 'volonté étrangère' à laquelle nous devons nous soumettre sans comprendre, parce qu'il n'y a rien à comprendre et rien d'autre à faire qu'à consentir; 2) Dieu comme le *sens* du monde, extérieur au monde, c'est-à-dire une sorte de supplément non factuel de la factualité et le remède possible à la contingence radicale des événements de l'univers, qui est responsable du malheur et du désespoir de l'homme". Interpretação próxima da de Bouveresse é a de H. L. R. FINCH em *Wittgenstein: the Early Philosophy. An Exposition of the Tractatus*, New York, 1971, 171. Distingue-se da de

propriamente nenhuma concepção da divindade. Não há uma concepção panteísta em coexistência com uma teísta. Deus não é senão um nome e uma metáfora: é o nome que se pode dar ao sentido da vida, ao qual se pode associar "a metáfora de um Deus pai". Impossível abstrairmo-nos do carácter nominalista das expressões do discurso de Wittgenstein. Repare-se que ele não diz: "Deus é o sentido da vida", mas antes: "Ao sentido da vida, isto é, ao sentido do mundo, podemos dar o nome de Deus". A primeira expressão implica que a nossa fé em Deus nos obriga a dar à vida um sentido; enquanto que a segunda, significa que ao sentido, que venhamos a encontrar na vida, seja ele qual for, podemos dar o nome de Deus. Na primeira, a cópula "é", mais do que identificar, implica que Deus é a fonte do sentido; na segunda — a expressão de Wittgenstein —, a cópula "é", que podemos subentender, implica a identidade de um objecto com um nome, convencionalmente atribuído, pois que a poderíamos traduzir assim: "Deus é o nome dado por nós ao sentido da vida". Assim, a expressão não envolve, por ela mesma, qualquer transcendência de Deus ao mundo, mas somente que ao sentido encontrado será dado o nome de Deus. No contexto destas primeiras teses, se pode entender o que Wittgenstein escreve em 8.7.16:

> "Crer em Deus significa compreender a questão do sentido da vida.
> Crer em Deus significa compreender que os factos do mundo não resolvem tudo.
> Crer em Deus significa compreender que a vida tem um sentido"[9].

Em nossa opinião, elas não significam, como para Bouveresse, a necessidade de encontrar uma justificação extrínseca para a vida, pela impossibilidade em que nos encontraríamos de aceitar o mundo tal como ele é. Consideramos que, se Deus é o nome que se dá ao sentido da vida, qualquer que ele seja, as expressões: "crer em Deus" ou "encontrei um sentido para a vida", são equivalentes. Logo, embora a solução do problema da vida se resolva em "conhecer o apaziguamento daqueles que não procuram justificação extrínseca à vida [...], ter aceite que o mundo seja o

---

Bouveresse no que respeita à interpretação panteísta, que não reconhece.
[9] *Tagebücher*, 8.7.16: "An einen Gott glauben heißt, die Frage nach dem Sinn des Lebens verstehen.
An einen Gott glauben heißt sehen, daß es mit den Tatsachen der Welt noch nicht abgetan ist.
An Gott glauben heißt sehen, daß das Leben einen Sinn hat".

mundo, isto é, que os factos sejam o que são e que sejam todos os factos"[10], esta solução não anula a equivalência, anteriormente estabelecida, entre "crer em Deus" e "compreender a questão do sentido da vida".

Somente, a segunda afirmação da tríade, que estamos a analisar, poderia, de certo modo, contrariar esta nossa interpretação: "Crer em Deus significa compreender que os factos do mundo não resolvem tudo", o que parece, à primeira vista, apoiar a interpretação de Bouveresse. Todavia, não o cremos. E não o cremos, precisamente porque resolver o problema do sentido da vida passa por um movimento da vontade individual, pelo qual ela faz coincidir o limite da sua apetência com o limite do mundo (a vontade do Pai). E esta é a razão pela qual "os factos do mundo não resolvem tudo". Não "procurar justificações exteriores aos factos " passa por uma compreensão e por uma aceitação, que têm a ver com a direcção da vontade, com a dinâmica do desejo. O sentido do mundo (Deus) tem, pois, a ver com esta relação da vontade com o mundo. A problemática do sentido, desde que é abordada, isto é, a partir de 11.6.16, integra sempre essa relação, o que significa que todas as afirmações de Wittgenstein que temos vindo a analisar têm sido destacadas por nós desse contexto mais amplo, o único que lhe confere toda a sua inteligibilidade.

Mas inseri-las nesse contexto é também regressar ao momento fulcral do texto evangélico de Tolstoï, ou seja, ao relato da tentação de Jesus. E tal como ele constitui o eixo a partir do qual ganha significado a palavra da *boa-nova*, o *logos* do sentido da vida, verificado pela sua relação referencial ao mais profundo da experiência humana — como a tese de Tolstoï o exigia — do mesmo modo, a posição desta problemática, no texto de Wittgenstein, coincidirá com o momento inaugural em que, pela primeira vez neste texto, emerge a questão do sentido da vida.

Impõe-se-nos, pois, que transcrevamos na íntegra estes parágrafos, escritos a 11.6.16:

> "Que sei eu de Deus e da finalidade da vida?
> Eu sei que o mundo existe.
> Que estou situado nele como o meu olho no seu campo visual.

---

[10] J. BOUVERESSE, *op. cit.*, 92: "Résoudre le problème éthique, c'est-à-dire connaître l'apaisement de ceux qui ne recherchent pas de justification extrinsèque à la vie [...] avoir accepté que le monde soit le monde, c'est-à-dire que les faits soient ce qu'ils sont et que ce soient tous les faits".

Que há nele alguma coisa de problemático a que chamamos o seu sentido.
Que este sentido não lhe é interior mas exterior.
Que a vida é o mundo.
Que a minha vontade penetra o mundo.
Que a minha vontade é boa ou má.
Que, pois, o bem e o mal estão, de algum modo, em interdependência com o sentido do mundo.
Ao sentido da vida, isto é, ao sentido do mundo, podemos dar o nome de Deus.
E associar-lhe a metáfora de um Deus pai.
A oração é o pensamento do sentido da vida.
Eu não posso submeter os acontecimentos do mundo à minha vontade, mas, ao contrário, eu sou totalmente impotente.
Eu posso somente tornar-me independente do mundo — e, assim, num certo sentido, dominá-lo — renunciando a influir sobre os acontecimentos"[11].

Como se pode ver pelo texto acima transcrito, mesmo antes de Wittgenstein estabelecer a equivalência entre o sentido da vida e Deus, indicara já que esse sentido se encontra na relação vontade/mundo, o que nos permite compreender a afirmação de que o sentido não é interior mas

---

[11] *Tagebücher*, 11.6.16: "Gott und den Zweck des Lebens?
Ich weiß, daß diese Welt ist.
Daß ich in ihr stehe, wie mein Auge in seinem Gesichtsfeld.
Daß etwas an ihr problematisch ist, was wir ihren Sinn nennen.
Daß dieser Sinn nicht in ihr liegt, sondern außer ihr, [Vgl. 6.41].
Daß das Leben die Welt ist [Vgl. 5.621.].
Daß mein Wille die Welt durchdringt.
Daß mein Wille gut oder böse ist.
Daß also Gut und Böse mit dem Sinn der Welt irgendwie zusammenhängt.
Den Sinn des Lebens, d. i. den Sinn der Welt, können wir Gott nennen.
Und das Gleichnis von Gott als einem Vater daran knüpfen.
Das Gebet ist der Gedanke an den Sinn des Lebens.
Ich kann die Geschehnisse der Welt nicht nach meinem Willen lenken, sondern bin vollkommen machtlos.
Nur so kann ich mich unabhängig von der Welt machen — und sie also doch in gewissem Sinne beherrschen — indem ich auf einen Einfluß auf die Geschehnisse verzichte".

exterior ao mundo. Há parágrafos, cujo encadeamento tem *quase* o rigor de uma sorite. Assim:

> "(Eu sei) que há nele (mundo) alguma coisa de problemático a que chamamos o seu sentido.
> Que este sentido não lhe é interior mas exterior.
> Que a vida é o mundo.
> Que a minha vontade penetra o mundo.
> Que a minha vontade é boa ou má.
> Que, *pois*, o bem e o mal estão de um certo modo em interdependência com o sentido do mundo"[12].

Mas são, sobretudo, os dois últimos parágrafos que nos parecem constituir a paráfrase filosófica do relato da tentação de Jesus, no limite do que nela há de essencial.

Daí que transcrevamos os dois textos, para fazer ressaltar esse paralelo:

Texto de Tolstoï

"53. Jesus passou no deserto quarenta dias e quarenta noites sem comer nem beber.

54. E a voz da carne diz-lhe:

55. Se tu fosses o filho de Deus todo poderoso, a teu desejo poderias transformar as pedras em pão; mas tu não podes fazer isso, por consequência não és o filho de Deus.

56. Mas Jesus diz de si para si: Se eu não posso transformar as pedras em pão, isso quer dizer que eu não sou o filho do Deus da carne, mas o filho do Deus do espírito. Vivo não de pão, mas de espírito. E o meu espírito pode desprezar a carne"[13]

Texto de Wittgenstein

— "Eu não posso submeter os acontecimentos do mundo à minha vontade, mas, ao contrário, eu sou totalmente impotente.

Eu posso somente tornar-me independente do mundo — e, assim, num certo sentido, dominá-lo — renunciando a influir sobre os acontecimentos".

---

[12] IDEM, *ibidem*. O sublinhado é nosso.
[13] L. TOLSTOÏ, *Abrégé de L'Évangile*, ed. cit., 46: "53. Jésus passa au désert quarante jours et quarante nuits sans manger ni boire.

As seguintes correspondências podem ser destacadas pela simetria do jogo dialéctico da im-potência da vontade que os dois textos descrevem:

Tese (Impotência da vontade)	*Texto de Tolstoï*: "eu não posso transformar as pedras em pão..." *Texto de Wittgenstein*: "Eu não posso submeter os acontecimentos do mundo à minha vontade..."
Antítese (Potência da vontade)	*Texto de Tolstoï*: "(Mas) o meu espírito pode desprezar a carne." *Texto de Wittgenstein*: "Eu posso somente tornar-me independente do mundo (...) renunciando a influir sobre os acontecimentos."
Síntese (Im-potência da vontade)	*Texto de Tolstoï*: "(eu sou) o filho do Deus do espírito." *Texto de Wittgenstein*: "e, assim, num certo sentido (eu posso) dominá-lo (o mundo)..."

---

54. Et la voix de la chair lui dit:
55. Si tu étais le fils de Dieu tout puissant, à ton désir tu pourrais transformer les pierres en pain; mais tu ne peux faire cela, par conséquent tu n'es pas le fils de Dieu.
56. Mais Jésus se dit: Si je ne puis transformer les pierres en pain, cela veut dire que je ne suis pas le fils du Dieu de chair, mais le fils du Dieu de l'esprit. Je vis non de pain, mais d'esprit. Et mon esprit peut mépriser la chair."
Se bem que o relato bíblico conste de três tentações, tal como anteriormente se mostrou, o fundamental da doutrina, que através delas se expõe, está contido na primeira. A segunda e a terceira tentações, como também se viu, são a explanação do que se deve entender pela declaração da "filiação divina". É pois esta a razão, porque transcrevemos o texto de Tolstoï justamente só até esse momento crucial.

A correlação dos dois membros da síntese estabelece-se pela afirmação de *poder* e poder sobre o mundo, expresso, explicitamente no discurso de Wittgenstein e implicitamente no de Tolstoï, quando Jesus invoca a filiação divina. A síntese resulta desse movimento de renúncia inscrito na dinâmica interior ao desejo, de onde emerge, pelo acto de negação que ele comporta, a transcendência da vontade espiritual. Este acto de transcendência é, afinal, o acto pelo qual o mundo não é mais independente da própria vontade. Por ele, num certo sentido, o mundo é dominado. Acto de renúncia é um acto de poder, logo pode-se falar metaforicamente de uma filiação divina, à qual corresponde por implicação a metáfora do Deus Pai. Este primeiro capítulo do *Resumo do Evangelho*, que nós julgamos ser presente a Wittgenstein quando, em 11.6.16, abordava pela primeira vez a problemática do sentido da vida, tem precisamente como título: "O *Filho de Deus*. O homem, filho de Deus, é fraco na sua carne e livre em espírito"[14].

É neste jogo e por este jogo, ou seja, é na e pela dialéctica do desejo, que o mundo se torna mundo e mundo com sentido. É esta a ideia dos parágrafos escritos a 5.7.16. que, por consequência, devem ser lidos como uma explanação do conteúdo dos parágrafos imediatamente anteriores, onde Wittgenstein descrevera precisamente a dialéctica da renúncia:

> "O mundo é independente da minha vontade.
> Mesmo se tudo aquilo que nós desejamos fosse realizado, todavia, isso não seria, por assim dizer, mais que uma graça do destino, porque nenhuma conexão lógica existe entre a vontade e o mundo, que garantisse esse sucesso, e a suposta conexão física, nós não podemos seguramente querê-la.
> Se a boa ou má vontade têm uma acção sobre o mundo, só pode ser sobre as fronteiras do mundo e não sobre os factos; sobre o que não pode ser representado pela linguagem, mas somente mostrado na linguagem.
> Em resumo, o *mundo* deve, então, tornar-se totalmente outro.
> Deve, por assim dizer, aumentar ou diminuir no seu conjunto. Como pela aquisição ou perda de um sentido.

---

[14] IDEM, *ibidem*, 40: "Le Fils de Dieu. L'homme, enfant de Dieu, est faible dans sa chair et libre en esprit".

Do mesmo modo, também na morte o mundo não se altera, deixa de existir"[15].

Ao primeiro parágrafo: "O mundo é independente da minha vontade" corresponde a afirmação do texto evangélico: "Eu não posso transformar as pedras em pão" que Wittgenstein descodifica, dizendo: "Eu não posso submeter os acontecimentos do mundo à minha vontade, mas, ao contrário, eu sou totalmente impotente".

O segundo parágrafo expõe as razões dessa impotência da vontade frente ao mundo. Uma primeira razão, de natureza lógica: "porque nenhuma conexão lógica existe entre o querer e o mundo"; e uma segunda, respeitante ao elo causal entre os acontecimentos do mundo: mesmo admitindo a existência de relações internas entre as coisas, não poderíamos nunca afirmá-las como resultantes do nosso querer, uma vez que elas estariam submetidas à lei do determinismo. Em nosso parecer, o que Wittgenstein quer dizer é que, supondo ou não a existência do elo causal, dilematicamente a ineficácia da vontade sobre o mundo tem de ser admitida. Pois, se se afirma o determinismo, a vontade não pode aparecer sobre a cena do mundo, alterando seja o que for; mas se uma relação necessária entre uma causa e um efeito não existe, então os efeitos que se seguem ao acto da vontade podem ser considerados como simples efeitos casuais, que lhe são associados de um modo contingente.

O terceiro parágrafo é bastante complexo e muito denso: "Se a boa ou má vontade tem uma acção sobre o mundo, só pode ser sobre as fronteiras do mundo e não sobre os factos; sobre o que não pode ser representado pela linguagem, mas somente mostrado na linguagem". Procederemos, pois, à

---

15 *Tagebücher*, 5.7.16: "Die Welt ist unabhängig von meinem Willen. [6.373]
Auch wenn alles, was wir wünschen, geschähe, so wäre das doch nur sozusagen eine Gnade des Schicksals, denn es ist kein logischer Zusammenhang zwischen Willen und Welt, der dies verbürgte, und den angenommenen physikalischen könnten wir doch nicht wieder wollen. [6.374]
Wenn das Gute oder Böse Wollen eine Wirkung auf die Welt hat, so kann es sie nur auf die Grenzen der Welt haben, nicht auf die Tatsachen, auf das, was durch die Sprache nicht abgebildet, sondern nur in der Sprache gezeigt werden kann. [Vgl. 6.43].
Kurz, die *Welt*, muß dann dadurch überhaupt eine andere werden. [S. 6.43].
Sie muß sozusagen als Ganzes zunehmen oder abnehmen. Wie durch Dazukommen oder Wegfallen eines Sinnes. [Vgl. 6.43].
Wie auch beim Tod die Welt sich nicht ändert, sondern aufhört zu sein. [6.431.]."

sua análise, destacando cada núcleo temático e considerando cada um de per si. Reconhecemos na expressão: "Se a boa ou má vontade tem uma acção sobre o mundo", a referência a esse movimento dialéctico do desejo que, pela emergência da realidade espiritual a que dá lugar, no acto de renúncia, recupera uma potência qualitativamente outra sobre o mundo. Segundo o discurso do *Resumo do Evangelho*: "E o meu espírito pode desprezar a carne", "eu não sou o filho do Deus da carne, mas o filho do Deus do espírito"; segundo o texto de Wittgenstein: "Eu posso somente tornar-me independente do mundo — e assim, num certo sentido, dominá-lo — renunciando a influir sobre os acontecimentos". A filiação divina — este outro dominar "num certo sentido o mundo", que exprime o salto qualitativo operado no desejo, a sua nova eficácia — traduz-se, no texto, nesse acto da vontade que "só pode ser sobre as fronteiras do mundo e não sobre os factos". E, de novo, a recorrência à metáfora se torna necessária: não podemos mudar os factos, mas pelo acto da nossa vontade espiritual são as "fronteiras" do mundo que passam a ser outras. A metáfora é espacial, como de natureza espacial era também aquela que exprimia a relação do sujeito com o mundo, ou seja, a metáfora da relação do olho com o seu campo visual. Penso que as duas metáforas cobrem uma mesma experiência; o desenvolvimento posterior podê-lo-á mostrar de forma mais rigorosa. De momento, basta chamar a atenção para o facto de que, quando aparece pela primeira vez a metáfora do olho e do seu campo visual (11.6.16), o que se expressa é já a relação com a totalidade do mundo, de um sujeito que não se encontra como parte dessa totalidade, mas como esta transcendência que a pode apreender e que, ao apreendê-la, se pergunta pelo seu sentido, que se lhe tornou problemático.

Mas esta transcendência não será a do acto de negação da vontade, o acto da renúncia? Este dizer *não* ao mundo, não será o acto mediador de uma apropriação que somente por ele é possibilitada? Então, se assim é, esse *eu*, que se conhece no mundo como o olho no seu campo visual, mostra ser, desde já, o sujeito da vontade.

A natureza espacial das metáforas é profundamente significativa e aponta em diversos sentidos. Em primeiro lugar, a experiência perceptiva do nosso ser-no-mundo é-nos dada numa relação, que é, predominantemente, de natureza espacial: esta relação do olho com o seu campo visual, relação que neste caso não é metafórica. (Nesta primeira significação da metáfora, estamos perante um outro jogo de reflexos). Em segundo lugar, a linha do horizonte determina uma fronteira: a totalidade perceptiva circunscreve-se dentro dela. Também os nossos horizontes visuais podem ser mais ou menos amplos, de acordo com o ponto onde se encontra colocado o observador e, na verdade, quanto mais elevado este for, mais amplo é também esse horizonte. Assim, o horizonte pode mudar na sua amplitude, crescer ou diminuir, de acordo com o movimento do observador: amplia-se na subida e vai progressivamente diminuindo, quanto mais próximo e mais entre as coisas aquele se encontra. Só o que do alto da montanha contemplou os recortes da sua região e guarda na memória essa imagem, conhece verdadeiramente a posição do seu *lugar* dentro dela, o lugar que ela ocupa, porque a conhece na sua posição referencial ao todo de que faz parte. No acto da subida, também há uma recusa, um abandono, de certo modo, uma negação, nesse virar costas ao que fica para trás, os lugares de onde se partiu, os caminhos percorridos, num trajecto orientado pelo cume apetecido da montanha. Uma vez lá no alto, o recusado oferece-se e entrega-se, como dom, ao domínio do olhar e recupera-se num acto de apropriação, jamais possível sem o movimento mediador do abandono. Nesta apreensão global do espaço horizôntico, as relações vão-se a pouco e pouco definindo, referenciando mutuamente, discriminando com mais nitidez as posições relativas, e o espaço ganha inteligibilidade, torna-se geométrico, mostra a sua lógica. Neste movimento de transcendência, de ascenso, apropriamo-nos do espaço sob a forma de um espaço lógico, um todo relacional. Abandonámos um lugar particular que julgávamos conhecer e nos limites dos quais se confinava o nosso mundo, bem pequeno, agora, confrontado com o espectáculo que do alto da montanha podemos desfrutar.

Na totalidade da lógica do espaço e só dentro dela, ganha sentido a posição do nosso pequeno lugar: a sua particularidade ilumina-se, torna-se visível, mostra a sua relatividade, é susceptível de entrar numa relação valorativa de mais ou menos, no confronto comparativo com os restantes elementos do espaço englobante. Somente então, se pode dizer que se conhece a *sua posição* e, se se regressa ao lugar, jamais perdida a memória do que se viu, da nossa vida se pode dizer que ela é agora mais que dantes, vivida no *real*. Este acto de conhecimento, como apropriação da totalidade implicada nas particularidades experimentadas e conhecidas, movido pelo acto de negação da vontade, porque possibilitante de vida real, opera a sintonia entre o sujeito e o mundo, e restitui a harmonia, impossível antes da recusa, que parecia, só por si, ser pura desistência. O movimento de retorno, da reconciliação, é também o momento da revelação. O filósofo poeticamente dirá: "o *mundo* deve, então, tornar-se totalmente outro". Assim, continuando a explorar os *caminhos* da metáfora, poder-se-ia dizer ainda que aquele que regressa ao seu lugar, depois de subir à montanha, regressa ao *mesmo* lugar, ao seu pequeno mundo de coisas e de aconteceres, mas este será simultaneamente o mesmo e um outro, depois da *visão* do alto da montanha: "o que não pode ser representado pela linguagem, mas somente mostrado na linguagem".

Esta nova *visão* do mesmo, que permite *viver* no seu lugar, após o regresso, em consonância com a sua realidade, uma vez bem conhecida a sua posição e, como tal, os limites das suas im-possibilidades, esta visão, diríamos, é o momento da descoberta do sentido. A ideia de *sentido* anda ligada à de orientação[16]; e aquele que situa o seu lugar pelas referências relacionais à totalidade dos elementos que constituem o seu espaço englobante, conhece os caminhos e pode orientar-se. Então, está em paz (*befriedigt*), porque não se perderá nos caminhos em volta do seu lugar. Wittgenstein disse-o, no registo de 6.7.16, deste modo:

> "Neste sentido, Dostoievski tem toda a razão, quando diz que o homem feliz atinge a finalidade da sua existência.
> Poder-se-ia dizer também que, aquele que atinge a finalidade da existência, não tem necessidade de outra finalidade para além da vida.
> Isto é, é aquele que está em paz.
> A solução do problema da vida assinala-se pelo desaparecimento do problema"[17].

— Mas pode identificar-se o pensamento do sentido da vida com a oração? Wittgenstein escreveu, como já vimos, em 11.6.16:

> "A oração é o pensamento do sentido da vida"[18].

---

[16] Sobre a "raiz" da palavra "sentido" e o seu "campo semântico", cf. M. B. PEREIRA, "Experiência e sentido", separata de *Biblos*, LV (1979), 294.
[17] *Tagebücher*, 6.7.16: "Und insofern hat wohl auch Dostojewski recht, wenn er sagt, daß der, welcher glücklich ist, den Zweck des Daseins erfüllt.
Oder man könnte auch so sagen, der erfüllt den Zweck des Daseins, der keinen Zweck außer dem Leben mehr braucht. Das heißt nämlich, der befriedigt ist.
Die Lösung des Problems des Lebens merkt man am Verschwinden dieses Problems. [S. 6.521.]."
[18] IDEM, *ibidem*, 11.6.16: "Das Gebet ist der Gedanke an den Sinn des Lebens."

Poder-se-ia partir de um raciocínio simplista e articular as ideias do seguinte modo: Se Deus é o sentido da vida e orar é pensar em Deus, orar será necessariamente pensar o sentido da vida. O raciocínio não é falso, mas tem um outro suporte. A acepção daquele parágrafo, se a nossa interpretação está correcta, parece encontrar a sua chave de inteligibilidade num facto, também já anteriormente por nós referido, e que Nicolas Weisbein descreve da seguinte maneira: "Apesar das reticências de Novossielov, Tolstoï está convencido da utilidade e da validade do seu trabalho, porque descobriu, para seu espanto e alegria, que a Oração dominical não é mais que a expressão condensada de toda a doutrina de Cristo, tal como ele, Tolstoï, a expõe nos doze capítulos do seu *Resumo do Evangelho*. Cada fórmula do Pai Nosso corresponde ao sentido e à ordem dos capítulos"[19]. E apresenta, em seguida, o quadro das correspondências:

I.	Pai Nosso	"O homem é filho de Deus.
II.	Que estais no Céu	Deus é o princípio infinito e espiritual da vida.
III.	Santificado seja o vosso nome.	Santificado seja esse princípio de vida.
IV.	Venha a nós o Vosso reino.	Que a sua potência se manifeste em todos os homens.
V.	Seja feita a Vossa Vontade assim no Céu	E que a vontade deste princípio infinito se realize n'Ele
VI.	como na Terra.	e também na carne.

---

19 N. WEISBEIN, no prefácio a L. TOLSTOÏ, *Abrégé de L'Évangile*, ed. cit., XVI: "Malgré les réticences de Novossielov, Tolstoï est convaincu cependant de l'utilité et de la valabilité de son travail, car il a découvert à son étonnement et à sa joie, que l'Oraison dominicale n'est pas autre chose que l'expression condensée de toute la doctrine du Christ, telle que lui, Tolstoï, l'a exposée dans les douze chapitres de son *Abrégé de l'Évangile*. Chaque formule du Notre Père correspond au sens et à l'ordre de chacun des chapitres".

VII.	O pão nosso nos dai hoje	A vida no tempo é o alimento autêntico,
VIII.	de cada dia.	a vida autêntica na realidade.
IX.	Perdoai-nos as nossas ofensas assim como nós perdoamos a quem nos tem ofendido.	Que as nossas faltas e os nossos erros passados não nos dissimulem esta vida autêntica.
X.	E não nos deixeis cair em tentação	E que elas não nos induzam em erro.
XI.	mas livrai-nos do mal.	E, então, não haverá Mal.
XII.	Porque teu é o poder, a força e a glória.	Mas que seja vosso o poder, vossa a força, vossa a razão[20].

---

[20] IDEM, *ibidem*:

I. Notre Père
II. Qui est dans les cieux

III. Que ton Nom soit sanctifié.
IV. Que ton Règne arrive.

V. Que ta Volonté soit faite comme au ciel
VI. et aussi sur la terre.
VII. Donne-nous aujourd'hui notre pain
VIII. quotidien.
IX. Remets-nous nos dettes comme nous-mêmes avons remis à nos débiteurs.
X. Et ne nous soumets pas à la tentation,
XI. mais délivres-nous du mal.
XII. Car à Toi est la puissance, la force et la gloire".

"L'homme est fils de Dieu.
Dieu est le principe infini et spirituel de la vie.
Que soit sanctifié ce principe de vie.
Que sa puissance se manifeste dans tous les hommes.
Et que la volontá de ce Principe infini se réalise en Lui
et aussi dans la chair.
La vie dans le temps est l'aliment authentique,
la vie authentique dans la réalité.
Que nos fautes et nos erreurs passées ne nous dissimulent pas cette vie authentique.
Et qu'elles ne nous induisent pas en erreur.
Et alors il n'y aura pas de Mal.
Mais que soient votre pouissance, votre force et votre raison".

Ora este "evangelho materialista", esta "religião de Cristo", despojada da fé e dos seus mistérios, era a mesma que prometia a beatitude neste mundo, a felicidade para o presente: o sentido da vida. Mas viver a religião de Cristo era sofrer a dialéctica do desejo, no movimento que o orienta para a abertura ao real, como o caminho e o meio para a felicidade. Era permitir a emergência da vontade espiritual, na libertação da alienação narcísica do desejo. Era a abertura aos outros e ao mundo, num compromisso profundo com a vida, no sentido em que Tolstoï interpreta a "obra de Deus": "A obra de Deus consiste em crer na vida que ele vos deu"[21] (S. João doutrina diferentemente: "É esta a obra de Deus: que acrediteis n'O que Ele enviou")[22].

Se Wittgenstein tinha identificado a vida com o mundo e, consequentemente, o "sentido da vida" com o "sentido do mundo", uma vez que para ele, tal como para Tolstoï, o "sentido do mundo" respeita a uma atitude particular da vontade para com o mesmo, atitude que não emerge senão pelo acto mediador da renúncia, Wittgenstein poderia expressar pela proposição "A oração é o pensamento da vida" a descoberta de Tolstoï, que a "Oração dominical" nada mais é senão a doutrina do Cristo, tal como ele a tinha exposto nos doze capítulos do seu *Resumo do Evangelho*.

Depois de Wittgenstein ter escrito no seu diário, em 6.7.16, que

"A solução do problema da vida assinala-se pelo desaparecimento do problema"[23],

põe duas questões, das quais a segunda é a resposta à primeira ainda que sob a forma de interrogação:

"Mas pode-se viver de modo a *que* a vida deixe de ser problemática? Que se *viva* na eternidade e não no *Tempo?* "[24].

---

21 L. Tolstoï, *Abrégé de L'Évangile*, ed. cit.,138: "422. Et Jésus leur dit: L'oeuvre de Dieu consiste à croire en la vie qu'il vous a donnée".
22 João 6, 29.(*Bíblia Ilustrada*, ed. cit., I, 438.)
23 *Tagebücher*, 6.7.16.: "Die Lösung des Problems des Lebens merkt man am Verschwinden dieses Problems. [S.6.521]".
24 IDEM,*ibidem*: "Kann man aber so leben, *daß* das Leben aufhört, problematisch zu sein? Daß man in Ewigen *lebt* und nicht in der Zeit?".

Será a 8.7.16 que Wittgenstein desenvolverá no seu diário esta ideia, num articulado cuja exposição segue, não só no conteúdo, mas por vezes até na expressão, a síntese da doutrina do *Resumo do Evangelho*, tão bem condensada no título de cada um dos seus capítulos.

Nós transcreveremos, em primeiro lugar, este texto de Wittgenstein, tentaremos seguidamente interpretá-lo e, finalmente, estabeleceremos o seu confronto com os títulos dos capítulos do *Resumo do Evangelho*.

Assim, escreveu Wittgenstein em 8.7.16:

"Crer em Deus significa compreender a questão do sentido da vida.

Crer em Deus significa compreender que os factos do mundo não resolvem tudo.

Crer em Deus significa compreender que a vida tem um sentido.

O mundo é-me *dado*, quer dizer, a minha vontade penetra no mundo do exterior, como nalguma coisa já-aí.

(O que é a minha vontade, eu ainda não o sei).

Eis porque temos o sentimento de depender de uma vontade alheia.

Seja como for, nós *somos*, em todo o caso, num certo sentido, dependentes, e àquilo de que dependemos, podemos chamar Deus.

Deus seria, nesse sentido, simplesmente o destino, ou o que é o mesmo: o mundo — independente da nossa vontade.

Eu posso tornar-me independente do destino.

Há duas divindades: o mundo e o meu eu independente.

Eu sou feliz ou infeliz, é tudo. Pode dizer-se: não há bem nem mal.

Quem é feliz, não teme. Nem mesmo a morte.

Só o que não vive no tempo, mas no presente, é feliz.

Para a vida no presente não há morte.

A morte não é um acontecimento da vida. Ela não é um facto do mundo.

Se se entender por eternidade não uma duração infinita, mas a intemporalidade, pode, então, dizer-se que, quem vive no presente, vive eternamente.

Para ser feliz é preciso que eu esteja em acordo com o mundo. É isto verdadeiramente o que *quer dizer* 'ser feliz'.

Eu estou, então, por assim dizer, em acordo com esta vontade alheia, da qual pareço depender. Quer dizer: 'eu cumpro a vontade de Deus'.

O medo da morte é o melhor sinal de uma vida falsa, isto é, uma vida má.

Quando a minha consciência perturba o meu equilíbrio, há alguma coisa com a qual eu não estou de acordo. Mas o quê? É *o mundo*?

Certamente, é correcto dizer: a consciência é a voz de Deus.

Por exemplo: torna-me infeliz pensar que ofendi este ou aquele. É isto a minha consciência?

Pode dizer-se: 'Age de acordo com a tua consciência, seja como for'? Sê feliz!"[25].

---

[25] IDEM, *ibidem*, 8.7.16: "An einen Gott glauben heißt, die Frage nach dem Sinn des Lebens verstehen.
An einen Gott glauben heißt sehen, daß es mit den Tatsachen der Welt noch nicht abgetan ist.
An Gott glauben heißt sehen, daß das Leben einen Sinn hat.
Die Welt ist mir *gegeben*, d. h. mein Wille tritt an die Welt ganz von außen als an etwas Fertiges heran.
(Was mein Wille ist, das weiß ich noch nicht).
Daher haben wir das Gefühl, daß wir von einem fremden Willen abhängig sind.
Wie dem auch sei, jedenfalls *sind* wir in einem gewissen Sinne abhängig und das, wovon wir abhängig sind, können wir Gott nennen.
Gott wäre in diesem Sinne einfach das Schicksal oder, was dasselbe ist: die — von unserem Willen unabhängige — Welt.
Vom Schicksal kann ich mich unabhängig machen.
Es gibt zwei Gottheiten: die Welt und mein unabhängiges Ich.
Ich bin entweder glücklich oder unglücklich, das ist alles. Man kann sagen: gut oder böse gibt es nicht.
Wer glücklich ist, der darf keine Furcht haben. Auch nicht vor dem Tode.
Nur wer nicht in der Zeit, sondern in der Gegenwart lebt, ist glücklich.
Für das Leben in der Gegenwart gibt es keinen Tod.
Der Tod ist kein Ereignis des Lebens. Er ist keine Tatsache der Welt. [Vgl. 6.4311].
Wenn man unter Ewigkeit nicht unendliche Zeitdauer, sondern Unzeitlichkeit versteht, dann kann man sagen, daß der ewig lebt, der in der gegenwart lebt. [S.6.4311].
Um glücklich zu leben, muß ich in Übereinstimmung sein mit der Welt. Und dies *heißt* ja 'glücklich sein'.
Ich bin dann sozusagen in Übereinstimmung mit jenem fremden Willen, von dem ich abhängig erscheine. Das heißt: 'ich tue den Willen Gottes'.
Die Furcht von dem Tode ist das beste Zeichen eines falschen, d. h. schlechten Lebens.
Wenn mein Gewissen mich aus dem Gleichgewicht bringt, so bin ich nicht in Übereinstimmung mit Etwas. Aber was ist das? Ist es *die Welt*?
Gewiß ist es richtig zu sagen: Das Gewissen ist die Stimme Gottes.
Zum Beispiel: es macht mich unglücklich zu denken, daß ich den und den beleidigt habe. Ist das mein Gewissen?

Examinámos já os três primeiros parágrafos deste texto e refutámos, a propósito, a interpretação que deles faz Jacques Bouveresse. A primeira abordagem interpretativa processou-se no contexto do que Wittgenstein escrevera no seu diário em 11.6.16. Presentemente, retomaremos a sua interpretação, situando-os na totalidade do texto de que fazem parte e no confronto com os títulos dos capítulos do *Resumo do Evangelho* de Tolstoï.

Este texto, dissemo-lo, constitui-se como desenvolvimento da resposta à questão que ele tinha levantado em 6.7.16, acima transcrita, a qual formulara de forma interrogativa. A questão punha-se na sequência da tese: somente está em paz aquele para quem a solução do problema da vida se caracteriza pelo desaparecimento do problema. Wittgenstein perguntava-se, então, como pode a vida deixar de ser problemática e se isso significaria viver-se na eternidade e não no tempo[26].

A relação estabelece-se, assim, entre três termos: sentido da vida → viver na eternidade e não no tempo → apaziguamento.

O texto de 8.7.16 retoma estes temas e mostra-os na sua articulação.

Começa, em primeiro lugar, por estabelecer a equivalência — já definida, em 11.6.16 — entre sentido da vida e Deus, nos três parágrafos referidos. Mas, logo em seguida, o texto abre-se à relação da vontade com o mundo, relação que define o espaço onde o sentido emerge, tal como nos textos anteriores ela fora equacionada.

E, novamente, a dialéctica da im-potência da vontade, no movimento triádico que a anima, se expõe no texto, fazendo corresponder o momento da síntese — o do acordo da vontade com o mundo — ao momento da felicidade, do apaziguamento, da beatitude.

O primeiro momento é o da experiência do *limite* frente ao mundo, que se oferece ao querer como resistência e que, por isso mesmo, se constitui como o *outro*, o *transcendente*. O sentimento que lhe corresponde é o da impotência, perante algo que nos resiste e nos comanda. E é por esta contradição entre o mundo e o nosso desejo; por esta recusa em coincidir sempre e plenamente com o objecto do nosso prazer; por este desejo que nos constitui nesta facticidade que somos face a esta outra que nos resiste; por estas duas facticidades que se nos impõem e nos comandam; por este *já-aí* que nos transcende e põe a nossa impotência no *não* que nos opõe,

---

Kann man sagen: 'Handle nach deinem Gewissen, es sei beschaffen wie es mag'? Lebe glücklich!".
[26] Cf. IDEM, *ibidem*, 6.7.16.

que "temos o sentimento de depender de uma vontade alheia". Para expressar este sentimento de dependência, Wittgenstein recorreu, de novo, à metáfora do nome de Deus: " [...] àquilo de que dependemos, podemos chamar Deus", no jogo de reflexos que permite fazer corresponder Deus, o destino e o mundo: "Deus seria, nesse sentido, simplesmente o destino, ou o que é o mesmo: o mundo - independente da nossa vontade".

Mas logo, o segundo momento dialéctico se anuncia: "Eu posso tornar-me independente do destino". O acto espiritual da vontade, o acto da negação, ao confrontar-se com essa outra negação que é a do mundo ao nosso desejo, outorga aos dois elementos da relação opositiva um mesmo estatuto, conferindo-lhe a mesma dignidade de sujeito: "Há duas divindades: o mundo e o meu eu independente".

O momento do confronto, em que o *eu* e o *mundo* se enfrentam como dois poderes que mutuamente se recusam e excluem, não é ainda o momento conducente à felicidade. Este *eu*, que é o sujeito da recusa, é um sujeito sem mundo, que se afirma, exclusivamente, pelo acto de nolontade que está na sua possibilidade. Mas que lhe resta para além dele? A sua forma de libertação pode não o ultrapassar e esgotar-se mesmo, em qualquer uma das formas narcísicas da procura da felicidade, que Freud caracterizava, como vimos,[27] de "felicidade ilusória e decepcionante"; entre elas poderão encontrar-se os "meios tóxicos, as deformações delirantes da realidade e a ilusão religiosa", anteriormente referida, e mesmo o suicídio, se quisermos ser consentâneos com o pensamento de Wittgenstein, na última nota do seu diário.

O terceiro momento, o da síntese, é, então, o da conciliação e da felicidade. Se o sujeito da recusa, o sujeito da transcendência, se libertasse, exclusivamente, por esse acto, a liberdade conquistada seria uma liberdade vazia e abstracta. Esta auto-apropriação do sujeito pela recusa nadificava não só o mundo do sujeito, mas também o próprio sujeito. As formas de felicidade ilusória são todas, no fundo, formas de suicídio. E, por isso, não podem constituir a solução para o problema da vida. É a vida que é problemática e a solução para o problema, que a mesma constitui, só nela deve ser encontrado; e, como diz Wittgenstein: "A morte não é um acontecimento da vida. Ela não é um facto do mundo". A solução do problema é o desaparecimento do problema enquanto tal, mas entendido no sentido positivo, do qual o apaziguamento — a felicidade — é a marca. O

---

[27] Cf. *supra*, 110.

problema da vida tem a sua origem na resistência que o mundo oferece ao desejo, logo a solução do problema pressuporá o desaparecimento desta oposição. Mas, uma vez admitida a impotência da vontade em relação aos factos do mundo e, consequentemente, a sua incapacidade de mudar os acontecimentos de modo a fazê-los coincidir com o objecto do seu desejo, não resta ao querer senão assumir o mundo e ser consentâneo com ele: "Para ser feliz é preciso que eu esteja em acordo com o mundo. É isto verdadeiramente o que *quer dizer* 'ser feliz'".

Que o "acordo com o mundo" e o "viver no presente" são expressões que traduzem uma mesma orientação do desejo, uma mesma atitude da vontade relativamente ao mundo, é justificado pela relação que se estabelece entre elas, mediada por esse *tertium* que é a felicidade: "Só o que não vive no tempo, mas no presente, é feliz" e "Para ser feliz é preciso que eu esteja em acordo com o mundo".

Mas como pode este viver no presente coincidir com o viver em acordo com o mundo?

Wittgenstein diz que: "Quem é feliz, não teme. Nem mesmo a morte". É, pois, na relação entre viver sem temor, viver no presente e viver de acordo com o mundo, que a chave da interpretação deve ser encontrada. Num mundo, em relação ao qual a nossa vontade é inoperante, onde o que acontece não obedece a nenhum determinismo causal e, logo, onde nenhum efeito se segue necessariamente a nenhuma causa, os nossos projectos correm o risco contínuo de não-realização e o nosso desejo defronta-se com o permanente malogro. Deste desacordo resulta a inquietação, o temor, a infelicidade. Suprimi-los há-de, então, forçosamente pressupor o aceitar esta contingência, fazendo com que a nossa vontade seja una com ela. Todavia, esta contingência é a facticidade na sua pluridimensionalidade, que contém nela também o nosso desejo. Este pertence à categoria dos factos psicológicos e, enquanto tal, mundanos; logo, não podemos excluí-lo, nem eliminá-lo, mas assumir, conjuntamente com a do mundo, a sua própria realidade. O estar de acordo com o mundo é, pois, esta assunção do mesmo e da nossa realidade nele e, portanto também, a possibilidade de frustação dos nossos desejos. Apropriar-se deste *já-aí* é aceitar a necessidade imperante da experiência originária da facticidade. Desta orientação para a coincidência com o real, na aceitação antecipada do que for, se pode dizer que ela é, verdadeiramente, um "viver no presente". O acto de aceitação implica a desvalorização do passado e do futuro. Fosse qual fosse esse passado e seja qual for o futuro, nós aceitamo-

-los; a preocupação que os dimensiona, esbate-se neste acto sempre presente da sua aceitação. E, porque a perenidade da aceitação se deixa atravessar pela tridimensionalidade da ex-stase da temporalidade, Wittgenstein poderá escrever: "Se se entender por eternidade não uma duração infinita, mas a intemporalidade, pode, então, dizer-se que quem vive no presente, vive eternamente", e, como tal, esse não conhece a morte: "Para a vida no presente não há morte". Quer dizer que quem vive no presente, vive a intensidade do instante, como se o instante contivesse a totalidade do tempo.

Esta instalação do querer no real exige esforço e tensão, para que as mediações nem o ocultem nem o mistifiquem ou se ofereçam em sua substituição. Esforço hermenêutico que, de um certo modo, se prefigura já nas três interrogações que antecedem o "Sê feliz!", com que Wittgenstein encerra o texto: "Quando a minha consciência perturba o meu equilíbrio, há alguma coisa com a qual eu não estou de acordo. Mas o quê? É *o mundo*? / Certamente é correcto dizer: a consciência é a voz de Deus. / Por exemplo: torna-me infeliz pensar que ofendi este ou aquele. É a minha consciência? / Pode dizer-se: 'Age de acordo com a tua consciência, seja como for' ".

A consciência infeliz ou perturbada é um sinal que exige uma interpretação, porque indica uma falta, denuncia o "pecado elementar" da não obediência à "vontade do Pai", isto é, o pecado da alienação do real. Eis porque a expressão popular "a consciência é a voz de Deus" pode simbolizar esta experiência. E, justamente por isso, se torna necessário questionar sobre o sentido dessas expressões que à consciência se referem, e, nessa perspectiva, perguntar: "Pode dizer-se: 'Age de acordo com a tua consciência, seja como for.'?". Como ainda necessário é também estar-se atento a esse outro sinal, o primeiro de entre todos - que é referido como o melhor indício de uma vida falsa e má -, o temor da morte, que se opõe à felicidade como o sinal, a marca necessariamente presente, de uma vida justa.

A análise do conteúdo doutrinário deste texto de 8.7.16, que desenvolve as teses de registos anteriores, por nós assinalados, manifesta, assim, sobejamente, quanto ele é uma expressão interpretativa da mensagem do *Resumo do Evangelho* de Tolstoï e como esta inspira o pensamento sobre a vida nos *Tagebücher*. Pois, se este "evangelho materialista" se quis, no dizer do seu autor, não teológico nem dogmático, pretendendo-se, apenas, extrair da doutrina da "Boa-Nova" a mensagem de vida e felicidade que ela comporta, apresentando-a como significativamente válida para o homem contemporâneo, tornava-se, por tudo isto, óbvio o carácter metafórico da presença do nome de Deus nas expressões do texto.

O referente para que este apontava era o sentido da vida, experienciado na beatitude haurida no jogo dialéctico do desejo, ao movimentar-se das formas narcísicas da procura da felicidade ("a vontade pessoal que conduz à morte") para a plenitude do apaziguamento, encontrado numa vontade que se abre aos outros e ao mundo. Esta felicidade, como se disse, pressupõe o luto e a carência, mas deverá também assumir o próprio desejo, uma vez que ela não advirá senão pelo acto de aceitação em que os limites do mundo-do-sujeito se alargam aos limites do sujeito-no-mundo, isto é, por um esforço contínuo na conquista da realidade, sempre próxima e distante ao mesmo tempo.

Nesta doutrina os textos sobrepõem-se, desvelando o suporte ideológico das teses de Wittgenstein.

Seguindo esta ideia, apresentamos, em confronto, os títulos dos capítulos do *Resumo do Evangelho* e os parágrafos dos *Tagebücher*, de 8.7.16, destacando os núcleos temáticos a que obedecem:

Resumo do Evangelho	**Tagebücher**
Títulos dos Capítulos	*Diário de 8.7.16*

1º *O Filho de Deus*

Cap. I. *O Filho de Deus*
O homem filho de Deus é fraco na sua carne e livre em espírito.

(Este capítulo, insista-se, tem como situação nuclear a Tentação de Jesus — logo, o jogo dialéctico da im-potência da vontade).

"O mundo é-me *dado*, quer dizer que a minha vontade penetra no mundo do exterior, como nalguma coisa já--aí.

Eis porque nós temos o sentimento de depender de uma vontade alheia.

Seja como for, nós somos, em todo o caso, num certo sentido, dependentes, e àquilo de que dependemos, podemos chamar Deus.

Deus seria, nesse sentido, simplesmente o destino, ou, o que é o mesmo: o mundo - independente da nossa vontade.

Eu posso tornar-me independente do destino.

Há duas divindades: o mundo e o meu eu independente".

(Estas teses correspondem também ao relato da Tentação: o jogo dialéctico da im-potência da vontade.

A divinização do "eu" pode corresponder simbolicamente à filiação divina, tal como Jesus, o Filho, é a segunda pessoa da Santíssima Trindade).

2º O cumprimento da Vontade do Pai

Cap. II. *O Serviço de Deus*
Esta é a razão pela qual o homem deve obrar não para a carne, mas para o espírito.

Cap. III. *O Princípio da Vida*
É do Espírito do Pai que procede a vida de todo o homem.

Cap. IV. *O Reino de Deus*
Esta é a razão pela qual a vontade do Pai é a vida e o bem de todos os homens.

Cap. V. *A Vida Verdadeira*
A satisfação da vontade pessoal conduz à morte; o cumprimento da vontade do Pai dá a verdadeira vida.

Cap. VI. *A Falsa Vida*
E para obter a vida verdadeira o homem deve, sobre a Terra, renunciar à falsa vida da carne e viver em espírito.

Cap. VII. *O Pai e Eu Somos Um só*
O alimento verdadeiro da vida eterna é o cumprimento da vontade do Pai.

"Para ser feliz é preciso que eu esteja de acordo com o mundo. É isto verdadeiramente o que *quer dizer* 'ser feliz'.

Eu estou, então, por assim dizer, em acordo com esta vontade alheia, da qual pareço depender. Quer dizer: 'eu cumpro a vontade de Deus' ".

3º A Vida Verdadeira é a Vida no Presente

Cap. VIII. *A Vida não é no Tempo*
Esta a razão pela qual a vida verdadeira não é senão no real.

Cap. IX. *As Tentações*
As aparências enganadoras da vida passageira escondem aos homens a vida verdadeira no presente.

"Se se entender por eternidade não uma duração infinita, mas a intemporalidade, pode, então, dizer-se que quem vive no presente, vive eternamente".

"Só o que não vive no tempo, mas no presente, é feliz".

4º Não há Morte para quem vive no Presente

Cap. XII. *A vitória do Espírito sobre a carne*
Eis porque para o homem que vive, não uma vida pessoal, mas em união com todos na vontade do Pai, não há Morte. A Morte corporal é a união com o Pai.

"Quem é feliz, não teme. Nem mesmo a morte".

"Para a vida no presente não há morte".

"O medo da morte é o melhor sinal de uma vida falsa, isto é, uma vida má".

5º É preciso Ser Um com o Pai

Cap. X. *A Luta contra as Tentações*
Eis porque, a fim de não sucumbir às tentações, é preciso estar em todos os momentos da nossa vida em união com o Pai.

"Quando a minha consciência perturba o meu equilíbrio, há alguma coisa com a qual eu não estou de acordo. Mas o quê? É *o mundo*?
Certamente é correcto dizer: a consciência é a voz de Deus".

6º O Amor, como abertura aos "outros"

Cap. XI. *Último Colóquio*
A vida pessoal é um ludíbrio da carne, um mal. A vida verdadeira é a vida comum a todos os homens.[28]

"Por exemplo: torna-me infeliz pensar que ofendi este ou aquele. É isto a minha consciência?"[29]

O flagrante da identidade das expressões evidencia a correspondência dos textos e legitima a aproximação, no contexto, das formulações, aparentemente mais afastadas, daquilo que, segundo julgamos, enuncia concepções existenciais comuns.

---

[28] Cf. Tolstoï, *Abrégé de L'Évangile*, ed. cit., c. I, 40; IDEM, *ibidem*, c. II, 54; IDEM, *ibidem*, c. III, 78; IDEM, *ibidem*, c. IV, 96; IDEM, *ibidem*, c. V, 122; IDEM, *ibidem*, c. VI, 156; IDEM, *ibidem*, c. VII, 184; IDEM, *ibidem*, c. VIII, 216; IDEM, *ibidem*, c. IX, 240; iIDEM, *ibidem*, c. X, 270; IDEM, *ibidem*, c. XI, 294; IDEM, *ibidem*, c. XII, 314.
[29] Cf. *supra*, pp. 129-130, nota 25; *Tagebücher*, 8.7.16.

CAPÍTULO VI

O "ESTATUTO" DA VONTADE HUMANA

O que caracteriza o discurso das primeiras notas sobre o sentido da vida nos *Tagebücher*, que acabámos de analisar, é o carácter categórico e afirmativo dos seus parágrafos. Estes textos, escritos nos dias 11.6.16, 5.7.16, 6.7.16 e 8.7.16, registam o essencial da crença e do saber de Wittgenstein acerca de Deus e do sentido da vida e respondem à questão: "Que sei eu de Deus e da finalidade da vida ?"[1]. Wittgenstein coloca-a no início dessas notas, justamente no primeiro parágrafo; os restantes vêm introduzidos quer pela expressão "Eu sei que ..."[2], quer pela expressão "Crer num Deus significa..."[3], reveladoras de como os parágrafos que elas introduzem pretendem dar resposta àquela questão. Os outros parágrafos, em que as mesmas expressões estão omissas, não são senão explicitações e esclarecimentos daqueles. Entre eles, encontram-se dois cuja enunciação se faz sob forma interrogativa; todavia, estas interrogações não são mais que meras figuras de retórica:

> " Mas pode-se viver de modo a *que* a vida deixe de serproblemática ? Que se *viva* na eternidade e não no tempo?"[4]

> " Não é esta a razão pela qual os homens, para quem, depois de longos períodos de dúvida, o sentido da vida se tornava claro, não podiam dizer, então, no que consistia esse sentido?"[5].

---

[1] *Tagebücher*, 11.6.16: "Gott und den Zweck des Lebens?".
[2] Cf. IDEM, *ibidem*: "Ich weiß, daß ...".
[3] Cf. IDEM, *ibidem*, 8-7-16: "An einen Gott glauben heißt..."
[4] Cf. IDEM, *ibidem*, 6.7.16: "Kann man aber so leben, daß das Leben aufhört, problematisch zu sein? Daß man im Ewigen *lebt* und nicht in der Zeit?"
[5] IDEM, *ibidem*, 7.7.16: "Ist nicht dies der Grund, warum Menschen, denen der Sinn des Lebens nach langen Zweifeln klar wurde, warum diese dann nicht sagen konnten, worin dieser Sinn bestand. [S.6.521.]"

A natureza retórica do segundo parágrafo é evidente; menos claramente o parece ser o primeiro. Todavia, recorde-se o que atrás dissemos: "que se viva na eternidade e não no tempo" é, de certo modo, mais resposta que interrogação, pois que os parágrafos do dia 8.7.16 desenvolvem e explanam essa ideia de forma afirmativa[6].

No seu conjunto estes textos revelam, tal como tentámos mostrar, a sua coincidência com a matéria religiosa do *Resumo do Evangelho* de Tolstoï. Consequentemente, exprimem uma mesma concepção religiosa que se reduz à moral interpretada como uma profunda experiência existencial, que não tem muito a ver com aquilo que commumente se entende por ela[7]. A verdade é que, em nossa opinião, as páginas dos *Tagebücher*, escritas nas datas que se seguem à última indicada acima, revelam um esforço especulativo, por parte de Wittgenstein, não só de dar expressão teórica a essa experiência, como ainda de a pôr em confronto com as expressões que certos elementos dela têm na linguagem do senso comum. A testemunhar esta segunda intenção encontram-se expressões como estas:

"Geralmente admite-se..."[8].
"... no sentido popular da expressão..."[9].
"... no sentido ordinário do termo..."[10].
" ... segundo as concepções comuns..."[11].

Do mesmo modo, não faltam provas das dificuldades encontradas por Wittgenstein em dar expressão teórica a esta experiência existencial:

"Parece que nada mais se pode dizer do que: sê feliz!"[12].
"Eu volto sempre a isto: simplesmente a vida feliz é boa e a vida infeliz, má"[13].

---

[6] Cf. *supra*, 127.
[7] Essa experiência, dissemos, ascende ao discurso, para além dos textos da mística e de algumas obras da literatura russa (como as de Dostoiewski e de Tolstoï), nas obras da filosofia da existência e também da prática e da teoria psicanalíticas que lhe dão expressão, a níveis diferentes, bem entendido, de explicitação e de compreensão.
[8] *Tagebücher*, 29.7.16: "Allgemein wird angenommen..."
[9] IDEM, *ibidem*, 4.11.16: "... in einem populären Sinne..."
[10] IDEM, *ibidem*, 21.7.16: " ... im gewöhnlichen Sinne..."
[11] IDEM, *ibidem*, 29.7.16: "... nach den allgemeinen Begriffen..."
[12] IDEM, *ibidem*: "Man scheint nicht mehr sagen zu können als: Lebe glücklich!"
[13] IDEM, *ibidem*, 30.7.16: "Immer wieder komme ich darauf zurück, daß einfach das glückliche Leben gut, das unglückliche schlecht ist."

"*É evidente*, que a ética não se *pode* expressar"[14].

"Qual é o sinal objectivo da vida feliz, harmoniosa? De novo é evidente que não pode haver um tal sinal que se possa *descrever* "[15].

"Eu estou consciente da total obscuridade de todas estas proposições"[16].

No âmbito deste duplo esforço, Wittgenstein formula duas questões fundamentais:

1º Que espécie de estatuto tem propriamente a vontade humana ?
2º Qual é a conexão da ética com o mundo?

Ainda que formuladas separadamente, elas não são, contudo, independentes; pelo contrário, respeitam ambas ao movimento dialéctico da vontade na sua permanente relação com o mundo.

VI. 1 Da impotência da vontade

Wittgenstein escreve em 21.7.16:

" Que espécie de estatuto tem propriamente a vontade humana? Eu quero referir, sobretudo, a 'vontade' como o suporte do bem e do mal"[17].

---

14 IDEM, *ibidem*: "*Es ist klar*, daß sich die Ethik nicht aussprechen *läßt!* [Vgl.6.421]."
15 IDEM, *ibidem*: "Was ist das objektive Merkmal des glücklichen, harmonischen Lebens? Da ist es wieder klar, daß es kein solches Merkmal, das sich *beschreiben* ließe, geben kann."
16 IDEM, *ibidem*, 2.8.16: "Die völlige Unklarheit aller dieser Sätze ist mir bewußt."
17 IDEM, *ibidem*, 21.7.16: "Was für eine Bewandtnis hat es eigentlich mit dem menschlichen Willen? Ich will 'Willen' vor allem den Träger von Gut und Böse nennen."

Antecipamos a resposta, que Wittgenstein explicitará em registo de 20.10.16:

> "[...] que no sentido usual do termo, não há acto voluntário[18].

Mas que entende Wittgenstein por "sentido usual do termo", no que respeita ao acto voluntário?

A reflexão, que conduz à conclusão referida, esclarece este ponto. Constata-se, então, que, para Wittgenstein, o sentido usual da expressão *acto voluntário* compreende, pelo menos, duas componentes fundamentais: em primeiro lugar, entende a vontade como uma espécie de causa; em segundo lugar, que a causalidade da vontade se exerce no mundo, através do corpo, em acções cujos efeitos são perceptíveis e constituem parte da nossa experiência.

Esse sentido é ilustrado na primeira *situação/hipótese*, que constitui o ponto de partida da reflexão:

> "Imaginemos um homem que não pudesse fazer uso de nenhum dos seus membros, e não pudesse assim, *no sentido ordinário do termo*, exercer a sua *vontade*. Poderia, contudo, pensar, desejar e comunicar os seus pensamentos a outrem. Poderia, pois, através de outro, fazer o bem e o mal. É evidente, então, que a ética valeria também para ele e que ele seria, no *sentido ético*, portador de uma *vontade*"[19].

Se fomos nós que sublinhámos a expressão *no sentido ordinário do termo* e o fizemos na intenção, muito óbvia, de realçar qual o registo em que a discussão se efectua, para com isso podermos depois definir, com toda a clareza, a validade da tese final (a negação do acto voluntário), a verdade é que é Wittgenstein quem sublinha o termo "vontade", sempre que ele aparece no texto transcrito, bem como a expressão "sentido ético". Deve

---

[18] IDEM, *ibidem*, 20.10.16: "[...] daß es also im gewöhnlichen Sinne des Wortes keinen Willensakt gibt."

[19] IDEM, *ibidem*, 21.7.16: "Stellen wir uns einen Menschen vor, der keines seiner Glieder gebrauchen und daher im gewöhnlichen Sinne seinen *Willen* nicht betätigen könnte. Er könnte aber denken und *wünschen* und einem Anderen sein Gedanken mitteilen. Könnte also auch durch den Anderen Böses oder Gutes tun. Dann ist klar, daß die Ethik auch für ihn Geltung hätte, und er im *ethischen Sinne* Träger eines *Willens* ist."

confrontar-se esta ocorrência da palavra "vontade" com a forma como ela aparece transcrita no parágrafo introdutório a esta problemática.

Constata-se que na frase interrogativa ("Que estatuto tem propriamente a vontade humana?"), como a vontade é aí considerada genericamente, Wittgenstein não a assinalou de modo particular; ao passo que na frase afirmativa ("Eu quero referir, sobretudo, a "vontade" como suporte do bem e do mal"), porque o que está em consideração é a vontade enquanto moral, ele coloca a palavra entre aspas.

Temos assim, no texto, um tratamento diferente do termo:
- o registo da palavra sem qualquer sinal particular de ênfase, a significar a vontade humana em geral;
- a palavra colocada entre parêntesis, que corresponde a uma particularização do termo, respeitante ao sentido ético da vontade;
- a palavra escrita em itálico, em referência ao "sentido ordinário do termo".

Isto é, Wittgenstein tem a preocupação de sinalizar a diferença das várias acepções em que está a considerar o termo."vontade" Estas diferentes acepções exprimem uma gradação, em que a palavra desliza do plano filosófico ("Que estatuto tem propriamente a vontade humana?") para o plano não-especulativo, pré-reflexivo, isto é, para o nível do "sentido ordinário do termo".

É, pois, a este último nível, respeitante à utilização que do mesmo fazemos no discurso do quotidiano, que faz sentido pôr a questão se um homem privado de membros pode ou não exercer a sua *vontade*, e responder afirmativamente, uma vez admitida a possibilidade de ele transmitir a outro o seu pensamento e o seu desejo, para ser este a dar-lhes execução efectiva e real.

Então pode perguntar-se: porquê a escolha desta situação do homem imobilizado? O que faz sentido na questão?

Vejamos: se o acto voluntário é admitido como uma espécie de causalidade efectiva do agente volitivo, o sujeito moral não pode ser tido por responsável, sem que as seguintes condições se verifiquem:
- o pensamento do acto: a sua concepção e a deliberação que se lhe segue (os momentos propriamente intelectuais);
- a decisão;
- a execução: a efectivação do acto, verificada por uma mudança produzida no real.

É claro que, mesmo para o homem privado de membros, que não pudesse executar, por si, os actos correspondentes ao que tivesse concebido, deliberado e decidido, "a ética valeria também para ele e ele seria, no *sentido ético*, portador de uma *vontade* ", pois que a totalidade do esquema se verificaria e todas as condições seriam satisfeitas, ainda que por interposta pessoa. Isto é, no *sentido ordinário do termo*, nós reconhecê-lo--íamos como "portador de uma vontade moral". Daí que, sem sairmos do plano do senso comum, Wittgenstein possa, com todo o direito, perguntar--se:

> "Há, então, uma diferença de princípio entre esta vontade e *aquela* que põe em movimento o corpo humano?"[20]

---

[20] IDEM, *ibidem*: "Ist nun ein prinzipieller Unterschied zwischen diesem Willen und *dem*, der den menschlichen Körper in Bewegung setzt?"
Os moldes, em que Wittgenstein desenvolve a reflexão sobre o estatuto da vontade, sugerem fortemente a de Santo Agostinho, em *As Confissões*, 8. 8-9.
Quase nos atrevíamos a dizer que o texto do pensador de Hipona esteve presente, de qualquer forma, enquanto Wittgenstein redigia os textos que agora consideramos. Como se sabe, o que se equaciona em Agostinho, nos parágrafos indicados, é a relação querer/poder, tal como em Wittgenstein. Mas, para além do fundo temático comum, a aproximação verifica-se em determinados aspectos da discussão, tal como no confronto do poder causal da vontade relativamente aos movimentos do corpo como o poder efectivo do querer em si mesmo. Veja-se a semelhança, facilmente reconhecível, no pormenor do exemplo que recorda a hipótese do homem paralítico, proposta por Wittgenstein: "Enfim, naquelas hesitações causadas pela dúvida, fazia os gestos que costumam fazer os homens que querem e não podem, ou porque não possuem membros ou porque os tenham ligados com cadeias, debilitados pela fraqueza, ou de qualquer modo impedidos [...]. Poderia, porém, querer e não os fazer, se a mobilidade dos membros me não obedecesse. Fiz, portanto, muitos movimentos, quando o querer não era o mesmo que o poder; e não fiz o que, sem comparação, eu desejava muito mais, apesar de o poder fazer logo que quisesse, porque para o querer, basta querer sinceramente." (Santo Agostinho, *As Confissões*, trad. de J. Oliveira Santos , S. J., e A. Ambrósio de Pina, S. J, Porto, [2]1942, 8.8, 249); "A alma manda ao corpo, e este imediatamente lhe obedece; a alma dá uma ordem a si mesma, e resiste! Ordena a alma à mão que se mova, e é tão grande a facilidade, que a ordem mal se distingue da execução. E a alma é alma, e a mão é corpo! A alma ordena que a alma queira; e, sendo a mesma alma, não obedece. Donde nasce este prodígio! Qual a razão?" (IDEM, *ibidem*, 8.9, 250).
A distinção de "duas vontades", implícita no texto acima transcrito de Wittgenstein, encontra eco neste texto de Agostinho: "Se há, pois, duas vontades, é que uma delas é completa, e a outra encerra o que falta à primeira". (IDEM, *ibidem*, 8.9, 251).

Dir-se-ia que nenhuma. A situação hipotética coloca-nos perante um caso anómalo: um acidente biológico impossibilita uma relação natural. Como se trata de uma circunstância de excepção, a deficiência acidental pode ser superada por um processo de substituição: a vontade de um outro pode realizar o que o deficiente, por si e sem este auxílio, jamais poderia.

Mas, justamente, porque, ao nível do senso comum, o que parece caracterizar a vontade é, de facto, o elo causal com o corpo, a capacidade determinante de realizar movimento e, em consequência, de *produzir* a transformação no mundo, a atribuição de uma *vontade moral* a um agente, despojado desta possibilidade revela-se imperfeita na sua significação, tal como o está a expressão que diz, por exemplo, que o paralítico *anda* na sua cadeira de rodas.

Neste caso, não se podem imputar ao deficiente, no sentido pleno da palavra, senão os actos que ele próprio realizou, isto é, aqueles que respeitam os momentos da concepção, da deliberação e da decisão, ou seja, os actos de pensar e de desejar. Logo podem-se admitir três hipóteses:

— o modo de significação da palavra "vontade" é, neste caso, imperfeito, não significando o que ele comummente significa, quer dizer, uma conexão causal efectiva com o corpo;

— há duas acepções da palavra "vontade" e, neste caso, pode-se perguntar se há uma diferença de princípio entre elas;

— ou ainda, no processo redutor pelo qual esta metodologia, de natureza fenomenológica, capta o núcleo noemático do conceito "vontade", o *pensamento* e o *desejo* revelam-se — tal *eidos* procurado, a manifestar-se em sua plena apodicticidade — como sendo já uma certa actividade da vontade ["Ou o erro provém aqui do facto do *desejo* (assim como o pensamento) ser já um acto da vontade? (E neste sentido, um homem *sem* vontade estaria, seguramente, privado de vida.)"][21].

O alcance e o sentido da questão desvelam-se nessa outra evidência apodíctica de que o "topos" da ética reside na relação bipolar vontade/mundo, compreendida, certamente, a níveis diferentes — o nível do senso comum e o filosófico —, a exigir um processo clarificador:

---

[21] *Tagebücher*, 21.7.16: "Oder liegt hier der Fehler darin, daß auch schon das *Wünschen* (resp. Denken) eine Handlung des Wilens ist? (Und in diesem Sinne wäre allerdings der Mensch *ohne* Willen nicht lebendig)".

> "Mas é concebível um ser que pudesse apenas representar (digamos: ver) e não pudesse de modo algum querer? Em certo sentido, isso parece impossível. Se fosse possível, poderia, então, haver um mundo sem ética"[22].

Assim, pode-se compreender a exigência do filósofo de determinar não somente o modo efectivo da conexão vontade/mundo, isto é, o processo estático ou dinâmico da sua relação, mas também a natureza profunda dos dois elementos relacionados. O filósofo não inicia, contudo, ingenuamente esta via. Pelo contrário, o esforço para teorizar a sua "crença" e o seu "saber" será, por decisão sua, iconoclasta, radicalmente destruidor dos *idola fori*, porque, só então, a verdade surgirá no espaço vazio das divindades depostas. E, para Wittgenstein, — "o homem dos evangelhos"[23]—, que fizera a grande aprendizagem da beatitude, no caminho da renúncia e da abdicação das *ilusões* da vontade pessoal, o sentido ordinário da palavra *vontade*, supostamente entendida como força produtora do movimento do corpo, era os *idola* que ele queria demolir.

Sob o ponto de vista do senso comum, o bem ou mal imputado ao agente dependerá do valor positivo ou negativo do efeito produzido pela sua acção, efeito que é sempre particular, devido à particularidade do acto que está na sua origem.

De acordo com esta premissa, a moral é considerada como um *fazer* cujas consequências serão pontualmente sancionadas, e a personalidade moral como um carácter adquirido por um novo *habitus*. Todavia, esta concepção da moral esconde que o sujeito moral, mais do que agir sobre o mundo, *tem* um mundo. Como escreve Wittgenstein:

> "O mundo do homem feliz é diferente do mundo do homem infeliz.
> O mundo do homem feliz é um *mundo feliz*"[24].

Ao discutir o paralelismo psicofísico, num contexto em que se pondera a

---

[22] IDEM, *ibidem*: "Ist aber ein Wesen denkbar, das nur vorstellen (etwa sehen), aber gar nicht wollen könnte? In irgendeinem Sinne scheint dies unmöglich. Wäre es aber möglich, dann könnte es auch eine Welt geben ohne Ethik".
[23] Cf. *supra*, 46 n. 56.
[24] *Tagebücher*, 29.7.16: "Die Welt des Glücklichen ist eine andere als die des Unglücklichen. [S.6.43].
Die Welt des Glücklichen ist *eine glückliche Welt*".

relação do sujeito com o mundo e, precisamente, a fim de dar corpo teórico às duas teses postuladas acimas, Wittgenstein afirmará de modo categórico:

> "Mas é claro que o elo causal não é de modo algum um elo"[25].

E três dias mais tarde, a 20.10.16, reafirmará a mesma tese, mas, então, fazendo novamente apelo a um exemplo concreto:

> "Eu posso, pelo menos, imaginar que realizo o acto voluntário de levantar o braço, sem que o meu braço se mova. (Por exemplo, se um tendão se tiver rompido). Sim, dir-se-á, mas o tendão foi movido e isto mostra justamente que o meu acto voluntário se referia ao tendão e não ao braço. Mas vamos mais longe e suponhamos que o tendão não se tenha movido e assim por diante. Acabaremos por admitir que o acto voluntário não se refere de modo algum a um corpo e que, portanto, no sentido usual do termo, não há acto voluntário"[26].

Na sequência do texto, as afirmações

> "O milagre, esteticamente falando, é que haja mundo. Que o que é, seja"[27].

recebem então, uma dupla significação: a que articula a vontade com o mundo e a que permite compreender a relação da ética com a estética, que exporemos mais adiante. Esta permissividade é uma exigência do próprio texto. O parágrafo é intercalar. Situa-se na continuidade da discussão do sentido usual do acto voluntário, ou seja, da relação causal da vontade com o

---

25 IDEM, *ibidem*, 15.10.16: "Aber es ist klar, daß der Kausalnexus gar kein Nexus ist. [Vgl.5.136]."
26 IDEM, *ibidem*, 20.10.16: "Ich kann mir jedenfalls vorstellen, daß ich den Willensakt ausführe, um meinen Arm zu heben, aber mein Arm sich nicht bewegt. (Eine Sehne sei etwa gerissen). Ja, aber, wird man sagen, die Sehne bewegt sich doch, und dies zeigt eben, daß sich mein Willensakt auf die Sehne und nicht auf den Arm bezogen hat. Aber sehen wir wieter und nehmen an, auch die Sehne bewegte sich nicht und so fort. Wir würden dann dazu kommen, daß sich der Willensakt überhaupt nicht auf einen Körper bezieht, daß es also im gewöhnlichen Sinne des Wortes keinen Willensakt gibt".
27 IDEM, *ibidem*: "Das künstlerische Wunder ist, daß es die Welt gibt. Daß es das gibt, was es gibt."

movimento do corpo e abre para essa outra em que o estético e o ético se equivalem:

> "O ponto de vista estético sobre o mundo consiste essencialmente na contemplação do mundo por um olhar feliz?
> A vida é séria, a arte serena"[28].

Detenhamo-nos, por ora, no sentido que o parágrafo permite encontrar, no âmbito do problema que o antecede e com o qual ele se articula: a não referência ao corpo do acto voluntário.

Vejamos: etimologicamente a palavra estética deriva de *aisthesis,* que significa em grego, como se sabe, sensação e também percepção, percepção sensível. No exemplo, sobre o qual Wittgenstein nos convida a reflectir, somos postos, novamente, perante uma situação excepcional: a possibilidade de se imaginar que se realiza o acto voluntário de levantar o braço, sem que o braço se mova, desde que, por hipótese, se verifique a ruptura de um tendão. Numa situação normal, o acto voluntário de levantar o braço é acompanhado de uma série ordenada de acontecimentos de ordem empírica mais ou menos constante. E o que se verifica relativamente ao caso particular do movimento do braço, verifica-se também relativamente à totalidade de movimentos do nosso corpo e à conjunção destes com a realidade sensível circundante. Os movimentos, objecto da percepção sensível, articulam-se em relações seriais, que se processam segundo uma determinada ordem, a qual constitui objecto do nosso conhecimento, seja qual for o nível a que ele se exerça. O mundo enquanto totalidade é expressão dessa ordem:

> "Não pode haver um mundo ordenado ou um mundo desordenado de tal modo que se possa dizer que o nosso mundo é ordenado. Mas em todo o mundo possível há uma ordem por mais complicada que ela seja; do mesmo modo que no espaço não há distribuições de pontos ordenados e de outros sem ordem, mas pelo contrário, toda a distribuição é ordenada"[29].

---

[28] IDEM, *ibidem*: "Ist das das Wesen der künstlerischen Betrachtungsweise, daß sie Welt mit glücklichem Auge betrachtet?
Ernst is das Leben, heiter ist die Kunst."
[29] IDEM, *ibidem*, 19.9.16: "Es kann nicht eine ordentliche oder eine unordentliche Welt geben, so daß man sagen könnte, unsere Welt ist ordentlich. Sondern in jeder

Que essa ordem aconteça, que ela seja o que é, é algo que transcende o sujeito humano e particularmente o sujeito humano volitivo. Que uma série de acontecimentos empíricos se desencadeie no momento em que ele queira levantar o seu próprio braço, esta séria particular e não qualquer outra, é algo que não acontece por sua própria determinação: é assim porque é assim, trata-se de uma facticidade transcendente com a qual este sujeito conta na acção, mas que é imposta do exterior à sua vontade. Que a ordem e a sucessão dos factos da percepção sensível exista, eis o mundo, mas eis igualmente o milagre; o que é assim, poderia ser de um outro modo, em possibilidades infinitas de outras ordenações. Porquê esta ordem e não uma outra? Porquê uma série de acontecimentos biológicos que acompanham a mecânica do movimento do braço? Não poderia acontecer uma outra experiência de mundo, em que se pudesse levantar o braço, alcançar o objecto desejado, sem que os fenómenos que se verificam no mundo já-aí da nossa experiência, se tivessem necessariamente de verificar?

A facticidade com a qual o ser-no-mundo, que é o sujeito humano, se confronta, mais não mostra nem prova senão que há certas correlações empíricas e que estas se verificam entre certos acontecimentos psicológicos e outros, como por exemplo, entre o desejo de levantar o braço e o acto de o levantar. Em síntese, Wittgenstein partilha com Hume de uma mesma concepção da causalidade: reconhece-se a existência de regularidades com as quais contamos na vida quotidiana, mas isso não implica que exista nexo causal, no seu clássico sentido filosófico, e, por isso, os acontecimentos do mundo são independentes uns dos outros e assim também da vontade.

O exemplo escolhido por Wittgenstein, mais uma vez situando-nos perante um caso limite, permite questionar o sentido ordinário da palavra "vontade", com a ajuda da análise do chamado "acto voluntário", e mostrar as contradições a que conduz. Por um lado, essa concepção caracteriza o acto voluntário como deliberado e intencional e, por outro lado, referente a um corpo, isto é, que ele é um meio e um instrumento de acção, que dispõe de um tipo de causalidade própria. Neste segundo exemplo, como no primeiro, os dois momentos do acto voluntário, o momento propriamente psicológico e o outro, que respeita à sua execução — digamos o momento em que o motor põe a matéria em movimento —, estão lá também, mas, agora, de um

---

möglichen Welt ist eine, wenn auch komplizierte Ordnung, geradeso, wie es im Raum auch nicht unordentliche und ordentliche Punktverteilungen gibt, sondern jede Punktverteilung ist ordentlich."

modo mais preciso, pois se reportam a um só agente. Wittgenstein diz: "Eu posso, pelo menos, imaginar que realizo o acto voluntário de levantar o braço, sem que o meu braço se mova"[30], o que se pode traduzir por: eu imagino que vou levantar o braço, porque essa é a minha intenção e assim decidi (primeiro momento — o momento intelectual). Todavia, o processo biológico que costuma acompanhar esse movimento não se verifica; acidentalmente todo o percurso neurológico está interrompido, de modo que nenhuma correlação de natureza física acompanhou a série de fenómenos psicológicos. A conclusão que Wittgenstein daí retira é a seguinte:

> "Acabaremos por admitir que o acto voluntário não se refere de modo algum a um corpo e que, pois, no sentido usual do termo, não há acto voluntário"[31].

Esta conclusão poderia pressupor um raciocínio deste tipo: no *sentido usual do termo*, perante uma situação semelhante à admitida por hipótese, considerar-se-ia que o acto voluntário não se verificou. Dir-se-ia, neste caso, que um acto foi desejado, mas não realizado, que houve o projecto de um acto, que de facto não chegou a acontecer, porque o elo causal entre a vontade e o corpo não se pôde estabelecer, devido a um acidente biológico que o impediu. Mas se se conceber como irreal a existência do elo causal e se se admitir que apenas se verifica a mera correlação entre as duas séries de fenómenos, psicológicos e físicos (como é o caso de Wittgenstein) — então, ter-se-á de concluir que, no *sentido usual do termo*, não há acto voluntário, não somente nesta situação, mas mesmo quando se realizou o chamado acto voluntário de se levantar o braço.

Todavia, se, no *sentido usual do termo,* não há acto voluntário, devido à irrealidade do nexo causal entre a vontade e o corpo, como distinguir o acto voluntário, ou o que comummente se designa por tal, do mero acto reflexo e do simples desejo?

Em consequência, Wittgenstein tentará responder a três questões:

---

[30] IDEM, *ibidem*, 20.10.16: "Ich kann mir jedenfalls vorstellen, daß ich den Willensakt ausführe, um meinen Arm zu heben, aber mein Arm sich nicht bewegt."
[31] IDEM, *ibidem*: "Wir würden dann dazu kommen, daß sich der Willensakt überhaupt nicht auf einen Körper bezieht, daß es also im gewöhnlichen Sinne des Wortes keinen Willensakt gibt."

— Em primeiro lugar: qual é o referente fenomenal que corresponde, de facto, ao acto que comummente se designa por "acto voluntário"?

— Em segundo lugar: uma vez reconhecida a irrealidade do elo causal entre a vontade e o corpo — isto é, uma vez rejeitada a concepção causal do querer que o concebe como uma espécie de motor, como uma impulsão pura que penetra na experiência, pondo o corpo em movimento e, em contrapartida, reafirmada a total *impotência* da vontade — em que medida é possível encontrar um critério que possa permitir dar um sentido à diferença que se estabelece geralmente entre os comportamentos sofridos (como, por exemplo, os reflexos e a conduta instintiva) e aqueles que nós nos imputamos e dos quais nos consideramos autores?

— Em terceiro lugar: se não se pode verificar, na experiência, a não ser correlações entre os fenómenos psicológicos e outros, qual é a diferença que nos permite distinguir entre aquilo que se chama comummente o acto voluntário e o simples facto de desejar?

Fá-lo-á, em 4.11.16, num dos mais longos registos do seu diário. Para tal, toma como ponto de partida, a relação, sempre pressuposta, da vontade com o mundo.

"É, por assim dizer, claro que nós precisamos para a vontade de um ponto de apoio no mundo"[32].

A primeira tese que defenderá é que a vontade deve "sempre reportar-se a uma representação"[33]. Com efeito, a relação da vontade com o mundo é, segundo o sentido usual do termo, uma relação de causa/efeito. Logo, considera-se o acto voluntário como um efeito de um acto da vontade, por consequência, como expressão perceptível deste, para qualquer observador. O acto voluntário há-de, pois, corresponder a uma alteração no mundo, a algo que aí não estava e passou a estar. Todavia, a representação de um efeito produzido não parece ser suficiente para que se possa afirmar a

---

32 IDEM, *ibidem*, 4.11.16: "Es ist sozusagen klar, daß wir für den Willen einen Halt in der Welt brauchen."
33 IDEM, *ibidem*: "Der Wille scheint sich immer auf eine Vorstellung beziehen zu müssen."

efectivação de um acto voluntário. Pode-se, assim, compreender a razão por que Wittgenstein põe a questão:

> "Os sentimentos, que me asseguram que um acto voluntário se efectuou, têm alguma propriedade específica que os distinga das outras representações?"[34].

A resposta é: "Parece que não"[35]. Sem dúvida, a representação do movimento do meu braço, que ele se tenha realizado de forma voluntária ou involuntária, será precisamente a mesma. Que o efeito seja resultante de um acto de vontade ou não, será idêntico e far-se-á acompanhar do mesmo tipo de sensações; quinestésicas, cinestésicas e outras. Nada, pois, ao nível da sensação, legitima a distinção entre um acto voluntário e um acto reflexo, por exemplo. A diferença aparece, apenas, ao nível psicológico, na motivação da ordem do desejo: porque o acto voluntário foi desejado, enquanto o acto reflexo não.

Todavia, a linguagem estabelece também a distinção entre a ordem do desejar e a do querer. Reconhecemos, por exemplo, uma diferença entre o acto voluntário de deslocar uma cadeira deste recanto mais escuro do quarto e de a arrumar mais próximo da luz, junto à janela, e o simples desejo que isso aconteça sem nos dispormos a fazê-lo. Admitindo, apenas, as correlações empíricas entre a ordem física e a ordem psicológica, diríamos, agora, que nos falta o critério para distinguir o acto voluntário do acto desejado, suposta a situação em que ao simples desejo de mudar a cadeira correspondesse a representação da sua mudança efectiva. Em nossa opinião, é concebendo uma tal situação que Wittgenstein faz o seguinte reparo:

> "Mas, neste caso, seria concebível que eu viesse a constatar que, por exemplo, esta cadeira obedece à minha vontade?
> É possível?"[36].

---

34 IDEM, *ibidem*: "Haben die Gefühle, die mich von dem Vorgang eines Willensakts überzeugen, irgend eine besondere Eigenschaft, die sie von anderen Vorstellungen unterscheidet?"
35 IDEM, *ibidem*: "Es scheint nein!"
36 IDEM, *ibidem*: "Dann wäre es aber denkbar, daß ich etwa darauf käme, daß z.B. dieser Sessel direkt meinem Willen folgt.
Ist das möglich?"

Que nos permite, então, ao nível fenoménico, distinguir, no plano da representação, o acto voluntário daquele que o não é?
Wittgenstein responderá:

> "Desejar não é agir. Mas querer é agir.
> (O meu desejo refere-se, por exemplo, ao movimento da cadeira, a minha vontade refere-se a uma sensação muscular)"[37].

Logo, o que, no plano fenoménico, corresponde ao acto *comummente* designado por voluntário pertence à ordem do agir, é a própria acção:

> "Querer o desenrolar de uma acção consiste em efectuar o desenrolar dessa acção e não em fazer qualquer outra coisa que a provoque"[38].

Uma vez excluído o pressuposto metafísico do nexo causal entre a vontade e o corpo, como excedente interpretativo que não encontra legitimidade no vivido, o referente para que aponta a expressão vulgarmente usada de *acto voluntário* é a própria acção enquanto série de representações psicofísicas desencadeadas, às quais não corresponde nenhuma espécie de constrangimento. Nesse conjunto seriado de representações, é possível, como vimos, encontrar os elementos necessários que permitam compreender, a este nível, o que distingue o acto voluntário do desejo e o que dá sentido às expressões em que nos afirmamos como agentes da acção.

Todavia, nada no pensamento de Wittgenstein permite afirmar que o movimento é uma ilusão:

> "Quando eu movo alguma coisa, movo-me.
> Quando eu realizo uma acção, estou a agir"[39].

O movimento e a acção situam-se ambos ao nível da experiência vivida: a sua realidade não será, portanto, recusada. É ao nível das interpretações que a ilusão se situa para Wittgenstein. E a esse nível, ela reside na crença de um elo causal necessário entre as coisas e na consideração deste como

---

[37] IDEM, *ibidem*: "Wünschen ist nicht tun. Aber, Wollen ist tun. (Mein Wunsch bezieht sich z. B. auf die Bewegung des Sessels, mein Willen auf ein Muskelgefühl)."
[38] IDEM, *ibidem*: "Daß ich einen Vorgang will, besteht darin, daß ich den Vorgang mache, nicht darin, daß ich etwas Anderes tue, was den Vorgang verursacht."
[39] IDEM, *ibidem*: "Wenn ich etwas bewege, so bewege ich mich. Wenn ich einen Vorgang mache, so gehe ich vor."

uma espécie de constrangimento, que determina uma coisa a ser só pelo facto de que outra é. As relações são, pois, meramente empíricas e por natureza contingentes, sendo o que são, mas podendo ser outras. No plano da experiência, "o movimento querido do corpo não se produz como qualquer outro movimento não querido", mas é "acompanhado da vontade"[40]. Isto é, ao nível das representações psico-físicas nada o distingue do movimento involuntário, excepto ter sido querido. Mas se, como se disse, para Wittgenstein o querer é já agir, porque verdadeiramente querer o desenrolar de uma acção não tem outra expressão que não seja o da realização efectiva dessa acção, parece não haver, por esse facto, nenhuma diferença de significação entre a acção querida e aquela que o não é, como, por exemplo, o acto reflexo. Essa diferença, que é necessário admitir, não poderá ser senão da ordem do desejo, o que quer dizer que uma acção voluntária é uma acção desejada e uma involuntária o não é. Logo, ao nível das correlações psicofísicas do acontecimento da acção, o elemento definidor do movimento querido, que aparece como presente num dos conjuntos e ausente do outro, não pode deixar de ser o desejo - este é a componente psicológica, não causal, mas presente, com o mesmo grau de eficácia dos outros elementos das duas séries.

Contudo, Wittgenstein está dividido entre duas intenções: por um lado, a de trazer à clarificação da compreensão filosófica uma experiência existencial (o vivido dos fenomenólogos); por outro, o querer confrontá-la com o sentido comum das expressões que se lhe referem.

Para dar satisfação à primeira dessas intenções, ele não pode, para ser coerente, deixar de reconhecer a presença do desejo como elemento determinante da diferença entre o movimento querido e o não querido, único que permite dizer, de um modo significativo, que fazemos algumas coisas e que outras nos acontecem; para satisfazer a segunda, sente-se obrigado a dar a razão da diferença, operada ao nível da linguagem ordinária, entre o desejo e a vontade. Daí, como se viu, a necessidade de estabelecer, no plano fenoménico, as distinções possíveis: o referir o desejo à acção, primeiro por um processo de exclusão ("Desejar não é agir"[41]), depois por uma relação de sucessão ("O desejo precede o acontecimento"[42]).

---

[40] IDEM, *ibidem*: "Geschieht denn nicht die gewollte Bewegung des Körpers geradeso, wie jedes Ungewollte in der Welt, nur daß sie vom Willen begleitet ist?"
[41] IDEM, *ibidem*: "Wünschen ist nicht tun."
[42] IDEM, *ibidem*: "Der Wunsch geht dem Ereignis voran [...]."

Deste modo, Wittgenstein mostrava o que, na ordem dos fenómenos, justificava o sentido das expressões do vocabulário psicológico do senso comum, no mesmo acto em que eliminava os pressupostos interpretativos nelas implicados. Mas eliminar esses pressupostos exigia a recusa das consequências a que eles conduziam. Entre elas a concepção da responsabilidade tal como é comummente entendida. A este propósito, ele escreve:

> "Mas é verdadeiramente inegável, que, no sentido popular da expressão, eu faço certas coisas e não faço outras"[43].

Isto é, sentimo-nos reponsáveis pelas coisas que fazemos, enquanto repudiamos a responsabilidade daquelas de que não nos consideramos agentes. Todavia, vimos que, se é possível encontrar critérios, na ordem fenoménica, que permitem dar significado às expressões do vocabulário comum referidas à semântica da vontade, não se pode entender por elas mais do que aquilo que a ordem fenoménica no-lo permite. Assim, se a atribuição da responsabilidade pressupõe um fazer que é imputado a alguém como sendo a sua causa, ou seja, realizado por um sujeito que dispõe de uma faculdade, a vontade, concebida como uma espécie de causalidade livre que pode causar transformações no real, é-se forçado a concluir que todas as expressões que se lhe refiram não têm sentido. É nos limites desta perspectiva, que nem sequer se pode afirmar que fazemos certas coisas e outras não:

> "Parece, com efeito, tendo em consideração o querer, que uma parte do mundo me seria mais próxima do que outra (o que seria insuportável)"[44].

Como diz Bouveresse, interpretando este parágrafo dos *Tagebücher:* "Não é possível que certos acontecimentos do mundo me sejam mais *próximos* que outros, uma vez que todos os acontecimentos do mundo são igualmente próximos (ou igualmente afastados) uns dos outros, na medida

---

43 IDEM, *ibidem*: "Aber freilich ist es ja unleugbar, daß ich in einem populären Sinne gewisses tue und anderes nicht tue."
44 IDEM, *ibidem*: "Es scheint nämlich durch die Betrachtung des Wollens, als stünde ein Teil der Welt mir näher als ein anderer (was unerträglich wäre)."

em que, se eles podem ser mais ou menos aproximados uns dos outros, é unicamente no sentido da vizinhança espacial ou da consecução temporal, e não no sentido da presença ou da ausência de uma conexão física necessária. Segue-se, evidentemente, que nenhum acontecimento pode ter lugar no mundo, *porque* eu o tenha querido. Entre o acto da vontade como fenómeno e a acção querida como fenómeno resultante, não pode, com efeito, haver elo mais essencial que aquele que existe, de um modo geral, entre dois fenómenos a que nós chamamos respectivamente 'causa' e 'efeito' "[45]. Assim, o facto de desejar ou não a acção, ou seja, o facto de existir ou não comprometimento do agente no acto, pertence à mesma ordem do acontecer dos outros comportamentos acompanhantes da acção, todos eles de natureza empírica, cuja razão de ser não encontra a sua origem num acto que possa, em verdade, provir do sujeito, como impulso originário e originante. O sujeito sofre também o seu desejo. Ele acontece-lhe. O desejo é já facticidade. Movimento e impulso que o comanda, como uma natureza que não se deu a si mesmo. Paradoxalmente, ser um sujeito activo é algo que *acontece* ao sujeito, faz parte da sua própria passividade. Situada neste plano, a responsabilidade exige, então, outros critérios para se tornar significativa, ao nível da linguagem ordinária. Wittgenstein, por ora, não lhe dará resposta. O problema da responsabilidade será equacionado, nos *Tagebücher*, de uma forma indirecta, no âmbito da problemática das consequências morais dos actos. Se a noção de causa externa é uma falsa noção e se o acto voluntário não tem realidade, na interpretação que lhe é dada ao nível do senso comum, o acto voluntário não sendo por isso a origem de qualquer modificação no mundo, então o sujeito da vontade também não é a instância responsável pelo devir do mundo. Daí, pois, que Wittgenstein afirme:

---

[45] J. BOUVERESSE, *op. cit.*, 119-120: "Il n'est pas possible que certains événements du monde me soient plus *proches* que d'autres, puisque tous les événements du monde sont également proches (ou également éloignés) les uns des autres, dans la mesure, où, s'ils peuvent être plus ou moins rapprochés les uns des autres, c'est uniquement au sens du voisinage spatial ou de la consécution temporelle, et non pas au sens de la présence ou de l'absence d'une connexion physique nécessaire. Il s'ensuit, évidemment, qu'aucun événement ne peut avoir lieu dans le monde *parce que* je l'ai voulu. Entre l'acte de volonté comme phénomène et l'action voulue comme phénomène résultant il ne peut, en effet y avoir de lien plus essentiel que celui qui existe, d'une manière générale, entre deux phénomènes que nous appelons respectivement 'cause' et 'effet'."

"Assim, a questão das consequências de uma acção deve ser sem importância. Pelo menos estas consequências não podem ser acontecimentos"[46].

Em virtude do que não fará sentido falar nem de punição nem de recompensa moral:

"Mas é claro que a ética nada tem a ver com as punições e as recompensas"[47].

As recompensas e as punições pressuporiam que os acontecimentos do mundo se encontrassem ligados à vontade por um elo causal. Mas como o acto voluntário se reduz à própria acção, a recompensa deverá residir na acção mesma:

" Deve haver, com efeito, uma *espécie* de recompensa ética e de punição ética, mas elas devem residir na própria acção"[48].

A análise do *sentido comum* do acto voluntário remete-nos, assim, também ela, para a beatitude entendida como o "viver no presente". É, de certo modo, um dos processos teóricos de nos aproximarmos da legitimidade da sua proposta:

"Só o que não vive no tempo, mas no presente, é feliz"[49].

O sujeito da vontade não é, como acabámos de ver, a instância reponsável pelo futuro do mundo: o acto da vontade não tem qualquer anterioridade relativamente ao seu efeito no mundo; no *sentido comum do*

---

[46] *Tagebücher*, 30.7.16: "Also muß diese Frage nach den Folgen einer Handlung belanglos sein. Zum mindesten dürfen diese Folgen nicht Ereignisse sein."
[47] IDEM, *ibidem*: "Es ist aber klar, daß die Ethik nichts mit Strafe und Lohn zu tun hat."
[48] IDEM, *ibidem*: "Es muß zwar eine *Art* von ethischem Lohn und ethischer Strafe geben, aber diese müssen in der Handlung selbst liegen."
[49] IDEM, *ibidem*, 8.7.16: "Nur wer nicht in der Zeit, sondern in der Gegenwart lebt, ist glücklich."

termo, não tem outra realidade que a da própria acção em que consiste. A acção da vontade não se distingue, pois, da acção voluntária realizada. Ela é, segundo esta interpretação, um acontecimento entre os outros acontecimentos do mundo e a relação entre estes não obedece a nenhum constrangimento tal como uma conexão física necessária:

> "Mesmo se tudo aquilo que nós desejamos fosse realizado, todavia, isso não seria, por assim dizer, mais que uma graça do destino, porque nenhuma conexão lógica existe entre a vontade e o mundo, que garantisse esse sucesso, e a suposta conexão física, nós não podemos seguramente querê-la"[50].

O acto voluntário não tem, por isso, outra dimensão temporal, que lhe pertença de direito, senão a do tempo da sua própria realização; ele não tem nem antes nem depois. A temporalidade da acção esgota-se na dos actos em que se efectiva, mantém-se, exclusivamente, da sua própria presença. É presença-presente e nada mais. Os actos sustentam-se sem alfa nem omega.

Neste contexto, o utilitarismo pragmático é uma das ilusões da acção ordinária. Esta ilusão gera preocupação e angústia. O cálculo do mundo, produto do desejo de domínio dos acontecimentos, não pode garantir jamais o resultado da sua operação. O sujeito do cálculo que vive a ilusão de que o acto da vontade depende, para ser eficaz e efectivo, de condições empíricas que pode dominar, não "vive no real", não compreende, como se dizia no texto do *Resumo do Evangelho* de Tolstoï, a sua situação, carece, segundo a perspectiva psicanalítica, de sentido da realidade, na ausência do esforço da apropriação dos seus próprios limites. Na óptica dos três discursos: o dos Evangelhos, o da psicanálise, o de Wittgenstein, a alienação não é compensadora; a fuga à realidade, pela recusa ao esforço de compreensão que a sua apropriação implica, condena o sujeito, que a suporta, a não ter acesso à via do conhecimento conducente ao apaziguamento, no qual reside toda a beatitude.

---

[50] IDEM, *ibidem*, 5.7.16: "Auch wenn alles, was wir wünschen, geschähe, so wäre das doch nur sozusagen eine Gnade des Schicksals, denn es ist kein logischer Zusammenhang zwischen Willen und Welt, der dies verbürgte, und den angenommenen physikalischen könnten wir doch nicht wieder wollen. [6.374.]"

Desta análise do acto voluntário, no duplo movimento que a estrutura, simultaneamente a procura do referente fenoménico do sentido comum e a demolição crítica dos pressupostos metafísicos que o interpretam, resulta a demonstração teórica da impossibilidade de *uma experiência ética*. Tudo o que acontece é acontecimento no mundo e encontra-se, consequentemente, num mesmo plano ontológico e axiológico. Como diz Agnès Lagache: "[...] a experiência é do mesmo tipo que a acção voluntária: ela não tem sentido na vontade que levasse a fazer tal experiência, mas unicamente no mundo da experiência, o mundo; não há ligação entre os dois domínios, ao nível pontual em que a acção seria 'causada' pela vontade. Eis a razão por que não há realmente experiência ética no sentido em que a propriedade de ser ética lhe seria dada pelo sujeito da vontade [...].

Resulta daí que o mundo na sua determinação essencial é indiferente a esta acção"[51].

Assim sendo, os acontecimentos do mundo não têm outro sentido senão aquele que o mundo, enquanto uma certa e determinada ordem, lhes confere. Mas essa ordem não é nem hierárquica, nem axiológica, porque não resultante de uma vontade ética; pois o acto voluntário, tal como se revela à análise, perde todo o sentido ético, na medida em que se dissolve na acção, entendida como conjunto de acontecimentos que não encontram a sua razão de ser em qualquer nexo causal, um acto de vontade que lhe fosse anterior, por exemplo. Segundo esta ordem de razões, nada do que acontece é em si bom ou mau: é pura e simplesmente o acontecer fáctico do mundo, uma combinação operatória complexa e contingente de efeitos múltiplos e supreendentes, séries empíricas de aconteceres em correlações várias, entre as quais se dispõem os actos concretos da acção do homem e o facto, igualmente concreto, do seu desejo, que os acompanha:

> "Uma pedra, o corpo de um animal, o corpo de um homem, o meu próprio corpo, tudo isto se encontra num mesmo plano.

---

[51] A. LAGACHE, *Wittgenstein. La Logique d'un Dieu*, Paris, 1975, 134-135: "[...]l'expérience est du même type que l'action volontaire: elle n'a pas de sens dans la volonté qui porterait à faire telle expérience, mais uniquement dans le monde de l'expérience, le monde; et il n'y a pas de liaison entre les deux domaines, au niveau ponctuel du monde où l'action serait 'causée' par la volonté. C'est pourquoi il n'y a pas réellement d'expérience éthique, au sens où la propriété d'être lui serait, donnée par le sujet de la volonté [...]. Il en résulte que le monde dans sa détermination essentielle est indifférent à cette action."

> Eis porque tudo o que acontece, quer seja em função de uma pedra ou do meu próprio corpo, não é bom nem mau"[52].

Ou ainda:

> "Mas o corpo humano, em particular o *meu* corpo, é uma parte do mundo entre outras: os animais, as plantas, as pedras, etc.
> Quem perceba isto, não quererá dar um lugar privilegiado ao seu corpo ou ao corpo humano.
> Considerará em toda a ingenuidade os homens e os animais como coisas que se assemelham e são feitas uma para a outra"[53].

A ordem do mundo não é pois axiológica. Não é possível hierarquizar, segundo uma ordem de valor, os entes, nenhum ente, enquanto intramundano. Só a vontade boa ou má poderia conferir à série dos acontecimentos mundanos a qualidade de uma hierarquia axiológica. Mas, dissolvendo-se na bruma das ilusões do senso comum, a concepção de uma boa ou má vontade capaz de agir sobre os acontecimentos mundanos, o que resta são estes últimos e o sentido que eles adquirem na sua relação à totalidade:

> "Enquanto coisa entre coisas, cada coisa é igualmente insignificante; enquanto mundo, cada uma é igualmente significativa"[54].

A visão axiológica e hierarquizante do mundo mostra-se, à luz desta nova compreensão, verdadeiramente mistificada. Pressupõe a falsa realidade de

---

[52] *Tagebücher*, 12.10.16: "Ein Stein, der Körper eines Tieres, der Körper eines Menschen, mein Körper, stehen alle auf gleicher Stufe.
Darum ist, was geschieht, ob es von einem Stein oder von meinem Körper geschieht weder gut noch schlecht."
[53] IDEM, *ibidem*, 2.9.16: "Der menschliche Körper aber, *mein* Körper insbesondere, ist ein Teil der Welt unter anderen Teilen der Welt, unter Tieren, Pflanzen, Steinen etc. etc. [Vgl. 5.641.]"
Wer das einsieht, wird seinem Körper oder dem menschlichen Körper nicht eine bevorzugte Stelle in der Welt einräumen wollen.
Er wird Menschen und Tiere naiv als ähnliche und zusammengehörige Dinge betrachten."
[54] IDEM, *ibidem*, 8.10.16: "Als Ding unter Dingen ist jedes Ding gleich unbedeutend, als Welt jedes gleichbedeutend."

uma efectiva acção da vontade sobre os acontecimentos mundanos e a superioridade ontológica do homem. A análise, ao reduzir a vontade moral, no seu sentido comum, ao agir e este às séries correlatas dos acontecimentos mundanos psicofisiológicos, situa o homem no mundo e situa-o de um modo a que poderemos chamar de "pares inter se".

O idealismo que "isola os homens do mundo, enquanto seres únicos"[55] e o solipismo que "me isola a mim só"[56] são as expressões teóricas que intregam os pressupostos revelados pela análise como falsos. O próprio movimento da análise desenhou, na sua trajectória, o caminho que do idealismo conduziu ao realismo. O ponto de partida fora, justamente, o significado comum dos termos e os pressupostos neles implicados. Estes expressavam uma visão idealista do homem e do mundo ("o solipsismo sendo a concentração extrema do idealismo")[57], na medida em que ela estava implícita, potencialmente, na concepção da vontade simultaneamente como causalidade efectiva sobre os acontecimentos mundanos e de todo livre em relação a estes - entendido o mundo como o produto da vontade do sujeito humano.

A análise do sentido comum permite encontrar o conteúdo fenoménico que possibilita que os termos associados ao discurso ordinário sobre a vontade possam funcionar (pois que ela revelava os dados da experiência a que eles se reportam e encontrava aí os critérios de significação, que tornavam possível o estabelecimento da diferença entre o querer e o desejar, entre o agir e o ser agido); sem ter necessidade de recorrer às interpretações metafísicas que lhe estão associadas e que impõem à compreensão a realidade de pseudo-entidades (por exemplo, a substan-cialidade do sujeito da vontade como "uma espécie de motor que não tem a vencer em si nenhuma força de inércia")[58], chega, enfim, a uma visão *realista*

---

[55] IDEM, *ibidem*, 15.10.16: "[...] Der Idealismus scheidet aus der Welt als unik die Menschen aus [...]."
[56] IDEM, *ibidem*: "[...] der Solipsismus scheidet mich allein aus [...]".
[57] A. LAGACHE, *op. cit.*, 135: "[...] le solipsisme est lui-même la concentration extrême de l'idéalisme [...]".
[58] J. BOUVERESSE, *op. cit.*, 134: "[...] une sorte de moteur qui n'a à vaincre en lui-même aucune force d'inertie". Estas afirmações de Bouveresse referem-se à concepção da vontade que se encontra nas *Philosophische Untersuchungen* (Cf. PU, § 618); todavia, elas são também válidas para a concepção da vontade, que já se pode antever nos *Tagebücher*, tal como Bouveresse o reconhece e o afirma (IDEM, *ibidem*, 135).

do mundo e do homem. Wittgenstein resume esta trajectória da seguinte maneira:

> "A via que eu percorri é a seguinte: o idealismo isola do mundo os homens enquanto seres únicos; o solipsismo isola-me a mim só; e eu vejo, afinal, que também pertenço ao resto do mundo; de um lado, não resta pois *nada*, do outro, o *mundo* enquanto ser único. Assim o idealismo rigorosamente desenvolvido, conduz ao realismo"[59].

É a esta concepção realista que corresponde, no plano ético, o nivelamento axiológico, como resultado da determinação da ideia de acto voluntário, concebido como o efeito causal de um acto de vontade.

VI. 2 Da potência da Vontade

VI. 2.1 *O significado da vontade*

No primeiro momento da reflexão, a análise — ao partir do sentido usual das palavras do vocabulário da vontade e das concepções que lhe estão comummente associadas, para procurar responder às três questões postas por Wittgenstein com vista à solução do problema do estatuto da vontade (o sentido da vontade e a sua relação com o mundo e o sujeito metafísico) — revelou o carácter ilusório de um acto de vontade anterior ao acto voluntário e reduziu este à acção e a acção à série correlata dos acontecimentos empíricos. Em resumo, a análise desmitificou a vontade como um poder causal sobre os acontecimentos mundanos, ao situá-la entre esses acontecimentos e, assim, tornou supérflua a concepção substancialista do sujeito da vontade como suporte necessário do acto da vontade.

Segue-se que a concepção da vontade que corresponde ao *realismo*, no sentido wittgensteiniano do termo, é a concepção em que o querer é

---

[59] *Tagebücher*, 15.10.16: "Der Weg, den ich gegangen bin, ist der: Der Idealismus scheidet aus der Welt als unik die Menschen aus, der Solipsismus scheidet mich allein aus, und endlich sehe ich, daß auch ich zur übrigen Welt gehöre, auf der einen Seite bleibt also *nichts* übrig, auf der anderen als unik *die Welt*. So führt der Idealismus streng durchdacht zum Realismus. [Vgl. 5.64.]"

identificado com a acção, uma vez que uma relação de inerência ao mundo aí está pressuposta, com a exclusão de qualquer entidade metafísica concebida em relação com a vontade. Mas esta identificação do querer com o agir tem de designar a *totalidade* do acontecimento da acção: as séries correlatas dos fenómenos psicológicos e outros que a constituem. Segundo a observação de Bouveresse: "E se o querer é o fazer, é-o em todos os sentidos da palavra; não pode servir para designar unicamente certos antecedentes da acção, mas deve *também* poder aplicar-se a esses antecedentes, não pode parar após os preliminares 'conativos' do acto, mas também não pode começar, depois deles, com o acto real"[60]. Wittgenstein, pois, não recusa os componentes psicológicos do acto voluntário. A sua é sobretudo crítica: dirige-se objectivamente contra essa concepção do acto da vontade como uma espécie de causa. A este nível da compreensão torna-se mais evidente e mais inteligível o sentido de alguns parágrafos do diário de 21.7.16, já anteriormente citados. Eles são uma parte integrante desta primeira abordagem da problemática da vontade, que acabámos de considerar, posta agora para reflexão, uma vez enunciados os princípios fundamentais da sua crença e do seu saber sob a forma de uma hermenêutica da doutrina dos Evangelhos, que o conduziu, segundo a nossa opinião, a entender a dialéctica da vontade como o fundo da questão do sentido da vida. Recorde-se que Wittgenstein aborda directamente essa problemática com a interrogação: "Que espécie de estatuto tem propriamente a vontade humana?"[61], ao considerar a situação do inválido que, impossibilitado por um acidente de movimentar o seu próprio corpo, poderia não obstante, através de uma outra pessoa, fazer o bem e o mal, porque "poderia pensar e desejar e comunicar os seus pensamentos a outro"[62]. Ele seria assim mesmo portador de uma vontade ética, no sentido comum do termo, e daí que Wittgenstein se pergunte se não haveria "uma

---

[60] J. BOUVERESSE, *op. cit.*, 133: "Et si le vouloir est le faire, il l'est dans tous les sens du mot; il ne peut servir à désigner uniquement certains antécédents de l'action, mais il doit pouvoir s'appliquer *aussi* à ces antécédents, il ne peut s'arrêter après les préliminaires 'conatifs' de l'acte, mais il ne peut pas non plus commencer après eux, avec l'acte réel."
[61] *Tagebücher*, 21.7.16: "Was für eine Bewandtnis hat es eigentlich mit dem menschlichen Willen?"
[62] IDEM, *ibidem*: "Er könnte aber denken und *wünschen* und einem Anderen seine Gedanken mitteilen."

diferença de princípio entre esta vontade e a que põe em movimento o corpo humano"[63].

Mas, uma vez que a concepção causal da vontade foi desmistificada pela análise do acto voluntário e que este foi reduzido à acção — compreendida como a totalidade dos actos psicofísicos presentes num determinado comportamento —, não há mais razão para continuar a perguntar se existe uma diferença de princípio entre a vontade, enquanto pensamento e desejo (o projecto de uma acção), "e *aquela* que põe em movimento o corpo humano"; porque pensar e desejar não fazem somente parte da acção, no sentido em que eles são os seus componentes psicológicos, mas são eles também acção no sentido mais amplo do termo.

A seguinte observação de Wittgenstein obtém, neste contexto, toda a sua inteligibilidade:

> "Há, então, uma diferença de princípio entre esta vontade e *aquela* que põe em movimento o corpo humano?
> Ou o erro provém aqui do facto de o *desejo* (assim como o pensamento) ser já um acto da vontade? (E neste sentido, um homem *sem* vontade estaria, seguramente, privado de vida)"[64].

Wittgenstein, porque era sua primeira intenção mostrar o sentido da linguagem ordinária sobre a vontade, procurou os critérios que permitem, ao nível da experiência humana, dar a razão das diferenças que aí se estabelecem entre desejar e querer. É nesta perspectiva, e só dentro dela, que devem ser entendidas, em nossa interpretação, todas as formulações que insistem na diferença[65].

Todavia, a relação entre desejo e vontade mostra-se, à reflexão, ser bem mais íntima do que comummente se pressupõe, como Wittgenstein, no texto transcrito acima, parece reconhecer.

---

[63] IDEM, *ibidem*: "Ist nun ein prinzipieller Unterschied zwischen diesem Willen und dem, der den menschlichen Körper in Bewegung setzt?"

[64] IDEM, *ibidem*: "Ist nun ein prinzipieller Unterschied zwischen diesem Willen und dem, der den menschlichen Körper in Bewegung setzt?
Oder liegt hier der Fehler darin, daß auch schon das *Wünschen* (resp. Denken) eine Handlung des Willens ist? (Und in diesem Sinne wäre allerdings der Mensch *ohne* Willen nicht lebendig)."

[65] Cf. IDEM, *ibidem*, 4.11.16: "Wünschen ist nicht tun. Aber, Wollen ist tun."; IDEM, *ibidem*: "Der Wunsch geht dem Ereignis voran, der Wille begleitet es."

O desejo apresenta-se como o projecto de uma acção, como um fim que nos propomos ("O meu desejo refere-se, por exemplo, ao movimento da cadeira"[66]), enquanto que a vontade se refere à acção ("O desejo precede o acontecimento, a vontade acompanha-o")[67], isto é, à realização deste fim, neste caso, mudar efectivamente a posição da cadeira. Uma mesma estrutura os constitui: a orientação para um objecto e, ao mesmo tempo, a sua representação. A vontade é, então, a representação da realização de uma acção orientada para um objecto; o desejo, a representação de uma acção a realizar orientada para um objecto. Assim, ao nível dos elementos relevantes da estrutura do desejo e da vontade, a dimensão cognitiva é fundamental. O desejo não é puro apetite, mas integra já a representação; consequentemente, ascende à consciência e, dado o seu carácter de projecto, atinge a dimensão do conhecimento. De um modo mais evidente e claro, compreende-se que as mesmas características pertençam de direito à vontade; por consequência, compreende-se que se verifique esta troca, isto é, este movimento quase osmótico entre o desejar e o querer e daí também a necessidade de estabelecer a diferença, precisamente por causa da sua identidade. Donde, o cuidado de Wittgenstein em antepor o desejo à acção (projecto não realizado) e de fazer coincidir o querer com ela (realização sob a forma de projecto). E é justamente porque o querer é *realização sob a forma de projecto*, que se pode também compreender o desejo (projecto não realizado) como uma actividade da vontade, isto é, como querer. Porque um *projecto não realizado* pode ser uma das modalidades da *realização sob a forma de projecto*. Esta interpretação pode esclarecer a questão posta, como vimos, por Wittgenstein, quando sugere ser já o desejo, tal como a representação, uma actividade da vontade.

A representação pode também ser compreendida, nesta perspectiva, como uma *realização sob a forma de projecto*, o que nos parece ser perfeitamente compatível com a intencionalidade que lhe é própria[68].

Este jogo de espelhos, que vai do desejo à vontade e da vontade ao pensamento, esclarece o carácter concreto e unitário da acção humana, a sua unidade dinâmica e consciente, de tal forma que Wittgenstein poderá afirmar que "neste sentido (e refere-se a estas correspondências) um

---

66 IDEM, *ibidem*: "(Mein Wunsch bezieht sich z. B. auf die Bewegung des Sessels [...])".
67 IDEM, *ibidem*: "Der Wunsch geht dem Ereignis voran, der Wille begleitet es".
68 Cf. IDEM, *ibidem*, 21.7.16: "Ist aber ein Wesen denkbar, das nur vorstellen (etwa sehen), aber gar nicht wollen könnte? In irgendeinem Sinne scheint dies unmöglich."

homem *sem* vontade estaria seguramente privado de vida"⁶⁹. A acção humana é, sempre e ao mesmo tempo, desejo, representação, vontade, isto é, *um-fazer-sob-a-forma-de-projecto-que-se-sabe*. Logo, é a estrutura unitária da acção que assegura o seu carácter reflexivo e que nos permite uma apropriação progressiva da totalidade do domínio que abarca. O mesmo é dizer que o acto humano tem, em virtude do carácter unitário e concreto da sua natureza, a possibilidade de uma dinâmica de apropriação.

VI. 2. 2 *A relação da vontade com o mundo*

A análise reflexiva a que o filósofo procede é uma via desse acto de apropriação. Graças a ela, ele reconhece-se numa situação paradoxal em relação ao mundo. Aquele que percorre essa via sabe que o homem é uma parte do mundo, que o acto humano, na sua unidade concreta, é parte integrante dos acontecimentos mundanos e que estes não são, na sua singularidade, dependentes de nenhum acto da vontade, que deles seja causa.

Logo, aquele que percorre a via da análise reflexiva do filósofo pode apropriar-se dos seus próprios limites e conhecer a sua facticidade. Deve compreender-se como um ser-no-mundo, um ser já situado, que tem uma existência que não se deve a si própria e que faz parte de um mundo de correlações, cuja ordem não comanda:

> "O mundo é-me *dado*, quer dizer, a minha vontade penetra no mundo do exterior, como nalguma coisa já-aí"⁷⁰.

É preciso, então, apreender o sentido pleno da impotência que nos constitui. Quem acompanhou o filósofo na sua reflexão compreende que não pode comandar causalmente essa existência que é a sua, e que se revela no seu acto como um *fazer-sob-a-forma-de-projecto-que-se-sabe*. O seu acto, isto é, o que ele deseja, o que representa, em definitivo, o que ele faz, e as correlações empíricas pluridimensionais que o acompanham, tudo

---

⁶⁹ Cf. IDEM, *ibidem*: "(Und in diesem Sinne wäre allerdings der Mensch *ohne* Willen nicht lebendig.)"
⁷⁰ IDEM, *ibidem*, 8.7.16: "Die Welt ist mir *gegeben*, d. h. mein Wille tritt an die Welt ganz von außen als an etwas Fertiges Heran."

isso constitui a sua própria facticidade, o já-aí desta totalidade, o mundo, onde ele se situa. A impotência é, então, a impossibilidade de anular os caracteres fundamentais e essenciais da existência: daí, a impossibilidade de separar ou anular qualquer dimensão da estrutura do acto. A totalidade concreta deste acto presentifica-se em todo o acto: pensar, desejar são actividades da vontade, segundo Wittgenstein e, por conseguinte, um homem sem vontade seria inconcebível[71]. Aquele que percorreu esta via de reflexão e que alcança o conhecimento da impotência da sua vontade adquire, no mesmo acto, a compreensão da sua impotência para deixar de querer e de desejar: tudo isto é facticidade, mundo, e, em relação aos acontecimentos do mundo, é-se totalmente impotente. Mas esta compreensão é em si mesma profundamente dialéctica. Aquele que a possui compreende também na unidade do mesmo acto que, se o seu desejo é impotente relativamente aos acontecimentos do mundo e ele próprio é, no seu acontecer, mundo, todavia este, enquanto totalidade e representação, só é unidade significativa para a actividade de uma vontade que é desejo e pensamento. E é em função da estrutura polivalente da totalidade concreta do acto humano, que o mundo é, ao mesmo tempo, representação e vontade. Porque ele é o objecto intencional da vontade ("Sem o que não teríamos nenhum ponto de apoio e não poderíamos saber o que queríamos")[72], ele é representação; e porque o acto voluntário é projecto, o mundo revela-se como resistência e, enquanto tal, podemo-lo designar metaforicamente como uma "vontade alheia" que se nos opõe[73].

Podem-se, então, compreender estas outras afirmações de Wittgenstein:

> "O mundo e a vida são o mesmo. A vida fisiológica não é naturalmente 'a vida'. E também o não é a psicológica. A vida é o mundo"[74].

A relação da vontade com o mundo é, pois, uma relação de implicação recíproca. O querer é inconcebível sem o seu objecto intencional, o mundo;

---

[71] Cf. IDEM, *ibidem*, 21.7.16.
[72] IDEM, *ibidem*, 4.11.16: "Sonst hätten wir gar keinen Halt und könnten nicht wissen, was wir wollten."
[73] IDEM, *ibidem*, 8.7.16: "Daher haben wir das Gefühl, daß wir von einem fremden Willen abhängig sind."
[74] IDEM, *ibidem*, 24.7.16: "Die Welt und das Leben sind Eines. [5.621.] Das physiologische Leben ist natürlich nicht 'das Leben'. Und auch nicht das psychologische. Das Leben ist die Welt."

mas este é também inconcebível sem o acto intencional da vontade. E esta actividade da vontade é a própria vida: desejar, representar, agir — tudo isto é actividade da vontade, sem a qual a vida não é concebível. O carácter de implicação recíproca da relação actividade voluntária/mundo permite afirmar a identidade do mundo e da vida. É o modo wittgensteiniano de referir essa pertença mútua do acto unitário da existência e do mundo. Entende-se, pois, que nem a vida fisiológica, nem a psicológica sejam verdadeiramente a vida. Elas são parte integrante desse *todo*, dessa unidade concreta que é constituída pela relação entre o acto concreto do homem e o mundo, mas não são essa totalidade. Elas pertencem à vida, mas não são a própria vida.

Nesta afirmação da identidade do mundo e da vida, exprime-se a presença mútua, impensável nos seus termos sem a necessária correlação que os liga, do homem com o mundo e do mundo com o homem. Pertença, contudo, profundamente marcada pelo seu carácter paradoxal: o homem é, no mundo, uma parte apenas do mundo; mas o mundo — unidade horizôntica das significações — é, enquanto tal, representação e pressupõe o acto intencional da vontade. A relação entre o mundo e a actividade da vontade (o acto concreto do homem) tem a ambiguidade e a polivalência de certas formas tão do agrado da "Gestalt Theorie", às quais a reflexão de Wittgenstein não ficou indiferente[75]. Como se sabe, essas formas permitem várias leituras, segundo a perspectiva de onde são observadas. Tal como elas, a *totalidade* que é a vida, tanto se pode ler *mundo* e, então, o acto concreto do homem insere-se na totalidade dos acontecimentos mundanos; como se pode ler enquanto a totalidade destes acontecimentos que, *apreendidos* como tal, implica a transcendência do acto da vontade. A relação entre a vontade e o mundo é uma relação de dependências recíprocas.

Tal como acontecia para o acto da vontade, em que o jogo de espelhos entre pensar, desejar e agir, pressupunha que o todo estivesse sempre presente na parte, do mesmo modo, a relação deste acto com o mundo implica um mesmo movimento de compreensão: os dois elementos da relação implicam-se tão intimamente que, de cada vez que eu penso um dos dois separadamente, é a sua relação estrutural que se torna presente.

---

[75] Cf. L. WITTGENSTEIN, *Philosophische Untersuchungen, Schriften 1*, Frankfurt am Main, [4]1980, 504.

VI. 2. 3 *A relação da vontade com o sujeito metafísico*

Da relação complexa do acto da vontade com o mundo segue-se, como vimos, que o desvelamento do mundo acontece sob dois modos fundamentais: o da representação e o da resistência. Estes dois modos de desvelamento são, por conseguinte, afectados pela natureza complexa do acto, no qual e pelo qual têm lugar. O que significa que vêm marcados, simultaneamente, pelo seu carácter unitário e pela natureza especular do jogo que o caracteriza; de modo que o mundo enquanto representação é também resistência, e esta, por sua vez, uma forma de representação.

Ao tempo em que a problemática da vontade se torna dominante nos *Tagebücher*, já a "Teoria da Figuração", que estabelece as condições da possibilidade da relação entre a linguagem, o pensamento e o mundo, estava elaborada. Inicialmente, recordemo-lo, é a lógica o centro praticamente exclusivo da sua reflexão. É o próprio Wittgenstein que o refere de um modo, aparentemente inesperado, a 4.8.16, no momento em que surge a questão do sujeito metafísico:

> "Na verdade, o meu trabalho desenvolveu-se a partir dos fundamentos da lógica até à essência do mundo"[76].

A "Teoria da Figuração" concebe a linguagem e o pensamento como "modelo" ou "figura" do mundo. A linguagem e o pensamento entrelaçam-se e confundem-se:

> "A razão pela qual eu pensava que o pensamento e a palavra eram uma e a mesma coisa, tornou-se, agora, clara. O pensamento é, com efeito, uma espécie de linguagem. Porque o pensamento é naturalmente *também* uma figura lógica da proposição e, por consequência, igualmente, uma espécie de proposição"[77].

Se é a proposição que identifica a linguagem e o pensamento, ela é, por sua vez, a imagem lógica de um estado de coisas:

> "Pode-se muito simplesmente dizer, em vez de: esta proposição tem tal sentido, — esta proposição representa tal e tal estado de coisas.

---

[76] *Tagebücher*, 2.8.16: "Ja, meine Arbeit hat sich ausgedehnt von den Grundlagen der Logik zum Wesen der Welt".
[77] IDEM, *ibidem*, 12.9.16: "Jetzt wird klar, warum ich dachte, Denken und Sprechen wäre dasselbe. Das Denken nämlich ist eine Art Sprache. Denn der Gedanke ist natürlich *auch* ein logisches Bild des Satzes und somit ebenfalls eine Art Satz".

Ela é a sua réplica lógica. É por isso, somente, que *a proposição* pode ser verdadeira ou falsa: ela pode unicamente estar ou não de acordo com a realidade, porque ela é *uma figura* de um estado de coisas"[78]

Ou, ainda, como Wittgenstein diz, muito simplesmente, em 3.11.14:

"A proposição é a figura lógica de um estado de coisas"[79].

Mas se a proposição pode representar o real enquanto figura lógica, é porque a lógica é também uma estrutura do próprio real:

"Um enunciado não pode incidir sobre a estrutura lógica do mundo, porque, para que um enunciado seja somente possível, para que uma proposição POSSA ter SENTIDO, é preciso que o mundo tenha já, com efeito, a estrutura lógica que ele precisamente tem. A lógica do mundo é anterior a toda a verdade ou falsidade"[80].

Se o texto recusa às proposições sobre a lógica o estatuto de proposições com sentido, indica, por outro lado, de um modo coordenado, a relação dupla que a lógica mantém relativamente à linguagem e ao mundo: o de constituir simultaneamente a estrutura paralela de uma e de outro. Daí a tese:

"*As fronteiras da minha linguagem* significam as fronteiras do meu mundo"[81].

---

[78] IDEM, *ibidem*, 2.10.14: "Man kann geradezu sagen: statt, dieser Satz hat diesen und diesen Sinn: dieser Satz stellt diesen und diesen Sachverhalt dar! [S.4.031.] Er bildet ihn logisch ab.
Nur so kann *der Satz* wahr oder falsch sein: nur dadurch kann er mit der Wirklichkeit übereinstimmen oder nicht übereinstimmen, daß er *ein Bild* eines Sachverhaltes ist. [Vgl. 4.06]".
[79] IDEM, *ibidem*, 3.11.14: "Der Satz ist das logische Bild eines Sachverhaltes".
[80] IDEM, *ibidem*, 18.10.14: "Eine Aussage kann nicht den logischen Bau der Welt betreffen, denn damit eine Aussage überhaupt möglich sei, damit ein Satz SINN haben KANN, muß die Welt schon den logischen Bau haben, den sie eben hat. Die Logik der Welt ist aller Wahr - und Falschheit primär."
[81] IDEM, *ibidem*, 23.5.15: "*Die Grenzen meiner Sprache* bedeuten die Grenzen

No fundo, limites da linguagem, limites do mundo e limites da lógica são expressões profundamente coincidentes: a lógica é a estrutura estável, idêntica e una que torna, ao mesmo tempo, possível a linguagem, o pensamento e o mundo. Pelo seu pressuposto enraizamento no real, a lógica, segundo Wittgenstein, tem um estatuto ontológico. Este estatuto confere-lhe carácter necessitante, de tal modo que:

> "Num certo sentido, nós não nos devemos poder enganar em lógica. É o que já está parcialmente expresso na frase: a lógica deve auto-bastar-se. Este é um conhecimento excepcionalmente importante e profundo"[82].

Este "conhecimento, excepcionalmente importante e profundo" do auto-posicionamento da lógica mostra não somente quanto ela é independente relativamente aos outros domínios do saber, mas ainda e sobretudo, quanto ela o é relativamente à vontade humana. Por causa desta autonomia da lógica e do facto de ela ser a condição do pensamento, da linguagem e do mundo, resulta o carácter impessoal da representação.

Em 27.10.14, escrevia Wittgenstein:

> "A representação do mundo por meio de proposições inteiramente gerais poderia ser chamada *representação impessoal* do mundo.
> Como se efectua a *representação impessoal* do mundo?
> A proposição é um modelo da realidade tal como nós a figuramos"[83].

E a 29 do mesmo mês, Wittgenstein regista a seguinte afirmação que desempenha, relativamente àquelas que acabamos de transcrever, o papel da explicação que lhes é devida:

---

meiner Welt. [5.6]"
82 IDEM, *ibidem*, 2.9.14: "Wir müssen in einem gewissen Sinne uns nicht in der Logik irren können. Dies ist schon teilweise darin ausgedrückt: Die Logik muß für sich selbst sorgen. Dies ist eine ungemein tiefe und wichtige Erkenntnis [Vgl. 5.473]."
83 IDEM, *ibidem*, 27.10.14: "Die Darstellung der Welt durch ganz allgemeine Sätze könnte man die unpersönliche Darstellung der Welt nennen.
Wie geschieht die unpersönliche Darstellung der Welt?
Der Satz ist ein Modell der Wirklichkeit, so wie wir sie uns denken. (S.4.01)"
O sublinhado é nosso.

"(O objecto do qual tratam as proposições gerais é exactamente o mundo, que aí se introduz por uma descrição lógica. — E é a razão pela qual o mundo aí não aparece, a falar com rigor, tal como numa descrição o seu objecto também não aparece)"[84].

Sabendo-se, como se sabe, a relação íntima que as proposições gerais mantêm, no pensamento lógico-linguístico de Wittgenstein, com as proposições elementares — das quais elas são, como as demais proposições, funções de verdade (relação que já vinha expressa em "Notes on Logic" de Setembro de 1913)[85] —, compreende-se que a razão, pela qual a proposição geral pode ser chamada uma *representação impessoal* do mundo, possa ser válida para também assim considerar toda e qualquer espécie de proposição. Pois, não somente as proposições gerais derivam das proposições atómicas e, consequentemente, a proposição geral não é senão um "complexo" de proposições atómicas, como estas, enquanto *proposições* são também a "figura lógica de um estado de coisas"[86].

O carácter impessoal da representação documenta bem, segundo a nossa interpretação, o carácter duplo do desvelamento do mundo (representação e resistência), que advém da natureza do acto no qual e pelo qual ele acontece: a unidade polivalente da actividade da vontade, que é ao mesmo tempo fazer, desejo, representação. A representação é um fazer, mas condicionado por uma estrutura que não está sob controlo do desejo humano. A representação só é possível pela estrutura lógica, em cujos limites se encontra o âmbito de toda a possibilidade: possibilidade de linguagem, de pensamento, de mundo. Essa estrutura é também um já-aí, algo que se impõe do exterior à vontade humana e lhe resiste. É assim que, mesmo sob a forma de representação, o mundo é também resistência e resiste sob a forma da representação que impõe. Parece ser essa a ideia que se presentifica no que Wittgenstein escreve em 23.5.15:

---

[84] IDEM, *ibidem*, 29.10.14: "(Der Gegenstand, von welchem die allgemeinen Sätze handeln, ist recht eigentlich die Welt; die in ihnen durch eine logische Beschreibung eintritt. - Und darum kommt die Welt eigentlich doch nicht in ihnen vor, so wie ja auch der Gegenstand der Beschreibung nicht in dieser vorkommt.)"
[85] L. WITTGENSTEIN, "Notes on logic", in: IDEM, *ibidem*, Appendix I, 207: "It is *a priori* likely that the introduction of atomic propositions is fundamental for the understanding of all other kinds of propositions. In fact, the understanding of general propositions obviously depends on that of atomic propositions. [Cf. 4.411.]"
[86] *Tagebücher*, 3.11.14: "Der Satz ist das logische Bild eines Sachverhaltes."

> "Tenho, desde há muito tempo, a consciência de que poderia escrever um livro intitulado: 'O mundo tal como eu o encontrei' "[87].

Que o conteúdo do livro não versaria a história política, económica, social ou cultural do mundo, torna-se evidente pela natureza das preocupações que o dominaram e pelo desabafo de 2.9.16:

> "Que me importa a História? O meu mundo é o primeiro e o único mundo!"[88].

O que supõe que o conteúdo do livro seria o ponto de chegada da sua reflexão. Este foi assinalado por Wittgenstein do seguinte modo:

> "Na verdade, o meu trabalho desenvolveu-se a partir dos fundamentos da lógica até à essência do mundo"[89].

O enraizamento ontológico da estrutura lógica, cuja trama tece a essência do mundo, eis pois o objecto temático possível desse livro.

O mais interessante, em nossa opinião, é que, justamente, a emergência da problemática do "sujeito" aparece, no texto dos *Tagebücher,* ligada à ideia deste livro que Wittgenstein dizia querer escrever.

Recorde-se que é o enraizamento ontológico da lógica que determina o carácter impessoal das representações do mundo, isto é, das proposições, porque a proposição não é representativa senão na medida em que ela é a imagem lógica dos estados de coisas e, enquanto tal, "um mundo é composto em vista de uma prova"[90]. A lógica é a estrutura condicionante e não condicionada que, em consequência da sua proclamada autonomia, não implica, nem supõe a existência do sujeito da representação. A esta luz torna-se mais evidente a conclusão de Wittgenstein:

> "No meu livro 'O mundo tal como eu o encontrei' eu deveria dar conta do meu corpo e dizer quais os movimentos que obedecem à minha

---

[87] IDEM, *ibidem*, 23.5.15: "Schon lange war es mir bewußt, daß ich ein Buch schreiben könnte 'Was für eine Welt ich vorfand'. [Vgl. 5.631.]"
[88] IDEM, *ibidem*, 2.9.16: "Was geht mich die Geschichte an? Meine Welt ist die erste und einzige!"
[89] IDEM, *ibidem*, 2.8.16: "Ja, meine Arbeit hat sich ausgedehnt von den Grundlagen der Logik zum Wesen der Welt."
[90] IDEM, *ibidem*, 29.9.14: "Im Satz wird eine Welt probeweise zusammengestellt."

vontade, etc. Eis, com efeito, um método para isolar o sujeito ou, melhor, para mostrar que, num sentido importante, não há sujeito. Porque seria a única coisa de que este livro *não* poderia tratar"[91].

O sujeito, necessariamente, encontrar-se-ia ausente deste livro: a descrição da essência do mundo mostraria, como se verá a propósito do *Tractatus*, que, em consequência da estrutura onto-lógica do mundo, nenhum nexo causal aí se pode verificar e, por isso, o acto voluntário, inserido na ordem dos acontecimentos mundanos, não tem necessidade, para se tornar inteligível, do conceito metafísico de um *sujeito da vontade*. Por outro lado, nesse livro, todas as afirmações, com sentido, acerca do mundo, sendo proposições autênticas, seriam impessoais. Assim, pois, Wittgenstein (justamente no momento em que indicava a trajectória do seu pensamento) pergunta-se:

"O sujeito da representação não é, afinal de contas, pura superstição?"[92].

Para logo em seguida, após ter posto em confronto a relação do sujeito da representação com o mundo e a relação do olho com o seu campo visual, afirmar categoricamente que o sujeito da representação nada mais é que uma "vã ilusão":

"Tu dizes que tudo se passa aqui como com o olho e com o campo visual. Mas, na realidade, tu *não* vês o olho.
E eu creio que nada no campo visual permite deduzir que é visto por um olho.
O sujeito da representação é seguramente uma vã ilusão"[93].

---

[91] IDEM, *ibidem*, 23.5.15: "In dem Buch 'Die Welt, welche ich vorfand' wäre auch über meinen Leib zu berichten und zu sagen, welche Glieder meinem Willen unterstehen etc. Dies ist nämlich Methode, das Subjekt zu isolieren, oder vielmehr zu zeigen, daß es in einem wichtigen Sinne kein Subjekt gibt. Von ihm allein nämlich könnte in diesem Buch *nicht* die Rede sein. [S.5.631.]"
[92] IDEM, *ibidem*, 4.8.16: "Ist nicht am Ende das vorstellende Subjekt bloßer Aberglaube?"
[93] IDEM, *ibidem*: "Du sagst, es verhält sich hier ganz wie bei Auge und Gesichtsfeld. Aber das Auge siehst du wirklich *nicht*. [S.5.633]"

Dado o carácter especular da relação da proposição com o mundo, por causa da estrutura lógica comum, autónoma relativamente à vontade (no sentido wittgensteiniano), pode dizer-se de pleno direito que o sujeito da representação é uma vã ilusão. Face a esta estrutura lógica, a vontade conhece a sua total impotência. Todavia, o conhecimento desta nova forma, sob a qual se mostra a impotência da vontade, tem lugar, tal como a anterior, em virtude da capacidade reflexiva deste *fazer-sob-a-forma-de-projecto-que--se-sabe*, isto é, a vontade, no sentido wittgensteiniano do termo. Este novo conhecimento da impotência da vontade é, pois, um outro momento da via de reflexão que o pensador percorreu. Todavia, é o próprio caminho da reflexão que é problemático naquilo que o determina. Este tornar-se-á compreensível à luz do jogo de reflexos da estrutura do acto concreto do homem, isto é, da vontade. Primeiro que tudo, é ao nível da prática que a vontade conhece os seus próprios limites: a diferença entre o projecto e o resultado do seu fazer, ou seja, a experiência existencial do malogro. Entre esses limites conhece também a facticidade da morte como o limite dos limites, isto é, a impossibilidade de todos os seus projectos. A existência conhece-se, então, como realidade temporal, que se desenvolve entre o nascimento e a morte, única em seu género:

"É somente da consciência da *unicidade da minha vida* que nascem a religião-a ciência-e a arte"[94] .

E, no dia seguinte, acrescentará:

"E esta consciência é a própria vida"[95] .

Antes, em 24.7.16, Wittgenstein identificaria o mundo e a vida e, como vimos, a identificação exprimia essa relação de implicação mútua da vontade e do mundo, esse carácter osmótico da sua compreensão, que obriga o pensamento a pensá-los numa correlação tão íntima que não pode conceber nenhum dos termos sem que, ao fazê-lo, o outro não esteja, também,

---

Und ich glaube, daß nichts am Gesichtsfeld darauf schließen läßt, daß es von einem Auge gesehen wird. [Vgl. 5. 633.]
Das vorstellende Subjekt ist wohl leerer Wahn."
[94] IDEM, *ibidem*, 1.8.16: "Nur aus dem Bewußtsein der *Einzigkeit meines Lebens* entspringt Religion-Wissenschaft-und Kunst."
[95] IDEM, *ibidem*, 2.8.16: "Und dieses Bewußtsein ist das Leben selber."

conceptualmente presentificado. Mas, porque esta relação da vontade com o mundo, ou seja, a relação deste *fazer-sob-forma-de-projecto-que-se-sabe* com o seu objecto, vem afectada pela marca da unicidade — derivada do modo de ser diferencial da sua existência, enquanto totalidade projectiva que se conhece limitada e limitada temporalmente também —, o mundo e a vida recebem, por reflexo, essa mesma determinação e acedem à linguagem sob o modo individualizante de "meu mundo" e "minha vida"[96].

As totalidades, mundo e vida, individualizam-se, por esse modo, ou seja, em função da dependência da sua significação dos projectos existenciais, determinados pela marca da unicidade. Compreende-se por que é desta consciência, isto é, da "consciência da unicidade da minha vida", que surtam religião, ciência e arte. A experiência do limite e a emergência da consciência da unicidade determinam a ocasião do questionamento do sentido da vida. Questão que terá de ter a marca individualizante dos projectos existenciais e das situações vividas em que eles se jogaram. A religião, a ciência e a arte são, cada uma a seu modo, formas de conhecimento e as repostas, que proporcionam, permitem, impedem ou simplesmente não fornecem a solução para o problema questionado. Mas, de qualquer modo, elas são as vias abertas, entre muitas outras, pelo investimento da vontade que se joga no mundo.

E, porque a questão do sentido da vida é uma consequência do projecto existencial que se reconhece no carácter particular da sua unicidade, esta questão, quer na sua formulação, quer nos elementos com que conta para se dar resposta, tem necessariamente também um carácter intrinsecamente individual:

> "Eu quero contar como *eu* encontrei o mundo.
> O que os outros, no mundo, me disseram acerca do mundo, é uma pequeníssima parte e, além do mais, acessória, da minha experiência de mundo.
> *Eu* tenho de julgar o mundo, de medir as coisas"[97].

---

[96] As duas expressões: "meu mundo" e "minha vida" aparecem nos *Tagebücher*, justamente nos limites da questão do "eu". A primeira das duas aparece, pela primeira vez, a 12.8.16: "Das Ich tritt in die Philosophie dadurch ein, daß die Welt *meine* Welt ist. [S. 5. 641.]"; a segunda aparece uma única vez, em 1.8.16, precisamente, como acaba de se ver, relacionada com a unicidade da minha vida ("*der Einzigkeit meines Lebens* ").

[97] *Tagebücher*, 2.9.16: "Ich will berichten, wie *ich* die Welt vorfand.

Este "eu" que tem de "julgar o mundo" e "medir as coisas" é o "eu" que põe a questão do sentido da vida e do mundo e, como tal, é o "eu" filosófico, por excelência[98]. Assim o parece entender Wittgenstein, quando escreve na sequência do acima transcrito:

> "O Eu filosófico não é o homem, nem o seu corpo, nem a sua alma com as suas propriedades psicológicas, mas o sujeito metafísico, a fronteira do mundo (não uma das suas partes)"[99].

Was andere mir auf der Welt über die Welt sagten, ist ein ganz kleiner und nebensächlicher Teil meiner Welt-Erfahrung.
Ich habe die Welt zu beurteilen, die Dinge zu messen."

[98] Se a nossa interpretação está correcta, pode fazer-se a aproximação, sob este ponto de vista, entre Wittgenstein e Heidegger. De acordo com P. RICOEUR ("Heidegger et la question du sujet", in: *Le Conflit des Interprétations*, Paris, 1969, 222-232) há em Heidegger, para além de uma destruição da noção da prioridade do *cogito*, enquanto princípio epistemológico e verdade primeira, e de uma desconstrução da idade à qual ele pertence, a restituição do *cogito* ao plano ontológico, a título de *eu sou*. Isto mostra-se, segundo Ricoeur, logo nos primeiros parágrafos de *Sein und Zeit*. Embora o *cogito* não seja aí ponto de partida, mas sim o esquecimento do ser, todavia, "le point important est que le problème de l'être survient comme une question, ou plus précisèment, survient dans le traitement du concept de 'question', lequel fait référence à un Soi" (p. 223). Desenvolvendo esta afirmação, acrescenta: "Mais, en même temps, nous découvrons la possibilité d'une nouvelle philosophie de l'*ego*, en ce sens que l'*ego* authentique est constitué par la question elle-même. Par *ego* authentique, il ne faut pas entendre une quelconque subjectivité épistémologique, mais celui-là même qui questionne" (p. 224).
Comparando os dois pensadores, Wittgenstein e Heidegger, sob este ponto de vista, o que é notável, em nossa opinião, é que, em ambos, é na e pela questão radical, enquanto questão, que o ego se põe e se desvela. Essa questão é, segundo Heidegger, a do Ser; segundo Wittgenstein, a do sentido do mundo e da vida. Esta implicação do "eu" na questão fundamental, isto é, a referência a um si implicado pela questão, surge em ambos, por causa da pertença recíproca do objecto questionado na questão e daquele que por ela o questiona. De tal forma que não somente o objecto questionado é posto em questão, mas ainda o questionador, no seu *quem*".
[99] *Tagebücher*, 2.9.16: "Das philosophische Ich ist nicht der Mensch, nicht der menschliche Körper oder die menschliche Seele mit den psychologischen Eigenschaften, sondern das metaphysische Subjekt, die Grenze (nicht ein Teil) der Welt".

Que o "eu filosófico" não podia ser uma parte do mundo era já uma tese adquirida. Vimos como a única coisa que não constaria no livro "O mundo tal como eu o encontrei", seria justamente o sujeito[100]. Nem ao nível da acção, nem da representação lhe seria, aí, destinado qualquer papel a desempenhar. A acção dissolve-se nas séries empíricas correlatas, psicológicas e outras, e a representação, no modo impessoal da figura lógica dos factos. Se não se encontram razões suficientes para falar de um sujeito lógico, também as não há para o sujeito psicológico. Como diz Wittgenstein, em 9.11.16:

> "Toda a experiência é mundo e não tem necessidade de sujeito"[101].

O eu filosófico não é, pois, uma parte do mundo, mas *fronteira*. Esta maneira de o designar aparece pela primeira vez nos *Tagebücher*, em 2.8.16:

> "O sujeito não pertence ao mundo, mas é uma fronteira do mundo"[102].

A afirmação vem significativamente articulada com os parágrafos de 1.8.16 e de 2.8.16, que identificam a consciência da unicidade com a vida e nela fazem residir a raiz comum da religião, da ciência e da arte.

A razão pela qual nós consideramos ser bem significativa a articulação destes três parágrafos, é que eles exprimem, em nossa opinião, a mesma realidade, embora de modos diferentes. O "eu filosófico" é o "eu" que põe a questão do sentido da vida e do mundo, é, afinal, essa consciência da unicidade da "minha vida", que está na origem da religião, da ciência e da arte. Ele é esta consciência do limite do acto humano - *este fazer-sob-a-forma-de-projecto-que-se-sabe* - face ao outro e à temporalidade e que imprime a determinação individualizante ao seu objecto intencional: o mundo. O "eu" é essa consciência sintética do limite, que se processa na experiência do malogro resultante da acção humana, enquanto investimento da vontade no mundo. Ele é *fronteira*, porque, sendo a situação do malogro a ocasião da emergência da questão do sentido da vida, é nela e por ela que a totalidade resistente ao meu desejo (projecto não realizado) se constitui

---

[100] Cf. IDEM, *ibidem*, 23.5.15.
[101] IDEM, *ibidem*, 9.11.16: "Alle Erfahrung ist Welt und braucht nicht das Subjekt."
[102] IDEM, *ibidem*, 2.8.16: "Und das Subjekt gehört nicht zur Welt, sondern ist eine Grenze der Welt. [Vgl. 5. 632.] "

como mundo; *fronteira* ainda de mundo, porque o mundo é o espaço da totalidade das possibilidades que intrega esta possibilidade que é a minha existência, como um *fazer-sob-forma-de-projecto-que-se-sabe* e porque ela se sabe, se interroga, se questiona e o questiona; e, ao questioná-lo, transcende-o e coloca-o frente a si, simultaneamente como um outro, mas também o mesmo, e por isso o designa por o "meu mundo", isto é, o mundo do qual eu sou parte, com o qual me identifico em sua contingência e facticidade e que se me torna estranho na sua recusa como objecto do meu desejo. O "eu" é, pois, uma *fronteira* do mundo, porque a existência deste, enquanto totalidade significativa, o pressupõe. É Wittgenstein que o diz em 2.8.16:

> "[...] o sujeito não é parte do mundo, mas um pressuposto da sua existência [...]"[103].

O "eu" e o "mundo" emergem, ao mesmo tempo, da dialéctica do jogo de conflito entre o desejo e o seu objecto. Esta compreensão permite interpretar, num sentido não-substancialista, a afirmação da realidade do sujeito metafísico identificado com o sujeito da vontade. Em 4.8.16, Wittgenstein escrevia:

> " O sujeito da representação é seguramente uma vã ilusão. Mas o sujeito da vontade existe.
> Se não houvesse a vontade, também não haveria este centro do mundo a que chamo Eu e que é o suporte da ética"[104].

Repare-se no carácter condicional do último parágrafo, que exprime uma relação de implicação: é o "eu" que pressupõe a vontade e não esta que pressupõe o "eu": "Se não houvesse a vontade, também não haveria este centro do mundo a que chamo Eu...". A realidade do *eu* é a posteriori[105]. O

---

[103] IDEM, *ibidem*: "[...] das Subjekt kein Teil der Welt ist, sondern eine Voraussetzung ihrer Existenz [...]."
[104] IDEM, *ibidem*, 4.8.16: "Das vorstellende Subjekt ist wohl leerer Wahn. Das wollende Subjekt aber gibt es. [Vgl. 5. 631.]
Wäre der Wille nicht, so gäbe es auch nicht jenes Zentrum der Welt, das wir das Ich nennen, und das der Träger der Ethik ist".
[105] Também, em Sartre (*La Transcendance de l'Ego.Esquisse d'une Description Phénoménologique*, Paris, 1965) , o *ego* é a posteriori, relativamente à consciência.

eu é uma realidade consequente: ele é a consequência do carácter particular de um sujeito existencial, que se conhece, na diferença e no limite, sob o modo de um desejo orientado para um outro que se lhe recusa e resiste. Esta consciência é uma consciência reflexiva, - no mais alto nível é o "eu filosófico"- que levanta a questão do sentido, num acto de transcendência pelo qual conhece o *nada* que o constitui enquanto acto de consciência, face ao mundo que integra também o seu desejo e, por conseguinte, se reconhece como uma fronteira e nada mais. Daí que, se pelo acto de transcendência do sujeito, o mundo se apresenta como o outro, pelo processo de reflexão que aquele possibilita e desencadeia, ele revela-se também como o mesmo, ao constituir-se como o integral da totalidade das possibilidades. Deste modo se podem interpretar as afirmações de Wittgenstein de 12.10.16:

> "É verdade: o homem *é* microcosmo:
> Eu sou o meu mundo"[106].

Neste contexto, a expressão "eu sou o meu mundo" pressupõe a dialéctica de pertença recíproca do "eu" e do "mundo". É pela via da reflexão que o "eu filosófico" acede a esse conhecimento. Se, por um lado, o desvelamento do mundo tem lugar à luz deste projecto existencial que eu sou, e então eu posso designá-lo por "meu mundo"; por outro, o "eu" contrai-se de tal modo que não resta senão "a realidade que lhe está coordenada"[107]. Eis uma boa razão para Wittgenstein se perguntar se "o *meu* mundo não basta à individuação"[108], que lhe permite mesmo dar uma resposta afirmativa:

> "O Eu entra em filosofia porque o mundo é o *meu* mundo"[109].

---

[106] IDEM, *ibidem*, 12.10.16: "Es ist wahr: der Mensch *ist* der Mikrokosmos: Ich bin meine Welt. [Vgl. 5. 63.] "
[107] IDEM, *ibidem*, 2.9.16: "Das Ich des Solipsismus schrumpft zum ausdehnungslosen Punkt zusammen, und es bleibt die ihm koordinierte Realität bestehen. [5.64.]"
[108] IDEM, *ibidem*, 19.11.16: "Genügt nicht wieder *meine* Welt zur Individualisierung?"
[109] IDEM, *ibidem*, 12.8.16: "Das Ich tritt in die Philosophie dadurch ein, daß die Welt *meine* Welt ist. [S.5.641.]"

CAPÍTULO VII

DA CONEXÃO DA ÉTICA COM O MUNDO

VII. 1 A renúncia como forma de libertação
Sentido da categoria místico-existencial da "repetição"

Quando em 9.10.16 Wittgenstein escrevia

> "Enfim, é preciso, agora, esclarecer a conexão da ética com o mundo"[1],

tinha em mente prosseguir a reflexão sobre a relação da vontade com o mundo, que culminaria com a tese da coincidência da soberania absoluta do querer com a sua im-potência, porque este é o conteúdo temático dos textos que se seguem.

A primeira vez que a palavra Ética faz a sua aparição nos *Tagebücher* é em 21.7.16, precisamente no momento em que Wittgenstein iniciava a discussão sobre o estatuto da vontade humana, texto por nós várias vezes referido[2], e que termina com o seguinte parágrafo, que lembramos:

> "Mas é concebível um ser que pudesse apenas representar (digamos: ver) e não pudesse de modo algum querer? Em certo sentido, isso parece impossível. Se fosse possível, poderia, então, haver um mundo sem ética"[3].

Claramente Wittgenstein estabelece, neste texto, que a Ética encontra a sua razão de ser na relação da vontade com o mundo. O articulado das ideias

---

[1] *Tagebücher*, 9.10.16: "Nun ist aber endlich der Zusammenhang der Ethik mit der Welt klarzumachen".
[2] Cf. *supra*, c. VI, *passim*.
[3] *Tagebücher*, 21.7.16: "Ist aber ein Wesen denkbar, das nur vorstellen (etwa sehen), aber gar nicht wollen könnte? In irgendeinem Sinne scheint dies unmöglich. Wäre es aber möglich, dann könnte es auch eine Welt geben ohne Ethik".

expressas e registadas em páginas anteriores deste diário, que são os *Tagebücher*, permite compreender que a conexão já era suposta. Em 11.6.16 Wittgenstein estabelece-a pela primeira vez, ainda que de modo indirecto, ao afirmar que "o bem e o mal estão de certo modo em interdependência com o sentido do mundo"[4] e ao remeter estas determinações éticas para a vontade. Os textos que vão de 11.6.16 a 21.7.16 são, segundo a nossa leitura, uma paráfrase do "sentido da vida" tal como ele podia ser entendido nos ensinamentos do *Resumo do Evangelho* de Tolstoï. Eles apresentam, como vimos, a relação dialéctica da vontade com o mundo, mediada pela renúncia, como o acontecer que traz consigo a solução do problema da vida. Pois, se o que há na vida de problemático é o seu sentido, como diz Wittgenstein em 11.6.16[5] ,e se o sentido do mundo está em íntima interdependência com o bem e o mal, meros atributos da vontade[6], a articulação lógica destas teses implica que o acontecimento ético, por excelência, seja o acontecer desse mesmo movimento da vontade. Aquele a quem isso acontece é o "homem feliz" que atingiu a "finalidade da existência"[7]. Como observa Wittgenstein:

> "Poder-se-ia dizer também que, aquele que atinge a finalidade da existência, não tem necessidade de outra finalidade para além da vida. Isto é, aquele que está em paz"[8].

O que significa que o movimento dialéctico da vontade salda um diferendo existente entre ela e o mundo, que poderia estar na origem da procura de outras finalidades para a própria existência, para além, simplesmente, de *ser* e *ser com o seu mundo*.

---

[4] IDEM, *ibidem*, 11.6.16: "Daß also Gut und Böse mit dem Sinn der Welt irgendwie zusammenhängt".
[5] IDEM, *ibidem*: "Gott und den Zweck des Lebens?
Ich weiß, daß diese Welt ist.
Daß ich in ihr stehe, wie mein Auge in seinem Gesichtsfeld.
Daß etwas an ihr problematich ist, was wir ihren Sinn nennen".
[6] IDEM, *ibidem*: "Daß mein Wille gut oder böse ist.
Daß also Gut und Böse mit dem Sinn der Welt irgendwie zusammenhängt".
[7] IDEM, *ibidem*, 6.7.16: "Und insofern hat wohl auch Dostojewski recht, wenn er sagt, daß der, welcher glücklich ist, den Zweck des Daseins erfüllt".
[8] IDEM, *ibidem*: "Oder man könnte auch so sagen, der erfüllt den Zweck des Daseins, der keinen Zweck außer dem Leben mehr braucht. Das heißt nämlich, der befriedigt ist".

Também daquele que faz essa experiência e que conhece o apaziguamento, se pode dizer que está para além do bem e o do mal:

> "Eu sou feliz ou infeliz, é tudo. Pode dizer-se: não há bem nem mal"[9].

O apaziguamento traz a marca da inocência original, antes da ruptura que determinou os opostos e estabeleceu os valores, mas reconquistada, agora, por uma vontade redimida na reconversão, que restabeleceu a sua harmonia com o mundo e a reintegrou na totalidade.

O movimento da reconversão é a via conducente à liberdade. Ele é, na sua essência, a forma existencial da libertação. Pela experiência do malogro e em consequência da reflexão que ela motiva, logo, em sua prática e nos caminhos do conhecimento em que uma e outra se entrelaçam, o homem conhece a impotência da sua vontade face ao mundo. Este, como integral da totalidade das possibilidades, integra-o também a si, enquanto possível de possíveis. Em tudo o que é, ele é mundo e encontra-se num mesmo plano relativamente a todos os outros entes do mundo[10]. Sendo a causalidade da vontade pura ilusão, pois que no mundo "não existe nenhum elo causal"[11], o mundo impõe-se-lhe em sua estrutura e seu acontecer e impõe-lhe, como coisa do mundo, a sua existência, enquanto esse *fazer-sob-forma-de--projecto-que-se-sabe* e se sabe condenado à experiência do malogro:

> "Eu não posso submeter os acontecimentos do mundo à minha vontade, mas, ao contrário, eu sou totalmente impotente"[12].

---

9 IDEM, *ibidem*, 8.7.16: "Ich bin entweder glücklich oder unglücklich, das ist alles. Man kann sagen: gut oder böse es nicht".
10 IDEM, *ibidem*, 2.9.16: "Der menschliche Körper aber, *mein* Körper insbesondere, ist ein Teil der Welt unter anderen Teilen der Welt, unter Tieren, Pflanzen, Steinen, etc. etc. [Vgl. 5. 641.].
Wer das einsieht, wird seinem Körper oder dem menschlichen Körper nicht eine bevorzugte Stelle in der Welt einräumen wollen.
Er wird Menschen und Tiere ganz naiv als ähnliche und zusammengehörige Dinge betrachten" .
11 IDEM, *ibidem*, 15.10.16: "Aber es ist klar, daß der Kausalnexus gar kein Nexus ist. [Vgl. 5. 136.]".
12 IDEM, *ibidem*, 11.6.16: "Ich kann die Geschehnisse der Welt nicht nach meinem Willen lenken, sondern bin volkommen machtlos".

Este reconhecimento é a consciência da total impotência do homem relativamente ao seu mundo. A liberdade, não podendo residir na autonomia da vontade, que é puramente ilusória, perde a sua significação na esfera do sentido que se instaura a este primeiro nível da reflexão. A ele corresponde a atitude de renúncia da vontade, que abdica dos seus projectos e de qualquer intervenção sobre o mundo. Esta atitude da vontade é, todavia, apenas, um primeiro momento abstracto da sua dinâmica, um acto de dupla nadificação, pois que, ao recusar o mundo, o posiciona como um "nihil" e a si mesmo se anula, *enquanto fazer-sob-forma-de-projecto-que-se-sabe*.

Mas o movimento de reconversão, que salva, é em sua dinâmica profundamente dialéctico e revela a sua possibilidade no carácter reflexivo estrutural da vontade. É por esta possibilidade reflexiva de se saber como saber, que ela vem ao conhecimento de si como instância superior ao mundo, no acto questionante em que se outorga como seu juiz último; assim o advento deste, enquanto totalidade englobante, só acontece por virtude desse acto, que o põe como seu objecto intencional.

Os elementos da relação vontade/mundo revelam-se, a esta luz, numa posição nova, que desloca para pólos diferentes de dependência os termos que nela se investiam. É o mundo que aparece, em sua significação, na dependência da vontade, uma vez reconhecida nesta a sua condição de ser "uma tomada de posição em relação ao mundo"[13]. A vontade desvela-se, então, como um acto de transcendência relativamente ao seu objecto, o mundo, e, em consequência, reconhece, nessa possibilidade, o seu modo próprio de ser livre. Isto é, por este acto de transcendência (pela reflexão), ela torna-se, num certo sentido, independente dos acontecimentos do mundo e nisso reside o seu poder. Mas este poder é, afinal, a capacidade de reconhecer a sua própria impotência para alterar os acontecimentos do mundo, entre os quais a sua própria realidade com tudo aquilo que a caracteriza e distingue. É o poder de saber a sua impossibilidade de deixar de ser projecto, de ser desejo:

> "E, contudo, num certo sentido, parece que o não desejar é o único bem.
> Não há dúvida! Nisto eu cometo ainda graves erros.
> Supõe-se comummente que é mal desejar a infelicidade de outrem.

---

[13] IDEM, *ibidem*, 4.11.16: "Ist der Wille eine Stellungnahme zur Welt? [...] Der Wille ist eine Stellungnahme des Subjekts zur Welt".

É isto correcto? Pode este desejo ser pior que o da felicidade de outro?

Parece, por assim dizer, que tudo depende do modo *como* se deseja"[14].

A força deste poder, todavia, reside na compreensão de que eu não posso anular o mundo sem me anular; a minha vontade exige que o mundo *seja* para ela poder ser, uma vez que ela é essa tomada de posição em relação a ele. Renunciar ao mundo significaria, então, renunciar a si mesma. Mas a compreensão da sua impotência em alterar os dados existenciais e, como tal, aquilo que ela é como vontade (a não ser pela forma extrema do suicídio que se verá ser um ludíbrio, algo que não se *pode* querer de modo algum[15]), é o momento superador da renúncia, a ocasião do acto da aceitação plena, vivido, paradoxalmente, como a renúncia a renunciar. A forma mais radical do *não* reside no *fiat* da encarnação, em que a vontade faz corpo com o seu mundo:

> "Nesse sentido, eu posso também falar de uma vontade comum ao conjunto do mundo.
> Mas esta vontade é, num sentido superior, a *minha* vontade.
> Do mesmo modo que a minha representação é o mundo, de igual modo a minha vontade é a vontade do mundo"[16].

A renúncia, que liberta, é esta forma de conhecimento superior a que se ascende pela via da reflexão, que não consiste jamais no acto nadificante em que reciprocamente mundo e sujeito se anulam, mas antes no reconhecimento profundo da pertença essencial que os une. O carácter

---

14 IDEM, *ibidem*, 29.7.16: "Und doch scheint in einem gewissen Sinne das Nichtwünschen das einzig Gute zu sein.
Hier mache ich noch grobe Fehler! Kein Zweifel!
Allgemein wird angenommen, daß es böse ist, dem Anderen Unglück zu wünschen. Kann das richtig sein? Kann es schlechter sein, als dem Anderen Glück zu wünschen?
Es scheint da sozusagen darauf anzukommen, *wie* man wünscht."
15 Cf. *infra*, VII. 5-6, 199-210.
16 *Tagebücher*, 17.10.16: "Und in diesem Sinne kann ich auch von einem der ganzen Welt gemeinsamen Willen sprechen.
Aber dieser Wille ist in einem höheren Sinne *mein* Wille.
Wie meine Vorstellung die Welt ist, so ist mein Wille der Weltwille".

redentor deste modo superior do conhecimento concretiza-se no acto de assunção do mundo e de si, pois que como desejo se quer e, querendo-se, não pode deixar de se querer nas relações diferenciais em que se encontra com o mundo. O acto de assunção integra a renúncia como forma de libertação, mas integra-a de um modo superior. Liberta a vontade, enquanto saber que se sabe, das formas ilusórias da representação em que se define na sua relação com o mundo: libertação da crença narcísica na sua omnipotência, que julga poder reduzir o outro a objecto do seu prazer e o concebe segundo o projecto da sua vontade; e libertação também da recusa, ainda narcísica, do mundo, pois que esta significa que o "eu" se tornou para si mesmo o objecto do seu amor, na medida em que recusa o outro só porque o outro se recusou a coincidir com ele.

Este movimento de retorno a si e ao mundo, este acto de *repetição* que é redentor, é o aspecto positivo desta dupla renúncia. Acto de apropriação e de conhecimento que liberta, pelo despojamento das ilusões narcísicas do eu e pela possibilidade de abertura ao real, no reconhecimento e respeito de si e do outro.

Julgamos, pois, ser este o sentido dessa recusa, que é domínio, de que falava Wittgenstein em 11.6.16:

> "Eu posso somente tornar-me independente do mundo — e, assim, num certo sentido, dominá-lo — renunciando a influir sobre os acontecimentos"[17].

VII. 2 A ética enquanto "condição de mundo"
O mundo do homem feliz

Desta interpretação da ética, no sentido de uma experiência existencial profunda, que respeita à reconversão da vontade relativamente ao mundo, se infere o significado dessas outras afirmações de Wittgenstein:

> "A ética não trata do mundo. A ética deve ser uma condição do mundo, como a lógica"[18].

---

[17] IDEM, *ibidem*, 11.6.16: "Nur so kann ich mich unabhängig von der Welt machen — und sie also doch in gewissem Sinne beherrschen — indem ich auf einen Einfluß auf die Geschehnisse verzichte".

[18] IDEM, *ibidem*, 24.7.16: "Die Ethik handelt nicht von der Welt. Die Ethik muß eine Bedingung der Welt sein, wie die Logik".

"É claro também que o mundo do homem feliz é *diferente* do mundo do homem infeliz.
[...]
O mundo do homem feliz é diferente do mundo do homem infeliz.
O mundo do homem feliz é *um mundo feliz*.
Pode haver um mundo que não seja nem feliz nem infeliz?"[19].

É óbvio que, se a essência da ética é de ordem relacional, a ética não pode respeitar a nenhum elemento da relação que se quisesse considerar separadamente do outro. E, por isso, Wittgenstein pode, em total coerência, afirmar que "não basta ao juízo ético que seja dado um mundo"[20]. E acrescenta:

"O mundo em si mesmo não é bom nem mau"[21].

É, pois, nesta ordem de ideias, que vale a afirmação, acima citada, de que a "ética não trata do mundo". Pois na relação da vontade com o mundo, o problema do sentido emerge — o que acontece em função da especificidade da unidade concreta do acto humano — deste *fazer-sob-a--forma-de-projecto-que-se-sabe*, que, para se exercer, tem necessidade do mundo.

Que as "coisas adquirem 'significação' em relação à minha vontade"[22], visto que "toda a coisa é o que é e nada mais"[23], justifica as posições axiológicas de cariz subjectivista, mais ou menos empíricas, mais ou menos

---

19 IDEM, *ibidem*, 29.7.16: "Und daß die Welt des Glücklichen eine *andere* ist als die Welt des Unglücklichen, ist auch klar. [Vgl. 6. 43].
[...]
Die Welt des Glücklichen ist eine andere als die des Unglücklichen. [S. 6. 43.].
Die Welt des Glücklichen ist *eine glückliche Welt*.
Kann es also eine Welt geben, die weder glücklich noch unglücklich ist?".
20 IDEM, *ibidem*, 2.8.16: "Wenn ich recht habe, so genügt es nicht zum ethischen Urteil, daß eine Welt gegeben sei."
21 IDEM, *ibidem*: "Die Welt ist dann an sich weder gut noch böse."
22 IDEM, *ibidem*, 15.10.16: " 'Bedeutung' bekommen die Dinge erst durch ihr Verhältnis zu meinem Willen."
23 IDEM, *ibidem*: "Denn 'Jedes Ding ist, was es ist, und kein ander Ding'."

teóricas. Da imbricação entre o fazer, o desejar e o representar resulta que a forma como nos posicionamos em relação ao mundo venha sempre contingenciada pelo nível de reflexão, que acompanha a nossa experiência. Daí que, numa certa perspectiva, essas posições de índole psicológica sejam verdadeiras, se bem que o sejam de um modo incompleto e extremamente primário. Exprimem um primeiro grau da compreensão da relação vontade/mundo, correspondente a uma representação de natureza subjectivista, não enquadrada por um horizonte ontológico que lhe proporcione a verdadeira dimensão do seu sentido. É natural que, para este existente que se conhece como desejo orientado para o mundo, a valoração dos acontecimentos mundanos se faça em termos de bom e mau, consoante a coincidência ou divergência verificada entre aquele e estes. E, como os diversos projectos individuais diferem também entre si, torna-se evidente a total relativização do acto de valorar.

Não se estranha, todavia, que Wittgenstein afirme que:

"O bem e o mal só aparecem através do *sujeito*"[24].

" [...] não é o mundo da representação que é bom ou mau, mas o sujeito do querer"[25].

Sem dúvida, estas duas afirmações parecem contrariar o carácter de relação que a ética implica, parecendo transferir a determinação ética de um elemento da relação, exclusivamente, só para o outro. A contradição desaparece, de imediato, quando se compreende o significado do sujeito no pensamento de Wittgenstein. Como se viu, o sujeito não é uma realidade substancial frente ao mundo, mas somente esta consciência da unicidade da minha existência que se conhece na experiência do limite, em virtude da resistência que o *outro* oferece ao jogo do meu desejo. A consciência de si é, portanto, o produto reflexivo de uma relação, dessa mesma relação que é o *topos* da ética. E, mais, esta consciência de si, mercê da natureza conflitual da situação em que emerge, é, simultaneamente, a ocasião em que se verifica a ruptura da totalidade indiferenciada originária, em consequência do

---

[24] IDEM, *ibidem*, 2.8.16: "Gut und Böse tritt erst durch das *Subjekt* ein."
[25] IDEM, *ibidem*: " [...] Die Welt der Vorstellung ist weder gut noch böse, sondern das wollende Subjekt."

limite traçado entre o desejo e o que lhe resiste, e o momento da questão do sentido que pergunta pelo outro, na intenção mais profunda de saber de si e dar satisfação ao desejo que a constitui. É, pois, ao posicionar-se este desejo como *eu*, que o mundo se posiciona como mundo e ambos se colocam, na estrutura da questão que os motiva, na relação de questionante e questionado. O nível da resposta que se obtém será determinante para a concepção, necessariamente correlata, do eu e o do mundo. Daí que a representação, que a ambos cobre, possa ser mais ou menos estreita, mais ou menos ampla, segundo o grau de prevalência das interpretações mistificadoras (ilusórias) que acolha. Como a representação é também actividade da vontade, significa que ela vem sempre afectada pelo jogo do desejo. E, desse modo, de acordo com a direcção deste, que caracterizamos de centrípeta ou centrífuga relativamente à alteridade, assim a representação reproduzirá ou o mundo fantasmagórico do imaginário, ou, motivada por um desejo aberto ao mundo e aos outros, uma vez aceite o princípio da realidade, submeter-se-á com fidelidade a reproduzir aquilo que é. Desvelamento que só se processará se a reflexão for radical e não se satisfazer com respostas parciais; estas, por sua natureza particular, dão origem às interpretações mistificadoras, que se imiscuem nos espaços não cobertos ainda pelo conhecimento verdadeiro. O saber da totalidade será, então, coincidente com a potenciação máxima do desejo, que irá confundir-se em seu volume, com o da esfera em que essa totalidade se encontra representada. De qualquer modo, toda a representação do mundo é ética, uma vez que sempre e só acontece em função do *fazer-sob-forma-de--projecto-que-se-sabe* e virá sempre marcada por um grau maior ou menor de conflitualidade entre o desejo e o seu mundo. Não será nesse sentido que se deverá compreender a afirmação de Wittgenstein

"A ética deve ser uma condição do mundo como a lógica?"[26]

Paradoxalmente, o que se revela pela via da reflexão é que o ponto zero do conflito, o apaziguamento (a felicidade) é coincidente com a compreensão da pertença recíproca do sujeito e do mundo, com a impossibilidade de privilegiar quer um quer outro dos elementos da relação, enfim, com a reconversão da vontade, mediada pela renúncia, que se

---

[26] IDEM, *ibidem*, 24.7.16: "Die Ethik muß eine Bedingung der Welt sein, wie die Logik."

assume como mundo e, ao anular-se, se multiplica, e amplia os seus limites até os fazer coincidir com os limites do mundo. Obviamente que, neste jogo de reflexos a que a reflexão de Wittgenstein nos impele e que nos situa de um modo geral no paradoxo, se pode afirmar que a representação do mundo mais impessoal traz a marca mais profunda da subjectividade — de um eu que se apropriou da sua verdade —, e que, contrariamente, todas as representações subjectivistas do real são formas deficitárias do eu, carentes dessa apropriação que só pelo conhecimento do mundo tem lugar.

É nesta medida que "o mundo do homem feliz é diferente do mundo do homem infeliz"[27], pois que a ambos correspondem formas de representação distintas. E, se o mundo do homem feliz é diferente porque

"O mundo do homem feliz é um *mundo feliz*"[28]

a razão residirá quer na implicação recíproca presente no desvelamento do *eu* e do *mundo*, quer na unidade concreta do acto humano, que nunca é puramente de natureza cognitiva ou de natureza afectiva, mas sempre, ao mesmo tempo, desejo e representação. Cada forma da representação virá, assim, em todas as circunstâncias, afectada, de um modo absolutamente intrínseco, pela natureza da relação do desejo com o seu mundo. Parece-nos ser este o sentido da interrogação, que, quanto a nós, não pode ser senão de natureza retórica em virtude do contexto teórico, implícito e explícito, em que Wittgenstein se pergunta:

"Pode haver um mundo que não seja nem feliz nem infeliz?"[29].

VII. 3 O "problema da vida"
Sentido ético da assunção do mundo

Mas o problema, a que poderemos chamar, de acordo com Steven Perry Hughes[30], o "problema da vida", consiste em saber como é possível ser-se

---

[27] IDEM, *ibidem*, 29.7.16: " [...] die Welt des Glücklichen eine *andere* ist als die Welt des Unglücklichen [...] ".
[28] IDEM, *ibidem*: "Die Welt des Glücklichen ist *eine glückliche Welt.*"
[29] IDEM, *ibidem*: "Kann es also eine Welt geben, die weder glücklich noch unglücklich ist?".
[30] Cf. S. P. HUGHES, *Showing the Meaning of Life: The Moral Value of Wittgenstein's Philosophical Methods*, Michigan/London, 1981, 14.

feliz, dada a natureza da condição humana, múltipla e contraditória, fechada nos limites da sua natureza e pequenez, a viver e a sofrer os seus sonhos e fracassos. Na perspectiva wittgensteiniana, o problema recebe a seguinte formulação:

> "Supondo que o homem não pudesse exercer a sua vontade, mas tivesse de sofrer toda a miséria do mundo, que é que, então, o poderia fazer feliz?
> Como pode o homem ser feliz, uma vez que não pode defender-se da miséria deste mundo?"[31]

Eis a resposta:

> "Pela vida do conhecimento, precisamente.
> A boa consciência é a felicidade que a vida do conhecimento proporciona.
> A vida do conhecimento é a vida que é feliz, apesar da miséria do mundo"[32].

O interesse desta formulação da resposta reside, fundamentalmente, no modo particular da explicitação em que aparece, à sua luz, o acto redentor da assunção do mundo pela vontade. Assumir o mundo, nesta perspectiva, tem de significar o comprometimento essencial com a sua grandeza e miséria, a abertura à totalidade que só a vida do conhecimento, pela *apropriação*, possibilita. O comprometimento tem a forma da renúncia em toda a sua dimensão e profundidade, pois cobre, na sua estrutura, o movimento dialéctico que a concretizava. Como vimos, a forma mais radical da renúncia é o seu modo de ser renúncia a renunciar, e isso é compromisso! O assumir o

---

[31] *Tagebücher,* 13.8.16: "Angenommen, der Mensch könnte seinen Willen nicht betätigen, müßte aber alle Not dieser Welt leiden, was könnte ihn dann glücklich machen?
Wie kann der Mensch überhaupt glücklich sein, da er doch die Not dieser Welt nicht abwehren kann?".
[32] IDEM, *ibidem*: "Eben durch das Leben der Erkenntnis:
Das gute Gewissen ist das Glück, welches das Leben der Erkenntnis gewährt.
Das Leben der Erkenntnis ist das Leben, welches glücklich ist, der Not der Welt zum Trotz".

mundo é assim tornar-se responsável por ele. Ganha neste contexto sentido ético a afirmação wittgensteiniana:

"Eu sou o meu mundo"[33].

Pois, se assim é, nada do que é mundo me pode ser alheio. Seguindo a interpretação que Bouveresse dá ao aforismo, diríamos que "o eu não poderia identificar-se com uma parte do mundo mais do que com outra, isto é, que nada *no* mundo é especialmente importante ou despido de interesse para ele"[34]. Mas acrescentaríamos que também aqui a relação é dialéctica: pois é porque todas as coisas têm interesse para ele, que nenhuma coisa lhe é particularmente importante, e porque nada lhe é particularmente importante, que tudo pode ter interesse para ele.

Esta dialéctica do compromisso é a essência da verdadeira disponibilidade: recusa a absolutizar a particularidade (entre elas a do meu eu), a unidimensionar o mundo, a dividi-lo maniqueísticamente. A palavra *próximo* conquista um novo referencial: o mundo[35].

É assim que o homem feliz não é aquele *que não quer*, mas aquele que, como Wittgenstein reconheceu, deseja de um modo diferente:

"Pode-se querer o bem, querer o mal e não querer?
Ou é somente o homem feliz *que não quer*?
[...]
Parece, por assim dizer, que tudo depende do modo *como* se deseja"[36].

---

[33] IDEM, *ibidem*, 12.10.16: "Ich bin meine Welt. [Vgl. 5.63.]"

[34] J. BOUVERESSE, *op. cit.*, 124: " [...] le Moi ne saurait s'identifier avec une partie du monde plutôt qu'une autre, c'est-à-dire, que rien *dans* le monde n'est spécialement important ou dénué d'importance pour lui."

[35] Sob este aspecto estamos de acordo com a observação de J. MORAN, *Toward the World and Wisdom of Wittgenstein's 'Tractatus,'* The Hague/Paris, 1973, 54: "Accordingly, what Wittgenstein call 'realism' could appropriately be called 'universalism': an attitude for example of universal sympathy or solidarity which would preclude singling out, delimiting, any group or individual for pre-eminence (or for subordination) ."

[36] *Tagebücher*, 29.7.16: "Kann man gut wollen, böse wollen und nicht wollen?
Oder ist nur der glücklich, der *nicht* will?
[...]
Es scheint da sozusagen darauf anzukommen, *wie* man wünscht."

O homem feliz é o homem comprometido com o seu mundo e com a sua própria humanidade. Mas neste sentido amplo do compromisso, este é verdadeiramente libertação; sobretudo, libertação de uma das formas mais escravizantes, a procura das satisfações deste mundo:

> "Só é feliz a vida que pode renunciar às satisfações deste mundo.
> Para ela as satisfações deste mundo são outras tantas graças concedidas pelo destino"[37].

E isto, porque o homem feliz conhece o carácter contingente da acção, o que não anula o seu empenhamento, mas antes lhe concede serenidade em relação ao resultado. Verdadeiramente, a felicidade do homem feliz é esta mesma serenidade empenhada e atenta, a que ascende pela vida do conhecimento.

VII. 4 O sentido do "mundo visto sub specie aeternitatis": a intemporalidade e o apaziguamento

A visão do mundo, possibilitada pelo esforço reflexivo que se quis radical e por isso onto-lógico, movido, em última instância, pelo desejo de não ser surpreendido por sucessivas experiências de malogro, traz a marca da intemporalidade que concede o apaziguamento.

Em 7.10.16, Wittgenstein escrevia:

> "[...] a vida boa é o mundo visto *sub specie aeternitatis.*"[38]

A afirmação concilia e sintetiza a dupla exigência ética: a da vida vivida no presente — ("Só o que não vive no tempo, mas no presente, é feliz")[39] — e a vida vivida em acordo com o mundo — ("Para viver feliz é preciso que eu esteja em acordo com o mundo")[40].

---

37 IDEM, *ibidem*, 13.8.16: "Nur das Leben ist glücklich, welches auf die Annehmlichkeiten der Welt verzichten kann.
Ihm sind die Annehmlichkeiten der Welt nur so viele Gnaden des Schicksals."
38 IDEM, *ibidem*, 7.10.16: " [...] und das gute Leben ist die Welt sub specie aeternitatis gesehen."
39 IDEM, *ibidem*, 8.7.16: "Nur wer nicht in der Zeit, sondern in der Gegenwart lebt, ist glücklich."
40 IDEM, *ibidem*: "Um glücklich zu leben, muß ich in Übereinstimmung sein mit der Welt."

Wittgenstein explicitara o que entendia ser a relação entre "viver eternamente" e "viver no presente":

> "Se se entender por eternidade não uma duração infinita, mas a intemporalidade, pode, então, dizer-se que quem vive no presente, vive eternamente"[41].

Viver no presente é viver, pois, intemporalmente. Mas esta intemporalidade não pode ser compreendida no sentido de uma fuga à realidade, de um estar fora do mundo e da vida. Bem pelo contrário, ela exige essa *conversão* da vontade ao mundo e à vida, essa sincronia osmótica das duas "divindades" de que Wittgenstein nos falava então:

> "Há duas divindades: o mundo e o meu eu independente"[42].

Esta intemporalidade ou eternidade do homem feliz, enquanto vida no presente, é, assim, a dimensão a que ele tem acesso só pelo facto de poder conhecer as coisas *sub specie aeternitatis*, o que acontece quando se aplica a reflectir sobre as estruturas essenciais do ser do mundo como totalidade.

E, como o desejo, enquanto projecto, é representação, poderíamos dizer, então, que, para o homem feliz, viver a vida no presente consistirá em fazer coincidir a forma do seu projecto com a forma lógica intemporal da substância do mundo, pois só esta corresponde à natureza da visão *sub specie aeternitatis*. Wittgenstein opõe esta visão a essa outra que consiste no modo de ver ordinariamente os objectos:

> "No modo vulgar de ver, consideram-se os objectos, colocando-nos, por assim dizer, entre eles; no modo de ver *sub specie aeternitatis*, consideramo-los do exterior"[43].

O carácter de exterioridade traduz a ausência de relações espaço-temporais em que normalmente nos encontramos envolvidos com os

---

[41] IDEM, *ibidem*: "Wenn man unter Ewigkeit nicht unendliche Zeitdauer, sondern Unzeitlichkeit versteht, dann kann man sagen, daß der ewig lebt, der in Gegenwart lebt. [S. 6. 4311.]"

[42] IDEM, *ibidem*: "Es gibt zwei Gottheiten: die Welt und mein unabhängiges Ich."

[43] IDEM, *ibidem*, 7.10.16: "Die gewöhnliche Betrachtungsweise sieht die Gegenstände gleichsam aus ihrer Mitte, die Betrachtung sub specie aeternitatis von außerhalb."

objectos; relações de maior ou menor afastamento, que são sempre particulares e ocasionais, medidas em função dos nossos interesses e dos projectos. Verdadeiramente, são estes que as relativizam, que lhes apõem o valor de mais ou menos, que marcam a anterioridade do nosso projecto e exprimem a tendência a transformar este em medida ou critério do mundo. É uma visão prática, caracterizada por um aspecto acentuadamente subjectivo.

O que, por contraste, particularizará a visão *sub specie aeternitatis* será a possibilidade de ver o objecto "com o tempo e o espaço, em vez de o ver *no* tempo e *no* espaço"[44], tal como Wittgenstein parece admitir. Mas como interpretar a visão do objecto que é visto não *no* espaço e *no* tempo, mas *com* o espaço e o tempo? Wittgenstein diz ser esta a visão própria da obra de arte e nela residir a sua conexão com a ética:

> "A obra de arte é o objecto visto *sub specie aeternitatis* [...] Tal é a conexão entre a arte e a ética"[45].

Ver o objecto com o espaço e o tempo, de acordo com as afirmações que se lhe seguem no texto dos *Tagebücher*, é vê-lo na perspectiva daquilo que condiciona, determina e está sempre presente em toda e qualquer visão do objecto, seja qual for o tempo e o lugar em que ele possa aparecer. E se, como diz Wittgenstein,

> "cada coisa condiciona o conjunto do mundo lógico, por assim dizer, o conjunto do espaço lógico"[46],

e essa relação do objecto com o espaço lógico é transcendental — condição do seu aparecimento — ele pode, então, chegar à conclusão de que:

> "(A ideia impõe-se-nos): a coisa vista *sub specie aeternitatis* é a coisa vista com o conjunto do espaço lógico"[47].

---

44 IDEM, *ibidem*: " [Ist es etwa das], daß sie den Gegenstand *mit* Raum und Zeit sieht statt *in* Raum und Zeit?"
45 IDEM, *ibidem*: "Das Kunstwerk ist der Gegenstand sub specie aeternitatis gesehen [...] Dies ist der Zusammennhang zwischen Kunst und Ethik."
46 IDEM, *ibidem*: "Jedes Ding bedingt die ganze logische Welt, sozusagen den ganzen logischen Raum."
47 IDEM, *ibidem*: "(Es drängt sich der Gedanke auf): Das Ding sub specie aeternitatis gesehen ist das Ding mit dem ganzen logischen Raum gesehen."

O que permite também inferir que se "a vida boa é o mundo visto *sub specie aeternitatis* [48], a vida boa é, então, a visão do mundo como totalidade do espaço lógico, o que mais correctamente se deve dizer, a visão da estrutura lógica do mundo.

Esta interpretação opõe-se a todas aquelas que confundem a ideia de ver as coisas *sub specie aeternitatis* com vê-las *cientificamente*[49]. Fazer tal confusão é não só um erro de interpretação, que não atende, em nossa opinião, à profundidade da proposta wittgensteiniana, como também despreza o sentido de algumas das suas afirmações que, sob este ponto de vista, são bem evidentes. Assim, em 25.5.15, escrevia Wittgenstein:

> "A tendência para o místico deriva do facto de a ciência deixar os nossos desejos insatisfeitos. *Sentimos* que, mesmo quando todas as nossas *possíveis* questões científicas se tivessem resolvido, *o nosso problema não fora ainda abordado*"[50].

Texto que deve ser confrontado com este outro de 6.7.16, já antes parcialmente citado:

> "Neste sentido, Dostoievski tem toda a razão, quando diz que o homem feliz atinge a finalidade da existência.

---

[48] IDEM, *ibidem*: " [...] und das gute Leben ist die Welt sub specie aeternitatis gesehen."

[49] Cf. J. WALKER, "Wittgenstein's earlier ethics", *American Philosophical Quarterly*, 5(1968), 219-232. Neste artigo, Walker dá uma interpretação positivista dos temas wittgensteinianos, a qual, na nossa opnião, é inteligentemente criticada por S.P.HUGHES, *op. cit.*, 25-36.

[50] *Tagebücher*, 25.5.15: "Der Trieb zum Mystischen kommt von der Unbefriedigtheit unserer Wünsche durch die Wissenschaft. Wir *fühlen*, daß selbst wenn alle *möglichen* wissenschaftlichen Fragen beantwortet sind, *unser Problem noch gar nicht berührt ist.*"
O conteúdo deste registo lembra ainda Tolstoï. Cf. OSSIP-LOURIÉ, *La Philosophie de Tolstoï*, *Suivie de ses Pensées*, 52:" Les sciences ignorent le sens de la vie. Elles disent: - Si tu as besoin de connaître les lois de la lumière et des compositions chimiques, les lois du développement des organismes; si tu as besoin de connaître les lois de ton esprit, nous avons pour cela des réponses claires, précises et incontestables. Mais, nous ignorons pourquoi tu vis et le sens de la vie: nous ne nous en occupons pas."

Poder-se-ia dizer também que, aquele que atinge a finalidade da existência,não tem necessidade de outra finalidade para além da vida.
Isto é, é aquele que está em paz.
A solução do problema da vida assinala-se pelo desaparecimento do problema.
Mas pode-se viver de modo a que a vida deixe de ser problemática? Que se *viva* na eternidade e não no tempo?"[51].

Como o confronto dos dois textos permite ver claramente, há uma contradição entre a *insatisfação* do desejo que se perpetua, mesmo na hipótese limite da solução de todas as questões científicas possíveis, e o *apaziguamento* do homem feliz de que fala Dostoievski. Este homem seria aquele que não precisaria mais de procurar qualquer finalidade fora da existência, aquele que, por isso, reconvertera o sentido da tendência para o misticismo. E dizemos *reconverter*, porque entendemos que o impulso que procura a finalidade fora da existência, não se anula no acto de apaziguamento, antes sofre uma reorientação para um novo objecto. A solução de todos os problemas científicos não resolveria o "nosso problema", porque deixaria em aberto a nossa apetência de vida, ferida de morte pelo diferendo que se instaura na experiência do malogro. Pode haver e há uma conexão entre as duas espécies de visão: a vida do mundo *sub specie aeternitatis*, a que chamamos a visão ética e estética do mundo, e a visão científica das coisas. Segundo a nossa interpretação do texto dos *Tagebücher*, que descobre na problemática de Wittgenstein uma profunda preocupação existencial, a visão científica só recebe o seu sentido dessa outra questão fundamental do sentido do mundo e da vida. Ambas as questões — a científica e a metafísica (a do sentido, a propriamente ética, portanto) — têm uma mesma raíz, uma só "mater": "a consciência da

---

[51] IDEM, *ibidem*, 6.7.16: "Und insofern hat wohl auch Dostojewski recht, wenn er sagt, daß der, welcher glücklich ist, den Zweck des Daseins erfüllt.
Oder man könnte auch so sagen, der erfüllt den Zweck des Daseins, der keinen Zweck außer dem Leben mehr braucht. Das heißt nämlich, der befriedigt ist.
Die Lösung des Problems des Lebens merkt man am Verschwinden dieses Problems. [S. 6. 521.].
Kann man aber so leben, daß das Leben aufhört, problematisch zu sein? Daß man im Ewigen *lebt* und nicht in der Zeit?"

unicidade da minha vida "⁵², e a consequente necessidade de "julgar o mundo" e "medir as coisas"⁵³. Wittgenstein liga as questões, quase as entrelaça fisicamente, colocando a ciência entre a religião e a arte (que é também visão *sub specie aeternitatis*), ao filiá-las num mesmo impulso matricial:

> "É somente da consciência da *unicidade da minha vida* que nascem a religião — a ciência — e a arte"⁵⁴

A realidade histórica, que expõe no seu processo a ordem cronológica das questões, confirma este ponto de vista ao mostrar a relação entre a Metafísica e a Ciência. E ao nível da temática do *Tractatus*, estamos plenamente de acordo com Steven Perry Hughes quando afirma: "As duas espécies de visão são bastante diferentes, embora estejam conectadas; todavia, a conexão não pode ser a que Walker sugere, isto é, que a visão científica elimina a visão estética e ética. Wittgenstein, na realidade, afirma que o problema da vida desaparece quando se compreende que só as questões científicas podem ser perguntadas; mas também diz que só se compreende o limite do sentido pela visão da forma lógica do mundo e das relações internas entre os objectos que constituem a substância lógica do mundo. Para que se compreenda que só as questões científicas podem ser perguntadas, é necessário ter-se visto correctamente o mundo estética e eticamente. Quando o mundo é visto desta forma, a vontade humana está em harmonia com o mundo, e o problema da vida, ou seja, a desarmonia, desaparece"⁵⁵. Nós diríamos, de acordo com o espírito da nossa

---

52 IDEM, *ibidem*, 1.8.16: "Nur aus dem Bewußtsein der *Einzigkeit meines Lebens*[...]."
53 IDEM, *ibidem*, 2.9.16: "*Ich* habe die Welt zu beurteilen, die Dinge zu messen."
54 IDEM, *ibidem*, 1.8.16: "Nur aus dem Bewußtsein der *Einzigkeit meines Lebens* entspringt Religion-Wissenschaft-und Kunst."
55 S. P. HUGHES, *op. cit.*, 30: "The two sorts of seeing are quite different and yet they are connected; however the connection cannot be what Walker suggests, viz., that scientific seeing eliminates aesthetic and ethical seeing.
Wittgenstein does claim that the problem of life vanishes when one understands that only scientific questions can be asked; but he also says that one grasps the limits of sense only by seeing the logical form of the world and the internal relations among the objects which make up the substance of the world. In order to understand that only scientific questions can be asked, one must have seen the world aright, aesthetically and ethically. When the world is seen aright, the human will is in harmony with the world and the problem of life, namely, disharmony, has vanished."

interpretação, que se soldou a fractura entre o indivíduo e o mundo, que a apetência fusionária se satisfaz no acto do conhecimento em que a totalidade (a estrutura lógica do mundo) se presentifica como *eterno presente*. Esta possibilidade de conhecimento permite ao desejo ser uno com o seu objecto e, desse modo, libertar-se das situações de surpresa, a que está sujeito aquele cujo conhecimento se limita aos factos da experiência; este é sempre condicionado pelas dimensões do espaço e do tempo, mesmo quando de conhecimento científico se trata. O significado e o sentido humano do conhecimento científico perder-se-iam fora desse enquadramento metafísico, que o coloca no âmbito do projecto e revela a sua origem no conflito do desejo com o mundo. E ao perder-se esse significado, mesmo que todas as questões científicas tivessem obtido resposta, o problema do sentido, tal como diz Wittgenstein, não teria sido sequer abordado.

VII. 5 O sentido ético do medo da morte

Só a visão *sub specie aeternitatis* permite, ao sujeito humano, a libertação do terror da morte e, consequentemente, do que o impede de ser feliz.

Em 8.7.16, Wittgenstein escreve:

> "Quem é feliz, não teme. Nem mesmo a morte.
> Só o que não vive no tempo, mas no presente, é feliz.
> Para a vida no presente não há morte.
> A morte não é um acontecimento da vida. Ela não é um facto do mundo"[56].

Segundo o modo de ver ordinário, tal como Wittgenstein o caracteriza, consideramos os objectos colocando-nos entre eles. O que pode significar, relativamente ao modo como, por exemplo, eu considero a minha morte, representá-la, dentro de uma concepção de nível factual, como um facto idêntico à morte dos outros, o que me causa pânico e pavor. Represento-me, de certo modo, como assistindo à minha morte, na dupla situação de espectador e actor. E é desse modo de a representar que ela aparece como

---

[56] *Tagebücher*, 8.7.16: "Wer glücklich ist, der darf keine Furcht haben. Auch nicht vor dem Tode.
Nur wer nicht in der Zeit, sondern in der Gegenwart lebt, ist glücklich.
Für das Leben in der Gegenwart gibt es keinen Tod.
Der Tod ist kein Ereignis des Lebens. Er ist keine Tatsache der Welt. [Vgl. 6. 43 11.]"

um facto entre os factos, algo que acontece *no* espaço e *no* tempo, o que caracteriza, justamente, a consideração vulgar dos objectos.

Mas pelo acto transcendental da reflexão, no qual a vontade se relaciona com o mundo, este é apreendido como um todo, unidade do espaço e do tempo, numa relação que, sem excluir a íntima pertença, é também de exterioridade. E, desse modo, nele se verificam as duas condições da visão *sub specie aeternitatis*: a visão do objecto não *no*, mas *com* o espaço e o tempo e a relação de exterioridade. É só nele e por ele que a vontade se apresenta, face ao mundo, numa relação que não é marcada por um sentimento de impotência; muito ao contrário, ela apresenta-se aí não somente de "igual para igual"[57], mas ainda com uma certa superioridade, uma vez que, num determinado sentido, o pode "dominar"[58]. O mundo torna-se, então, o "meu mundo", assinalando com o adjectivo possessivo a relação de pertença recíproca que Wittgenstein enunciará com recurso a outras duas formulações:

> "O mundo e a vida são uma e a mesma coisa"[59]

e

> "Eu sou o meu mundo"[60].

Nelas abre-se essa relação a horizontes de significação cada vez mais ricos e vastos, sem que o sentido original seja traído. A relação da íntima pertença mútua justifica não só a diferença do mundo do homem feliz e do infeliz, como também que a morte não signifique qualquer alteração de natureza fenomenal no mundo, mas simplesmente a sua cessação:

> "Se a boa ou má vontade têm uma acção sobre o mundo, só pode ser sobre as fronteiras do mundo e não sobre os factos; sobre o que não pode ser representado pela linguagem, mas somente mostrado na linguagem.

---

[57] IDEM, *ibidem*, 4.11.16: "Es scheint nämlich durch die Betrachtung des Wollens, als stünde ein Teil der Welt mir näher als ein anderer (was unerträglich wäre).
Aber freilich ist es ja unleugbar, daß ich in einem populären Sinne gewisses tue und anderes nicht tue.
So stünde also der Wille der Welt nicht äquivalent gegenüber, was unmöglich sein muß."
[58] IDEM, *ibidem*, 11.6.16: "Nur so kann ich mich unabhängig von der Welt machen — und sie also doch in gewissem Sinne beherrschen — indem ich auf einen Einfluß auf die Geschehnisse verzichte."
[59] IDEM, *ibidem*, 24.7.16: "Die Welt und das Leben sind Eins. [5. 621.]"
[60] IDEM, *ibidem*, 12.10.16: "Ich bin meine Welt. [Vgl. 5. 63.]"

Em resumo, o *mundo* deve, então, tornar-se totalmente outro.
Deve, por assim dizer, aumentar ou diminuir no seu conjunto. Como pela aquisição ou perda de um sentido.
Do mesmo modo, também na morte o mundo não se altera, deixa de existir"[61].

Como Bouveresse justamente observa: "A minha morte não representa mais uma modificação fenomenal do mundo (isto é, do meu mundo) do que o facto que o mundo em questão seja o mundo de um homem feliz ou o de um homem infeliz. Quando eu passo da condição de homem feliz à de homem infeliz, ou vice-versa, o meu mundo torna-se, sem no entanto sofrer uma mudança significativa do ponto de vista empírico, um outro mundo, isto é, num certo sentido, o mundo de uma outra pessoa. E quando eu morro, ele desaparece pura e simplesmente; o que significa que a minha morte não pode afectar o meu mundo, do qual representa precisamente o aniquilamento, que ela não pode 'acontecer'"[62]. Daí a afirmação de Wittgenstein:

"A morte não é um acontecimento da vida. Ela não é um facto do mundo"[63].

---

[61] IDEM, *ibidem*, 5.7.16: "Wenn das Gute oder Böse Wollen eine Wirkung auf die Welt hat, so kann es sie nur auf die Grenzen der Welt haben, nicht auf die Tatsachen, auf das, was durch die Sprache nicht abgebildet, sondern nur in der Sprache gezeigt werden kann. [Vgl. 6. 43.].
Kurz, die *Welt* muß dann dadurch überhaupt eine endere werden. [S. 6. 43.].
Sie muß sozusagen als Ganzes zunehmen oder abnehmen. Wie durch Dazukommen oder Wegfallen eines Sinnes. [Vgl. 6. 43.].
Wie auch beim Tod die Welt sich nicht ändert, sondern aufhört zu sein. [6. 431.]"

[62] J. BOUVERESSE, *op. cit.*, 125: "Ma mort ne représente pas plus une modification phénoménale du monde (c'est-à-dire, de mon monde) que le fait que le monde en question soit le monde d'un homme heureux on celui d'un homme malheureux. Lorsque je passe de la condition d'homme heureux à celle d'homme malheureux, ou l'inverse, mon monde devient, sans pour autant subir nécessairement un changement significatif du point de vue empirique, un autre monde, c'est-à-dire en un certain sens le monde de quelqu'un d'autre. Et, lorsque je meurs, il disparaît purement et simplement; ce qui signifie que ma mort ne peut affecter mon monde, dont elle représente précisément l'anéantissement, qu'elle ne peut 'avoir lieu'."

[63] *Tagebücher*, 8.7.16: "Der Tod ist kein Ereignis des Lebens. Er ist keine Tatsache der Welt. [Vgl. 6. 4311.] "

Na realidade, a morte é irrepresentável. O "meu mundo" não integra a minha morte, porque o "meu mundo" é a "minha vida". E se o filósofo diz que

"O temor da morte é o melhor sinal de uma vida falsa, isto é, má"[64],

o que se expressa na afirmação é que só teme a morte aquele que se encontra incapacitado para viver a vida, aquele que, afinal, não resolve o diferendo entre o seu desejo e o mundo. E este é, precisamente, o que não é feliz, o que não vive no presente, o que não vê o mundo *sub specie aeternitatis*.

VII. 6 O sentido ético do suicídio, enquanto "pecado elementar"

A relação entre a afirmação da vida e a ética, tal como Wittgenstein a entende, é de tal forma íntima e profunda que ele escreverá em 10.1.17:

"Se o suicídio é permitido, tudo é permitido.
Se tudo não é permitido, então, o suicídio não é permitido.
Isto lança uma luz sobre a natureza da ética.
Porque o suicídio é, por assim dizer, o pecado elementar"[65].

É interessante que a linguagem teológica reapareça no último texto dos *Tagebücher* e, principalmente, que apareça, assim, tão claramente relacionada com a ética. Consideramo-lo como um dado confirmativo da interpretação que demos às anteriores expressões teológicas deste diário.

Wittgenstein chama ao suicídio o "pecado elementar". A designação "elementar", tanto quanto julgamos saber, relativamente ao pecado, não é teológica. A única correspondência que é possível estabelecer é com "pecado original". Define-se genericamente o pecado como "uma

---

[64] IDEM, *ibidem*: "Die Furcht vor dem Todde ist das best Zeichen eines falschen, d. h. schlechten Lebens."
[65] IDEM, *ibidem*, 10.1.17: "Wenn der Selbstmord erlaubt ist, dann ist alles erlaubt. Wenn etwas nicht erlaubt ist, dann ist der Selbstmord nicht erlaubt.
Dies wirft ein Licht aus das Wesen der Ethik. Denn der Selbstmord ist sozusagen die elementare Sünde."

transgressão voluntária da lei de Deus"[66], e as duas espécies de pecado — "pecado mortal" e "pecado venial"[67] — são determinadas em função de critérios que nos parece não se aplicarem ao suicídio, no ponto de vista de Wittgenstein.

Que fique bem claro que o que temos em consideração são as opiniões de Wittgenstein e a sua linguagem metafórica, que não têm forçosamente de ser respeitadoras da recta doutrina da Igreja. Segundo esta, naturalmente, o suicídio seria um pecado *mortal* e não *o* pecado *elementar*, tal como lhe chama Wittgenstein. Percebe-se, facilmente, que o autor estabelece uma analogia, e é o sentido dela que nos propomos encontrar. Uma vez clarificado o nosso propósito, compreende-se que o suicídio (pecado elementar) não possa ter, para Wittgenstein, o valor teológico que tem na doutrina da Igreja. Segundo a doutrina ortodoxa da Igreja, comete-se pecado mortal sempre que "*com perfeita advertência e pleno consentimento, transgredimos em matéria grave, uma lei importante, necessária à consecução do nosso fim*"[68]. S. Tomás definiu-o como "um acto pelo qual nos afastamos de Deus, nosso último fim, prendendo-nos livre e desordenadamente a qualquer bem criado"[69]. São óbvias as razões pelas quais Wittgenstein poderá considerar o suicídio como um pecado. O suicídio é também para ele um acto de profunda transgressão e transgressão a uma lei importante, essencialmente necessária à realização do nosso fim, isto é, uma transgressão ao imperativo categórico "Sê feliz!"[70].

Somente, neste caso, lei e finalidade se identificam. O carácter categórico deste imperativo advém-lhe justamente do facto de ele se suster por si mesmo, sem porquê nem para quê:

> "Eu volto sempre a isto: que simplesmente a vida feliz é boa e má a vida infeliz. E se *agora* eu me pergunto *porquê* devo ser feliz, a questão parece-me ser, em si mesma, tautológica; parece que a vida feliz se justifica por ela mesmo, que ela *é* a única vida correcta"[71].

---

[66] Cf. A. TANQUEREY, *Compêndio de Teologia Ascética e Mística*, trad. de J. F. Fontes, Porto, ⁵1955, 390, §707.
[67] IDEM, *ibidem*, §708a; §709b.
[68] IDEM, *ibidem*, §708. O sublinhado é nosso.
[69] Citado por IDEM, *ibidem*.
[70] *Tagebücher*, 8.7.16: "Lebe glücklich!". O imperativo aparece isolado, sem comentário, no todo das ideias registadas nesse dia. No contexto, todavia, é fácil compreender, que ele se impõe como o mandamento irrecusável.
[71] IDEM, *ibidem*, 30.7.16: "Immer wieder komme ich darauf zurück, daß einfach das

Desobedecer a este mandamento é também analogicamente um afastamento de Deus, uma desobediência à sua vontade, pois como diz Wittgenstein em 8.7.16:

> "Para ser feliz é preciso que eu esteja em acordo com o mundo. É isto verdadeiramente o que *quer dizer* 'ser feliz'.
> Eu estou, então, por assim dizer, em acordo com esta vontade alheia, da qual pareço depender. Quer dizer: eu cumpro a vontade de Deus"[72].

Ora o suicídio é a renúncia ao mundo, simultaneamente a destruição da vida e do mundo, dado o carácter de identidade que os marca. Logo, o suicídio é a recusa em coincidir com a "vontade alheia" da qual "pareço depender" e, por isso, uma desobediência à "vontade de Deus".

Assim, o suicídio, como transgressão a "uma lei importante e necessária à consecução do nosso fim" (o imperativo: "Sê feliz!") e como "afastamento de Deus" (recusa do mundo), é pecado.

Mas Wittgenstein não lhe chama pecado mortal: este pressupõe a "perfeita advertência e pleno consentimento" do acto de transgressão e de desobediência. Ora, para Wittgenstein, o suicídio não satisfaz estas duas condições. Bem pelo contrário, o suicida é, em sua opinião, aquele que é supreendido pelo seu próprio acto, uma vez que este é profundamente contraditório com a natureza do desejo; de tal forma que o suicídio, mais do que um acto que se possa dizer querido, é sofrido como paixão, momento de desatenção que fere o que mais ama e destrói o que pretendia preservar. Assim, pelo menos, o exprime em carta ao seu amigo Paul Engelmann, datada de 21.6.20:

> "Eu sei que o suicídio é sempre algo de repugnante. Porque de nenhum modo se *pode* querer a própria destruição. E todo aquele que alguma vez tenha imaginado o que se passa quando uma pessoa se suicida,

---

glückliche Leben gut, das unglückliche schlecht ist. Und wenn ich mich *jetzt* frage: aber *warum* soll ich gerade glücklich leben, so erscheint mir das von selbst als eine tautologische Fragestellung; es scheint, daß sich das glückliche Leben von selbst rechtfertigt, daß es das einzig richtige Leben *ist*."
[72] IDEM, *ibidem*, 8.7.16: "Um glücklich zu leben, muß ich in Übereinstimmung sein mit der Welt. Und dies *heißt* ja 'glücklich sein'.
Ich bin dann sozusagen in Übereinstimmung mit jenem fremden Willen, von dem ich abhängig erscheine. Das heißt: 'ich tue den Willen Gottes'."

sabe que o suicídio é sempre um acto que consiste em roubar de surpresa as suas próprias defesas. Mas nada é pior que chegar ao ponto de se deixar apanhar de surpresa por si próprio"[73].

O suicídio seria "pecado venial" se a lei transgredida não fosse "necessária à conservação do nosso fim"[74], ou se a violássemos "em matéria leve"[75],o que, como ficou dito, também não é o caso.

Que sentido encontrar, então, para a designação de "pecado elementar"? O mais razoável, no contexto, será atribuir-lhe o significado de "pecado original". Porque este é, segundo o mito da queda, a transgressão à primeira, e inicialmente única, proibição absoluta e essencial, de onde depois todas as outras decorrem. Do mesmo modo também, nas palavras de Wittgenstein, a totalidade da proibição deriva desta proibição primordial de não aniquilamento da própria vida.

Interessante é estabelecer a relação deste pensamento de Wittgenstein com a teoria metafísica do pecado em S. Agostinho. Esta é resumida por Étienne Gilson da seguinte maneira: " [...] todo o mal vem de uma vontade; esta vontade não foi criada má; não foi mesmo criada indiferente ao bem e ao mal; foi criada boa e de tal forma que lhe bastava continuar a sê-lo, sem esforço, para atingir uma perfeita beatitude. O único perigo, que ameaça uma tal natureza, é pois a contigência metafísica inseparável do estado de ser criada, uma pura *possibilidade* sem o menor rudimento de existência actual e que não só teria podido, mas teria devido, jamais se actualizar"[76].

---

[73] P. ENGELMANN, *op. cit.*, 29: "Ich weiß, daß der Selbstmord immer eine Schweinerei ist. Denn seine eigene Vernichtung *kann* man gar nicht wollen und jeder, der sich einmal den Vorgang beim Selbstmord vorgestellt hat, weiß, daß der Selbstmord immer eine *Überrumpelung* seiner selbst ist. Nichts aber ist ärger, als sich selbst überrumpeln zu müssen."
[74] Cf. A. TANQUEREY, *op. cit.*, 390.
[75] Cf. IDEM, *ibidem*.
[76] E. GILSON, *L'Esprit de la Philosophie Médiévale*, Paris, ²1948, c. VI, 127: " [...] tout le mal vient d'une volonté; cette volonté n'a pas été créée mauvaise; elle n'a même pas été créée indifférente au bien comme au mal; elle a été créée bonne et telle qu'il lui suffisait de continuer de l'être sans effort pour atteindre une parfaite béatitude. Le seul péril qui menace une telle nature, c'est donc la contingence métaphysique inséparable de l'état d'être créé, une pure *possibilité*, sans le moindre rudiment d'existence actuelle, et qui non seulement aurait pu, mais aurait dû ne jamais s'actualiser".
Étienne Gilson remete,a este propósito, na nota 1 da mesma página, para SANTO AGOSTINHO, *Cont. Julian. op. imperf.*, v. 61; *Patr. lat.*, t. 45, col. 1497.

Esta doutrina de Agostinho sobre o pecado inscreve-se na problemática mais vasta da reflexão metafísica sobre a natureza do mal, que cedo o pensamento cristão se viu forçado a discutir, por imperativo das preocupações culturais dos espaços humanos progressivamente conquistados. A concepção filosófico-religiosa de um mundo mau por essência — então suficientemente enraizada nos meios cultos — não era apenas uma contradição lógica em relação à ideia da criação divina do mundo; era também intrinsecamente incompatível com o relato bíblico do primeiro capítulo do Génesis, onde, em acentos verdadeiramente poéticos, a bondade da obra vai sendo sucessivamente exaltada pelo seu criador. Como diz o reconhecido medievalista acima citado, este relato constitui a "pedra angular do optimismo cristão"[77].

A tarefa que Agostinho a si próprio se impôs foi, como é sabido, encontrar a justificação metafísica de tal optimismo. A sua vinda para o cristianismo fez-se através de uma trajectória espiritual, marcada por duas seduções: a do sincretismo religioso e metafísico da seita de Mani (ou Manes), onde o oriente e o ocidente se unem na proporção da especulação e do misticismo que comportam; e a dessa florescência da racionalidade grega — "sobrevivência duma actividade criadora no único Oriente helenista"[78] do século III, que foi o neo-platonismo. A experiência intelectual de Agostinho vocaciona-o para a problemática do mal e desloca, para o plano das realidades a julgar, a matéria, como ré sobre a qual recaem as mais severas acusações. Em *De Natura Boni*, Agostinho desenvolverá as razões dialécticas que a absolvem das acusações de maniqueus e neo-platónicos que nela reconheciam a positividade do mal, demonstrando não só a impossibilidade metafísica de um tal pessimismo como também a sua contradição com a crença cristã. Porque os dogmas da *queda* e do *pecado* tornavam irrecusável o reconhecimento do mal, enquanto que o dogma da redenção mostrava o seu carácter negativo acidental, Agostinho, reclamando-se da bondade da criatura divina, proclamada pela Escritura[79], recusava a concepção da positividade do mal físico e reduzia este às inferioridades relativas e às gerações e corrupções constantes, que se

---

[77] E. GILSON, *ibidem*, 112.
[78] D. ROPS, *A Igreja dos Apóstolos e dos Mártires*, trad. portuguesa de Eduardo Pinheiro, Porto, 1956, 365.
[79] Cf. E. GILSON, *op. cit.*, 116, n.1, que remete para AGOSTINHO, *De Natura Boni*, c. XIX (*ibidem*, col. 557).

verificam tanto na natureza inanimada como na animada. Deste modo, Agostinho oferecia ao pensamento cristão uma nova mundividência, onde o olhar podia apenas detectar graus menores de perfeição, mas não o mal, num todo harmonicamente disposto por um sábio criador[80].

A questão do mal era, todavia, profundamente complexa e ganhava uma nuance muito especial, quando perspectivada à luz da especificidade da natureza humana. Englobando o mal físico e excedendo-o, o mal moral impunha o aprofundamento da solução encontrada e propunha-a para um novo questionamento.

A resposta bíblica a esta dificuldade — o pecado original — iluminava novamente a positividade metafísica da bondade do ser, obrigando ao reconhecimento do homem como um bem em si, não só pela sua origem, mas também pela beatitude a que está destinado, donde ter sido dotado pelo Criador de inteligência e vontade livre[81].

Situado, na ordem de grandeza dos bens, entre os bens maiores, o livre arbítrio revelava-se, pela natureza do dom que constituía, afectado, simultaneamente, por dois valores de sinal contrário e, por isso, concebível como "dom magnífico" e "dom tremendo", poder de salvação, mas também de condenação eterna[82]. O pecado original era a actualização da possibilidade negativa do dom, pelo mau uso que efectivamente o homem dele fez.

A polémica posterior contra Juliano, representante do pelagianismo, a propósito da dificuldade de saber como uma vontade criada boa pode pecar — que nos é relatada pelo próprio Agostinho[83] —, não encontra solução a não ser no princípio da *possibilidade de defecção*[84], inerente a todo o ser criado e que é, fundamentalmente, o princípio metafísico que constitui a explicação última do problema do mal em geral. É ao dogma da criação *ex nihilo*, que este princípio vai buscar a sua explicação metafísica: porque todas as coisas foram criadas por Deus, são boas, mas porque foram criadas *ex-nihilo*, a mutabilidade manifesta-se como propriedade negativa da sua

---

[80] Cf. E. GILSON, *ibidem*, 116-120.
[81] Cf. IDEM, *ibidem*, 121.
[82] Cf. IDEM, *ibidem*, 122.
[83] Cf. IDEM, *ibidem*, 124, n. 2, que remete para AGOSTINHO, *Contra Julian. op. imperf.*, V, 60; *Patr. lat.*, t. 45, col. 1494.
[84] Cf. E. GILSON, *op.cit.*, 118.

essência[85]. A mutabilidade exprime, assim, a tendência para o nada, ou seja, a *possibilidade de defecção*, de que vem afectado todo o ente em consequência do modo definidor da sua criação[86]. A *defecção* é somente uma possibilidade, mas uma possibilidade de tal modo inerente ao ser criado que, mesmo dada a hipótese de nunca ter sido actualizada mercê de uma especial graça divina, ela permaneceria actualizável, por condição essencial da sua própria natureza[87].

Cabe aos seres racionais e livres, eles próprios afectados também pela possibilidade de *defecção*, como missão a que são apelados pelo próprio Criador, velar contra a actualização desta possibilidade não só na sua pessoa, mas em toda a criatura, e, por esse modo, colaborar na manutenção da ordem e da harmonia do mundo criado[88]. Assim, o pecado, o mal para um ser racional e livre, embora seja a actualização da possibilidade de *defecção*, não consiste em desejar um objecto mau em si, mas antes na subversão profunda da ordem do ser, por um acto de preferência do que é inferior em detrimento do superior, e que ao pôr a negatividade no ser, condena à morte espiritual o seu autor[89].

Muito embora a perspectiva onto-teológica da reflexão de Agostinho se situe, por sua natureza, fora dos limites que são traçados pelo autor do *Tractatus* ao domínio da filosofia, não deixa, todavia, de ser possível reconhecer-se uma certa congruência entre as teses do pensador de Hipona e a de Wittgenstein ao chamar ao suicídio o "pecado elementar". Considerar o suicídio como "pecado elementar" é uma tese que nos aparece verdadeiramente compatível com o princípio da possibilidade de *defecção* — que é, como vimos, o princípio metafísico explicativo da possibilidade do pecado. O pecado é actualização dessa possibilidade, logo é *defecção*. E *defecção* é deserção e rebelião contra o ser, tal como o suicídio. Na perspectiva da tese metafísica da possibilidade de *defecção* inerente aos seres criados, que de si não têm "senão a incapacidade própria de existir,

---

[85] Cf. IDEM, *ibidem*, 117.
[86] Cf. IDEM, *ibidem*, 117, n. 1, que remete para AGOSTINHO, *De Natura Boni*, c. X; *Patr. lat.*, t. 42, col. 554-555.
[87] Cf. E. GILSON, *op. cit.*, 125, n. 1, que remete para AGOSTINHO, *Contra Julian. op. imperf.*, V, 60; *Pat. lat.*, t. 45, col. 1495.
[88] Cf. E. GILSON, *op.cit.*, 118.
[89] Cf. IDEM, *ibidem*, 122, que, na nota 3, remete para AGOSTINHO, *De Natura Boni*, c. XX; *Pat. lat.*, t. 42, col. 555 e c. XXXIV; *Pat. lat.*, t. 42, col. 562.

que é o não ser"[90], todo o pecado é, de certo modo, uma espécie de suicídio espiritual, sem dúvida, mas do qual decorrem todas as misérias, mesmo a mais extrema, a morte, que Adão e Eva e a sua geração conhecem em consequência do pecado original. O interessante na tese de Agostinho é, precisamente, situar a um nível ontológico a essência do pecado, nessa tensão entre o ser e o não ser, que, ao nível existencial, a teoria psicanalítica descreve como a dialéctica dos impulsos de vida e de morte. O que dizem Henri Piron e Antoine Vergote, a propósito da acção dinâmica do impulso de morte, isto é, que pela "via da culpabilidade inconsciente e pela via do fantasma do castigo consequente, o impulso da morte chega a incarnar-se na figura da morte inevitável, senhora absoluta da vida"[91], ajusta-se perfeitamente à situação descrita por Tolstoï, quando, sob a perseguição da ideia da morte, pensou em se suicidar. Tolstoï escrevia, retratando a situação emocional experienciada: "Nada há na vida. Não há senão a morte. *Todavia ela não deveria existir ...* "[92]. O aniquilamento da vida pela força operante da ideia da morte omnipresente e omnipotente, eis precisamente a consequência última e mais nihilizante da acção inibidora deste anti-impulso, relativamente à tendência expansiva que caracterizava o impulso da vida.

De acordo com Bouveresse, teríamos nesta situação "uma ilustração exemplar do que Wittgenstein quer dizer, quando declara que 'o temor da morte é o melhor sinal de uma vida falsa, isto é, má' (C. p. 42): a morte tornada a única realidade da vida, a tentação de pôr fim à vida por causa da morte"[93].

Julgamos, pois, que é bem desta tensão entre o ser e o não ser, inerente a toda a criatura, que Wittgenstein nos fala, quando considera o suicídio como o "pecado elementar", depois de ter feito depender da sua proibição a existência da proibição em geral.

---

90 E. GILSON, *La Philosophie au Moyen Âge*, Paris, ²1952, 132.
91 H. PIRON e A. VERGOTE, "O exercicio da psicanálise em Freud e a descoberta dos conceitos psicanalíticos", in: W. HUBER, H. PIRON, A. VERGOTE, *A Psicanálise, Ciência do Homem*, 85.
92 *Apud* J. BOUVERESSE, *op. cit.*, 126: "Il n'y a rien dans la vie. Il n'y a que la mort. Pourtant elle ne devrait pas exister ... ".
93 IDEM, *ibidem*: " [...] une illustration exemplaire de ce que Wittgenstein veut dire lorsqu'il déclare que 'la crainte de la mort est le meilleur signe d'une vie fausse, c'est-à-dire mauvaise' (C. p. 142): la mort devenue la seule réalité de la vie, la tentation de mettre fin à la vie à cause de la mort."

CAPÍTULO VIII

CARÁCTER FUNDAMENTAL DA ÉTICA
SENTIDO DE UM CAMINHO DE REFLEXÃO

O objecto da ética, como aparece à luz do texto dos *Tagebücher*, respeita a uma experiência existencial profunda, originária, por isso fundamental.
Em 2.8.16 Wittgenstein escrevia:

> "Pode haver uma ética, se não houver fora de mim nenhum ser vivo? Sim, se a ética deve ser alguma coisa de fundamental" [1].

Para além das regras e das normas impostas pelas instituições (múltiplas em sua natureza e finalidade), que regulam as relações de convivência entre os homens e cuja jurisdição própria é o domínio social, a questão ética, nesta perspectiva, situa-se fora da experiência comunitária, sem que, por isso, quebre os vínculos que com ela há-de necessariamente manter. Pois, se a ética "deve ser alguma coisa de fundamental", terá de ser princípio e raiz, não só a fonte de onde hão-de brotar as acções e os juízos que as aprovam ou condenam, mas antes e primordialmente, a sua influência deverá estender-se à totalidade da nossa atitude existencial. A questão ética é, melhor dizendo, por essência, a questão da nossa atitude existencial. Ela emerge do modo de ser póprio desta existência que se conhece como desejo e que faz a experiência da sua individualidade, no jogo das limitações e imposições de uma alteridade que lhe resiste: o mundo ("O mundo é independente da minha vontade")[2].

É do solo dessa experiência de malogro que a palavra questionante floresce: ela abre-se ao mistério do "eu" e do "mundo" no sentimento de espanto, que insta por querer saber e se angustia na ausência de resposta

---

[1] *Tagebücher*, 2.8.16: "Kann es ein Ethik geben, wenn es außer mir kein Lebewesen gibt?
Wenn die Ethik etwas Grundlegendes sein soll: ja!"
[2] IDEM, *ibidem*, 5.7.16: "Die Welt ist unabhängig von meinem Willen. [6. 373] "

("O Eu, o Eu, eis o profundo mistério!")[3]; "*Eu* tenho de julgar o mundo, de medir as coisas")[4]. Nesta interrogação, a existência joga-se de tal modo, que nesse investimento ela se perde ou se ganha.

Se a questão, que se pretende radical, não é meramente teórica, mas enforma um processo existencial de reconversão do desejo, que ao orientar-se para o real se confirma no ser, podemos admitir que, virtualmente, o desejo está afectado de uma possibilidade de não ser, que pode sempre actualizar-se em todas as expressões que representam uma recusa ou uma incapacidade de coincidir com a sua realidade. No âmbito da reflexão wittgensteiniana, tal como em algumas filosofias da existência, o limite ontológico do homem circunscreve-se ao ser-no-mundo, muito embora expresso em sentenças cujo enunciado se afasta, nos termos, do vocabulário que àquelas é próprio ("É verdade: o homem *é* microcosmos: Eu sou o meu mundo")[5]. O que se verifica é que a trajectória, que essa reflexão traça nas páginas dos *Tagebücher*, realiza um movimento de deslocações sucessivas, cuja ocorrência se revela na interioridade do sentido dessas expressões, de modo a fazer aí eclodir a tensão dialéctica que une os dois pólos da relação: o "eu" e o "mundo" de um modo tal que, conservando elas a verdade do significado solipsístico que é o seu, possam, sem contradição, valer igualmente para expressar a natureza realista da relação à qual se referem. O mapa dessa trajectória desenha-o Wittgenstein no último parágrafo do diário de 15.10.16, quando traça a linha que do idealismo (do qual o solipsismo — lembre-se — é a expressão mais extrema) conduz ao realismo. Mas o continente percorrido retrata-se, palmo a palmo, no texto que nos ficou destes oito meses de reflexão — de 11.6.16 a 10.1.17 —, durante os quais o sentido da vida foi realmente o "problema" e, consequentemente, a questão foi a questão ética.

A tese solípsistica enunciara-a Wittgenstein cerca de um ano antes, a 23.5.15:

"*As fronteiras da minha linguagem* significam as fronteiras do meu mundo"[6].

---

[3] IDEM, *ibidem*, 4.8.16: "Das Ich, das Ich ist das tief Geheimnisvolle!"
[4] IDEM, *ibidem*, 2.9.16: "*Ich* habe die Welt zu beurteilen, die Dinge zu messen."
[5] IDEM, *ibidem*, 12.10.16: "Es ist wahr: der Mensch *ist* des Mikrokosmos: Ich bin meine Welt. [Vgl. 5. 63.]"
[6] IDEM, *ibidem*, 23.5.15: "*Die Grenzen meiner Sprache* bedeuten die Grenzen meiner Welt. [5. 6.]"

A sua verdade torna-se, todavia, manifesta na própria metodologia da reflexão. Chamado pela força apelativa da palavra evangélica que em si ecoa, graças à ressonância que ela encontrou na experiência pessoal do pensador, Wittgenstein poderia aí encontrar o conteúdo para o argumento, segundo o qual a forma de um discurso implica uma certa experiência de mundo, de modo a que a comunicação só verdadeiramente se efectiva pela mediação de uma experiência que, ao vivificar a palavra, a torna permutável.

O discurso parabólico do Evangelho, ao mesmo tempo ocultante e desocultante, oferece-se à interpretação e, entrando em diálogo íntimo com essa experiência que o acolhe, veste-a e veste-se de sentidos que frutificam em novo discurso, situando homem e mundo num horizonte diferente de significação. Os textos de 11.6.16 a 14.7.16 são, de acordo com a nossa interpretação, a palavra wittgensteiniana a nascer na terra fecundada pelo húmus evangélico, a traduzi-lo em termos de profunda experiência existencial, mas a enredar-se na teia do simbólico da qual não consegue totalmente libertar-se. Tornada do céu à terra, a palavra evangélica, que se vestira de terra para dizer o céu, cobra o corpo de terra e talha no sagrado as vestes com que se cobre.

Os textos seguintes, a 14.7.16, respondem de certo modo à questão: é esta experiência comunicável? Pode ela traduzir-se teoricamente, liberta da roupagem simbólica que a des-venda, sugerindo sem a pôr a nu? A resposta é ainda uma luta com a palavra, que não designa de modo inocente, mas suporta, na sua aparente nudez, o pesado manto das interpretações que transcendem o conteúdo fenoménico para que apontam. Wittgenstein prossegue na senda da procura do limite, que traça a fronteira entre dois territórios, explorando o sentido no solo da experiência. Desenterra da cripta do "sentido comum", o excedente interpretativo mistificador, e deixa aparecer, na sua perspectiva, o real experienciável. Desse modo, liberta a noção de vontade da ganga idealista que a pressupõe como uma forma de causalidade actuante no mundo e coloca essa interpretação no âmbito das concepções mistificantes do próprio desejo.

A expressão: "Eu sou o meu mundo" adquire, à luz da constatação das interpretações duvidosas do desejo, toda a sua verdade solipsística. Mundo e linguagem, em que este se diz e se abriga como horizonte de significações, mostram-se, na identidade de fronteiras que os limitam, provenientes de uma mesma raiz, o jogo do desejo com a alteridade, nas múltiplas formas por que este se pode jogar. A linguagem-mundo contrai-se ou amplia-se ao ritmo do movimento que a reflexão realiza e que, da miragem de um "eu" que se concebe na hipóstase de uma substancialidade que a si mesma se basta, vem ao reconhecimento da sua condição de fronteira de mundo — momento primeiro da apropriação da sua verdade, que põe perante si a sua própria ilusão e o solo de onde ela brota (desejo do eu). O eu contrai-se num ponto sem extensão e o que fica é o mundo, a vontade estranha, omnipotente e total, que se oferece ao desejo como matéria e forma da sua substancialidade possível. "Eu sou o meu mundo" alcança, nesta compreensão e no esforço da sua realização, a plenitude do seu sentido realista, sem trair a verdade da premissa solipsística: "*As fronteiras da minha linguagem* são as fronteiras do meu mundo". O qual só acontece quando o *logos* da minha linguagem, abrindo-se ao *logos* do mundo, for um só com ele.

A visão *sub specie aeternitatis* é o caminho e o templo desta peregrinação: a visão desocultante da estrutura lógica do mundo, o *a priori* transcendental que, dando forma a mundo e linguagem, põe no "ser" o meu desejo, e o compele a ser uno com a realidade. De modo que todas as formas de discurso desrespeitadoras dessa estrutura são desrealizantes e, tal como o mal em Agostinho, são *priuationes* e *corruptiones* da medida, da ordem e da beleza das coisas criadas[7].

Da tese wittgensteiniana da unidade do acto humano, que nos parece ser legítimo deduzir do texto dos *Tagebücher* e que, de acordo com as suas análises acerca da vontade, tentámos explicitar em *fazer-sob-a-forma-de--projecto-que-se-sabe*, ressalta que o desejo se inscreve já na ordem do simbólico, na medida em que, como representação, é também linguagem. Desse modo se compreende como as formas patológicas do desejo devem estar relacionadas com as perturbações do discurso e a patologia da comunicação. E, assim, o diferendo entre o desejo e o mundo terá, necessariamente, de traduzir-se, ao nível da linguagem, na multiplicidade das formas de discurso, que a mesma comporta.

É evidente que este conflito, que está na origem da infelicidade, pode atingir graus de maior ou menor *desrealização*, da qual o suicídio seria a forma extrema. Por isso, quer este, quer as restantes atitudes alienantes de estar no mundo podem ser concebidas como graus diferentes de um modo

---

[7] Cf. E. GILSON, *L'Esprit de la Philosophie Médiévale*, 119 n. 2, que remete para AGOSTINHO, *De Natura Boni*, c. III (Patr. Lat. t. 42, col. 553) e c. XVI (*ibidem*, col. 556). Atenda-se a que, segundo Wittgenstein: "Das Kunstwerk ist der Gegenstand sub specie aetenitatis gesehen" e" Das Ding sub specie aeternitatis gesehen ist das Ding mit dem ganzen logischen Raum gesehen" (7.10.16).

deficitário existencial, graus de *priuationes*, determinadas pela contingência inerente à natureza do desejo, manifesta na possibilidade sempre actualizável de fuga à realidade. Os diversos graus de alienação, nesta perspectiva, serão sempre infracções de gravidade maior ou menor ao imperativo "Sê feliz!", pois que este não tem outra concretização que o estar "em acordo com o mundo"[8]. E a proibição do suicídio e a proibição em geral encontrarão nele e só nele o seu fundamento, se bem que ele seja, em princípio, o infundado, a questão por excelência tautológica[9].

O que estabelece a relação entre a proibição do suicídio e a proibição em geral é que a primeira é pura e simplesmente a proibição que emana do princípio "Sê feliz!", como forma extrema da sua infracção, e as formas alienantes de estar no mundo são, apenas, graus mais ou menos afastados dessa forma extrema. Daí que Wittgenstein possa afirmar que a compreensão da natureza da proibição esclareça a natureza da ética[10]. Na verdade, por ela se torna mais evidente a natureza da experiência fundamental a que ela respeita, como sendo a via e o meio pela qual a existência humana vem à plenitude do ser, na reconversão do desejo à sua possibilidade mais positiva, a de ser conforme à sua condição de ser-no--mundo, simultaneamente facticidade e transcendência, poder que se retoma quando a si mesmo renuncia e na renúncia conhece a sua mais profunda realização. E isto porque, por mais paradoxal que pareça, a renúncia não tem outro sentido que a libertação das formas ilusórias da representação, aquelas em que o desejo se outorga um poder que não tem e solipsisticamente cria para si um mundo desrealizado, que o condena à frustação e à experiência do malogro e o pode conduzir a outras situações mais nihilizantes como a loucura e o suicídio.

Os *Tagebücher* terminam, na parte que até nós chegou, com esta suspeita surpreendente, que parece pôr em dúvida as afirmações anteriores:

"Ou não será também o suicídio, em si mesmo, nem bem nem mal?"[11]

---

[8] Cf. *Tagebücher*, 8.7.16.
[9] Cf. IDEM, *ibidem*, 30.7.16.
[10] Cf. IDEM, *ibidem*, 10.1.17.
[11] IDEM, *ibidem*: "Oder ist nicht auch der Selbstmord an sich weder gut noch böse!"

Em nossa opinião, o pensamento de Wittgenstein desenvolve, em toda a coerência, o pressuposto dessas afirmações. Pois, se o objecto da ética respeita à relação vontade/mundo e só nessa relação tem sentido o imperativo "Sê feliz!", como também, consequentemente, as categorias de bem e de mal —, uma vez que o suicídio é a morte e na "morte o mundo não se altera, apenas deixa de existir"[12] —, a relação vontade/mundo anula-se e, ao anular-se, as categorias éticas perdem todo o seu sentido.

---

[12] Cf. IDEM, *ibidem*, 5.7.16.

II PARTE

TRACTATUS : UM ACTO ÉTICO

EXERCÍCIO DE RELEITURA

"Freund ist auch genug. Im fall du mehr wilt lesen,
So geh und werde die Schrift und selbst das Wesen."

Angelus Silesius, *Cherubinische Wandersmann*, VI.

SECÇÃO A

CAPÍTULO I

DOS *TAGEBÜCHER* AO *TRACTATUS LOGICO-PHILOSOPHICUS*: A FILIAÇÃO GENÉTICA

Colocámos, no início deste trabalho, como parâmetros de leitura do texto dos *Tagebücher*, um conjunto de questões, que podem permitir uma penetração mais profunda no seu sentido e o desvelamento de um horizonte onde articular a intenção do projecto filosófico de Wittgenstein.

Foi, portanto, no espaço aberto por essas questões que se tornou possível a interpretação que apresentamos desses apontamentos.

Demos como pressuposto, teórica e factualmente admitido e de modo algum controverso, que quer a problemática lógica quer a teoria da linguagem, que ocupam a maior parte dos parágrafos do que escreveu Wittgenstein durante os anos 14-16, respondem à situação teórica da filosofia da lógica que lhe era contemporânea e da qual eram responsáveis, pela profundidade e criatividade do seu génio, tanto Frege[1] como Bertrand Russell[2].

---

[1] É já de certo modo longa a lista de estudos comparativos do pensamento de Wittgenstein com o de Frege. Citamos, apenas, alguns textos exclusivamente dedicados a essa temática, uma vez que, de um modo geral, as obras introdutórias ao *Tractatus* referenciam e analisam aquela relação. Assim, cf.: M. DUMMETT, "Lo sfondo logico del *Tractatus*", em apêndice à tradução italiana do *Tractatus Logico-Philosophicus*, por G. C. M. COLOMBO, Milano-Roma, 1954, 303-311; M. DUMMETT, "Truth", *Proceedings of the Aristotelian Society*, 59 (1958), 141-162; B. HAWKINS, "Note on a doctrine of Frege and Wittgenstein", *Mind*, 75 (1966), 583-585; C. IMBERT, "L'héritage frégéen du *Tractatus*" in: G.G. GRANGER, *Wittgenstein et le Problème d'une Philosophie de la Science*, Paris, 1970, 59-76; W. KOENNE, "Die Beziehung Wittgensteins zu Frege im *Tractatus*", *Wissenschaft und Weltbild*, 26 (1973), 135- -145; P. M. S. HACKER, "Frege and Wittgenstein on elucidations", *Mind*, 74 (1975), 601-609; I. M. COPI, "Frege and Wittgenstein's *Tractatus*", *Philosophia*, Israel, 6 (1976), 447-461; P. T GEACH, "Saying and showing in Frege and Wittgenstein", in: J. HINTIKKA (ed.), *Essays on Wittgenstein in Honour of G. H. von Wright (Acta Philos. Fenn.*, 28 (1976)), Amsterdam, 1976, 54-70; E. STENIUS, "The sentence as a function of its constituents in Frege and in the *Tractatus*", in: J. HINTIKKA (ed.), *op. cit.*, 71-84; R. WHITE, "Wittgenstein on identity", *Proceedings of the Aristotelian Society*, 78 (1977), 157-174; INTISAR-UL-HAQUE, "Wittgenstein on number", *International Philosophical Quarterly*, 18 (1978), 33-48; P. M. S. HACKER, "Semantic holism: Frege and Wittgenstein", in: C. G. LUCKHARDT (ed.), *Wittgenstein. Sources and Perspectives*, 213-242.

[2] Como é óbvio, são também em número considerável os estudos comparativos

Igualmente, reconhecemos, como outro pressuposto, que a originalidade da resposta wittgensteiniana só encontra a sua raiz na profundidade inexplorável da síntese do seu talento individual com a tradição cultural onde floresceu. O que pressupõe a possibilidade de remissão das interrogações sobre a linguagem, que preocuparam o jovem Wittgenstein, para a inquietação dominante da *intelligentzia* austríaca, nos anos que desenharam a curva do tempo que liga os últimos decénios do século XIX aos primeiros do século XX. Remissão a cujo estudo A. Janik e S. Toulmin se dedicam, com grande acuidade e perspicácia, na obra já citada: *Wittgenstein's Vienna*.

Pontos adquiridos de onde, aliás, pretendemos partir para uma re-leitura do *Tractatus*, na senda dos caminhos que, nos *Tagebücher*, se abriam como vias ainda não devidamente exploradas, mas irresistivelmente sugestivas, porque promissoras de articulações de sentido, inapreensíveis por outras metodologias de leitura.

O que significa que privilegiámos, por razões então apontadas, a experiência de guerra de Wittgenstein, e esse encontro ocasional, mas tão

---

das teorias de Wittgenstein e de Russell. Tal como para Frege, limitar-nos-emos a referir os textos que lhe são exclusivamente dedicados, sem a pretensão de apresentarmos uma lista exaustiva. Assim, cf.: B. RUSSELL, "Russell & Wittgenstein. Selection from his *My Philosophical Development*", *Encounter* (January, 1959), 8-9; D. PEARS, "Logical atomism: Russell and Wittgenstein", in: A. J. AYER et al., *The Revolution in Philosophy*, London, 1956, 44-55; M. FRAYN, "Russell and Wittgenstein", *Commentary*, 43 (1967), 68-75; J. NORMAN, "Russell and *Tractatus* 3.1432", *Analysis*, 29 (1967), 190-192; R. MUEHLMANN, "Russell and Wittgenstein on identity", *The Philosophical Quarterly*, 19 (1969), 221-230; J. P. LEYVRAZ, "Bertrand Russell et l'impact de Wittgenstein", *Revue Internationale de Philosophie*, 26 (1972), 461-482; B. McGUINNESS, "Bertrand Russell's and Ludwig Wittgenstein's *Notes on Logic*", *Revue Internationale de Philosophie*, 26 (1972), 444--460; J. B. DEVANT, "Wittgenstein on Russell's theory of types", *Notre Dame Journal of Formal Logic*, 16 (1975), 102-108; H. LEBLANC, "That *Principia Mathematica*, first edition, has a predicative interpretation after all", *Journal of Philosophical Logic*, 4 (1975), 67-70; B. MIJUSKOVIC, "The simplicity argument in Wittgenstein and Russell", *Critica*, 8 (1976), 85-103; M. T. IGLESIAS, "Russell's introduction to Wittgenstein's *Tractatus*", *Russell* (1977), 21-38; D. PEARS, "The relation between Wittgenstein's picture theory of propositions and Russell's theories of judgement", in: C. G. LUCKHARDT (ed.),*op. cit.*, 190-212.

profundamente determinante, com o *Resumo do Evangelho* de Tolstoï, o livro que lhe salvou a vida, como confessionalmente declarou.

A insistência nessa via conduziu-nos a uma prévia exploração dos *Tagebücher*, onde surpreendentemente foi possível detectar o rasto bem visível desse encontro, como uma *resposta* apaixonada ao apelo evangélico, na temática existencial da reflexão que aí tem lugar, sobretudo nos meses de verão e outono de 1916.

Durante esse período, Wittgenstein pôs em questão a possibilidade de dar resposta teórica ao problema do sentido da vida, a partir do horizonte teórico implícito que era o seu. Todavia, esta reflexão destaca-se dessa outra em que procurou dar resposta às dificuldades e aos problemas que reconhecia existirem nas teorias lógicas de Frege e Russell e desenvolve-se nos *Tagebücher* sem lhes fazer referência directa. Verifica-se mesmo uma independência total no que respeita às teses iniciais de onde decorre, que são apresentadas como objecto *de crença e de saber* e que, de modo algum, se poderiam inferir como conclusões necessárias das soluções encontradas, ao nível das relações entre a teoria das proposições e a fundamentação da necessidade lógica. Os dois conjuntos temáticos dissociam-se, consequentemente, pelo estatuto da reflexão que os realiza. Há que realçar a natureza *objectiva* da primeira e contrapô-la à dimensão profundamente *subjectiva* da segunda. Esta desenha a trajectória de uma *meditação*, cujo conteúdo se determina como um ensaio de auto-compreensão do sujeito do discurso: a *procura do sentido* da exigência existencial de ser feliz, no jogo de resistência e de malogro que é o do desejo com o mundo, como o "outro" que lhe resiste e se furta a ser por ele controlado. O que não impede, todavia, que a interpretação não possa encontrar entre os dois conjuntos temáticos — o de natureza objectiva e o de natureza subjectiva — mais do que o mero elo de relação teórica, imposta pelas soluções do primeiro nível às soluções do segundo. Bem pelo contrário, é possível discernir aí uma *relação profunda de cariz existencial*, que permite compreender *um* dos aspectos da sintonia entre a mensagem evangélica e a experiência individual de Wittgenstein. Como já o dissemos, a disciplina mental, a serenidade exigida pela especulação filosófica, não parecem ser consentâneas, sob o ponto de vista psicológico, com a perturbação e a preocupação de quem se encontra, em tempo de guerra, envolvido e participando comprometidamente nos acontecimentos.

Tal era, como sabemos, o caso do redactor dos *Tagebücher*. E não é difícil conceber como esta experiência se podia constituir como um modelo de possibilidade de transcendência da situação, pressuposto ontológico da ética do cristianismo, implícito na exigência do símbolo da "renúncia da carne". Deste modo, o núcleo ético do apelo da palavra evangélica encontrava resposta, ao nível da consciência, na vivência pessoal, reforçada por outras seduções anteriormente experienciadas, aquando da leitura de Angelus Silesius[3] e William James[4]. Em consequência, não só a persistência na via da especulação, através do "diálogo" filosófico com Frege e Russell, se constitui como resposta à sua situação histórica e existencial, sob a forma de uma resistência à acção niilista desta, como também, por essa mesma razão, ela punha uma questão, *enquanto possibilidade de resposta*, ao encontro da qual vinha a mensagem evangélica na sua dimensão antropológica - existencial.

Estes dois níveis diferenciados de resposta pressupõem a pluralidade dos sujeitos a *quem* ela vai dirigida: Frege, Russell e depois Jesus de Nazaré, mediado pela interpretação de Tolstoï. Mas não só: Wittgenstein responde também a Wittgenstein. A cada momento da resposta está implícita a pergunta dirigida a si mesmo, sobre o que, naquela situação histórica e biográfica se podia fazer e *ele*, Wittgenstein, podia fazer.

A esta luz, a problemática da dialéctica da *im-potência* da vontade revela o seu profundo enraizamento existencial e o carácter necessitante do seu questionamento, pela natureza da situação em que emerge.

Paul Engelmann, que conheceu Wittgenstein em Olmütz, durante o ano de 1916, aquando da estadia deste nesta cidade para um período de treino militar, e com ele, então, manteve uma convivência amigável e muito íntima que se conservaria pela vida fora, oferece-nos, no livro que sobre aquele escreveu[5], um relato muito vivo e penetrante do que ao tempo constituía as principais preocupações, de natureza espiritual, do jovem oficial do exército austríaco.

São, precisamente, desse ano, como vimos, os registos do diário em que Wittgenstein submete a reflexão o problema do sentido da vida, mostrando como ele emerge do diferendo entre o desejo e o mundo e como, na

---

[3] Cf. B. RUSSELL, carta a Lady Ottoline, datada de 20 de Dezembro de 1919, in: L. WITTGENSTEIN, *Letters to Russell, Keynes and Moore*, 82.
[4] IDEM, *ibidem*.
[5] P. ENGELMANN, *Ludwig Wittgenstein. Briefe und Begegnungen*.

dinâmica dessa relação, se revela a natureza dialéctica do *poder* da vontade. Estes foram redigidos alguns meses antes da estadia em Olmütz.

Não nos surpreende, portanto, que Paul Engelmann refira essa problemática como a essência das inquietações existenciais expressas por Wittgenstein nas suas conversas e que, inclusivamente, nela tenha residido a força que atraíu, uma para a outra, as duas personalidades.

Paul Engelmann conta: "Em mim, Wittgenstein encontrou, inesperadamente, uma pessoa que, como muitos membros da geração mais nova, sofria profundamente a discrepância entre o mundo tal como ele é e aquilo que ele, segundo a compreensão de cada um, deveria ser, e que tendia, por outro lado, a procurar a fonte dessa discrepância mais dentro do que fora de si. Esta era uma atitude que, naquele tempo, Wittgenstein não encontrara em mais parte alguma *e que, ao mesmo tempo, era vital para uma verdadeira compreensão ou discussão significativa da sua própria condição espiritual*"[6].

Ambos compreendiam do mesmo modo que a discrepância não era imputável a um defeito da vida em si mesma, mas essencialmente ao sujeito do desejo na sua relação fundamental com a existência em geral[7]. A experiência desta compreensão, que não rejeitava a vida, mas antes exigia a reconversão do desejo para uma nova apetência dela, impunha à reflexão uma re-orientação no seu sentido, na procura das características que a definem, como os dados de um problema que não se podem alterar[8].

---

[6] IDEM, *ibidem*, 54-55: "Er begegnete hier unerwartet einem Menschen, der zwar, wie wohl alle oder viele der jüngeren Generation, ernstlich unter dem ständigen Mißverhältnis litt, zwischen dem, was besteht, und dem, was der eigenen Meinung nach sein sollte und müßte; der aber dabei geneigt war, die hauptsächlichsten Gründe dieses Mißverhältnisses eher in sich selbst zu suchen als außer sich. Das war für Wittgenstein damals die sonst nirgends erreichbare Voraussetzung zu jeder Verständigung über seine eigenen seelischen Zustände, da nur unter dieser Voraussetzung eine Möglichkeit bestand, zu verstehen, wovon überhaupt die Rede war." (O sublinhado é nosso).

[7] IDEM, *ibidem*, 56-57: "Wenn ich ein Mensch bin, der sich unglücklich fühlt und der weiß, das sein Unglück in einem wesentlichen Mißverhältnis zwischen sich und dem Leben, wie es ist, besteht, so bin ich doch auf einem Irrwege und kann keinen Ausweg aus dem Chaos meiner Gefühle und Gedanken finden, solange mir nicht die allein entscheidende Erkenntnis kommt, daß an diesem Mißverhältnis nicht das Leben, wie es ist, schuld ist, sondern ich selbst, wie ich bin, schuld bin."

[8] IDEM, *ibidem*, 59: "Die Konsequenzen, die Wittgenstein und die ich selbst, jeder aus seinen religiösen Vorstellungen, gezogen haben, waren aber verschieden,

Esta reconversão e esta reflexão definiam e delimitavam, como vimos, todo o espaço da moral na forma por que se perspectivava nos *Tagebücher*. Reconversão do desejo e reflexão sobre os caracteres definidores da vida, não constituíam, como aí se mostrava, duas dinâmicas distintas, dois actos paralelos da existência, mas eram um só movimento saído de um mesmo "élan": a experiência do malogro, onde enraiza a questão metafísica do *sentido* e de onde emerge a dicotomização da totalidade no posicionamento relacional do *eu* e do *mundo*. E uma vez que o "modus" dessa relação se entretece e se desvela na linguagem em que mundo e sujeito se dizem[9], o movimento existencial, essencialmente ético, que opera a reconversão do desejo por via da reflexão, traduzir-se-á, ao nível dos resultados, por um novo discurso e terá de pressupor, como metodologia, uma profunda atenção ao ser da linguagem e aos limites da sua possibilidade.

A problemática de natureza existencial dos *Tagebücher* reencontrava, por esta outra via, a relação com a problemática lógica inicial, submetendo esta a um objectivo mais amplo. O que se verifica não só pela perspectivação da questão da necessidade lógica numa teoria da linguagem em geral — problema com que Wittgenstein se debate antes do aparecimento, nos *Tagebücher*, da discussão sobre o sentido da existência —, mas, fundamentalmente, pela subordinação daquelas soluções a um objectivo ético: a libertação das representações (discursos) alienatórias do desejo, conducente ao seu enraizamento na realidade, por via da mostração da estrutura ontológica do real, que a reflexão sobre a linguagem patenteava.

O *Tractatus*, "qua" obra, encontra, segundo a tese que defendemos, nestas motivações e neste enquadramento especulativo a sua filiação genética. Assim sendo, dele se poderia dizer que, se toda a obra de criação padece de uma responsabilidade constitutiva[10], o *Tractatus* manifesta-a de

---

entsprechend unseren verschieden großen und verschieden beschaffenen Anlagen und Fähigkeiten. Für ihn war 'das Leben eine Aufgabe', worin ich mit ihm einer Meinung war. Alles aber an der Beschaffenheit des Lebens, alle Fakten also, gehörten für ihn mit zu den Voraussetzungen der gestellten Aufgabe; ebenso wie ein Mensch, dem z. B. als seine Aufgabe gegeben wird, ein bestimmtes mathematisches Problem zu lösen, nicht darauf verfallen darf, sich die Lösung der Aufgabe durch Abänderungen des Problems erleichtern zu wollen."

[9] *Tagebücher*, 23.5.15: "*Die Grenzen meiner Sprache* bedeuten die Grenzen meiner Welt."

[10] P. LAÍN ENTRALGO, "Creación, respuesta y responsabilidad", 172.

um modo tão profundo e em grau tal, que nem sempre é fácil de detectar em obras de outros pensadores.

A meditação que punge nos *Tagebücher* e acontece, aí, nos limites da forma circular do entre si e si, rompe, no *Tractatus*, a fronteira da subjectividade monológica e oferece-se a uma nova relação: relativamente ao *outro*, o *ante quem*, ela é resposta e de sua verdade responde.

A dimensão ético-social, por essa via adquirida, não determina, todavia, que o texto perca o "modus essendi" da matriz meditativa de onde lhe veio o ser. Na sua ligação ao *outro* a quem se abre, visa entregar-se-lhe como a ocasião para um outro acto individual, uma outra procura e uma nova dinâmica — um *efeito* sob forma de reconversão da subjectividade, que só ao autenticar-se no movimento reflexivo da meditação, e nele e por ele realizar a satisfação da pulsão inerente ao *desejo de e do eu*, verdadeiramente se apropria do texto.

Queremos dizer que o *Tractatus*, em virtude desta sua intenção *ética* — que lhe dá sentido enquanto obra e *publicação* — realiza o modo de comunicação, correspondente àquele que Kierkegaard designou por modo de *comunicação indirecta* [11].

Nas páginas que se seguirão, dois objectivos estarão, pois, presentes:

Em primeiro lugar, mostrar, na sua convergência, a *intenção ética* da obra e as teses lógico-linguísticas que defende, ou seja, dar conta do próprio sentido do título que ostenta: *Tractatus Logico-Philosophicus*.[12]

Em segundo lugar, desenvolver a tese de que o *Tractatus* cumpre essa intenção de um modo peculiar e profundamente original, ou seja, por um processo de auto-anulação e através de um jogo semântico de *dizer* (sagen) e de *mostrar* (zeigen), realizando por esses meios uma forma de

---

[11] S. KIERKEGAARD, *Post-Scriptum Définitif et non Scientifique aux Miettes Philosophiques*, vol. 1, in: *Oeuvres Complètes*, T. X, Paris, 1977, c. II, 69-76.

[12] Como se sabe, o *Tractatus* foi publicado pela primeira vez em *Annalen der Naturphilosophie*, XIV (1921), 185-262, com o título *Logisch-philosophische Abhandlung*. O título pelo qual hoje é conhecido e que aparece já na primeira versão bilingue (alemão-inglês), da responsabilidade de C. K. Ogden e F. P. Ramsey, ter-lhe-ia sido proposto por E. Moore, inspirado, por certo, no texto de Espinosa, *Tractatus Logico-Politicus*; cf. M. BLACK, *A Companion to Wittgenstein's 'Tractatus'*, Cambridge, 1964, 23. A nova versão alemã do *Tractatus Logico-Philosophicus* aparece em L. WITTGENSTEIN, *Schriften*,I, ed. cit., juntamente com os *Tagebücher 1914-1916* e *Philosophische Untersuchungen*. Será esta a edição que citaremos, colocando junto da abreviatura do título (*Tractatus*) o número da nota. Para outras edições e traduções do *Tractatus*, cf. bibliografia final.

comunicação não comum àquela, de natureza objectiva, que vulgarmente se entende estabelecer com um texto teórico. O *Tractatus* apela para um acto de "apropriação", só possível pela mediação do modo de comunicação indirecta em que se oferece à reflexão do leitor.

Na prossecução destes dois objectivos, a leitura que fazemos do *Tractatus* permitirá o emergir da estrutura lógica triádica que dava suporte e unidade ao texto de o *Resumo do Evangelho* de Tolstoï e se reproduzia modelarmente nos *Tagebücher*.

Somente que, agora, o terceiro momento — o da síntese: im - potência da vontade —, porque ele é o momento de apropriação pela vontade da sua *verdade* e, enquanto tal, o momento ético por excelência, deverá acontecer já fora do texto.

O lugar deste acontecimento será, por virtude da comunicação indirecta pretendida, o momento da reconversão do desejo a operar na subjectividade do leitor, trabalhado na experiência de reflexão, de que o texto é a instância doadora.

CAPÍTULO II

DA INTENÇÃO ÉTICA DO TRACTATUS

Paul Engelmann, a pessoa com quem Wittgenstein mais discorreu sobre o *Tractatus* [1], ao mesmo tempo que lastima que acerca desta obra se tivesse desenvolvido uma generalizada má compreensão, da qual responsabiliza, de certo modo, o prefácio que para ela Russell escrevera e que, em sua opinião, terá aberto caminho a interpretações meramente logicistas e outras abordagens só interessadas nas teses sobre a linguagem[2], escreve, a propósito, o seguinte: "Uma compreensão da intenção do autor, parece-me ser a única chave para entender o livro."[3]

As indicações, que a este respeito o talentoso amigo de Wittgenstein nos proporciona, apontam no sentido da caracterização da obra como de índole moral; são, de resto, coincidentes com as afirmações bem explícitas do pensador austríaco, em carta não datada a Ficker, escrita no período que antecede a publicação do *Tractatus*, quando o seu autor desencadeava uma série de tentativas para conseguir um editor, que se dispusesse a publicá--lo[4], como em páginas anteriores já se referiu.

Recordaremos, neste momento, apenas, algumas dessas afirmações, as que apresentam, naturalmente, uma maior relevância para os objectivos que temos em mente:

---

[1] Assim o afirmam A. Janik e S. Toulmin, *Wittgenstein, Vienne et la Modernité*,19.

[2] Para a história das interpretações do *Tractatus*, cf. G. FRONGIA, *Guida alla Letteratura su Wittgenstein*, Urbino, 1980, 9-90.
Para o estudo das diferenças entre o neo-empirismo e o atomismo lógico de Russell cf. E. RIVERSO, *Il Pensiero di Ludovico Wittgenstein*, Napoli, ²1970.

[3] P. ENGELMANN, *Ludwig Wittgenstein. Briefe und Begegnungen*, 74: "Zu verstehen, in welcher Absicht es geschrieben ist, erscheint mir als der einzige Schlüssel zu seinem Verständnis".

[4] A história dessas diligências que, por infrutíferas, levaram muitas vezes o autor do *Tractatus* a um desânimo roçando a desistência, é-nos contada pormenorizadamente por G. H. von WRIGHT, "Historical introduction. The origin of Wittgenstein's *Tractatus*", in: L. WITTGENSTEIN,*Prototractatus. An Early Version of 'Tractatus Logico-Philosophicus'*, 1-34.

" (...) o sentido do livro é um sentido ético. (...). O meu livro traça os limites da esfera da ética a partir do interior e estou convencido, *estritamente* falando, que esta é a ÚNICA maneira rigorosa de os traçar. (...) Para já, aconselho-o a ler o *prefácio* e a *conclusão*, porque eles contêm a expressão mais directa do sentido do livro".[5]

No Prefácio, tal como Wittgenstein o redigira para publicação, não aparece qualquer referência explícita e directa à Ética. Os objectivos que aí se definem respeitam à linguagem. O livro pretende, no dizer do seu autor,

"traçar um limite ao pensamento, ou melhor — não ao pensamento, mas à expressão dos pensamentos"[6],

---

[5] IDEM, *ibidem*, 15: "In Wirklichkeit ist er Ihnen nicht fremd, denn der Sinn des Buches ist ein Ethischer (...) Es wird nämlich das Ethische durch mein Buch gleichsan von Innen her begrenzt; und ich bin überzeugt, daß es, *streng*, NUR so zu begrenzen ist. (...) Ich würde Ihnen nun empfehlen, das *Vorwort* und den *Schluß* zu lesen, da diese den Sinn am unmittelbarsten zum Ausdruck bringen."

[6] *Tractatus*, "Vorwort": "Das Buch will also dem Denken eine Grenze ziehen, oder vielmehr — nicht dem Denken, sondern dem Ausdruck der Gedanken".
Utilizamos as traduções do texto do *Tractatus*, incluídas em A. V. PINTO, S. I. *Introdução ao 'Tractatus Logico-Philosophicus' de Ludwig Wittgenstein*, Braga, 1982. A tradução será nossa sempre que o texto não tenha sido traduzido para português por aquele autor ou não concordemos com a sua tradução. Nesses casos, assinalaremos a nossa tradução com o símbolo.(t. n.).
Um dos primeiros a chamar a atenção para a centralidade da problemática dos limites entre o que pode ser dito e o que não pode ser dito foi D. A. T. GASKING, "Anderson and the *Tractatus*. An essay in philosophical translation", *Australasian Journal of Philosophy*, 27 (1949), 1-26. Perspectiva, todavia, esta temática apenas nas suas implicações lógicas e semânticas. No mesmo sentido, e com acento sobretudo logicista, cf.: R. FREUNDLICH, "Logik und Mystik", *Zeitschrift für philosophische Forschung*, 7 (1953), 554-570; E. WASMUTH, "Das Schweigen L. Wittgensteins über das Mystische im *Tractatus Logico-Philosophicus* ", *Wort und Wahrheit*, 7 (Nov. 1952), 815-822.
Uma das principais críticas de R. RHEES ("Miss Anscombe on the *Tractatus*", *The Philosophical Quarterly*, 10 (1960), 21-31) à brilhante introdução ao *Tractatus*, escrita por G. E. ANSCOMBE (*An Introduction to Wittgenstein's 'Tractatus'*, London, 1959), reside fundamentalmente na secundarização da temática dos limites relativamente ao primado dado à temática lógica. Outra chamada de atenção para essa problemática: W. D. HART, "The whole sense of the *Tractatus*", *The Journal of Philosophy*, 98 (1971), 273-288.

e isto porque

> "para traçar um limite ao pensamento deveríamos pensar de ambos os lados deste limite (isto é, deveríamos poder pensar aquilo que não se pode pensar)"[7].

Daí que o limite

> "poderá, portanto, ser traçado apenas no âmbito da linguagem e aquilo que se encontra para lá de tal limite será simplesmente contra--sentido"[8].

Esta última afirmação, está, de resto, em sintonia perfeita com o último parágrafo do *Tractatus*, a proposição 7, que prescreve:

> "Sobre aquilo de que não se pode falar, devemo-nos calar"[9].

A esta proposição é dada no Prefácio uma ênfase especial, quando se diz resumir ela todo o sentido do livro[10]. O que, no entender de Max Black, colocaria o acento no carácter negativo do objectivo da obra, o de "prevenir o sem-sentido que resulta quando a 'lógica da nossa linguagem' é mal

---

[7] *Tractatus*, "Vorwort": "[...] Denn um dem Denken eine Grenze zu ziehen, müßten wir beide Seiten dieser Grenze denken können (wir müßten also denken können, was sich nicht denken läßt)."

[8] IDEM,*ibidem*: "Die Grenze wird also nur in der Sprache gezogen werden können und was jenseits der Grenze liegt, wird einfach Unsinn sein". (t.n.)

[9] IDEM, *ibidem* 7: "Wovon man nicht sprechen kann, darüber muß man schweigen". Esta é, sem dúvida, uma das mais controversas teses do *Tractatus*. É muito interessante ver como a atenção dos intérpretes se centra cedo sobre ela, a partir dos anos cinquenta, quando renasce o interesse pelo *Tractatus*, após a publicação das *Philosophische Untersuchungen*. A controvérsia gira, então, à volta da questão do enquadramento teórico da tese, no âmbito do credo positivista. Assim, cf.: C. HAMBURG, "Whereof one cannot speak", *The Journal of Philosophy*, 50 (1953), 662--664; R. H. WISAN, "A note on silence", *The Journal of Philosophy*, 53 (1956), 448--450; I. BACHMANN, "Zu einem Kapitel der jüngsten Philosophiegeschichte", in: I. BACHMANN et al., *Arbeiten über Wittgenstein*, Frankfurt, 1960, 7-15.

[10] *Tractatus*, "Vorwort": "Man könnte den ganzen Sinn des Buches etwa in die Worte fassen: Was sich überhaupt sagen läßt, läßt sich klar sagen; und wovon man nicht reden kann, darüber muß man schweigen".

compreendida"[11]. Isto ele considera ser uma auto-injustiça, uma vez que Wittgenstein pareceria, assim, não reconhecer a importância dos contributos positivos da sua investigação sobre a natureza da lógica, que o conhecido comentador do *Tractatus* julga constituir o interesse fundamental do autor enquanto compunha o livro[12].

Esta observação de Max Black é consentânea com a sua interpretação logicista do *Tractatus* que, por conseguinte, não integra essa problemática numa outra mais envolvente, de natureza verdadeiramente filosófica[13]. O que, aliás, claramente se explicita no segundo parágrafo do Prefácio:

> "O livro trata de problemas filosóficos e mostra — como creio — que a formulação de tais problemas depende de não se ter compreendido a lógica da nossa linguagem"[14].

Parágrafo que remete para o antepenúltimo do *Tractatus* (6.53), onde Wittgenstein, por fim, expõe o que julga ser o método correcto da filosofia:

> "O verdadeiro método da filosofia seria propriamente este: nada dizer além daquilo que se pode dizer, isto é, as proposições da ciência da natureza - portanto algo que nada tem a ver com a filosofia - e depois, sempre que alguém quisesse dizer-lhe algo de metafísico, mostrar-lhe que nas suas proposições não deu qualquer significado a determinados sinais. Este método seria insatisfatório para o outro — não teria a sensação de que lhe ensinávamos filosofia — mas seria o único inteiramente correcto"[15].

---

[11] Max BLACK, *op. cit.*, 23: "It is noteworthy that Wittgenstein treats the famous concluding remark (7) as summarizing 'the whole sense of the book'. With this emphasis, the main purpose of the book would be the negative one of preventing the nonsense that results when the 'logic of our language' is misunderstood".

[12] IDEM, *ibidem*: "This does injustice to Wittgenstein's positive achievements, especially to his investigation into the nature of logic, which was in the forefront of his interest while the book was being composed".

[13] Cf. P. ENGELMANN, *op. cit.*, 76: "Man versteht aber Wittgenstein nicht, wenn man nicht erfaßt, daß es ihm dabei um die Philosophie zu tun ist und nicht um die Logik, die ihm hier nur das einzige gebotene Mittel war, sein Weltbild zu entwickeln."

[14] *Tractatus*, "Vorwort": "Das Buch behandelt die philosophischen Probleme und zeigt - wie ich glaube - daß die Fragestellung dieser Probleme auf dem Mißverständnis der Logik unserer Sprache beruht."

[15] IDEM, *ibidem*, 6.53: "Die richtige Methode der Philosophie wäre eigentlich die:

O interesse filosófico de estabelecer os limites da linguagem, do dizível (além do qual se situam as proposições metafísicas, de acordo com a tese do parágrafo que acabamos de citar), visa, todavia, um objectivo específico que Wittgenstein enuncia, na nota 6.54 do *Tractatus*:

> "As minhas proposições são clarificadoras na medida em que, quem me compreende, as reconhece por fim como contra-sentido, subindo através delas — por cima delas — para lá delas. (Deve, por assim dizer, deitar fora a escada depois de ter subido por ela).
> Deve superar estas proposições: então vê o mundo correctamente"[16].

O "sistema" (o conjunto das proposições do *Tractatus* que, entre si, se sustêm e articulam) só pelo acto paradoxal da lógica em que se institui — o que mais adiante se mostrará — é a via e o meio, a *escada* (die Leiter), que é preciso subir para logo abandonar, uma vez a escalada realizada e o cume apetecido alcançado. O esforço especulativo de ascensão não é vão e a promessa inicial cumpre-se: o sujeito, no acto de contemplação possibilitado por aquele, vê, então, correctamente o mundo.

O conteúdo desse acto especulativo mostra-se, ao longo das páginas do *Tractatus* e de acordo com o objectivo definido no Prefácio, como uma reflexão sobre a essência da linguagem e das condições que a tornam possível. Reflexão que pretende atingir a essência do mundo. Então, a tese solipsística, formulada pela primeira vez nos *Tagebücher*, é ainda o pressuposto que permite ligar o objectivo do *Tractatus*, exposto no Prefácio, com as teses finais, para as quais Wittgenstein também remetia Ficker, oferecendo-lhe a chave da compreensão da obra. Pois, se os "*limites da*

Nichts zu sagen, als was sich sagen läßt, also Sätze der Naturwissenschaft — also etwas, was mit Philosophie nichts zu tun hat —, und dann immer, wenn ein anderer etwas Metaphysisches sagen wollte, ihm nachzuweisen, daß er gewissen Zeichen in seinen Sätzen keine Bedeutung gegeben hat. Diese Methode wäre für anderen unbefriedigend — er hätte nicht das Gefühl, daß wir ihn Philosophie lehrten — aber *sie* wäre die einzig streng richtige."
[16] IDEM, *ibidem*, 6.54: "Meine Sätze erläutern dadurch, daß sie der, welcher mich versteht, am Ende als unsinnig erkennt, wenn er durch sie — auf ihnen — über sie hinausgestiegen ist. (Er muß sozusagen die Leiter wegwerfen, nachdem er auf ihr hinaufgestiegen ist.)
Er muß diese Sätze überwinden, dann sieht er die Welt richtig." (t.n.)

minha linguagem significam os limites do meu mundo"[17], esta sobreposição parece exigir a participação de ambos os termos, linguagem e mundo, em algo que funcione como elemento de identificação. O texto do *Tractatus* mostrará que esse elemento não é outro senão a "forma lógica" comum à linguagem e ao mundo. E a desocultação dessa forma torna possível compreender como uma reflexão, que tem por objectivo a delimitação da *expressão* do pensamento, permite, implicitamente, realizar, através desse mesmo acto, a *desvelação* da essência do mundo.

Se este é o objectivo do *Tractatus* e o seu autor o caracteriza de ético, a tese dos *Tagebücher* de que a "vida boa é o mundo visto *sub specie aeternitatis*"[18] (visão coincidente, tal como pretendemos mostrar em páginas anteriores, com a visão da estrutura onto-lógica do mundo) mantém ainda todo o seu valor, se bem que não apareça, agora, explicitada no texto, deste modo.

Todavia, como se vê, a relação da ética com esta forma de compreensão do mundo está implícita, se quisermos dar sentido ao que Wittgenstein afirma na carta a Ficker.

---

[17] Cf. *Tagebücher*, 23.5.15; cf. *Tractatus*, 5.6.
[18] Cf. *Tagebücher*, 7.10.16: "[...] und das gute Leben ist die Welt sub specie aeternitatis gesehen."

CAPÍTULO III

A ESTRUTURA ONTO-LÓGICA DO MUNDO
A VISÃO *SUB SPECIE AETERNI*

III.1 Da necessidade lógica aos limites da linguagem

Os parágrafos iniciais do *Tractatus* em número sete, que expõem as teses ontológicas e exibem, na sua notação numérica, o inteiro 1 - ou seja, os parágrafos que vão de 1 a 1.21 -, são um primeiro painel dessa visão *sub specie aeterni*. Dizemos "primeiro", atendendo a que a ligação entre mundo, linguagem e lógica é tão íntima, que as teses propostas em relação a estas duas precisam e aprofundam as teses do *Tractatus* sobre o mundo. Aliás, as teses ontológicas não se esgotam nestas primeiras sete proposições e prolongam-se através dos parágrafos, que apresentam como notação numérica o inteiro dois[1].

---

[1] Wittgenstein esclarece, em nota de rodapé, na primeira página do *Tractatus*, o princípio a que obedeceu esta numeração: "Die Dezimalzahlen als Nummern der einzelnen Sätze deuten das logische Gewicht der Sätze an, den Nachdruck, der auf ihnen in meiner Darstellung liegt. Die Sätze n.1, n.2, n.3, etc., sind Bemerkungen zum Satze Nº. n; die Sätze n. m1, n. m2, etc., Bemerkungen zum Satze Nº n. m; und so weiter."
Extremamente interessantes e dignas de menção são as observações de E. STENIUS (*Wittgenstein's 'Tractatus'. A Critical Exposition of its Main Lines of Thought*, 3-4 e 9) a seu propósito. Depois de ter considerado que Wittgenstein se exprime aí como um matemático, pois que introduz letras para expressar um número arbitrário (n. e n. m), observa que as indicações que dá, apesar da forma matemática geral, são formalmente insuficientes. O que exemplifica com algumas dificuldades que descobre relativamente às proposições do tipo 2.01 e 3.001. Em primeiro lugar, de acordo com as indicações dadas por Wittgenstein, elas deveriam ser comentários, respectivamente, às proposições 2.0 e 3.00, que, todavia, não existem; em segundo lugar, se a importância das proposições for inversamente proporcional ao número de decimais que apresenta, a proposição 2.01 deveria ser, na economia do texto, de importância inferior à proposição 2.1 que, não obstante, se lhe segue. Se assim fosse, Wittgenstein estaria a apresentar primeiramente

Como de todos é sabido, a ordem, pela qual as teses do *Tractatus* se apresentam, não respeita a um ordenamento lógico-dedutivo. Nem sequer o modo aforístico da sua escrita o permitia[2].

Tal como essas teses se expõem no *Tractatus*, são, sem dúvida, susceptíveis de várias ordens de exposição e, nesse ponto, estamos de acordo com Gilbert Hottois quando afirma que o sistema lógico conceitual permite "uma multiplicidade indefinida de entradas", devido à ausência de uma ordem única e necessária de articulação entre as suas proposições[3]. Fundamenta Hottois a sua posição na proximidade em que as proposições do *Tractatus* se encontram — enquanto falam da essência da linguagem e do mundo, logo como metalinguagem — das proposições da lógica, tal como são entendidas por Wittgenstein. Estas são tautologias que nada dizem, mas *mostram*, não obstante, a forma do mundo e da linguagem. Assim, também as proposições do *Tractatus* são pseudo-proposições e os seus conceitos pseudo-conceitos, que nada podem dizer e cuja função se reduz meramente a *mostrar*. Na medida em que elas se aproximam, por esse modo, das tautologias, são afectadas pelos mesmos princípios que as regem. O

---

comentários de menor importância e só depois os de importância maior, o que tornaria esta gradação estranha e pouco vantajosa.

Stenius é, por isso, de parecer que Wittgenstein não segue a regra que aponta a não ser parcialmente.

Mas, o que ele considera ser, todavia, o fundamental e o mais significativo desta numeração é que as proposições, que têm menos números, são normalmente mais gerais que aquelas cujos números são mais longos.

Porém, o mais interessante do comentário de Stenius é a chamada de atenção que faz para aquilo que designa de "ritmo ondulatório" do *Tractatus*. Assim, segundo ele, as proposições 1, 2, 3, 4, 5, 6 e 7 devem ser consideradas os lugares "fortes" do ritmo, precedidas por "crescendos" e seguidas de "decrescendos". Este ritmo aproximaria a estrutura do *Tractatus* de uma obra musical, com a sua divisão em temas principais e secundários (subordinados). Exemplifica, mostrando como as proposições numeradas 2. 0 não podem ser consideradas comentários à tese 2, enquanto que começa nas proposições 2. n o novo tema que culmina na tese 3.

[2] A. JANIK e S. TOULMIN (*op. cit.*, 148), a propósito da escrita aforística do *Tractatus*, recordam o interesse que Wittgenstein tivera na sua juventude por Georg Christoph Lichtenberg, professor de filosofia natural em Göttingen no séc. XVIII, e que fora um instigador deste estilo de exposição do pensamento filosófico.

[3] G. HOTTOIS, *La Philosophie du Langage de Ludwig Wittgenstein*, Bruxelles, 1976, 13: "[...] les propositions principales du *Tractatus* ne s'enchaînent pas selon *un* ordre unique et nécessaire, mais plutôt [...] il est possible de les retrouver toutes en partant de n'importe laquelle, c'est-à-dire que le 'système conceptuel ou logique' du T. présente une multiplicité indéfinie d'entrées".

que significa que, se é válido para as tautologias o princípio da não existência de uma ordem única de inferência no conjunto das proposições *deduzidas*, pois que cada tautologia mostra por ela mesmo que é uma tautologia e consequentemente não se pode falar de prioridades em lógica, será válido tornar extensivos esses mesmos princípios à metalinguagem do *Tractatus*; assim se justifica que várias ordens de apresentação rigorosa do seu conteúdo onto-lógico-linguístico sejam igualmente válidas, embora partam de teses importantes mas de natureza diversa[4] . Cita, a propósito, exemplos como o de Pears, Granger, Favrholdt, Stegmüller e Anscombe que privilegiaram, cada um deles, um determinado aspecto do *Tractatus* e proporcionaram grande diversidade de comentários, sem que a sua legitimidade possa ser posta em causa[5].

Mas se concordamos com esta posição, pois a consideramos justa no que respeita ao estado final das teses sob a sua forma acabada, isto é, tal como elas se apresentam no *Tractatus* — onde se manifesta e se pretende mostrar o carácter especular da relação da linguagem e do mundo, e realçar o jogo de reflexos por ela pressuposta — achamos, todavia, que uma análise, que aprofunde a ordem genética das questões, permite revelar encadeamentos que podem inclusivamente anular-se, ou, pelo menos, não aparecer ao nível da teorização que deles mesmos resulta. O carácter mais original e, sob o ponto de vista especulativo, mais desconcertante do *Tractatus* é, precisamente, essa contradição interna que o atravessa e que exige a sua auto-anulação. O *Tractatus* diz o que diz não se poder dizer e *vela* operações implícitas ao *seu* próprio dizer. O *Tractatus* não é um texto onde se desenvolve uma especulação, mas antes o seu produto final: uma visão que permite contemplar um horizonte, mercê de um artifício que urge abandonar, como a escada que se deixa tombar no chão, uma vez a escalada realizada.

Este o motivo pelo qual o estudo de David Pears sobre Wittgenstein[6] merece a nossa consideração, pelo esforço realizado no sentido de encontrar os elos de articulação dessa cadeia de argumentos. Nele se mostra como a pesquisa a propósito da necessidade lógica conduz à determinação dos limites da linguagem[7], e como a tese, a que conduz a

---

[4] IDEM, *ibidem*, 14.
[5] IDEM, *ibidem*, 14, n. 16.
[6] David PEARS, *Wittgenstein*.
[7] IDEM, *ibidem*, 46.

teoria lógica de Wittgenstein, esclarece sobre a natureza do real[8]. É esse processo de exposição genética das questões que seguiremos.

Como se articula, então, a problemática dos fundamentos da lógica com a crítica da linguagem?

Sabe-se quanto a teoria lógica dos *Principia Mathematica*, que Russell publicara juntamente com Whitehead, deixava insatisfeito Wittgenstein.

A sua crítica apontava, fundamentalmente, para três aspectos dessa teoria[9]. Em primeiro lugar, o facto de o sistema formal não se autobastar e recorrer a teorias extralógicas: a "Teoria dos Tipos", que impunha ao sistema formal, em adição, uma teoria semântica dos símbolos[10]; exposições teóricas, que constituíam uma espécie de filosofia da lógica, envolvendo noções como "propriedades", "relação", "constante lógica"[11]; o axioma da infinitude, que estava longe de ser uma verdade lógica[12].

A ideia de Wittgenstein, a este respeito, é que a lógica é a condição de todo o discurso, inclusive do filosófico, de modo que este não lhe pode impor qualquer limite. Esta ideia está presente na primeira página dos *Tagebücher*, no registo de 22.8.14:

"A lógica deve autobastar-se"[13].

Afirmação que reaparecerá, nos mesmos termos, na nota 5.473 do *Tractatus*[14].

Em segundo lugar, desgostava-o o método axiomático, na medida em que implicava a existência, em lógica, de proposições primitivas relativamente a outras que delas seriam derivadas. O método das tábuas de verdade de Wittgenstein, ao aplicar-se de um modo igual a todas as fórmulas, mostrará que, tal como ele afirma em 6.127:

---

[8] IDEM, *ibidem*, 83.
[9] A. KENNY, *Wittgenstein*, trad. esp. de Alfredo Deãno, Madrid, 1974, 55.
[10] IDEM, *ibidem*, 49-57.
[11] IDEM, *ibidem*, 50.
[12] IDEM, *ibidem*, 48.
[13] *Tagebücher*, 22.8.14: "Die Logik muß für sich selber sorgen [S.5.473.]"
[14] *Tractatus*, 5.473: "Die Logik muß für sich selber sorgen.
Ein *mögliches* Zeichen muß auch bezeichnen können. Alles was in der Logik möglich ist, ist auch erlaubt. ('Sokrates ist identisch', heißt darum nichts, weil es keine Eigenschaft gibt, die 'identisch' heißt. Der Satz ist unsinnig, weil wir eine willkürliche Bestimmung nicht getroffen haben, aber nicht darum, weil das Symbol an und für sich unerlaubt wäre.)
Wir können uns, in gewissem Sinne, nicht in der Logik irren."

"Todas as proposições da lógica têm igual dignidade, não existindo entre elas por natureza proposições primitivas e derivadas. Uma tautologia mostra por si mesma que é uma tautologia."[15].

O axiomatismo implicava uma forma de essencialismo platónico que Wittgenstein procurava superar.[16]

Em terceiro lugar, por uma idêntica razão, era crítica a atitude de Wittgenstein relativamente aos *Principia*, pelo uso das constantes lógicas (os quantificadores, os conectivos proposicionais, o sinal de identidade), consideradas como símbolos primitivos não definíveis.

A imbricação da exigência de dar adequada explicação da necessidade lógica com a crítica dos limites da linguagem implicou, da parte de Wittgenstein, a pressuposição de que tudo o que é necessariamente verdadeiro pertence à lógica e que os limites da linguagem, assim como os do pensamento, devem ser considerados limites necessários. Assim, uma investigação, que pretendesse esclarecer os fundamentos da lógica, devia "incluir uma pesquisa a propósito dos limites da linguagem"[17], uma vez que esses limites, porque *necessários*, seriam limites lógicos, deduzíveis somente a partir da natureza essencial das proposições[18].

Wittgenstein leva a efeito a tarefa de fixar os limites do discurso factual através de uma metodologia que se caracterizava por operar, exclusivamente, a partir da interioridade desse mesmo discurso. Na metáfora sugestiva de Pears, ele comporta-se como alguém que, "vivendo no interior das paredes de uma bolha opaca, determinasse o centro da esfera e, a partir daí, recorresse a uma fórmula de hidráulica para calcular a expansão máxima de qualquer bolha possível."[19]

A operação implicou, por conseguinte, dois momentos distintos: o

---

[15] IDEM, *ibidem*, 6.127: "Alle Sätze der Logik sind gleichberechtigt, es gibt unter ihnen nicht wesentlich Grundgesetze und abgeleitete Sätze.
Jede Tautologie zeigt selbst, daß sie eine Tautologie ist."
Cf. A. KENNY, *op. cit.*, 41.
[16] J. K. FEIBLEMAN, *Inside the Great Mirror*, The Hague, 1973, 115.
[17] Cf. D. PEARS, *op.cit.*, 46: "In this way his investigation of the foundations of logic came to include an inquiry into the limits of language."
[18] Cf. IDEM, *ibidem*, 46-49.
[19] IDEM, *ibidem*, 49: "It is as if a creature living inside the skin of an opaque bubble plotted its centre, and then used some hydraulic formula to calculate the maximum expansion of any possible bubble."

primeiro, que corresponde na metáfora à determinação do centro da bolha e que consiste na dedução de que o discurso factual implica a existência de proposições elementares, logicamente independentes; o segundo corresponde ao cálculo da expansão da bolha e que consiste num movimento centrífugo que, a partir do centro do discurso factual — as proposições elementares — e aplicando-lhes fórmulas lógicas, realiza um cálculo que lhe permite determinar os limites máximos da sua expansão. Metodologia que lhe possibilitava, sem nunca sair da interioridade do discurso factual, estabelecer os limiares mínimo e máximo entre os quais ele se compreende[20].

A tarefa de delimitação que, então, Wittgenstein se propusera, ao pretender determinar o núcleo do discurso factual — as proposições elementares — a partir das proposições factuais, exigiu-lhe, como decisão prévia, a elaboração de uma teoria do significado, no qual reside a natureza essencial das proposições[21]. Esta teoria baseava-se em dois axiomas, que Pears designa como $\underline{X}$ e $\underline{Y}$ e que, no fundo, nada mais são do que, por um lado, e no que respeita a $\underline{X}$, a tese fregeana de que toda a proposição deve ter um sentido preciso, porque só ele permite atribuir à proposição um valor de verdade; e por outro, no que respeita a $\underline{Y}$, a teoria propriamente wittgensteiniana e original da *figuração*. No seu conjunto, a teoria do significado, enquanto integrante dos dois axiomas, poder-se-ia resumir do seguinte modo: "Ter um sentido é ter um sentido preciso e a proposição factual tem-no, somente, na medida em que as suas palavras representam coisas, tal como um diagrama só diz algo se as suas partes representarem coisas."[22]

Contudo, o argumento só é possível, quer por uma reformulação do "axioma" Y, que precisa que uma proposição só tem sentido se às suas palavras corresponderem coisas existentes ou se elas forem decomponíveis noutras que representem coisas existentes[23], quer pela adição de mais um "axioma", o "axioma" Z, que estabelece "a tese de que, sempre que duas proposições estejam logicamente relacionadas entre si, haverá, no interior

---

[20] IDEM, *ibidem*, 56-57.
[21] IDEM, *ibidem*, 59-60.
[22] IDEM, *ibidem*, 60: "To have a sense is to have a precise sense, and a factual proposition gets its precise sense only because its words represent things, just as a dyagram says something only if its parts represent things."
[23] IDEM, *ibidem*, 61.

de uma delas ou no interior de ambas, alguma complexidade lógica passível de ser posta em evidência pela análise."[24]

Uma vez estabelecidas as premissas, o argumento desenvolve-se por via daquilo que o autor considera uma *reductio ad absurdum*[25], que consiste em demonstrar o absurdo da hipótese de que a *análise completa* de proposições factuais poderia conter proposições não elementares (logicamente independentes, única caracterização que, de facto, Wittgenstein delas dá). O argumento decorrerá dos três axiomas pela seguinte ordem: axioma Z, que respeita, como vimos, à complexidade existente nas proposições que estejam logicamente relacionadas, das quais ficam apenas excluídas as proposições elementares, em função da independência lógica que as caracteriza; o axioma Y, que exige a correspondência nome/objecto existente no âmbito da unidade proposicional, com a precisão adicional atrás referida; e o axioma X, fregeano, que estabelece que o sentido de uma proposição deve incluir tudo o que é o caso, se ela for verdadeira.

Assim, de acordo com Z, uma vez que as *proposições factuais não elementares* não são logicamente independentes, deverão conter alguma complexidade a revelar pela análise.

Supondo, então, que pela *análise completa* de uma proposição factual não elementar aparecesse uma proposição factual não elementar, isso implicaria que essa proposição conteria uma palavra complexa, representando uma coisa complexa.

Para que a exigência posta por Y fosse respeitada, a proposição factual original só terá sentido no caso de a palavra complexa representar uma realidade complexa existente. Atendendo, todavia, a que a existência de uma realidade complexa admite a possibilidade de uma proposição que analise essa complexidade e afirme a sua existência, é-se levado, logicamente, a concluir que essa proposição será sempre verdadeira, desde que a proposição factual original tenha sentido.

O absurdo da conclusão manifesta-se no momento em que se faz intervir o axioma X, pois esse implica, como se disse, que no sentido da proposição esteja incluído tudo o que se dá necessariamente, se a proposição for verdadeira e, assim sendo, nele deveria estar incluída a proposição adicional.

---

[24] IDEM, *ibidem*, 62: "Z is the thesis that, whenever two propositions are logically related to one another, there will be within one of the two, or within both, some logical complexity which analysis could reveal."

[25] IDEM, *ibidem*, 64.

Mas, assim, a hipótese inicial de que a análise, que continha uma proposição factual não elementar, estava completa, é contradita por essa inclusão. O que significa que a exigência de limite do sentido definido só é satisfeita pela proposição que não contenha qualquer espécie de complexidade e que, por isso, de acordo com o axioma Z, se caracteriza pela sua independência lógica. Como tal, a condição de sentido definido é a existência de proposições factuais elementares[26].

Estas fixam, por este modo, o limite interior do discurso factual.

O segundo momento, o qual equivale à determinação do limite exterior do discurso factual, será também o da mostração como as duas questões, ou seja, a dos limites da linguagem e da necessidade lógica, se encontram, por natureza, profundamente imbricadas.

Será ainda um aprofundamento do axioma Y (cujo conteúdo, insistimos, é o da "Teoria da Figuração") que nos conduzirá às soluções que se pretendem.

Como foi dito, esse axioma é a parte mais substancial da sua teoria do significado e, nessa condição, respondia à questão do modo como a proposição factual adquire o seu sentido[27]. Wittgenstein utiliza-o no *Tractatus* para estabelecer que isso só acontece pela relação que a proposição mantém com a realidade. Parte da sua resposta, como se sabe, é a de que aos nomes da proposição factual devem corresponder objectos existentes. Se, todavia, essa correspondência deve verificar-se, ela não implica que, por si só, ou seja, isoladamente e fora do contexto da proposição, o nome se possa considerar como uma unidade semântica auto-suficiente. Fora do facto semântico que é a proposição, o nome é pura abstracção[28].

Este modo de ser que lhe é próprio impõe que o pensemos sempre em relação às suas regras de combinação com outros nomes, isto é, que normas sintácticas se encontrem estabelecidas, permitindo a sua utilização na proposição. O que significa que essas regras representam, de certo modo, uma dinâmica intrínseca à realidade do nome, a traduzir-se num movimento que elas transmitem às proposições resultantes dessas combinatórias, as quais obedecem a um limite de possibilidades aquém ou além das quais se tornam insignificantes. Essas possibilidades de combinações dos nomes implicam, pois, limites que têm, assim, um carácter necessário.

---

[26] IDEM, *ibidem*, 64-66.
[27] IDEM, *ibidem*, 78.
[28] IDEM, *ibidem*, 79.

Essa necessidade só a podemos entender, se reconhecermos que, para além do carácter convencional que preside ao estabelecimento dos nomes (e das diversas estruturas linguísticas em que eles aparecem), eles participam, também, por via da relação que mantêm com a realidade, da natureza intrínseca desta. Ou seja, as necessidades que regulam a combinação entre os nomes, *espelham* as necessidades que regem a combinação dos objectos entre si e com os quais os nomes estão relacionados. As proposições daí resultantes reflectem, desse modo, a estrutura da realidade, pois são elaboradas de acordo com as necessidades que a regem.

Como explica Pears: "Essas necessidades limitam o espaço total de possibilidades, dentro do qual a estrutura efectiva da realidade assume forma. No interior desse espaço, uma proposição faz um movimento que barra certas possibilidades e, por isso mesmo, força a realização de algumas outras. O movimento só é legítimo, porque a proposição já terá absorvido e incorporado a si necessidades relevantes. Essa é a maneira como a proposição adquire e usa o seu sentido e esse é o ponto fundamental da analogia entre uma proposição e uma figura ou modelo"[29].

A ideia da *exclusão*, pressuposta na afirmativa de que a proposição factual "barra" ou "exclui" certas possibilidades, será, assim, a ideia básica ou fundamental em que se apoia a teoria das proposições factuais de Wittgenstein. Aliás, essa constituirá a função por excelência dessas proposições[30]. Logo, a proposição "p" exclui ou nega a proposição "~p", de modo que ela é logicamente equivalente a "~~p", pois corresponde a uma necessidade lógica não existir meio termo entre "p" e "~p". Todavia, há que distinguir a necessidade lógica do terceiro excluído, do movimento de

---

29 IDEM, *ibidem*, 80: "These necessities limit the total space of possibilities within which the actual structure of reality takes shape. In this space a proposition makes a movement which shuts certain possibilities out of their reserves, and thereby forces the realization of certain others. The movement is a legitimate one only because the proposition has already absorbed the relevant necessities into itself. This is how a proposition acquires and uses its sense, and this is the fundamental point of analogy between a proposition and a picture or model." Versão portuguesa, *op.cit.*, 82.
30 IDEM, *ibidem*, 69. *Tractatus*, 4.463:" [...] (Der Satz, das Bild, das Modell, sind im negativen Sinne wie ein fester Körper, der die Bewegungsfreiheit der anderen beschränkt; im positiven Sinne, wie der von fester Substanz begrenzte Raum, worin ein Körper Platz hat.) [...]. "

exclusão operado pela afirmativa de uma proposição tal como "p". A diferença que as separa é capital.

A possibilidade de um meio termo entre "p" e "∼p" é logicamente excluída; ao passo que, se é "p" o que na realidade acontece, e não aquilo que é expresso pela proposição "∼p", o facto em si é *contingente* e outra poderia ser a situação.

Desse modo, o excluído por uma verdade lógica é necessariamente impossível e, portanto, nunca poderia acontecer; o excluído pela proposição factual é um conjunto de possibilidades, que, embora não sejam, poderiam todavia ter ocorrido.

O carácter da exclusão é, no primeiro caso, *necessário* e, no segundo, meramente *contingente*[31].

O desenvolvimento, aprofundamento e generalização desta ideia conduz à compreensão adequada da "tese da extensionalidade": a verdade ou falsidade de uma proposição factual depende, apenas, da verdade ou falsidade das proposições a que a sua análise dá lugar.

Chega-se a esse resultado, a partir de uma proposição "p", que, por hipótese, não é elementar e de cuja análise resultem as proposições "q" e "r", que podem ser ou não elementares (a exigência de que a análise seja completa não é posta).

O espaço lógico[32], ou conjunto de possibilidades determinado necessariamente pela conjunção dessas duas proposições, estende-se nos limites de uma combinatória, que as tem por base, e da qual as possibilidades excluídas pela proposição "p" são as que correspondem a:

$$q. \sim r$$
$$\sim q. \ r$$
$$\sim q. \sim r$$

---

[31] D. PEARS, *op. cit*, 69

[32] *Esta noção é uma das mais importantes da teoria lógica do Tractatus*. Se bem que ela não se defina, exemplarmente, em nenhuma nota, os contextos em que aparece, que são vários, permitem a M. BLACK (*A Companion to Wittgenstein's 'Tractatus'*,155) explicá-la do seguinte modo: "[...] logical space is the ordered system of all atomic situations.""

O. ARABI (*Wittgenstein. Langage et Ontologie*, Paris, 1982, 55-56) dá uma versão da génese desta noção em Wittgenstein que, segundo ele, se inspira no novo modelo introduzido em termodinâmica por L. Boltzmann. De acordo com este modelo, qualquer fenómeno físico pode ser representado por um sistema de coordenadas, ocupando, por esse modo, um ponto num espaço multidimensional.

Resta só mais uma possibilidade relevante,

$$q \cdot r$$

cuja existência é asseverada pela proposição "p", no mesmo acto em que "exclui" as demais.

Por este modo se mostra que o sentido da proposição "p" se esclarece, declarando as possibilidades que ela "barra" ou "exclui"[33].

Wittgenstein generaliza este resultado ao propor que o sentido de uma qualquer proposição não elementar só se obtém pela apresentação das possibilidades relevantes, a que a sua análise dá lugar, e pela indicação de quais de entre elas são "barradas" ou "excluídas" pela mesma:

> 4.2: "O sentido da proposição é o seu acordo ou desacordo com as possibilidades de existência ou não-existência dos estados de coisas."[34]
>
> 4.27: "Em relação à existência de n estados de coisas, existem
>
> $$Kn = \sum_{v=0}^{n} \binom{n}{v} \text{ possibilidades.}$$
>
> Cada combinação de estados de coisas pode existir, enquanto as outras não existem"[35]

---

[33] D. PEARS, op.cit., 70.
[34] Tractatus, 4.2: "Der Sinn des Satzes ist seine Übereinstimmung, und Nichtübereinstimmung mit den Möglichkeiten des Bestehens und Nichtbestehens der Sachverhalte."
[35] IDEM, ibidem, 4.27: "Bezüglich des Bestehens und Nichtbestehens von n Sachverhalten gibt es $Kn = \sum_{v=0}^{n} \binom{n}{v}$ Möglichkeiten.

Es können alle Kombinationen der Sachverhalte bestehen, die andern nicht bestehen."

Ou, como explica Pears: " [...] o sentido completo de uma qualquer proposição factual obtém-se ao indicar qual das 2^n possibilidades ela barra"[36]. A base 2 significa a possibilidade da afirmação e da negação e o índice n o número de proposições relevantes que resultam da análise completa da proposição.

Por conseguinte, a *verdade* ou *falsidade* de uma proposição é função de verdade ou falsidade das proposições a que a sua análise dá lugar, ou seja, toda a proposição factual é uma *função de verdade* das proposições que resultam da sua análise. E, como a análise *completa* de uma proposição factual só realmente o está, segundo Wittgenstein, quando nos conduz às proposições elementares, pode dizer-se que todas as proposições factuais são funções de verdade de proposições elementares, ou seja, daquelas que estão contidas na sua análise. Mais, as próprias proposições elementares mostram ser também funções de verdade de si mesmas:

> 5: "A proposição é uma função de verdade das proposições elementares.
> (Uma proposição elementar é uma função de verdade de si própria)"[37].

Deste modo, a "tese da extensionalidade" é válida para a totalidade das proposições factuais.

Todavia, estas realizam apenas *uma* das três espécies de funções de verdade. O método das tábuas de verdade[38] de Wittgenstein mostra que, para além daquelas, existem outras duas: as tautologias e as contradições -

---

O símbolo $\left[\sum_{\nu=0}^{n} \binom{n}{\nu}\right]$ significa: soma no intervalo "ν - n" (integral das condições de verdade).

K_n tem o valor 2^n. (Cf. M. BLACK, *op.cit.*, 215).

[36] *Op.cit.*, 71:" [...] the entire sense of any factual proposition is given by saying which of the 2^n possibilities it shuts out."

[37] *Tractatus*, 5: "Der Satz ist eine Wahrheitsfunktion der Elementarsätze.
(Der Elementarsatz ist eine Wahrheitsfunktion seiner selbst.)"
Para o confronto entre "proposições elementares" e "proposições atómicas", cf. A. J. AYER, "Atomic propositions", *Analysis*, 1 (1933), 2-6.

[38] Técnica formal inventada por Wittgenstein e que tornou possível definir os conectivos proposicionais, desenvolvendo numa tábua as condições de verdade de qualquer proposição factual.

proposições lógicas que carecem de sentido factual[39]. Por isso, enquanto as proposições factuais ocupam um lugar no espaço lógico - na medida em que excluem um conjunto de possibilidades e, ao fazê-lo, afirmam ou asseveram a realidade das restantes -, as tautologias deixam o espaço lógico vazio, porque admitem a realidade de qualquer uma das possibilidades (p v ~p é sempre verdadeira, seja qual for o caso em que se verifique); a contradição é sempre falsa, pois admite a totalidade do espaço lógico, sem excluir nenhuma possibilidade e afirmando a sua realidade simultânea (assim p.~p):

> 4.463: " [...] A tautologia deixa à realidade todo o espaço lógico infinito; a contradição enche o espaço lógico e não deixa à realidade nenhum ponto.
> Nenhuma das duas pode por isso determinar de qualquer modo a realidade"[40].

Se às proposições lógicas - tautologias e contradições - falta sentido factual, elas desempenham, não obstante, uma função específica, a de expressar as conexões *necessárias* entre as proposições factuais:

> 5.133: "Toda a inferência se faz a *priori*."[41]

O que, na perspectiva wittgensteiniana da lógica, significa que toda a inferência, se válida, é tautologia, se ilegítima, uma contradição, uma vez que a ela pertence todo o domínio do *a priori* (5.4731)[42].

Esta teoria das proposições lógicas, possibilitada pelo método das tábuas de verdade, permitia libertar a lógica de critérios sempre suspeitos de auto-

---

39 *Tractatus*, 4.462:"Tautologie und Kontradiktion sind nicht Bilder der Wirklichkeit. Sie stellen keine mögliche Sachlage dar. Denn jene läßt *jede* mögliche Sachlage zu, diese *keine*.
In der Tautologie heben die Bedingungen der Übereinstimmung mit der Welt - die darstellenden Beziehungen - einander auf, so daß sie in keiner darstellenden Beziehung zur Wirklichkeit steht."
40 IDEM, *ibidem*, 4.463: "[...] Die Tautologie läßt der Wirklichkeit den ganzen - unendlichen - logischen Raum; die Kontradiktion erfüllt den ganzen logischen Raum und läßt der Wirklichkeit keinen Punkt. Keine von beiden kann daher die Wirklichkeit irgendwie bestimmen."
41 IDEM, *ibidem*, 5.133: "Alles Folgern geschieht *a priori*."
42 IDEM, *ibidem*, 5.4731:" [...] Daß die Logik a priori ist, besteht darin, daß nicht unlogisch gedacht werden *kann*."

-evidência, presidindo à escolha de axiomas para fundamentar o cálculo proposicional, como Frege, Russell e Whitehead haviam feito. O método inventado por Wittgenstein possibilitava provar se uma determinada fórmula desse cálculo era ou não uma tautologia e, por consequência, uma proposição lógica, o que não ficava de modo algum garantido nos sistemas desses conhecidos construtores da lógica contemporânea. A hipótese, sempre possível, de não se encontrar uma demonstração para uma dessas fórmulas a partir dos axiomas por eles admitidos não garantia, *necessariamente*, que não se estivesse perante um teorema do sistema, pois ficava sempre em aberto a possibilidade de ela existir, sem que a habilidade do lógico lograsse detectá-la[43].

Com as soluções achadas, Wittgenstein dava satisfação à exigência primeira da auto-suficiência da lógica.

III. 2 Necessidade e possibilidade
Da relação: lógica, linguagem, mundo.

Se Wittgenstein só pôde dar resposta adequada ao problema da necessidade lógica, subordinando-a ao questionamento prévio da natureza e dos limites da linguagem, esta reflexão, não obstante, não atingiu os extremos das suas exigências, sem que antes a questão ontológica não fosse, ela também, evocada.

A simples existência da lógica põe, como condição necessária, a existência do mundo.

Em 5.552, escreve Wittgenstein:

> "A *experiência* de que temos necessidade para compreender a lógica não é de que qualquer coisa seja de modo determinado, mas de que qualquer coisa *existe*; mas isto não é nenhuma experiência.

---

[43] Cfr. A. KENNY, *op.cit.*,41.
A lógica do *Tractatus* é uma lógica sintáctica e não sintáctico-axiomática.
A. V. PINTO (*Introdução ao'Tractatus Logico-Philosophicus'de Ludwig Wittgenstein*, 91) escreve: "Em W. não há axiomas básicos, postulados inicialmente, de onde decorrem todas as outras proposições lógicas. O convencionalismo tem como exclusivo âmbito a notação."
Assim o diz o autor do *Tractatus* em 6.124: " [...] Wenn wir die logische Syntax irgendeiner Zeichensprache kennen, dann sind bereits alle Sätze der Logik gegeben."

A lógica é anterior a toda a experiência - que qualquer coisa seja *assim*.
É anterior ao *como*, não ao *que*"[44].

A natureza do argumento que estabelece esta conexão é, como muito bem viu D. Pears[45], transcendental, perguntando, ao modo kantiano, pelas condições que tornam possível a existência da lógica. Teríamos assim uma dedução que se processaria do seguinte modo: embora as proposições tautológicas careçam de sentido factual, expressam as conexões necessárias entre as proposições factuais e, por consequência, a existência destas é condição necessária daquelas, pois não há tautologias sem a possibilidade de combinar proposições factuais; por sua vez, a análise mostra que estas proposições são funções de verdade de proposições factuais elementares e, por seu lado, estas encontram a sua explicação última na decomposição do real em objectos simples; tais objectos combinam-se segundo as possibilidades inerentes à sua própria natureza e ocorrem em estados de coisas dos quais essas proposições são a descrição e cuja estrutura reflectem[46].

Linguagem, lógica e ontologia mantêm, assim, entre si cumplicidades essenciais e multifacetadas, que se jogam em relações de mútuas

---

[44] IDEM, *ibidem*, 5.552:"Die 'Erfahrung', die wir zum Verstehen der Logik brauchen, ist nicht die, daß sich etwas so und so verhält, sondern, daß etwas *ist*: aber das ist eben *keine* Erfahrung.
Die Logik ist *vor* jeder Erfahrung - daß etwas *so* ist.
Sie ist vor dem Wie, nicht vor dem Was.".
Para o contraste entre *Wie* e *Was*, cfr. 3.221:" [...] Ein Satz kann nur sagen, *wie* ein Ding ist, nicht *was* es ist." O sublinhado é nosso.
Esta nota deve ser lida em conexão com a nota 2.0271, onde a distinção entre o objecto e a configuração permite estabelecer a equivalência de *was* ao fixo e consistente (o objecto) e de *wie* ao mutável e instável (a configuração). A nota 2.024 onde *was* é identificável com a substância - ("Die Substanz ist das, was unabhängig von dem was der Fall ist, besteht.") - completará este contexto de leitura. Cf. M. BLACK, *op.cit.*, 303.
A. Patri, em nota à proposição 3.221, em L. WITTGENSTEIN, *Tractatus Logico-Philosophicus*, trad. franc. de P. Klossowski, Paris, 1961, 59, escreve:"Avec beaucoup de précaution on pourrait rapprocher le 'ce que' de W. de l' 'Être' selon Heidegger."
[45] *Op.cit.*, 83.
[46] IDEM, *ibidem*.

interdependências e se expressam, privilegiadamente, no espaço situado entre o *necessário* e o *possível*.

Vejamos: a lógica, se não precede os objectos, precede, não obstante, toda a experiência do acontecer mundano, pois os "factos" (os estados de coisas existentes[47]) embora sejam contingentes, são, todavia, estados de

---

[47] *Tractatus* 1: "Die Welt ist alles, was der Fall ist."; IDEM, *ibidem*, 1.2: "Die Welt zerfällt in Tatsachen."; IDEM, *ibidem*, 2: "Was der Fall ist, die Tatsache, ist das Bestehen von Sachverhalten."
Como diz P. L. de SANTA MARIA DELGADO (*Introducción a Wittgenstein. Sujeto, Mente y Conduta*, Barcelona, 1986, 21), "La interpretación de los conceptos de Sachverhalt y Tatsache resulta tremendamente problemática, dado que el mismo Wittgenstein presenta notorias inconsistencias en su caracterización." Seguindo a mesma autora (cf. IDEM, *ibidem*, 21-24), diremos poderem aduzir-se argumentos quer no interior do texto do *Tractatus*, quer em outras afirmações do seu autor, que apoiam três interpretações diferentes. Uma primeira interpretação vê na relação *Sachverhalt-Tatsache* uma relação de *possibilidade-facticidade*, apoiada nos seguintes argumentos: 1. a definição de *Tatsache* é mais extensa que a de *Sachverhalt*, .pois implica a determinação de existência para *Sachverhalt* (cf. *Tractatus*, 2); 2. a admissão, por Wittgenstein, de *Tatsache* negativa, como a não existência de um *Sachverhalt* (cf. *Tractatus*, 2.06); 3. a impossibilidade de distinguir o sentido da verdade de uma proposição elementar, no caso de se considerar *Sachverhalte* como factos, uma vez que aquelas são figuras destes e se caracterizam pela sua positividade.
Para uma segunda interpretação, a relação residiria na diferença entre o *simples* (*Sachverhalt*) e o *composto* (*Tatsache*), referindo-se ambos os conceitos a situações existentes. Apoia-se esta leitura na distinção, estabelecida por Wittgenstein, entre proposições elementares e funções de verdade, bem como na resposta por este dada, quando solicitado por Russell a explicar-se relativamente ao que por tais termos pretendia significar. A resposta de Wittgenstein dizia: " 'What is the difference between Tatsache and Sachverhalt'? Sachverhalt is, what corresponds to an Elementarsatz if it is true. Tatsache is what corresponds to the logical product of elementary prop[osition]s when this product is true. The reason why I introduce *Tatsache* before introducing *Sachverhalt* would want a long explanation."(L. WITTGENSTEIN, *Letters to Russell, Keynes and Moore*, 72).
Uma terceira interpretação, mais complexa, procura conciliar os aspectos salientados pelas duas anteriores. De um modo geral, os seus defensores tendem a considerar *Sachverhalt* como significando uma situação *possível* e *simples* e *Tatsache* uma situação *simples ou complexa*, mas sempre *existente*.
Não é nosso objectivo entrar nesta polémica; todavia, a distinção que no *Tractatus* se estabelece entre "Das Bestehen und Nichtbestehen von Sachverhalten" (cf. *Tractatus*, 2.06, 2.061, 2.11) justifica, quanto a nós, a sua tradução por "estados de

coisas *possíveis* e todos os possíveis estados de coisas são dados no espaço lógico, definido pela totalidade de possibilidades de combinação dos objectos. A necessidade lógica, enquanto tautológica, deriva, deste modo, destas possibilidades de combinação inerentes à natureza dos objectos, como refere a nota 2.012:

> "Em lógica nada é acidental: se a coisa *pode* acontecer num estado de coisas, é necessário que a possibilidade do estado de coisas esteja previamente inscrita na coisa"[48].

Da necessidade e imutabilidade dos objectos deriva também a necessidade e a imutabilidade do espaço lógico, ou seja, o espaço dos possíveis.

As proposições factuais, ao descreverem os factos possíveis e existentes, ocupam um *lugar* no espaço lógico, que é, como se disse, uma espécie de lugar geométrico, cujas coordenadas são a estrutura lógica do real[49], reflectida na estrutura lógica da linguagem. As proposições factuais

---

coisas", de preferência a "facto atómico", pela dificuldade em caracterizar um "facto" como não existente.
Para as diferentes interpretações, cf. *e. g.*: B. RUSSELL, "Introduction" in: *Tractatus Logoco-Philosophicus*, new trans. by D. F. Pears & B. F. McGuinness, London/New York, 1969, XI sqq; P. GEACH, "Review of Colombo's italian translation of *Tractatus*", *The Philosophical Review*, 66 (1957), 556-559; E. STENIUS, *Wittgenstein's Tractatus. A Critical Exposition of its Main Lines of Thought*, c. III; G. PITCHER, *The Philosophy of Wittgenstein*, Englewood Cliffs, 1964, 1ª Parte, cc. 2 e 3; M. BLACK, *A Companion to Wittgenstein's 'Tractatus'*, 39-45; J. HARTNACK, *Wittgenstein and Modern Philosophy*, trans by M. Cranston, New York, 1965, 18; A. MÜLLER, *Ontologie in Wittgensteins'Tractatus'*, Bonn, 1967, 131-150; D. WEISSMAN, "Ontology in the *Tractatus*", *Philosophy and Phenomenological Research*, 27 (1967), 475-501; R. SUSZKO, "Ontology in the *Tractatus* of L. Wittgenstein", *Notre Dame Journal of Formal Logic*, 9 (1968), 7-33; B. WOLNIEWICZ, "A difference between Russell's and Wittgenstein's logical atomism", in *Akten des XIV Int. Kongress der Philosophie*, Wien, 2 (1969), 263-267; W. SCHULZ, *Wittgenstein. La Negación de la Filosofía*, trad. de J. Montoya Saenz, Madrid, 1970, 18 sqq; C. B. DANIELS e J. DAVISON, "Ontology and method in Wittgenstein's *Tractatus*", *Noûs*, 7 (1973), 233-247.
[48] IDEM, *ibidem*, 2.012: "In der Logik ist nichts zufällig: Wenn das Ding im Sachverhalt vorkommen *kann*, so muß die Möglichkeit des Sachverhaltes im Ding bereits präjudiziert sein."
[49] IDEM, *ibidem*, 3.411: "Der geometrische und der logische Ort stimmen darin überein, daß beide die Möglichkeit einer Existenz sind."

exibem, portanto, essa forma, situando-se entre dois limites - as proposições lógicas: tautologias e contradições - que representam, pelas relações respectivas com o espaço lógico, o seu preenchimento mínimo e máximo:

> 5.143: " [...] A contradição é o limite externo das proposições, a tautologia o centro vazio"[50].

Entre um limite e o outro estende-se, pois, o espaço lógico, o espaço da possibilidade, e nele a totalidade dos factos, logo também a linguagem, enquanto totalidade das proposições/factos:

> 2.141: "A figura é um facto."[51]
> 4.01: "A proposição é uma figura da realidade.
> A proposição é um modelo da realidade, como nós pensamos que ela é."[52]
>
> 4.001: "A totalidade das proposições é a linguagem"[53].

---

[50] IDEM, ibidem, 5.143: "[...] Die Kontradiktion ist die äußere Grenze der Sätze, die Tautologie ihr substanzloser Mittelpunkt.".
De acordo com a interpretação de M. BLACK (op.cit., 246-247): "Contradiction is the limit we approach as we try to find propositions that are not simultaneously entailed by all propositions - the limiting case of progressively stronger propositions. Tautology is the limit we approach as we try to find propositions simultaneously entailed by all propositions — the limiting case of progressively weaker propositions. If we think of the stronger proposition as occupying more of logical space (cf. 4.463 c), contradiction would have to fill the whole of logical space - and so would be an external boundary, as it were - while tautology would fill no logical space, and so might be conceived as an internal boundary. Neither tautology nor contradiction draw a line around truth-possibilities *within* logical space."
[51] *Tractatus*, 2.141: "Das Bild ist eine Tatsache."
Guardaremos para capítulo posterior a tematização da noção de "figura", que, como se sabe, constitui o cerne da teoria das proposições no *Tractatus*.
[52] IDEM, ibidem, 4.01: "Der Satz ist ein Bild der Wirklichkeit.
Der Satz ist ein Modell der Wirklichkeit, so wie wir sie uns denken."
[53] IDEM, ibidem, 4.001: "Die Gesamtheit der Sätze ist die Sprache."
Por *proposições* deve entender-se, neste contexto, não asserções actuais, mas susceptíveis de terem sentido, ou seja, a totalidade do vocabulário com as suas regras de utilização (Cf. Max BLACK, op.cit., 159).

Se bem que a lógica mantenha com a realidade a relação que a possibilidade mantém com a actualidade, o carácter *necessário* da lógica contrapõe-se ao *casual* e *contingente* do acontecer mundano:

> 6.375: "Como há, apenas, uma necessidade lógica, assim também há apenas uma possibilidade lógica."[54]

> 6.3: "A investigação lógica constitui a investigação *de toda a regularidade*. E fora da lógica tudo é casual"[55].

Daí também que a *validade* lógica se distinga pela sua especificidade:

> 6.1232: "A validade geral da lógica pode ser chamada essencial, em contraste com a validade geral acidental de proposições tais como 'todos os homens são mortais.' [...]"[56].

Consequentemente ao exposto, a relação que a lógica mantém com o mundo é complexa: implica dependência e independência, oposição e identidade.

Se a existência do mundo é a "experiência" de que necessitamos para compreender a lógica (e nesta condição consiste toda a sua dependência face ao mundo), por sua vez, o acontecer mundano desenrola-se nos limites da possibilidade, o mesmo é dizer, nos limites da lógica - logo, a relação de dependência é, por esse modo, invertida. A relação lógica/mundo é, assim, um jogo de interdependências, que tem lugar no espaço da *diferença ontológica*, implícita na distinção semântica que opõe os termos "was" e "wie". É que a própria independência dos dois termos dessa relação, situando-se precisamente no espaço delimitado pela oposição dos caracteres que definem o que pertence aos dois domínios, tem ainda a ver com a reciprocidade das suas dependências. Pois, se o *como* (wie) do acontecer mundano encontra no *que é* (was) - o imutável, o consistente - a

---

[54] *Tractatus*, 6.375: "Wie es nur eine *logische* Notwendigkeit gibt, so gibt es auch nur eine *logische* Unmöglichkeit.".
[55] IDEM, *ibidem*, 6.3: "Die Erforschung der Logik bedeutet die Erforschung *aller Gesetzmäßigkeit*. Und außerhalb der Logik ist alles Zufall."
[56] IDEM, *ibidem*, 6.1232: "Die logische Allgemeingültigkeit könnte man wesentlich nennen, im Gegensatz zu jener zufälligen, etwa des Satzes 'alle Menschen sind sterblich'. [...]."

fonte de toda a possibilidade e de toda a necessidade, é só pela manifestação contingente do *como* - a configuração real e efectiva dos factos - que a possibilidade e a necessidade encontram a ocasião do seu desvelamento.

É no movimento quase lúdico dessas remissões que os extremos se polarizam e depois se tocam, em sobreposições que os identificam.

Assim, a separação dos dois domínios expressa o seu radicalismo na natureza tautológica das proposições lógicas, que nada dizem e são proposições meramente analíticas[57], que a experiência não pode nem confirmar nem refutar e cuja validade é só reconhecível pelo símbolo. Neste sentido, à lógica pertence o domínio do *a priori*, de tudo o que pode ser dito anteriormente à experiência.

Mas, apesar de as proposições da lógica serem vazias e nada dizerem sobre o mundo, reconhece-se que o *mesmo* que separa e isola, extremando, de novo aproxima, resolvendo a diferença numa identidade estrutural profunda:

> 6.12: "O facto de as proposições da lógica serem tautologias, *revela* as propriedades formais - lógicas - da linguagem e do mundo.
>
> O facto de as suas partes constitutivas *assim* ligadas produzirem uma tautologia, caracteriza a lógica das suas partes constitutivas.
>
> Para que as proposições, ligadas de um certo modo, produzam uma tautologia, é necessário que elas tenham determinadas propriedades de estrutura. Que *assim* ligadas, produzam uma tautologia, mostra, por conseguinte, que elas possuem estas propriedades de estrutura."[58]

---

[57] IDEM, *ibidem*, 6.11:"Die Sätze der Logik sagen Nichts. (Sie sind die analytischen Sätze.)"
M. BLACK (*op.cit.*, 319-320) observa, a propósito do significado do termo técnico *analítico* aqui usado por Wittgenstein, que ele não parece ter outro sentido, no contexto, que o de ser sinónimo de "nada dizer"; afasta-se, deste modo, da utilização que, de uma forma geral, tem na lógica contemporânea, onde caracteriza as proposições que são verdadeiras por definição, ou cuja verdade se retira do significado dos termos.

[58] *Tractatus*, 6.12: "Daß die Sätze der Logik Tautologien sind, das *zeigt* die formalen - logischen - Eigenschaften der Sprache, der Welt.
Daß ihre Bestandteile *so* verknüpft eine Tautologie ergeben, das charakterisiert die Logik ihrer Bestandteile.
Damit Stäze, auf bestimmte Art und Weise verknüpft, eine Tautologie ergeben, dazu

O óbvio das ideias expostas surpreende-se no movimento da compreensão que remonta aos fundamentos da necessidade lógica - os objectos e as suas possibilidades intrínsecas de combinação, presentificadas nas estruturas dos factos a que elas dão lugar e dos quais as proposições elementares são o reflexo. Logo, a possibilidade da combinatória destas proposições, pelo cálculo lógico, em proposições complexas — determinando a estrutura da linguagem num todo organizado, ou seja, num sistema de proposições que são funções de verdade das proposições elementares —, há-de encontrar ainda o seu fundamento último na fonte de toda a possibilidade, que é o modo de ser essencial aos objectos, a sua forma[59], na terminologia de Wittgenstein. Dela deriva também a possibilidade de as proposições, no jogo plural em que se desenvolve a sua combinatória, darem lugar a tautologias. Deste modo, as propriedades formais de toda a estrutura, seja factual ou linguística, encontram sempre a sua origem na mesma e imutável matriz de toda a necessidade.

Só que o argumento wittgensteiniano segue a ordem inversa, como se expôs. Parte da linguagem e do pressuposto básico de que ela é realmente significativa e procura atingir a natureza da realidade, que é proposta como a condição do sentido. Essa metodologia é transparente nesta mesma nota: a possibilidade das tautologias requer determinadas propriedades formais da parte das estruturas dos seus elementos constituintes; ora as tautologias são possíveis, logo os seus elementos constituintes deverão verificar em suas estruturas essas propriedades. Como a natureza das tautologias não consiste numa afirmação de realidade, mas, exclusivamente e só, nas conexões necessárias entre as proposições, e como estas reflectem as estruturas dos estados de coisas possíveis e reais, Wittgenstein pode, então, afirmar que elas, enquanto proposições lógicas, devem revelar as propriedades formais da linguagem e do mundo.

Este conjunto de ideias esclarece-se de um modo mais preciso na nota 6.124:

> "As proposições lógicas descrevem os andaimes do mundo, melhor, apresentam-nos. Não 'tratam' de nada. Pressupõem que os nomes tenham significado e que as proposições elementares tenham sentido;

---

müssen sie bestimmte Eigenschaften der Struktur haben. Daß sie *so* verbunden eine Tautologie ergeben, zeigt also, daß sie diese Eigenschaften der Struktur besitzen."

[59] IDEM, *ibidem*, 2.0141: "Die Möglichkeit seines Vorkommens in Sachverhalten ist die Form des Gegenstandes."

é esta a sua relação com o mundo. É claro que alguma coisa sobre o mundo se deve mostrar, pelo facto de certas uniões de símbolos - que têm essencialmente um carácter determinado - serem tautologias. O aspecto decisivo está aqui. Dissemos que nos símbolos que usamos, alguma coisa é arbitrária, outra não. Em lógica só isto (o não arbitrário) se exprime. O que quer dizer que em lógica não somos *nós* que exprimimos por meio de sinais o que queremos, mas que nela fala a natureza dos sinais naturalmente necessários. Se conhecermos a sintaxe lógica de um simbolismo qualquer, já estão dadas todas as proposições da lógica"[60].

A metáfora do *andaime* (das Gerüst) sugere e indica a ideia de estrutura; e, ao aparecer noutras notas, associada ao adjectivo *lógico*, tal como em 3.42[61] e 4.023[62], reforça e precisa a ideia que expressa, ou seja, a da forma lógica do mundo.

---

[60] IDEM, *ibidem*, 6.124: "Die logischen Sätze beschreiben das Gerüst der Welt, oder vielmehr, sie stellen es dar. Sie 'handeln' von nichts. Sie setzen voraus, daß Namen Bedeutung, und Elementarsätze Sinn haben: Und dies ist ihre Verbindung mit der Welt. Es ist klar, daß es etwas über die Welt anzeigen muß, daß gewisse Verbindungen von Symbolen - welche wesentlich einen bestimmten Charakter haben - Tautologien sind. Hierin liegt das Entscheidende. Wir sagten, manches an den Symbolen, die wir gebrauchen, wäre willkürlich, manches nicht. In der Logik drückt nur dieses aus: Das heißt aber, in der Logik drücken nicht *wir* mit Hilfe der Zeichen aus, was wir wollen, sondern in der Logik sagt die Natur der naturnotwendigen Zeichen selbst aus: Wenn wir die logische Syntax irgendeiner Zeichensprache kennen, dann sind bereits alle Sätze der Logik gegeben." (t.n.)
[61] IDEM, *ibidem*, 3.42: "Obwohl der Satz nur einen Ort des logischen Raumes bestimmen darf, so muß doch durch ihn schon der ganze logische Raum gegeben sein.
(Sonst würden durch die Verneinung, die logische Summe, das logische Produkt, etc. immer neue Elemente - in Koordination - eingeführt.)
(Das logische Gerüst um das Bild herum bestimmt den logischen Raum. Der Satz durchgreift den ganzen logischen Raum.)"
[62] IDEM, *ibidem*, 4.023:"Die Wirklichkeit muß durch den Satz auf ja oder nein fixiert sein.
Dazu muß sie durch ihn vollständig beschrieben werden.
Der Satz ist die Beschreibung eines Sachverhaltes.
Wie die Beschreibung einen Gegenstand nach seinen externen Eigenschaften, so beschreibt der Satz die Wirklichkeit nach ihren internen Eigenschaften.

Como o que as tautologias expressam, fundamentalmente, são conexões necessárias entre proposições e não um conteúdo factual, a sua relação com o real não se opera directamente, por meio do que é afirmado, mas indirectamente através do que se mostra no seu simbolismo: dos sinais e das suas regras de combinação (a sintaxe lógica)[63].

Consideremos o exemplo apresentado por Wittgenstein, na nota 4.461:

> " [...] A tautologia e a contradição são sem sentido .
> (Como o ponto a partir do qual duas flechas divergem em direcções opostas.)
> (Eu não sei, por exemplo, nada sobre o tempo [que faz], quando eu sei que ou está a chover ou não está a chover."[64]

A proposição tautológica "chove ou não chove" não descreve nenhuma situação particular, nada diz acerca do tempo que faz; todavia mostra uma *verdade necessária* sobre o acontecer mundano, pois a alternativa que estabelece abre a totalidade da possibilidade.

Como se diz, em 5.61:

> "A lógica enche o mundo; os limites do mundo são também os seus limites.

Der Satz konstruiert eine Welt mit Hilfe eines logischen Gerüstes und darum kann man am Satz auch sehen, wie sich alles Logische verhält, *wenn* er wahr ist. Man kann aus einem falschen Satz *Schlüsse ziehen*."

[63] IDEM, *ibidem*, 3.325:"Um diesen Irrtümern zu entgehen, müssen wir eine Zeichensprache verwenden, welche sie ausschließt, indem sie nicht das gleiche Zeichen in verschiedenen Symbolen, und Zeichen, welche auf verschiedene Art bezeichnen, nicht äußerlich auf die gleiche Art verwendet. Eine Zeichensprache also, die der *logischen* Grammatik - der logischen Syntax - gehorcht.
(Die Begriffsschrift Freges und Russells ist eine solche Sprache, die allerdings noch nicht alle Fehler ausschließt)".
Os erros a que Wittgenstein se refere são os indicados na nota 3.323 - isto é, os que ocorrem, frequentemente, na linguagem quotidiana, equívoca em sua forma, em virtude das regras da relação dos sinais com os símbolos não serem estritamente rigorosas. Mais adiante, voltaremos a este tema, para o tratar, então, em pormenor.
[64] IDEM, *ibidem*, 4.461: " [...] Tautologie und Kontradiktion sind sinnlos.
(Wie der Punkt von dem zwei Pfeile in entgegengesetzter Richtung auseinandergehen.)
(Ich weiß z. B. nichts über das Wetter, wenn ich weiß, daß es regnet oder nicht regnet.)"

Em lógica, por isso, não podemos dizer: no mundo existe esta e aquela coisa e aquela outra não.

Isto, de facto, parecia pressupor que excluímos certas possibilidades e isto não pode acontecer, pois de outro modo a lógica deveria passar por cima dos limites do mundo: isto é, como se ela pudesse considerar estes limites também do outro lado.

Aquilo que não podemos pensar, não o podemos pensar; também não podemos *dizer* aquilo que não podemos pensar"[65].

O que claramente diz que os limites do mundo são os limites do possível e o "para além" deles é o logicamente impossível, que é absolutamente nada, do ponto de vista da pensabilidade e da dizibilidade.

Podemos, então, compreender o alcance do afirmado em 6.13,

"A lógica não é uma doutrina, mas um reflexo do mundo.
 A lógica é transcendental."[66]

que interpretamos como Anscombe, para quem o carácter transcendental da lógica "não significa que as proposições da lógica afirmem verdades transcendentais; mas que elas, como todas as outras proposições, mostram alguma coisa que atravessa tudo o que é dizível e é, por sua vez, indizível"[67].

Ao que nós acrescentamos: e é a *forma* de *toda* a experiência possível[68].

---

[65] IDEM, *ibidem*, 5.61: "Die Logik erfüllt die Welt; die Grenzen der Welt sind auch ihre Grenzen.
Wir können also in der Logik nicht sagen: Das und das gibt es in der Welt, jenes nicht.
Das würde nämlich scheinbar voraussetzen, daß wir gewisse Möglichkeiten ausschließen, und dies kann nicht der Fall sein, da sonst die Logik über die Grenzen der Welt hinaus müßte; wenn sie nämlich diese Grenzen auch von der anderen Seite betrachten könnte.
Was wir nicht denken können, das können wir nicht denken; wir können also auch nicht *sagen*, was wir nicht denken können."

[66] IDEM, *ibidem*, 6.13: "Die Logik ist keine Lehre, sondern ein Spiegelbild der Welt. Die Logik ist transzendental."

[67] *An Introduction to Wittgenstein's 'Tractatus'*, 166: "Thus when the *Tractatus* tell us that 'Logic is transcendental' it does not mean that the propositions of logic state transcendental truths; it means that they, like all other propositions, show something that pervades everything sayable and is itself unsayable."

[68] Ver-se-á, mais adiante, como esta interpretação pode ser extensiva à atribuição do termo 'transcendental' também à Ética. Cf. 6.421.

III.3 Da forma geral das proposições à "essência do mundo"

"Os objectos constituem a substância do mundo"[69], isto é, o que subsiste independentemente do que acontece[70], aquilo que nele há de fixo e permanente:

> 2.022: "É claro que, por muito diferente do real que pensemos o mundo, alguma coisa - uma forma - deve ter em comum com ele.'[71].

---

[69] *Tractatus*, 2.021: "Die Gegenstände bilden die Substanz der Welt. [...] ".
Como é de conhecimento geral, uma das questões mais polémicas da ontologia do *Tractatus* respeita à natureza e modo de existência dos objectos, elementos últimos simples. Grande parte dos textos mais significativos das diferentes interpretações foram recolhidos na colectânea editada por I. M. COPI e R. W. BEARD, *Essays on Wittgenstein's Tractatus*: J. R. WEINBERG, "Are there ultimate simples", 75-85; B. F. McGUINNESS, "Pictures and form in Wittgenstein's *Tractatus* ", 137-156; I. M. COPI, "Objects, properties, and relations in the *Tractatus* ", 167-186; G. E. ANSCOMBE, "Mr. Copi on Objects, properties, and relations in the *Tractatus* ", 187-188; E. B. ALLAIRE, "*Tractatus* 6.3751", 189-193; E. EVANS, "About 'aRb' ", 195-199; G. L. PROCTOR, "Scientific laws and scientific objects in the *Tractatus* ", 201-216; H. R. G. SCHWYZER, "Wittgenstein's picture theory of language", 271-288; E. B. ALLAIRE, "The *Tractatus*: nominalistic or realistic?", 325-341; D. KEYT, "Wittgenstein's notion of an object", 289-303; E. STENIUS, "Wittgenstein's picture theory. A reply to Mr. H. R. G. Schwyzer", 312-323.
À margem desta colectânea, entre os textos importantes cf.: C. B. DALY, "Wittgenstein's 'objects' ", *Irish Theological Quarterly*, 23(1956), 413-414; J. GRIFFIN, *Wittgenstein's Logical Atomism*, Oxford, ²1965; G. PITCHER, *The Philosophy of Wittgenstein*, (I parte); D. S. SHWAYDER "Gegenstände and other matters: a review discussion of James Griffin, *Wittgenstein's Logical Atomism*", *Inquiry*, 7(1964), 387-413; G. E. ANSCOMBE, "Retractation", *Analysis*, 26(1965), 33--36; E. STENIUS, *Wittgenstein's Tractatus. A Critical Exposition of its Main Lines of Thought*, (sobretudo C. V); D. KEYT, "A new interpretation of the *Tractatus* examined",*The Philosophical Review*, 74(1965), 229-239; M. BLACK, *A Companion to Wittgenstein's 'Tractatus'*, (particularmente C. II e III); E. STENIUS "Miss Anscombe's retractation", *Analysis*, 27(1967), 86-96; J. M. RITERIS, "Early Wittgenstein's 'fundamental mistake' ", *Journal of Thought*, 6(1971), 240-245; C. B. DANIELS and J. DAVISON "Ontology and method in Wittgenstein's *Tractatus*", *Noûs*, 7(1973), 233-247; E. H. W. KLUGE, "Objects as universals: a re-appraisal of the *Tractatus*", *Dialogue*, 12(1973), 64-77; A. MAURY, *The concepts of 'Sinn' and 'Gegenstand' in Wittgenstein's 'Tractatus'*, Amsterdam, 1977 (sobretudo, 93-170); A. J. AYER, *Wittgenstein ou le Génie Face à la Métaphysique*, traduit de l'anglais par R. Davreu, Paris, 1986, 42-47.

[70] *Tractatus*, 2.024: "Die Substanz ist das, was unabhängig von dem was der Fall ist, besteht."

[71] IDEM, *ibidem*, 2.022: "Es ist offenbar, daß auch eine von der wirklichen noch so

2.023: "Esta forma fixa é constituida, precisamente, pelos objectos"[72].

A substância do mundo determina-o, apenas, no seu aspecto formal:

> 2.0231: "A substância do mundo *pode* só determinar uma forma e nenhuma propriedade material.
> Pois que estas propriedades são apresentadas apenas através das proposições — são formadas só pela configuração dos objectos"[73].

É essa "forma" que, como vimos, se *espelha* nas proposições da lógica, mas também em todas as proposições com sentido, pois, muito embora seja função destas apresentar as propriedades materiais que resultam da configuração dos objectos, elas têm a sua "forma" em comum com o mundo:

> 4.023: "[...] A proposição constrói o mundo com a ajuda de andaimes lógicos e, por isso, pode ver-se na proposição, *se* for verdadeira, a estrutura lógica da realidade [...][74].

Assim se explica que, uma vez encontrada a forma geral da proposição - a sua essência, como a designa Wittgenstein (5.471)[75] -, esta indique não só a essência da descrição (cuja função a proposição cumpre), como também a *essência do mundo*:

---

verschieden gedachte Welt Etwas - eine Form - mit der wirklichen gemein haben muß.'
[72] IDEM, *ibidem*, 2.023: "Diese feste Form besteht eben aus den Gegenständen."
[73] IDEM, *ibidem*, 2.0231: "Die Substanz der Welt *kann* nur eine Form und keine materiellen Eigenschaften bestimenn. Denn diese werden erst durch die Sätze dargestellt - erst durch die Konfiguration Gegenstände gebildet."
[74] IDEM, *ibidem*, 4.023: "[...] Der Satz konstruiert eine Welt mit Hilfe eines logischen Gerüstes und darum kann man am Satz auch sehen, wie sich alles Logische verhält, wenn er wahr ist. [...]."
[75] IDEM, *ibidem*, 5.471: "Die allgemeine Satzform ist das Wesen des Satzes."

> 5.4711: "Dar a essência da proposição é indicar a essência de toda a descrição, logo a essência do mundo"[76].

Como é o caso de todas as questões lógicas, esta - a da determinação da forma geral da proposição - deve também decidir-se de imediato[77] e *a priori*:

> 5.47: "É claro que aquilo que se pode dizer *a priori*[78] sob a *forma* de todas as proposições deve poder dizer-se de uma só vez. [...].
> Poder-se-ia dizer: a única constante lógica é aquilo que todas as proposições, segundo a sua natureza, têm em comum.
> Mas esta é a forma geral da proposição"[79].

Wittgenstein dará, da forma geral das proposições, dois enunciados que se diferenciam pelo carácter críptico[80] do primeiro e a natureza lógico-matemática do segundo.

---

[76] IDEM, *ibidem*, 5.4711: "Das Wesen des Satzes angeben, heißt, das Wesen aller Beschreibung angeben, also das Wesen der Welt."

[77] *Tractatus*, 5.551:"Unser Grundsatz ist, daß jede Frage, die sich überhaupt durch die Logik entscheiden läßt, sich ohne weiteres entscheiden lassen muß.
(Und wenn wir in die Lage kommen, ein solches Problem durch Ansehen der Welt beantworten zu müssen, so zeigt dies, daß wir auf grundfalscher Fährte sind.)"

[78] A tradução que se deu ao termo alemão "vornherein" segue a indicação de M. BLACK (*op.cit.*, 271) para a tradução do mesmo, na nota 6.125.
A tradução inglesa do termo, na versão de D.F. Pears e B. F. McGuinness é "in advance", na de Ramsey e Ogden é "beforehand".
A opção de M. Black apoia-se no conteúdo do primeiro período do terceiro parágrafo da nota 4.5: " [...] Daß es eine allgemeine Satzform gibt, wird dadurch bewiesen, daß es keinen Satz geben darf, dessen Form man nicht hätte voraussehen (d. h. konstruieren) können. [...] '". Este conteúdo é clarificado pelo que explicitamente se afirma no primeiro parágrafo da nota 5.55:"Wir müssen nun die Frage nach allen möglichen Formen der Elementarsätze *a priori* beantworten. [...]".

[79] *Tractatus*, 5.47: "Es ist klar, daß alles, was sich überhaupt *von vornherein* über die Form aller Sätze sagen läßt, sich *auf einmal* sagen lassen muß.
[...]
Man könnte sagen: Die Eine logische Konstante ist das, was *alle* Sätze, ihrer Natur nach, mit einander gemein haben.
Das aber ist die allgemeine Satzform."

[80] O adjectivo é utilizado por M. BLACK (*op.cit.*, 237): "This is not an adequate solution of the problem set at the beginning of the section: indeed, the form of words offered is cryptic to the point of unintelligibility."

A primeira formulação é-nos apresentada no último parágrafo da nota 4.5:

" [...] A forma geral da proposição é: é assim e assim"[81].

A forma lógico-matemática aparece na nota 6 e é explicada em 6.001:

6: "A forma geral das funções de verdade é [$\bar{p}, \bar{\xi}$, $N(\bar{\xi})$]. Esta é a forma geral da proposição."[82]

6.001: "O que mais não diz senão que cada proposição é um resultado da sucessiva aplicação da operação $N'(\bar{\xi})$ às proposições elementares"[83].

Esta formulação lógico-matemática e o contexto em que aparece na nota 4.5, o primeiro enunciado da "forma geral da proposição", iluminam o sentido deste último.

A fórmula lógico-matemática, como se lê, identifica a "forma geral da proposição" com a "forma geral das funções de verdade", explicitando, logo de seguida, que ela significa, apenas, que toda a proposição é a resultante da aplicação de uma determinada operação lógica - N ($\bar{\xi}$) - às proposições elementares. Por sua vez, o conteúdo da nota 4.5 respeita, precisamente, à

---

[81] *Tractatus*, 4.5.: "[...] Die allgemeine Form des Satzes ist: es verhält sich so und so."
V. PINTO (*op.cit.*, 74): "A forma geral da proposição é: é *assim* e *assim* (em alemão, "es verhält sich so und so", que pode traduzir-se por 'dá-se isto e aquilo' ou 'as coisas são assim, ou estão assim.' "
Preferimos a primeira formulação, porque, em nosso entender, ela traduz melhor o gosto de Wittgenstein pelas formas breves, incisivas, simultaneamente simples e densas. Ela é também a que melhor expressa, quanto a nós, a função do "mostrar" que toda a proposição exerce, como em capítulo posterior se irá provar.
[82] IDEM, *ibidem*, 6: "Die allgemeine Form der Wahreitsfunktion ist: [$\bar{p}, \bar{\xi}$, $N(\bar{\xi})$].
Dies ist die allgemeine Form des Satzes."
Para a explicação desta forma, ver o que sobre ela afirmou Bertrand RUSSELL, "Introduction", in: WITTGENSTEIN, *Tractatus Logico-Philosophicus*, new tran. by D. F. Pears and B. F. McGuinness, XIV-XVI.
Podem ler-se com proveito as páginas que A. KENNY (*op.cit.*, 84-94) dedica à construção das "funções de verdade" a partir da "operação da negação" e os seus comentários sobre a "forma geral da proposição."
[83] *Tractatus*, 6.001: "Dies sagt nichts anderes, als daß jeder Satz ein Resultat der sucessiven Anwendung der Operation N' ($\bar{\xi}$) auf die Elementarsätze ist."

"teoria da extensionalidade" que, como vimos, estabelece que toda a proposição é uma função de verdade de proposições elementares.

O que aparece, então, a esta luz é que, se a forma geral da proposição mostra o que todas as proposições têm em comum, ou seja, a sua essência, daí se infere que todas as proposições significativas, sem excepção, são funções de verdade de proposições elementares (inclusive, paradoxalmente, estas de si mesmas). Então, o que nelas há de comum é o facto de todas dizerem como as coisas estão na realidade: directamente, através das proposições elementares; indirectamente, através das proposições complexas.

E, se dar a forma geral de uma proposição é explicar quais os modos de associar os símbolos que corresponderão às coisas, tendo na realidade essas relações[84], então, o que de *a priori* se pode concluir sobre a *essência* do mundo, que através da forma geral é dada, é a *independência lógica* dos factos últimos em que este se resolve.

Como se diz em 4.26:

> "A enumeração de todas as proposições elementares verdadeiras descreve o mundo completamente. O mundo é completamente descrito pela enunciação de todas as proposições elementares, mais a indicação de quais são verdadeiras e quais são falsas"[85].

As proposições elementares são, assim, analogados línguisticos de estados de coisas. Ora uma vez que *a priori* nada mais se pode dizer sobre elas senão que consistem em concatenações de nomes[86], e nenhuma delas

---

[84] M. BLACK (*op.cit.*, 236) cita, a propósito, este excerto das "Notes Dictated to G. E. Moore in Norway", *Tagebücher 1914-1916*, Appendix II, ed. cit., 239: "In giving the general form of proposition you are explaining what kind of ways of putting together the symbols of things and relations will correspond to (be analogous to) the things having those relations in reality."

[85] *Tractatus*, 4.26: "Die Angabe aller wahren Elementarsätze beschreibt die Welt vollständig. Die Welt ist vollständig beschrieben durch die Angaben aller Elementarsätze plus der Angabe, welche von ihnen wahr und welche falsch sind."

[86] IDEM, *ibidem*, 5.55: "Wir müssen nun die Frage nach allen möglichen Formen der Elementarsätze *a priori* beantworten.
Der Elementarsatz besteht aus Namen. Da wir aber die Anzahl der Namen von verschiedener Bedeutung nicht angeben können, so können wir auch nicht die Zusammensetzung des Elementarsatzes angeben."

pode ser contradita por outra da mesma espécie[87] nem dela ser inferida[88], igualmente dos estados de coisas se pode dizer que são independentes entre si[89] e que da existência ou não-existência de um deles nada se pode inferir sob a existência ou não-existência de um outro[90].

Assim, da estrutura lógica extensional da linguagem ressalta a estrutura lógica extensional do mundo.

A independência lógica dos estados de coisas mostra ser, deste modo, um carácter que lhes é essencial, dito de uma outra maneira, uma propriedade atemporal do seu acontecer.

III.4 A dimensão ética da compreensão da "essência do mundo" A impotência da vontade

Nos *Tagebücher*, em registo de 7 de Outubro de 1916, Wittgenstein escrevera que a vida boa era "o mundo visto *sub specie aeternitatis*" e o contexto da afirmação permitia que ela fosse entendida como a visão da sua estrutura onto-lógica.

No *Tractatus*, a mesma afirmação reaparece, mas aqui aparentemente esvaziada da referência à lógica, e a ligação à ética está oculta pelo termo "místico" que a substitui.

Diz-se em 6.45:

> "A visão do mundo *sub specie aeterni* é a sua visão como um todo limitado.
> O sentir do mundo como todo limitado, é o místico"[91]

---

[87] IDEM, *ibidem*, 4.211: "Ein Zeichen des Elementarsatzes ist es, daß kein Elementarsatz mit ihm in Widerspruch stehen kann."
[88] IDEM, *ibidem*, 5.134: "Aus einem Elementarsatz läßt sich kein anderer folgern."
[89] IDEM, *ibidem*, 2.061: "Die Sachverhalte sind von einander unabhängig."
[90] IDEM, *ibidem*, 2.062: "Aus dem Bestehen oder Nichtbestehen eines Sachverhaltes kann nicht auf das Bestehen oder Nichtbestehen eines anderen geschlossen werden."
[91] IDEM, *ibidem*, 6.45: "Die Anschauung der Welt sub specie aeterni ist ihre Anschauung als — begrenztes — Ganzes.
Das Gefühl der Welt als begrenztes Ganzes ist das Mystische."

Todavia, a real diferença entre os dois textos, a única relevante, tem, apenas, a ver com a riqueza dos desenvolvimentos que acompanham a primeira versão, de índole mais clarificadora pelas explicitações que proporciona mercê das analogias que estabelece, em contraste com o carácter mais hermético da segunda. Diferença que, aliás, é constante, quando se confronta os registos do diário com as notas que lhe correspondem na obra publicada.

Observe-se, em primeiro lugar, que em ambos a "visão *sub specie aeterni*" (como aparece no *Tractatus*), ou "*sub specie aeternitatis*" (como Wittgenstein escreveu nos *Tagebücher*) é sempre a visão do mundo como um todo limitado; em segundo lugar, e embora susceptível de um novo aprofundamento que se dará em capítulo próprio, julgamos, não obstante, ter ficado suficientemente aclarado, em páginas anteriores, a relação íntima entre ética e misticismo, na forma como este leitor de Tolstoï a entendeu.

Não nos parece, portanto, que haja diferenças no seu conteúdo: a inspiração e a ideia cremos que são as mesmas. Senão, vejamos: a visão do mundo como um todo limitado remete-nos, no contexto do conteúdo teórico do *Tractatus*, novamente para a lógica. A nossa experiência mundana é sempre particular, marcada pelas coordenadas do tempo e do lugar: daí a sua natureza parcelar, fraccionária, plural, incompleta. A visão do mundo como um todo limitado não se compadece com o conhecimento que tem nesta experiência apenas a sua origem. Em contrapartida, o carácter apriorístico, necessário e ontológico da lógica, a sua natureza transcendental permite que, através dela, se desvele a estrutura *una, limitada* e *intemporal* do real, que um todo — o espaço lógico — se presentifique em cada proposição com sentido (4.023).

O mesmo, então, será dizer que o mundo visto *sub specie aeterni*, o mundo visto como um todo limitado, é o mundo visto na sua *forma lógica*, ou seja, apreendido na sua estrutura extensional.

Pode, na circunstância, compreender-se que os estados de coisas têm independência lógica, que não há uma lei necessitante do seu acontecer e que um contingentismo profundo marca todo o sucesso mundano.

Esta analiticidade última do real, que o resolve em estados de coisas mutuamente independentes, conduz, como é óbvio, à tese empirista humiana, que nega a possibilidade de haver qualquer conexão necessária entre o que acontece entre dois momentos diferentes do tempo e afirma, em consequência, que todas as inferências indutivas são meramente hipotéticas[92].

Na exposição destas ideias se inserem as seguintes notas:

> 5.135: "De modo algum se pode concluir da existência de uma qualquer situação a existência de outra totalmente diferente."[93]
>
> 5.136: "Um nexo causal que justifique tal inferência não existe."[94].

E, projectando-as para um outro nível de discussão que, em nosso entender, é já ético, as teses da nota 5.1361:

> "Não *podemos* inferir os eventos futuros dos presentes.
> A fé no nexo causal é *superstição*"[95].

Atenda-se, em primeiro lugar, à sequência que lhe é dada por Wittgenstein, na nota 5.1362:

> "A liberdade da vontade consiste em que as acções futuras não possam ser conhecidas agora. Somente poderíamos conhecê-las, se a causalidade fosse uma necessidade *interna*, como a da dedução lógica. — A conexão entre conhecer e conhecido é a da necessidade lógica.

---

[92] Cfr. E. STENIUS, *Wittgenstein's 'Tractatus'. A Critical Exposition of its Main Lines of Thought*, 58-60.
[93] *Tractatus*, 5.135: "Auf keine Weise kann aus dem Bestehen irgendeiner Sachlage auf das Bestehen einer, von ihr gänzlich verschiedenen Sachlage geschlossen werden."
[94] IDEM, *ibidem*, 5.136: "Einen Kausalnexus, der einen solchen Schluß rechtfertigt, gibt es nicht."
E. STENIUS, *op.cit.*, 60: "By 'causal nexus' he obviously means the aprioristic *certainty* of causal connections."
M. BLACK (*op.cit.*, 244), que cita esta afirmação de Stenius, acrescenta: "W. does not mean to deny the existence of causal regularities: he does deny that they are *a priori*."
[95] *Tractatus*, 5.1361: "Die Ereignisse der Zukunft *können* wir nicht aus den gegenwärtigen erschließen.
Der Glaube an den Kausalnexus ist der *Aberglaube*."

('*A* sabe que *p* é o que acontece' não tem sentido, se *p* é uma tautologia)"⁹⁶.

A leitura que parece impor-se na conexão das teses afirmadas em 5.1361 e 5.1362 leva a situá-las, pelo menos de imediato, na tradição de um equacionamento da problemática da vontade, que nada tinha de original⁹⁷.

Todavia, a posição de Wittgenstein, no que respeita a esta questão específica é, como já se mostrava nos *Tagebücher*, mais ampla e diferente.

O contacto com os textos de Wittgenstein ensina-nos, ao fim de algum tempo de experiência, que não estamos perante um pensamento que se desenvolve linearmente: os temas enredam-se de modo labiríntico e reaparecem em novos contextos, mais ou menos enfatizados, tal como acontece em certas estruturas da composição musical.

O espaço de sentido do primeiro período da nota 5.1362 só se desvela, quanto a nós, à luz da totalidade do afirmado na nota 5.1361 e das sequências de pensamento que daí irradiam. As zonas iluminadas vão-se dispondo numa ordem serial, análoga à dos diferentes planos que se vão visualizando pelo efeito rotativo do foco luminoso do farol. A totalidade do espaço só se obtém pelo somatório das partes fraccionadas a partir de um centro comum. O que significa que o alcance ético das teses de 5.1361 tem de começar por ser encontrado na conexão entre os dois parágrafos que as integram, contituindo-se esta no núcleo temático indutor dos desenvolvimentos, aí potencialmente contidos.

Nos parâmetros desse contexto, a tese de que "a liberdade da vontade consiste em que as acções futuras não possam ser conhecidas agora", diz muito mais do que parece dizer e, ao fazê-lo, demarca-se do sentido em que repetitivamente diria, sem novidade, a tradição.

---

96 IDEM, *ibidem*, 5.1362: "Die Willensfreiheit besteht darin, daß zukünftige Handlungen jetzt nicht gewußt werden könten. Nur dann könten wir sie wissen, wenn die Kausalität eine *innere* Notwendigkeit wäre, wie die des logischen Schlusses. — Der Zusammenhang von Wissen und Gewußtem, ist der der logischen Notwendigkeit. ('A weiß, daß *p* der Fall ist' ist sinnlos, wenn *p* eine Tautologie ist.)"

97 Assim o recorda M. BLACK (*op.cit.*, 245), quando observa: "The idea that there is a connexion between freedom of the will and ignorance of revelant circumstances is common in philosophical discussion. For example, in the following well - known passage: ' [Men's] idea of liberty therefore is this - that they know no cause for their own actions; for as to saying that their actions depend upon their will, these are words to which no idea is attached' (Spinoza, *Ethic*, part 2, prop. XXXV, schol., p. 81)."

O importante em 5.1361, em nosso entender, é a tríplice relação: liberdade da vontade/desconhecimento do futuro/carácter supersticioso da crença no nexo causal.

Da inexistência do 'nexo causal' não somente se infere que, ao certo, nada se pode dizer sobre o futuro, pois que este não se segue *necessariamente* dos factos presentes - uma vez que a única necessidade é lógica -, como resulta também em consequência, a *impotência* da vontade em relação ao mundo. "O mundo é independente da minha vontade"[98], diz-se na nota 6.373, depois de uma longa tematização da lei da causalidade, cujas soluções estão pressupostas na tese da irrealidade do nexo causal. O meu querer um estado de coisas e a sua efectivação são *dois factos* diferentes e independentes. Há no querer uma *dimensão projectiva* que o reporta a algo referido a um momento sequente no tempo, a algo que, portanto, ainda não é o que acontece. Esta dimensão é a sua dimensão desiderativa. Entre, pois, o projecto do querer e a sua consecução não fica garantido que não haja solução de continuidade. São dois factos e, como tal, de um não se segue necessariamente o outro:

> 6.374: "Mesmo que tudo aquilo que desejamos acontecesse, isso seria apenas - por assim dizer - uma graça do destino, pois que entre a vontade e o mundo não há qualquer conexão *lógica* que possa garantir tal coisa, nem podemos querer, por sua vez, a suposta conexão física"[99].

O que emerge destes textos é, de novo, a problemática da vontade como se expõe nos *Tagebücher*. É o primeiro momento da compreensão da dialéctica da vontade, que aqui se posiciona.

Ver o mundo *sub specie aeterni* é libertação da crença no nexo causal, é reconhecer a impotência da vontade, enquanto facto no mundo. O momento da visão é, então, ocasião possível de libertação da vontade, mercê da libertação de um objecto ilusório do desejo: o de poder operar de

---

[98] IDEM, *ibidem*, 6.373: "Die Welt ist unabhängig von meinem Willen."
[99] IDEM, *ibidem*, 6.374: "Auch wenn alles, was wir wünschen, geschähe, so wäre dies doch nur, sozusagen, eine Gnade des Schicksals, denn es ist kein *logischer* Zusammennhang zwischen Willen und Welt, der dies verbürgte, und den angenommenen physikalischen Zusammenhang könnten wir doch nicht selbst wieder wollen."

uma forma eficiente no mundo, seguindo a ordem de uma regra permanente e infalível.

Esta libertação é uma verdadeira ascese com uma dupla vertente, cognitiva e ética: o entendimento, no movimento de abandono do ilusório, eleva-se à "essência" desvelada do mundo e oferece-se, pelo acto purificador, como apelo a uma nova atitude para com o desejo, como chamada a uma condescência mais plena: à assunção da facticidade do homem em sua condição de ser no mundo. É que esta chamada e este apelo convocam o que os ouve a acolher a sua finitude, intensa e extensivamente, no acto do humilde despojo das insígnias do *poder* de que em verdade não está investido.

Mas responder adequadamente ao que se mostra na visão "correcta" do mundo, pelo desvelamento da sua estrutura extensional, é também comportar-se, no aspecto linguístico, de acordo com a compreensão de que as proposições complexas necessárias ou nada dizem, porque são tautologias, ou são sem sentido, porque não respeitam em sua construção a independência lógica definidora das proposições elementares de que são funções de verdade.

A observância dos princípios inferidos desta compreensão impede-nos de utilizar o operador lógico *deve*, quer para conectar proposições factuais entre si, quer para integrar qualquer proposição elementar (pois o domínio dos factos é o de mera contigência e casualidade).

O discurso, liberto pela compreensão da estrutura extensional do *mundo* e da *linguagem* seu reflexo, há-de então excluir as proposições substanciais necessárias, como é o caso das proposições metafísicas, bem como as proposições éticas normativas; pressuporá, por sua vez, a não existência de um valor absoluto numa relação necessária à vontade, expressa pela inclusão na sua estrutura, explícita ou implicitamente, do verbo *dever*. Discurso metafísico e discurso ético estão, pois, condenados a um mesmo destino: não há "proposições filosóficas", como também não há "proposições éticas".

A sequência das notas 6.4 a 6.42 desenha a trajectória da linha de pensamento que conduz, no que respeita ao discurso ético, a esta conclusão:

6.4 "Todas as proposições têm valor igual."[100]

---

[100] IDEM, *ibidem*, 6.4: "Alle Sätze sind gleichwertig."

6.41: "O sentido do mundo deve encontrar-se fora dele. No mundo, tudo é como é, e tudo acontece como acontece; não há nele nenhum valor — e se houvesse não teria qualquer valor.

Se existe algum valor, que tenha valor, deve estar fora de todo o acontecer e ser assim. Pois todo o acontecer e ser assim é casual.

O que o faz não casual, não pode estar *no* mundo, pois de outro modo também isso seria casual.

Deve estar fora do mundo."[101]

6.42: "Por causa disso, não pode haver proposições de ética. As proposições não podem exprimir nada de mais elevado"[102].

Do mesmo modo, um outro conjunto de notas, que se inicia com a que tem o número 4.003, desenvolve uma linha paralela de ideias sobre o estatuto e o papel da filosofia.

Começa Wittgenstein por anatematizar a quase totalidade das questões filosóficas que conecta com o desconhecimento da lógica da nossa linguagem:

4.003: "A maior parte das proposições e das questões que foram escritas sobre matérias filosóficas não são falsas, mas contra-sentido [unsinnig]. A questões deste género não podemos, de facto, responder, mas, apenas, estabelecer a sua natureza de contra-sentido [Unsinnigkeit]. A maior parte das questões e proposições dos filósofos deriva de não compreendermos a lógica da nossa linguagem. (Estas questões são semelhantes à de saber se o bem é mais ou menos idêntico que o belo.)

E não é de admirar, que os mais profundos problemas não sejam propriamente problemas."[103]

---

[101] IDEM, *ibidem*, 6.41: "Der Sinn der Welt muß außerhalb ihrer liegen. In der Welt ist alles wie es ist und geschieht alles wie es geschieht; es gibt *in* ihr keinen Wert — und wenn es ihn gäbe, so hätte er keinen Wert.
Wenn es einen Wert gibt, der Wert hat, so muß er außerhalb alles Geschehens und So-Seins liegen. Denn alles Geschehen und So-Sein ist zufällig.
Was es nicht - zufällig macht, kann nicht *in* der Welt liegen, denn sonst wäre dies wieder zufällig.
Es muß außerhalb der Welt liegen."
[102] IDEM, *ibidem*, 6.42: "Darum kann es auch keine Sätze der Ethik geben. Sätze können nichts Höheres ausdrücken."
[103] IDEM, *ibidem*, 4.003: "Die meisten Sätze und Fragen, welche über philosophische Dinge geschrieben worden sind, sind nicht falsch, sondern unsinnig. Wir

Tem, todavia, a filosofia uma função específica que lhe delimita um domínio próprio, não confundível com o das ciências naturais:

> 4.11: "A totalidade das proposições verdadeiras é a total ciência da natureza, ou a totalidade das ciências da natureza."[104]
>
> 4.111: "A filosofia não é uma ciência da natureza.
> (A palavra 'filosofia' deve significar qualquer coisa que está acima ou abaixo das ciências da natureza, mas não a seu lado)"[105].

As notas 4.0031 e 4.112 esclarecem, finalmente, no que consiste em sua essência o que demarca a filosofia da ciência natural:

> 4.0031: "Toda a filosofia é 'crítica da linguagem'. (Na verdade, não no sentido de Mauthner.) O mérito de Russell foi o de ter mostrado que a forma lógica aparente da linguagem não é necessariamente a sua forma real."[106]

---

können daher Fragen dieser Art überhaupt nicht beantworten, sondern nur ihre Unsinnigkeit feststellen. Die meisten Fragen und Sätze der Philosophen beruhen darauf, daß wir unsere Sprachlogik nicht verstehen.
(Sie sind von der Art der Frage, ob das Gute mehr oder weniger identisch sei als das Schöne.)
Und es ist nicht verwunderlich, daß die tiefsten Probleme eigentlich *keine* Probleme sind."
O comentador M. BLACK (*op.cit.*, 185-186) observa que Wittgenstein só pode estar a usar aqui o termo "ciência" num sentido muito lato, não só porque não permite que ela se distinga do senso comum, como não se adequa com a descrição da linguagem científica que apresenta, mais adiante, na nota 6.341.
[104] *Tractatus*, 4.11: "Die Gesamtheit der wahren Sätze ist die gesamte Naturwissenschaft (oder die Gesamtheit der Naturwissenschaften)."
[105] IDEM, *ibidem*, 4.111: "Die Philosophie ist keine der Naturwissenschaften.
(Das Wort 'Philosophie' muß etwas bedeuten, was über oder unter, aber nicht neben den Naturwissenschaften steht.)"
[106] IDEM, *ibidem*, 4.0031: "Alle Philosophie ist 'Sprachkritik'. (Allerdings nicht im Sinne Mauthners.). Russells Verdienst ist es, gezeigt zu haben, daß die scheinbare logische Form des Satzes nicht seine wirkliche sein muß."
Sobre Mauthner ver as páginas que A. JANIK e S. TOULMIN (*op.cit.*, 98-109, 154) lhe dedicam.
Resumindo o que aí se expõe, podemos dizer que Mauthner defendeu uma teoria

4.112: "O objectivo da filosofia é a clarificação lógica do pensamento.
A filosofia não é uma doutrina, mas uma actividade.
Uma obra filosófica consiste essencialmente em elucidações.
O resultado da filosofia não são 'proposições filosóficas', mas antes a clarificação das proposições.
A filosofia deve tornar claras e delimitar com precisão as ideias que, de outro modo, estariam, por assim dizer, baralhadas e confusas"[107].

A relação — filosofia/ciência da natureza — precisa-se ainda de modo mais definido:

4.113: "A filosofia limita o campo disputável da ciência da natureza"[108].

---

pragmática da linguagem que, sem lhe recusar um enraizamento biológico, a interpreta como um meio de sobrevivência do homem.
Nesta teoria, funda-se o seu *cepticismo epistemológico*: a linguagem, hábil em unir os homens na acção, é motivo de desunião, quando está em causa o saber. O valor da linguagem, como tal, é reduzido no que respeita ao conhecimento e compreensão do mundo, uma vez que ela é essencialmente metafórica, logo, ambígua.
Considerava também Mauthner que a lógica pertencia ao domínio da antropologia cultural e, a seu respeito, perfilhava a ideia de um relativismo total: tantas lógicas quantas as linguagens com estruturas diferentes.
O jovem Wittgenstein distanciava-se de Mauthner não só ao defender a ideia de que há uma verdadeira forma lógica, como ainda ao explicar, graças ao cálculo das proposições, a natureza e os limites da linguagem sem ter de recorrer a uma teoria exterior à própria linguagem.
[107] *Tractatus*, 4.112: "Der Zweck der Philosophie ist die logische Klärung der Gedanken.
Die Philosophie ist keine Lehre, sondern eine Tätigkeit.
Ein philosophisches Werk besteht wesentlich aus Erläuterungen.
Das Resultat der Philosophie sind nicht 'philosophie Sätze', sondern das Klarwerden von Sätzen.
Die Philosophie soll die Gedanken, die sonst, gleichsam, trübe und verschwommen sind, klar machen und scharf abgrenzen".
[108] IDEM, *ibidem*, 4.113: "Die Philosophie begrenzt das bestreitbare Gebiet der Naturwissenschaft."
Como interpreta M. BLACK (*op.cit.*, 187): "By clarifying thoughts, philosophy demarcates the boundary of the realm where disputes are possible, i.e., the realm of state of affairs."

A função da filosofia define-se em 4.114 e 4.115 em termos que a tornam coincidente com os objectivos do *Tractatus*, tal como se enunciam no Prefácio e, exactamente, pela mesma ordem: "traçar um limite ao pensamento", limite que deverá "ser traçado apenas no âmbito da linguagem":

> 4.114: "Ela deve limitar o pensável e com isso o impensável. Deve limitar o impensável de dentro do pensável."[109]
>
> 4.115: "Significará o indizível, apresentando claramente o dizível"[110].

A leitura atenta desta última nota indica de modo supreendente que o que se joga na relação semântica do "dizível" (Sagbare) e do "indizível" (Unsagbare) é muito mais do que um mero jogo estilístico de palavras. É uma relação de *significação* expressa pela forma verbal "wird ... bedeuten". Percebe-se, então, que a clarificação dos limites do dizível — conducente à libertação das formas alienatórias do discurso, contrárias às permitidas pela compreensão da estrutura lógica do real —, não define o final de um percurso: é, apenas, um patamar, onde um outro pórtico se abre para uma nova visão mais ampla e totalizante. A relação do *dizível* com o *indizível* não tem, pois, no contexto da nota 4.115 o sentido meramente negativo de exclusão que a antítese poderia querer significar, se atendêssemos, apenas, ao percurso da reflexão seguida até este momento. Apresentámos a linha de pensamento do *Tractatus*, cuja trajectória se orienta para teses e conclusões, que refinam princípios empiristas e positivistas, tais como: limitar o conhecimento ao domínio da investigação científica; reduzir as afirmações com sentido às proposições elementares (logicamente independentes), enquanto afirmações de observação, ou às suas várias combinações obtidas por meio de operadores lógicos; cingir as proposições necessárias às proposições lógicas, que não representam situações possíveis, ou porque são tautologias e admitem todas as possibilidades, ou porque são contradições e não admitem nenhuma. Deste modo se impunha que todas as proposições complexas, que fossem construídas pela combinação de

---

[109] *Tractatus*, 4.114: "Sie soll das Denkbare abgrenzen und damit das Undenkbare. Sie soll das Undenkbare von innen durch das Denkbare begrenzen."
[110] IDEM, *ibidem*, 4.115: "Sie wird das Unsagbare bedeuten, indem sie das Sagbare klar darstellt."

proposições de observação e não respeitassem a independência lógica, seriam sem sentido. Assim, ficavam condenadas todas as proposições que pretendessem descrever o mundo e, ao *mesmo tempo*, fossem necessárias. Entre estas se encontrariam todas as que respeitassem a crença num nexo causal tais como: "O sol deve levantar-se amanhã"; "O meu desejo que o sol se levante amanhã *deve* ser satisfeito"; "Deve haver um sol"[111].

Neste contexto, são ainda de natureza empirista e positivista as conclusões de recusa a dar estatuto filosófico às proposições metafísicas e às proposições éticas, que retiram à filosofia o direito de se constituir em saber, e se subalternizam a uma actividade clarificadora da lógica das proposições.

Se apenas esta linha de ideias abarcasse, em sua totalidade, o essencial do pensamento exposto no *Tractatus*, o sentido da nota 6.53 — a primeira das suas três últimas — poderia ser subscrita por qualquer empirista ou positivista radical:

> 6.53: "O verdadeiro método da filosofia seria propriamente este: nada dizer além daquilo que se pode dizer, isto é, as proposições da ciência da natureza — portanto algo que nada tem a ver com a filosofia — e depois, sempre que alguém quiser dizer algo de metafísico, mostrar-lhe que nas suas proposições não deu qualquer significado a determinados sinais.
> Este método seria insatisfatório para o outro — não teria a sensação de que lhe ensinamos filosofia — mas seria o único inteiramente correcto"[112].

---

[111] Cfr. S. P. HUGHES, *Showing the Meaning of Life: The Moral Value of Wittgenstein's Pfilosophical Methods*, 17-18. Para o estudo perspectivado das pseudoproposições da ética no âmbito da teoria lógica da forma geral da proposição, cf. B. F. McGUINNESS, "Pictures and forms in Wittgenstein's *Tractatus*", in: I. M. COPI e R. W. BEARD (edd), *Essays on Wittgenstein's 'Tractatus'*, 137-156.

[112] *Tractatus*, 6.53: "Die richtige Methode der Philosophie wäre eigentlich die: Nichts zu sagen, als was sich sagen läßt, also Sätze der Naturwissenschaft — also etwas, was mit Philosophie nichts zu tun hat —, und dann immer, wenn ein anderer etwas Metaphysisches sagen wollte, ihm nachzuweisen, daß er gewissen Zeichen in seinen Sätzen keine Bedeutung gegeben hat. Diese Methode wäre für den anderen unbefriedigend — er hätte nicht das Gefühl, daß wir ihn Philosophie lehrten — aber *sie* wäre die einzig streng richtige."

Mas é evidente que o sentido para que aponta o "dito" na nota 4.115 seria muito pobremente exposto, se o expressássemos deste modo simplista, quase tautológico: pode dizer-se o dizível, o indizível não pode ser dito.

O que aí se exprime, é que no *acto* em que se apresenta com clareza os limites da dizibilidade, o *indizível* é significado.

A conjunção temporal "indem" (enquanto, ao mesmo tempo que), que liga, no texto alemão, os dois membros do parágrafo único da nota 4.115, indica a simultaneidade do acto. Se assim é, o esforço especulativo para libertar a linguagem dos modos não significativos do *dizer* tem um significado; mas, na medida em que esse significado é o indizível, o acto de significar por ele operado não pode transcender o mero acto de o sinalizar ou *mostrar*[113].

Há, portanto, algo que é *significado* na actividade filosófica. Mesmo que o seu resultado não seja enunciável num conjunto de proposições; mesmo que a sua obra consista essencialmente em elucidações, ou seja, em delimitar e clarificar rigorosamente os pensamentos — este comportamento tem *só por si* um sentido que *comunica*, mercê do que através de si se deixa ver.

E o que assim se desvela, mostra, à luz do dizível que o ilumina, a sua indizibilidade.

Wittgenstein registou na nota 6.522:

"Existe certamente o inexprimível. *Mostra-se*, é o místico."[114]

Já escrevera em 6.421:

"É claro que a ética não se deixa exprimir.
A ética é transcendental. [...]"[115].

---

[113] Mais uma vez nos parece extremamente acertada a interpretação de M. BLACK (*op.cit.*, 187): "By removing the obstacles to speaking clearly, philosophy allows us to *see* what can only be shown."
Pena que M. Black não retire desta leitura as consequências que, no domínio ético, parecem evidentes, como é nossa intenção mostrar.

[114] *Tractatus*, 6.522: "Es gibt allerdings Unaussprechliches. Dies *zeigt* sich, es ist das Mystische."

[115] IDEM, *ibidem*, 6.421: "Es ist klar, daß sich die Ethik nicht aussprechen läßt. Die Ethik ist transzendental. [...]."

Da convergência destas duas teses se infere que a ética deve integrar o domínio do místico, uma vez que este se define como o inexprimível e ela, não sendo um puro nada, não é todavia exprimível.

Se apresentar claramente o dizível há-de significar o indizível (4.115), então parece-nos, na lógica das afirmações e em sua consequência, que o que por esse modo se presentificará é o místico e o ético.

Assim, a recusa das "proposições filosóficas" e das "proposições éticas" não é a recusa de um sentido existencial para o acto filosófico nem a negação da dimensão ética do humano. É, apenas, a recusa de uma certa tradição que julgou possível, segundo Wittgenstein, dizer o indizível que as move, manifestando-se e ocultando-se nos limites da lógica da nossa linguagem.

A dimensão ética da visão *sub specie aeterni* só se presentificará na visibilidade possível do seu horizonte de manifestação, se, atentamente, seguirmos as vias que o texto abre para além das que já foram percorridas.

Dissemos que a nota 4.115 constituía um novo pórtico, aberto para uma nova escalada: esta ascende, degrau a degrau, o espaço ocupado pela teoria do "sagen und zeigen", pedra angular para a interpretação do *Tractatus*.

A posição de charneira da nota 4.115 torna-se patente, se atendermos ao tríptico constituído pelas notas 4.116, 4.2 e 4.21, que se lhe seguem no texto: elas apresentam paradigmaticamente, através do exemplo da lógica, o "modus" de ligação do dizível ao indizível.

Assim:

> 4.116: "Tudo o que pode ser pensado, pode ser pensado com clareza; tudo o que se pode exprimir, pode-se exprimir com clareza."[116]

> 4.12: "A proposição pode representar toda a realidade, mas *não* aquilo que deve ter em comum com a realidade para a poder representar — a forma lógica.
> Para podermos representar a forma lógica, deveríamos poder colocar-nos com a proposição fora da lógica, isto é, fora do mundo."[117]

---

[116] IDEM, *ibidem*, 4.116: "Alles was überhaupt gedacht werden kann, kann klar gedacht werden. Alles was sich aussprechen läßt, läßt sich klar aussprechen." (t.n.)
[117] IDEM, *ibidem*, 4.12: "Der Satz kann die gesamte Wirklichkeit darstellen, aber er

4.121: "A proposição não pode representar a forma lógica:esta espelha-se nela.
Aquilo que se espelha na linguagem, a linguagem não o pode representar.
Aquilo que *se* exprime na linguagem, *nós* não o podemos exprimir através dela.
A proposição *mostra* a forma lógica da realidade.
Apresenta-a"[118].

A sequência das ideias expostas neste painel das três notas desenvolve-se segundo um esquema triádico:

— *o que é representável e o seu modo* (claramente): abrange a totalidade do afirmado em 4.116 e o primeiro membro do primeiro parágrafo de 4.12 (a proposição pode representar toda a realidade);

— *o que não é representável* (a forma lógica, enquanto condição de toda a representação): abrange as restantes asserções de 4.12 e o primeiro membro do primeiro parágrafo da 4.121;

— *o que não é representável, mas se "mostra" e, assim, é apresentado pela proposição* (nesta caso *particular*, a própria forma lógica): pensamento nuclear da 4.121.

Verifica-se, deste modo, que a visão "correcta" do mundo se alarga pelo movimento da linha de pensamento sem, contudo, anular nenhum ponto até agora já adquirido: que toda a linguagem factual se organiza num sistema de proposições factuais, que são funções de verdade de proposições elementares; que a estrutura do real é extensional; que toda a necessidade

---

kann nicht das darstellen, was er mit der Wirklichkeit gemein haben muß, um sie darstellen zu können — die logische Form.
Um die logische Form darstellen zu können, müßten wir uns mit dem Satze auserhalb der Logik aufstellen können, das heißt außerhalb der Welt."
[118] IDEM, *ibidem*, 4.121: "Der Satz kann die logische Form nicht darstellen, sie spiegelt sich in ihm.
Was sich in der Sprache spiegelt, kann sie nicht darstellen.
Was *sich* in der Sprache ausdrückt, können *wir* nicht durch sie ausdrücken.
Der Satz *zeigt* die logische Form der Wirklichkeit.
Er weist sie auf."

é lógica, logo tautológica; que a crença no nexo causal é pura superstição; que a nossa vontade é impotente e, consequentemente, não há relação de causa a efeito entre os nossos desejos e a sua satisfação.

No horizonte das inquietações que dominavam, então, o espírito do jovem Wittgenstein, para quem a vida era uma tarefa a considerar no seu "modus essendi" como os dados de um problema matemático que não se podem alterar para facilitar a resolução[119], as teses enunciadas seriam alguns dos dados, mas não todos.

E, sem dúvida, muito menos, a sua solução:

>6.4321: "Os factos pertencem todos só ao problema, não à sua solução"[120].

---

[119] Cf. P. ENGELMANN, op.cit., 59.
[120] Tractatus, 6.4321: "Die Tatsachen gehören alle nur zur Aufgabe, nicht zur Lösung."
G. E. ANSCOMBE (An Introduction to Wittgenstein's 'Tractatus', 171) comenta, a propósito da sua tradução do termo alemão "Aufgabe": " 'Aufgabe', which I translate 'task set', is the German for a child's school exercise, or piece of homework. Life is like a boy doing sums."

SECÇÃO B

CAPÍTULO I

DO "DIZER" E DO "MOSTRAR"

I. 1 Preliminares à exposição da "Teoria da distinção entre o 'dizer' e o 'mostrar'"

De Monte Cassino, onde ainda se encontrava prisioneiro, se bem que já em véspera de ser libertado, Wittgenstein escreveu a Russell uma carta datada de 19.8.19, em resposta a uma outra que este lhe enviara, após ter recebido o manuscrito do *Tractatus*, e onde o lógico inglês formulava algumas questões que a leitura do texto lhe sugerira.

Desculpando-se da sua incapacidade para dar satisfação ao que lhe era pedido, por inabilidade em escrever desenvolvidamente sobre temas de lógica, Wittgenstein acrescenta:

> "Temo agora que não se tenha apercebido de facto do que constitui para mim a principal questão, relativamente à qual tudo o que respeita às prop[osições] lógicas, é apenas um corolário. Fundamental é a teoria do que pode ser expresso (gesagt) pelas prop[osições] - i.e., pela linguagem - (e, o que no fundo é o mesmo, do que pode ser *pensado*) e daquilo que não pode ser expresso pelas prop[osições], mas somente mostrado (gezeigt); o que, creio, é o problema principal da filosofia." [1]

Uma vez mais, é a publicação de uma carta de Wittgenstein que vem recolocar o *Tractatus* no espaço aberto de uma perspectiva temática,

---

[1] L. WITTGENSTEIN, *Letters to Russell Keynes, and Moore*, 71: "Now I'm afraid you haven't really got hold of my main contention, to which the whole business of logical prop[osition]s is only a corollary. The main point is the theory of what can be expressed (gesagt) by prop[osition]s — i. e. by language — (and, which comes to the same, what can *be thought*) and what can not be expressed by prop[osition]s, but only shown (gezeigt); which, I believe, is the cardinal problem of philosophy. — "

estranha às leituras parcelares do texto - meramente interessadas, ora nas suas teses lógicas, ora nas linguísticas ou lógico-linguísticas, sem as integrar na intenção mais abrangente à qual se subordinam, que fica, por esse modo, oculta.

Todavia é já hoje de reconhecimento geral a centralidade do tema da distinção entre o " dizer" e o " mostrar" para a compreensão deste primeiro texto publicado do pensador austríaco, e até da sua importância como noção chave na evolução do seu pensamento da juventude para o de maturidade[2].

Este reconhecimento vem, de um modo geral, acompanhado da afirmação de que estamos — como entre outros diz André Maury — perante uma das "mais consequentes e difíceis doutrinas do *Tractatus*"[3].

Dificuldade que lhe advém não só da implicação em que relacionalmente se encontra face às demais teses, como ainda por algumas contradições em que, por vezes, *parece* enredar-se.

Mas, sobretudo, o que deve ser realçado é a sua irrecusável importância, a indiscutível necessidade do aprofundamento da sua reflexão, para o alargamento do horizonte de *sentido*, dentro do qual a obra fala e emite a sua mensagem original.

---

[2] Cf. D. W. HARWARD, *Wittgenstein's Saying and Showing Themes*, Bonn, 1976. Este autor apresenta um estudo muito interessante sobre o tema e acompanha-o ao longo de toda a obra de Wittgenstein.
No que respeita ao *Tractatus*, limita-se, todavia, a resolver a contradição aparente, implicada por algumas das suas teses concernentes à diferença entre "dizer" e "mostrar", sem explorar o conteúdo significativo para onde apontam, o que, aliás, não constituía também o seu objectivo. Daí que, no que a isso se refere, se satisfaça em apontar a abrangência da noção do "mostrar" relativamente à multiplicação da problemática do *Tractatus*. É, não obstante, o estudo mais completo que conhecemos sobre este tema.
Acerca das mesmas noções cf. P. BACHMAIER, "*Zeigen:* Zentralbegriff in Werk Wittgensteins", in: E. LEINFELLNER et al. (Hrsg), *Wittgenstein und sein Einfluß auf die gegenwärtige Philosophie, Akten des Internationalen Wittgenstein Symposiums 29. August Bis 4. September 1977 in Kirchberg (Österreich)*, 245-247.
Este autor, que distingue entre o "mostrar" da forma lógica e o do místico, considera que, em virtude da positividade que está ligada a este último, a lógica da "figuração" se mostrava insuficiente e conduziria Wittgenstein, mais tarde, à teoria dos jogos da linguagem.
[3] A. MAURY, *The Concepts of 'Sinn' and 'Gegenstand' in Wittgenstein's 'Tractatus'*, 154: "The doctrine of showing is one of the most consequential, and difficult, doctrines in the *Tractatus*."

As teses centrais da doutrina do "mostrar" e do "dizer", na sua diversidade, podem considerar-se fixadas nas notas: 4.022, 4.12, 4.121, 4.1212, 4.461 e 6.522, embora estejam subjacentes, como leito do *rio*, à corrente das ideias que flui através do texto do *Tractatus*. De algumas delas, já se falou em capítulo anterior e nessa ocasião as transcrevemos. É o caso de 4.12, 4.121, 4.461 e 6.522[4].

Mas, devido às variantes em que se expõe esta doutrina, considerámos de interesse, para melhor se poder julgar das reflexões que se seguem, uma visão global do conjunto:

> 4.022:"A proposição *mostra* o seu sentido.
> A proposição *se* é verdadeira *mostra* como estão as coisas. E *diz que* as coisas estão desse modo."[5]
>
> 4.12: "A proposição pode representar toda a realidade, mas não aquilo que deve ter em comum com a realidade para a poder representar — a forma lógica.
> Para podermos representar a forma lógica, deveríamos poder colocar--nos, com a proposição, fora da lógica, isto é, fora do mundo."[6]
>
> 4.121:"A proposição não pode representar a forma lógica: esta espelha-se nela.
> Aquilo que se espelha na linguagem, a linguagem não o pode representar. Aquilo que se exprime na linguagem não o podemos exprimir pela linguagem.
> A proposição *mostra* a forma lógica da realidade.
> Apresenta-a."[7]

---

[4] Cf. *supra*, 275, 276, 277.
[5] *Tractatus*, 4.022: "Der Satz *zeigt* seinen Sinn.
Der Satz *zeigt*, wie es sich verhält, *wenn* er wahr ist.
Und er *sagt, daß* es sich so verhält."
[6] IDEM, *ibidem*, 4.12: "Der Satz kann die gesamte Wirklichkeit darstellen, aber er kann nicht das darstellen, was er mit der Wirklichkeit gemein haben muß, um sie darstellen zu können, — die logische Form.
Um die logische Form darstellen zu können, müßten wir uns mit dem Satze außerhalb der Logik aufstellen können, das heißt außerhalb der Welt."
[7] IDEM, *ibidem*, 4.121: "Der Satz kann die logische Form nicht darstellen, sie spiegelt sich in ihm.

4.1212: "O que *pode* ser mostrado, não *pode* ser dito."⁸

4.461: "A proposição mostra aquilo que diz, a tautologia e a contradição não dizem nada.
A tautologia não tem condições de verdade, pois que é incondicionalmente verdadeira; e a contradição sob nenhuma condição é verdadeira.
Tautologia e contradição são sem-sentido.
(Como o ponto a partir do qual duas flechas divergem em direcções opostas.)
(Eu nada sei, por exemplo, sob o tempo que faz se sei que chove ou não chove)."⁹

6.522: "Existe certamente o inexprimível.
Mostra- se, é o místico"¹⁰.

Jörg Zimmermann¹¹ descrimina três espécies do "mostrar-se" na linguagem: o "mostrar-se" *descritivo*; o "mostrar-se" *transcendental*; e o "mostrar-se" *transcendente*. Ao primeiro referir-se-ia a nota 4.022 e o primeiro membro do primeiro parágrafo de 4.461; ao segundo, as notas 4.12, 4.121, 4.1212 e os restantes parágrafos de 4.461; ao terceiro a nota 6.522.

Was sich in der Sprache spiegelt, kann sie nicht darstellen.
Was *sich* in der Sprache ausdrückt, können *wir* nicht durch sie ausdrücken.
Der Satz *zeigt* die logische Form der Wirklichkeit.
Er weist sie auf."
8 IDEM, *ibidem*, 4.1212: "Was gezeigt werden *kann*, *kann* nicht gesagt werden.".
9 IDEM, *ibidem*, 4.461 : "Der Satz zeigt was er sagt, die Tautologie und die Kontradiktion, daß sie nichts sagen.
Die Tautologie hat keine Wahreitsbedingungen, denn sie ist bedingungslos wahr; und die Kontradiktion ist unter keiner Bedingung wahr.
Tautologie und Kontradiktion sind sinnlos.
(Wie der Punkt von dem zwei Pfeile in entgegengesetzter Richtung auseinandergehen.)
(Ich weiß z. B. nichts über das Wetter, wenn ich weiß, daß es regnet oder nicht regnet.)" (t. n.)
10 IDEM, *ibidem*, 6.522: "Es gibt allerdings Unaussprechliches.
Dies *zeigt* sich, es it das Mystische."
11 Cf. *Wittgensteins sprachphilosophische Hermeneutik*, Frankfurt am Main, 1975, 23.

Todavia, em nosso parecer, esta classificação tripartida pode e deve reduzir-se, apenas, ao aspecto *descritivo* e *transcendental*.

De acordo com Zimmermann, o "mostrar-se" transcendente do místico apontaria para o pano de fundo metafísico do *Tractatus*[12], que, segundo ele, encontra o seu ponto de partida na visão estética (a "visão do mundo *sub specie aeterni* ") conducente ao sentido ético da obra, que deve manifestar-se naquilo que cala.[13]

Ora, a nota 6.421 do *Tractatus* afirma, explicitamente, o carácter *transcendental* da ética e da estética, e, no registo dos *Tagebücher* de 24.7.16, Wittgenstein escrevera:

> "A ética não trata do mundo. A ética deve ser uma *condição* do mundo como a lógica. A ética e a estética são o mesmo"[14].

A interpretação que fazemos das teses éticas do *Tractatus* é, em nosso entender, consentânea com estas afirmações, como pelo já dito se mostra e a sequência do nosso texto confirmará.

Consequentemente, achamos que a nota 6.421, ao excluir a referência explícita à lógica contida no texto dos *Tagebücher*, não modifica em substância o pensamento do seu autor. O texto do *Tractatus* - convém lembrá-lo - é, de um modo geral, mais denso e elíptico que o dos *Tagebücher*. Ao dizer-se, em 6.421, que a ética é inexprimível e transcendental, tacitamente se estabelece o paralelo com a lógica, que com ela partilha essas duas propriedades.

Assim, desenvolveremos a doutrina do "mostrar" considerando-a, exclusivamente, sob dois aspectos: o "mostrar" *descritivo* [15]— o mostrar daquilo

---

[12] IDEM, *ibidem*.
[13] IDEM, *ibidem*, 32.
[14] *Tagebücher*, 24.7.16: "Die Ethik handelt nicht von der Welt. Die Ethik muß eine Bedingung der Welt sein, wie die Logik.
Ethik und Aesthetik sind Eins. [S.6.421.]"
[15] Cf. J. ZIMMERMANN, *op. cit.*, 23:"Was der Satz beschreibt, die dargestellte Sachlage, ist das, was Wittgenstein den (externen) Inhalt des Sinnes nennt."
Em 3.13 diz-se: "Zum Satz gehört alles, was zur Projektion gehört; aber nicht das Projizierte.
Also die Möglichkeit des Projizierten, aber nicht dieses selbst.
Im Satz ist also sein Sinn noch nicht enthalten, wohl aber die Möglichkeit, ihn auszudrücken.
('Der Inhalt des Satzes' heißt der Inhalt des sinnvollen Satzes.)
Im Satz ist die Form seines Sinnes enthalten, aber nicht dessen Inhalt."

que é *descrito* pela proposição, ou seja, o conteúdo (externo) do seu sentido; e o "mostrar" *transcendental*, que respeitará ao transcendental lógico e ao transcendental ético-estético.

I.2   A genealogia da "Teoria da distinção entre o 'dizer' e o 'mostrar' "

Na sua vertente lógico-linguística, pode afirmar-se que a doutrina da distinção entre o "dizer" e o "mostrar" encontra a sua raiz mais evidente no diálogo mantido por Wittgenstein com as teorias lógicas de Frege e Russell.

Com James Griffin[16], podemos considerá-la, quer um desenvolvimento das ideias da *Grundgesetze*[17], no que concerne à definição dos conceitos, quer uma reacção à Teoria dos Tipos de Russell; muito embora aquele autor não deixe de reconhecer que ela é também, em parte, o resultado da reflexão de Wittgenstein sobre o carácter específico das proposições da lógica.

As exigências postas pela teoria de Russell, que procurara dar solução ao que conjuntamente com Whitehead chamou os paradoxos das "totalidades ilegítimas" (do género de: "Todas as generalizações são falsas"[18]), revelavam dificuldades insuperáveis dentro do quadro da própria teoria. Esta exigia que a ordem hierárquica dos "tipos" fosse estritamente observada; mas logo se verificou a incompatibilidade deste princípio, não só com o comportamento de algumas funções que admitiam argumentos de várias ou de todas as ordens, como também com o vocabulário que a própria teoria tornava relevante (tal como:"coisa", "propriedade", "relação", "facto" e "tipo") e por uma razão idêntica. Pois, por exemplo, "tipo" pode ter um argumento de qualquer ordem lógica[19].

Nas *Notas ditadas a Moore na Noruega* [20], o primeiro texto anterior ao *Tractatus* onde a doutrina da distinção entre o "dizer" e o "mostrar" explicitamente aparece[21], Wittgenstein condena, de modo simples e conciso, a teoria de Russell:

---

[16] *Wittgenstein's Logical Atomism*, 19.
[17] F. L. G. FREGE, *Grundgesetze der Arithmetik, begriffschriftlich abgeleitet*, Jena, I-1893; II-1903.
[18] Cf.J. GRIFFIN, *op. cit.*, 21.
[19] Cf. IDEM, *ibidem*, 19.
[20] L. WITTGENSTEIN "Notes dictated to G. E. Moore in Norway", 227-253.
[21] Cf. D. W. HARWARD, *op. cit.*, c. II, 29-31.

"/ ... / a TEORIA dos *tipos* é impossível."[22]

Mais, Wittgenstein não só a considera impossível, como ainda supérflua, pois mesmo sendo possível, o que ela pretende dizer mostra-se no simbolismo:

> "É *óbvio* que, por exemplo, se uma proposição da forma sujeito-predicado tem sentido, tu *vês* a sua forma no mesmo acto em que a *compreendes*, sem que, no entanto, saibas se é verdadeira ou falsa. Até mesmo se *houvesse* proposições da forma M é uma coisa, elas seriam supérfluas (tautológicas), porque o que tentam dizer é alguma coisa que já está *vista*, quando vês 'M' "[23].

Todavia, a inspiração da tese de Wittgenstein só pode compreender-se, em grande parte, à luz de parcelas da "Teoria dos Tipos", enquanto solução para os paradoxos que esta pretendia evitar.

O "tipo", tal como é definido por Russell, coincide com o "domínio de significação", (range of significance) o que, segundo Griffin[24], corresponde àquilo a que este chama "domínio de aplicabilidade" (range of applicability), expressão sua para designar a versão wittgensteiniana da exigência de Frege sobre o carácter completo das definições.

Do "tipo" diz Russell: "é definido como domínio de significação de uma função proposicional, i.e., como a colecção de argumentos para os quais a dita função tem valores... Assim, seja o que for que contenha uma variável aparente, deve ser de um tipo diferente dos valores possíveis da variável, diremos que é de um tipo mais *elevado*."[25]

---

[22] L. WITTGENSTEIN, "Notes dictated to G. E. Moore in Norway", 231: "[...] a THEORY of *types* is impossible."
[23] IDEM, *ibidem*: "It is *obvious* that, e. g., with a subject-predicate proposition, if it has any sense at all, you *see* the form, so soon as you *understand* the proposition, in spite of not knowing whether it is true or false. Even if there *were* propositions of [the] form 'M is a thing' they would be superfluous (tautologous) because what this tries to say is something which is already *seen* when you see 'M'. ".
[24] J. GRIFFIN, *op. cit.*, 21.
[25] B. RUSSELL, "Mathematical logic as based on the theory of types", 75, rep. in *Logic and Knowledge*, London, 1956: "A *type* is defined as the range of significance of

Correspondendo à exigência de Frege, Wittgenstein defenderá que o conhecimento de um símbolo não pode ser algo diferente do conhecimento do "tipo" de símbolo que ele é. Conhecer um símbolo é apreender o seu "domínio de aplicabilidade", ou seja, o domínio de todas as suas combinações possíveis. Assim, torna-se reversível a afirmação de que conhecer o "domínio de aplicabilidade" de um símbolo é compreendê-lo, pois que compreendê-lo é conhecer o seu "domínio de aplicabilidade".

O símbolo não tem *sentido* fora das regras da sua aplicação. O seu domínio de aplicabilidade é todo o seu sentido e deste modo será supérfluo falar acerca do "tipo" do símbolo, pois este presentifica-se, *mostra-se*, na própria aplicação.

As regras de aplicação de um símbolo não são algo que se acrescente ao sentido de um símbolo. Daí que não seja coerente falar do "tipo" lógico dos símbolos, para determinar a partir dele quais as regras a que deve obedecer a sua aplicação, tal como o fazia a "Teoria dos Tipos", originando por esse facto novos paradoxos para os quais não tinha solução.

A proposta de Wittgenstein é a de que as regras da lógica deverão ser exclusivamente sintácticas, isto é, regras que respeitem apenas à aplicação dos símbolos, ao que chama "sintaxe lógica"[26]. O que quer dizer que em oposição ao que era pressuposto pela "Teoria do Tipos", a sintaxe lógica não pode encontrar a sua justificação última no significado dos símbolos[27], nem pretender sequer qualquer forma de justificação. Para não se cair no círculo vicioso de se partir do que se pretende justificar, teríamos de recorrer, para legitimar a lógica, a uma outra linguagem que estivesse fora dela. Porém essa, insista-se, seria uma linguagem ilógica, logo impossível.

---

a propositional function, i.e., as the collection of arguments for which the said function has values ... Thus whatever contains an apparent variable must be of a different type from the possible values of the variable; we will say that it is of a *higher* type." *Apud* J. GRIFFIN, *op. cit.*, 21.

[26] Cf. *supra*, 257.

[27] A tese expõe-na Wittgenstein, no *Tractatus*, nas notas 3.33 e 3.331.

IDEM, *ibidem*, 3.33: "In der logischen Syntax darf nie die Bedeutung eines Zeichens eine Rolle spielen; sie muß sich aufstellen lassen, ohne daß dabei von der *Bedeutung* eines Zeichens die Rede wäre, sie darf *nur* die Beschreibung der Ausdrücke voraussetzen."

IDEM, *ibidem*, 3.331: "Von dieser Bemerkung sehen wir in Russells "Theory of types" hinüber: Der Irrtum Russells zeigt sich darin, daß er bei der Aufstellung der Zeichenregeln von der Bedeutung der Zeichen reden mußte."

A terceira via que conduziu Wittgenstein à teoria da distinção entre o "dizer" e o "mostrar" foi, como já se disse, a sua reflexão pessoal sobre o carácter distintivo das proposições lógicas relativamente às factuais, e sobre o modo como ambas estabelecem as suas relações com o mundo.

Esta dupla preocupação manifesta-se nas teses expostas logo no início das notas ditadas a Moore:

> "As chamadas proposições LÓGICAS *mostram* as propriedades lógicas da linguagem e, consequentemente, do Universo, mas nada *dizem*.
> Isto significa que se podem *ver* as suas propriedades por simples inspecção; ao passo que, por esse modo, não se pode ver se uma proposição propriamente dita é verdadeira ou falsa."[28]

Assim, e como detalhadamente foi exposto em capítulo anterior[29], as proposições da lógica nada *dizem*, mas *mostram*, todavia, alguma coisa acerca do Universo facto que se revela à simples inspecção dos símbolos; as proposições propriamente ditas, as factuais, *dizem* alguma coisa acerca do mundo, mas, porque o fazem, precisam de ser confrontadas com os factos antes que delas se possa dizer se são verdadeiras ou falsas.

Se bem que a tautologia tenha também valor informativo no que se refere ao mundo, este difere, não obstante, do da proposição propriamente dita.

Esta, a proposição factual,

> "*mostra* alguma coisa, para além do que diz acerca do Universo: uma vez que, se ela não tem sentido, não a podemos utilizar e se o tem, reflecte alguma propriedade lógica do Universo."[30]

---

28 L. WITTGENSTEIN, "Notes dictated to G. E. Moore in Norway", 227: "LOGICAL so--called propositions *show* [the] logical properties of language and therefore of [the] Universe, but *say* nothing.
This means that by merely looking at them you can *see* these properties; whereas, in a proposition proper, you cannot see what is true by looking at it."
29 Cf. *supra*, 246-247.
30 L. WITTGENSTEIN, *op. cit.*, 229: "Every *real* proposition *shows* something, besides what it says about the Universe: for if it has no sense, it can't be used; and if it has a sense, it mirrors some logical property of the Universe."

A tautologia mostra, de *um modo sistemático*, o que são estas propriedades daquelas proposições³¹.

E exemplifica:

> "Considere-se, por exemplo, φa, φa ⊃, ψa, ψa. Eu posso ver, pelo mero exame das três proposições, que a 3 se segue da 1 e 2; quer dizer que posso ver o que se chama a verdade de uma proposição lógica, i.e., a da proposição φa . φa ⊃ ψa: ⊃ :ψa. Mas isto *não* é uma proposição; ao ver que é uma tautologia, vejo o que já via ao considerar as três proposições: a diferença é que *agora* vejo QUE é uma tautologia"³².

Deste modo, a reflexão sobre as proposições lógicas conduzia Wittgenstein à compreensão da existência da bidimensionalidade da linguagem, ou seja, ao reconhecimento da necessidade de distinguir, no discurso, o que se *diz* daquilo que se *mostra* através do que se diz. No âmbito restrito destes argumentos: as propriedades lógicas do simbolismo e do Universo.

I.3 A posição da "Teoria da distinção entre o 'dizer' e o 'mostrar' " no *Tractatus*

Se quisermos desenhar a topografia desta doutrina do *Tractatus*, basta seguir a trajectória das palavras *forma* e *formal*. Ambos os termos cobrem a quase totalidade do campo abrangido pela sua explicação genética³³.

Se é em 4.12 que a tese sobre o "dizer" e o "mostrar" explicitamente se expõe e é referida a sua implicação com a noção de "forma lógica"³⁴, ela está

---

31 IDEM, *ibidem*: "Thus a language which can express everything *mirrors* certain properties of the world by these properties which it must have; and logical so-called propositions show in a *systematic way* those properties."

32 IDEM, *ibidem*: "E. g., take φa, φa ⊃ ψa, ψa. By merely looking at these three, I can see that 3 follows from 1 and 2; i. e. I can see what is called the truth of a logical proposition, namely, of [the] proposition φa. φa ⊃ ψa:⊃:ψa. But this is *not* a proposition; but by seeing that it is a tautology I can see what I already saw by looking at the three propositions: the difference is that I *now* see THAT it is a tautology. [Cf. 6.1221.]"

33 Cf. J. GRIFFIN, *op. cit.*, 23.

34 Recordamos, pela sua importância, o conteúdo desta nota 4.12: "Der Satz kann

todavia em germe a partir do primeiro aparecimento do termo *forma* no *Tractatus*. A "forma de um objecto" é a primeira especificação do termo e, como julgamos ter mostrado em exposição anterior[35], a noção é básica e dela irradiam as outras determinações das quais a mais expressiva é, sem dúvida, a de "forma lógica".

O espaço teórico, onde aquela primeira noção ocupa um lugar, inicia o seu desenvolvimento em 2.01,

> "O estado de coisas é uma combinação de objectos (entidades, coisas)"[36].

e culmina em 2.0141:

> "A possibilidade da sua ocorrência num estado de coisas, constitui a forma de um objecto"[37].

Esta definição da "forma do objecto" remata uma sequência temática enquadrada no âmbito da questão que pergunta pelo modo de conhecimento do objecto[38]. Os itens fundamentais dessa sequência estão contidos nas notas 2.0123 e 2.01231[39]. O que aí se expõe resume-se nos

---

die gesamte Wirklichkeit darstellen, aber er kann nicht das darstellen, was er mit der Wirklichkeit gemein haben muß, um sie darstellen zu können, - die logische Form. Um die logische Form darstellen zu können, müßten wir uns mit dem Satze außerhalb der Logik aufstellen können, das heißt außerhalb der Welt."

[35] Cf. *supra*, 260.

[36] *Tractatus*, 2.01: "Der Sachverhalt ist eine Verbindung von Gegenständen. (Sachen, Dingen)."

[37] IDEM, *ibidem*, 2.0141: "Die Möglichkeit seines Vorkommens in Sachverhalten ist die Form des Gegenstandes."

[38] Esta tese de Wittgenstein deve ser entendida como puramente lógica e nunca num sentido epistemológico. Recorde-se a resposta dada a N. MALCOLM, que este relata em: *Ludwig Wittgenstein. A Memoir*, 70: "I asked Wittgenstein whether, when he wrote the *Tractatus*, he had ever decided upon anything as an *example* of a 'simple object'. His reply was that at time this thought had been that he was a *logician*; and that it was not his business, as a logician, to try to decide whether this or that was a simple thing or a complex thing, that being a purely *empirical* matter!"

[39] *Tractatus*, 2.0123: "Wenn ich den Gegenstand kenne, so kenne ich auch sämtliche Möglichkeiten seines Vorkommens in Sachverhalten. (Jede solche Möglichkeit muß in der Natur des Gegenstandes liegen.) Es kann nicht nachträglich eine neue Möglichkeit gefunden werden."

seguintes termos: o conhecimento do objecto implica o conhecimento da totalidade das suas possibilidades de ocorrência nos estados de coisas, as quais devem residir na própria natureza do objecto; este conhecimento, consequentemente, não é o das propriedades externas, mas internas.

É possível ver-se nestas teses a resposta wittgensteiniana à exigência de Frege sobre o carácter completo da definição dos símbolos e o ponto de partida para a sua reformulação da "Teoria dos Tipos" de Russell[40].

Para reconstituir, de um modo incisivo, esta reformulação wittgensteiniana da conhecida teoria no âmbito do *Tractatus*, basta evocar o conteúdo de três das suas notas, qualquer delas de relativa extensão: as 4.122, 4.126 e 4.1272.

Em 4.122[41] diz-se que, "em certo sentido", nos é possível falar de *propriedades formais*, ou seja, *propriedades internas* - o que é consequente com as afirmações relativamente à *forma do objecto* em 2.0123 e 2.01231 - de objectos e estados de coisas, bem como de *relações formais*.

As notas 4.126 e 4.1272[42] estabelecem a conexão destas noções com a "Teoria dos Tipos" de Russell, quer aproximando a noção de *propriedade*

IDEM, *ibidem*, 2.01231: "Um einen Gegenstand zu kennen, muß ich zwar nicht seine externen - aber ich muß alle seine internen Eigenschaften kennen."

[40] Cf. J. GRIFFIN, *op. cit.*, 25.

[41] *Tractatus*, 4.122: "Wir können in gewissem Sinne von formalen Eigenschaften der Gegenstände und Sachverhalte bzw. von Eigenschaften der Struktur der Tatsachen reden, und in demselben Sinne von formalen Relationen und Relationen von Strukturen.
(Statt Eigenschaft der Struktur sage ich auch 'interne Eigenschaft'; statt Relation der Strukturen 'interne Relation'.
Ich führe diese Ausdrücke ein, um den Grund der, bei den Philosophen sehr verbreiteten Verwechslung zwischen den internen Relationen und den eigentlichen (externen) Relationen zu zeigen.)
Das Bestehen solcher interner Eigenschaften und Relationen kann aber nicht durch Sätze behauptet werden, sondern es zeigt sich in den Sätzen, welche jene Sachverhalte darstellen und von jenen Gegenständen handeln."

[42] IDEM, *ibidem*, 4.126: "In dem Sinne, in welchem wir von formalen Eigenschaften sprechen, können wir nun auch von formalen Begriffen reden.
(Ich führe diesen Ausdruck ein, um den Grund der Verwechslung der formalen Begriffe mit den eigentlichen Begriffen, welche die ganze alte Logik durchzieht, klar zu machen.)
Daß etwas unter einen formalen Begriff als dessen Gegenstand fällt, kann nicht durch einen Satz ausgedrückt werden. Sondern es zeigt sich an dem Zeichen dieses

formal da de *conceito formal*, - como no primeiro parágrafo de 4.126 - quer através dos exemplos dados para estes conceitos, que caem dentro das categorias de "objecto", "coisa", "facto", "função" etc. (como de um modo geral se pode verificar na sequência dos restantes parágrafos dessa nota e ao longo do que expõe em 4.1272).

Mas, o fundamental é destacar aqui, em primeiro lugar, que a distinção entre *conceito formal* e *conceitos propriamente ditos*, estabelecida pela nota 4.126, embora implique a distinção de dois níveis, não pressupõe de modo algum a existência de uma hierarquia de tipos lógicos, uma vez que muito explicitamente se diz em 4.1272 que os *conceitos formais* são *pseudo-conceitos*; em segundo lugar, que eles não podem ser utilizados na linguagem e que o que pretendem dizer se *mostra* no simbolismo.

Gegenstandes selbst. (Der Name zeigt, daß er einen Gegenstand bezeichnet, das Zahlenzeichen, daß es eine Zahl bezeichnet, etc.)
Die formalen Begriffe können ja nicht, wie die eigentlichen Begriffe, durch eine Funktion dargestellt werden.
Denn ihre Merkmale, die formalen Eigenschaften, werden nicht durch Funktionen ausgedrückt.
Der Ausdruck der formalen Eigenschaft ist ein Zug gewisser Symbole.
Das Zeichen der Merkmale eines formalen Begriffs ist also ein charakteristischer Zug aller Symbole, deren Bedeutungen unter den Begriff fallen.
Der Ausdruck des formalen Begriffes also, eine Satzvariable, in welcher nur dieser charakteristische Zug konstant ist."
IDEM, *ibidem*, 4.1272: "So ist der variable Name 'x' das eigentliche Zeichen des Scheinbegriffes *Gegenstand*.
Wo immer das Wort 'Gegenstand' ('Ding','Sache', etc.) richtig gebraucht wird, wird es in der Begriffsschrift durch den variablen Namen ausgedrückt.
Zum Beispiel in dem Satz 'es gibt 2 Gegenstände, welche ...' durch '($\exists$ x, y) ...'
Wo immer es anders, also als eigentliches Begriffswort gebraucht wird, entstehen unsinnige Scheinsätze.
So kann man z. B. nicht sagen 'Es gibt Gegenstände', wie man etwa sagt 'Es gibt Bücher'. Und ebenso wenig 'Es gibt 100 Gegenstände', oder 'Es gibt x Gegenstände'.
Und es ist unsinnig, von der *Anzahl aller Gegenstände* zu sprechen.
Dasselbe gilt von den Worten 'Komplex', 'Tatsache', 'Funktion', 'Zahl', etc.
Sie alle bezeichnen formale Begriffe und werden in der Begriffsschrift durch Variable, nicht durch Funktionen oder Klassen dargestellt. (Wie Frege und Russell glaubten.).
Ausdrücke wie '1 ist eine Zahl', 'es gibt nur Eine Null' und alle ähnlichen sind unsinnig. (Es ist ebenso unsinnig zu sagen 'es gibt nur eine 1' , als es unsinnig wäre, zu zagen: 2 + 2 ist um 3 Uhr gleich 4.)"

Todavia, estas considerações não adquirem todo o seu alcance fora da tematização da noção de *forma lógica*, que nos parece ser a *noção central* à qual estão referidas todas as expressões que, de um modo geral, no *Tractatus*, contêm o termo *forma* ou o seu derivado, o termo *formal*. O que não exclui que a *noção básica* seja a de *forma de um objecto*, como se torna óbvio se atendermos à relação ontológica proposta pelo *Tractatus*.

Mas esta noção de *forma lógica* só encontra a sua justa perspectiva no âmbito da teoria do sentido, a original "Teoria da Figuração". Esta é a tese linguística englobante, o espaço onde se jogam as relações antitéticas do *dizível* e do *indizível*, do *dizer* e do *mostrar*, do *sentido* e do *sem sentido*, destes e do *contra-sentido*.

I.4 A "Teoria da Figuração"

Expusemos já, em capítulo anterior[43], como Wittgenstein, ao mesmo tempo que resolvia o problema da necessidade lógica, era levado a determinar os limites da linguagem e, enquanto tal, do *dizível*. Vimos, portanto, como esse limite se define, segundo ele, a partir da proposição elementar, no seu mínimo, e se expande numa estrutura proposicional de funções de verdade que nela se apoiam.

A nossa exposição teve sempre subjacente a "Teoria da Figuração", sem que todavia tivesse sido absolutamente necessário desenvolvê-la, para que o essencial que estava em causa pudesse ter sido dito.

Contudo, é impossível compreender em toda a sua amplitude a doutrina da distinção entre o "dizer" e o "mostrar", sem uma análise das suas noções fundamentais, sem a indicação do seu significado e da sua inspiração.

As teses wittgensteinianas sobre o pensamento e a linguagem são apenas uma parte e, sem dúvida, importante da "Teoria da Figuração". Esta é, porém, mais ampla e abarca, no entendimento do seu autor, toda a representação da realidade, a que o homem se vê obrigado pela necessidade imperiosa de a descrever. Mais, a "Teoria da Figuração" é, fundamentalmente, não só uma teoria da descrição, mas um pandescritivismo, na medida em que, de certo modo, oculta a pluralidade das formas de expressão humanas, na diversidade das suas intenções e modalidades.

Wittgenstein introdu-la no *Tractatus* com duas afirmações que se complementam:

---

[43] Cf. *supra*, II Parte, A, c. III.

2.1: "Construímos figuras dos factos."[44]

2.12: "A figura é um modelo da realidade"[45].

Esta ideia surgiu-lhe, tal como o pensador austríaco mais tarde contou a alguns amigos[46], no Outono de 1914, quando, ao serviço do exército austríaco, se encontrava na Frente Oriental, e foi-lhe sugerida pela leitura de uma revista, onde se relatava o julgamento de um acidente automobilístico num tribunal de Paris. A originalidade do processo consistia na reconstituição do acidente mediante modelos miniaturas dos veículos nele envolvidos.
Wittgenstein regista a ideia nos *Tagebücher*, em 29.9.14:

> "O conceito geral da proposição implica um conceito completamente geral da coordenação da proposição e do estado de coisas: a solução de todas as minhas questões deve ser *extremamente* simples.
> Na proposição, um mundo é composto com vista a uma prova. (Como quando no tribunal de Paris se representa um acidente automobilístico por meio de bonecos, etc.).
> Isto deve conduzir directamente (se não sou cego) à natureza da verdade"[47].

---

[44] IDEM, *ibidem*, 2.1: "Wir machen uns Bilder der Tatsachen."
[45] IDEM, *ibidem*, 2.12: "Das Bild ist ein Modell der Wirklichkeit."
[46] Cf. G. H. von WRIGHT, "A biographical sketch", in: N. MALCOLM, *op. cit.*, 8. Para uma crítica da "Teoria da Figuração", cf.: E. DAITZ, "The picture theory of meaning", *Mind*, 42 (1953), 184-220. Cf. respostas a este artigo em: E. EVANS, "*Tractatus*, 3.1432", in: I. M. COPI e R. W. BEARD (edd.), *Essays on Wittgenstein's 'Tractatus'*, 133-135; I. COPI "Objects, properties and relations in the *Tractatus*" in: I. M. COPI e R. W. BEARD (edd.), *op. cit.*, 167-186; E. EVANS, "About 'aRb' ", in: I. M. COPI e R. W. BEARD (edd.), *op. cit.*, 195-199; D. KEYT, "Wittgenstein's picture theory of language" in: I. M. COPI e R. W. BEARD (edd.), *op. cit.*, 377-392. Esta polémica gira à volta da tese do isomorfismo entre o facto e o enunciado que o figura, pressuposto da "Teoria da Figuração".
[47] *Tagebücher*, 29.9.14: "Der allgemeine Begriff des Satzes führt auch einen ganz allgemeinen Begriff der Zuordnung von Satz und Sachverhalt mit sich: Die Lösung aller meiner Fragen muß *höchst* einfach sein!
Im Satz wird eine Welt probeweise zusammengestellt. (Wie wenn im Pariser Gerichtssaal ein Automobilunglück mit Puppen etc. dargestellt wird.)[Vgl. 4.031]
Daraus muß sich (wenn ich nicht blind wäre) sofort das Wesen der Wahrheit ergeben."

Todavia, como diz G. H. von Wright[48], seria extremamente interessante saber se não haveria uma ligação entre a teoria da proposição, como uma figura ou modelo da realidade, e a teoria dos modelos dinâmicos que H. Hertz[49] expôs em *Die Prinzipen der Mechanik*; para além de ser inegável a similaridade entre as duas teorias, Wittgenstein expressou, mesmo no *Tractatus*, a estima e a admiração em que tinha Hertz[50].

Esta é, aliás, a opinião de J. Griffin[51], para quem a "Teoria da Figuração" viria, na sua quase totalidade de Hertz e consistiria numa aplicação à linguagem em geral do que aquele afirmara para uma parte dela, ou seja, o discurso científico[52]. Na mesma linha de pensamento, A. Janik e S.

---

[48] "A biographical sketch", in: N. MALCOLM, *op. cit.*, 8 n 9.

[49] Conhecido físico alemão (1857-1894), cujo nome está ligado à demonstração da produção das ondas electromagnéticas.

[50] *Tractatus*, 4.04: "Am Satz muß gerade soviel zu unterscheiden sein, als an der Sachlage die er darstellt.
Die beiden müssen die gleiche logische (mathematische) Mannigfaltigkeit besitzen. (Vergleiche Hertz's 'Mechanik' über dynamische Modelle.)"
IDEM, *ibidem*, 6.361: "In der Ausdrucksweise Hertz's könnte man sagen: Nur *gesetzmäßige* Zusammenhänge sind *denkbar*."

[51] *Op. cit.*, 99-102.

[52] Segundo J. GRIFFIN (*ibidem*) a analogia estabelece-se, de imediato, entre o primeiro enunciado do *Tractatus*, respeitante à "Teoria da Figuração", — 2.1: "Wir machen uns Bilder der Tatsachen" — e a afirmação de Hertz, na primeira página da Introdução de *Die Prinzipien der Mechanik* — "Wir machen uns innere Scheinbilder oder Symbole der äusseren Gegenstände".
Nota este autor que, inclusive, o termo "Scheinbilder", que Hertz emprega nesta afirmação, é um caso isolado no seu texto, pois a palavra que aí normalmente aparece em seu lugar é "Bilder".
A "Teoria dos modelos dinâmicos" de Hertz implicava, ainda segundo Griffin, tal como a "Teoria da Figuração" de Wittgenstein, o mesmo isomorfismo lógico, baseado numa igual multiplicidade numérica, não só na relação que os sistemas, como modelos uns dos outros, mantêm entre si, mas ainda e, fundamentalmente, no acordo que o pensamento deve manter com a natureza.
Um aspecto que, para Griffin, sugere também a influência,- já aqui não isenta de divergência - é o que respeita aos elementos últimos com os quais têm a ver a "figura" e o "modelo". Pois que, enquanto que para Hertz eles são constituídos por "partículas materiais" ou "pontos materiais", para o Wittgenstein do *Tractatus* os últimos simples são, exclusivamente, designados por "objectos". Todavia não é de olvidar, e neste aspecto a convergência dos dois reaparece, que, nos *Tagebücher*, Wittgenstein chega a referir-se aos elementos últimos do real, como sendo pontos materiais (cf. *Tagebücher*, 20.6.15).

Toulmin[53] criticam as traduções inglesa e americana do termo "Bild" por "picture", por *dissimularem a continuidade* entre a aplicação que dela faz Hertz em física e Wittgenstein em filosofia. O erro da tradução teria induzido os filósofos anglo-saxónicos a interpretarem a teoria da linguagem de Wittgenstein em termos psicológicos, por suporem que as proposições nos fornecem imagens mentais dos factos[54], e escamotearem, por esse modo, o carácter *construtivista* da teoria enfatizado no seu aforismo capital (2.1). Por isso, propõem a tradução de "Bild" por "modelo", termo que expressaria de forma mais adequada o elemento activo, pressuposto na relação entre a linguagem e os factos; realçado seria ainda o carácter lógico implicado no tipo de "representação" que é por esse termo designada. Pois, os "modelos" de Wittgenstein são "representações", no sentido de "Darstellung" (construções lógicas) e não de "Vorstellung" (reproduções de experiências sensíveis). A testemunhá-lo, a exiguidade da utilização do verbo *stellen vor* (duas vezes), em contraste com a ocorrência frequente do verbo *stellen dar*[55].

Adoptámos a tradução portuguesa de "Bild" por "figura", seguindo a versão de A. Vaz Pinto[56]. A tradução "modelo" trar–nos–ia algumas dificuldades, pois há notas em que os dois termos aparecem, um a definir o

---

A distinção, estabelecida no *Tractatus*, entre "Form der Abbildung" e "Form der Darstellung" — que significam, respectivamente, como veremos, o que a "figura" deve ter em comum com o "facto", e o que pode variar nas suas diversas figurações — aparece em linhas gerais, segundo a interpretação de Griffin, numa outra obra de Hertz, onde este examina o modo como um mesmo fenómeno pode ser explanado em teorias aparentemente diferentes.

Assim também, para Griffin, a tese wittgensteiniana de que uma das principais fontes de confusão reside no facto de uma mesma coisa poder ser simbolizada de modos diferentes, e de coisas diferentes o serem de um mesmo modo (*Tractatus*, 3.32 e 3.324) é definida por Hertz, nesta última obra referida, e reaparece nos escritos de muitos daqueles que se reclamam de ser seguidores de Wittgenstein, como F. P. RAMSEY (*The Foundations of Mathematics*), M. SCHLICK ("Causality in Contemporary Physics"), W. H. WATSON (*On Understanding Physics*), S. TOULMIN (*The Philosophy of Science*).

A análise das teses do *Tractatus* sobre a linguagem científica mostrará, igualmente, quão central é a versão da "Teoria dos Modelos" de Hertz, para a compreensão do pensamento de Wittgenstein sobre a ciência.

53 A. JANIK e S. TOULMIN, *Wittgenstein, Vienne et la Modenité*, 154-162.
54 IDEM, *ibidem*, 155.
55 IDEM, *ibidem*.
56 A. V. PINTO, *Introdução ao Tractatus Logico-Philosophicus de Ludwig Wittgenstein, passim*.

outro como, por exemplo, em 2.12[57]. O vocábulo "figurar" é rico de sentido ligado à ideia de representação e entre as suas possibilidades semânticas está a de poder significar "modelar"[58]. Ao traduzirmos "Bild" por "figura" é esta ideia que lhe vai conotada.

A "Teoria da Figuração", nesta perspectiva, é entendida como uma *teoria da representação* (Darstellung) *em geral*, que inclui, entre os seus modos específicos, o pensamento e a proposição. A verdade é que Wittgenstein considerava, como "figuras" ou "modelos", coisas, tais como o "disco do fonógrafo", o "pensamento musical",a "notação musical" e as "ondas sonoras", que aparecem referidos em 4.014[59].

Assim, a teoria figurativa da proposição aparece antecedida no *Tractatus* por uma "Teoria da Figuração em Geral", cujas noções fundamentais são as seguintes:*relação figurativa* (abbildende Beziehung); *forma da figuração* (Form der Abbildung); *forma representacional* (Form der Darstellung); *forma lógica* (logische Form); *forma da realidade* (Form der Wirklichkeit).

Estas noções explicam o modo da relação especular da "figura" com o mundo, ou seja, definem as condições a que a "representação" deve obedecer para que se constitua como uma "figuração" da realidade.

A primeira condição respeita à correspondência unívoca que deve existir entre os elementos da "figura" e os "objectos" do "facto" de que ela é a "figura".

E isso se diz em 2.13 e 2.131, assim:

> 2.13: "Aos objectos correspondem na figura os elementos."[60]

> 2.131: "Os elementos da figura representam na figura os objectos"[61].

---

[57] *Tractatus*, 2.12: "Das Bild ist ein Modell der Wirklichkeit.".
[58] Cf. *Moderno Dicionário da Língua Portuguesa*, Lisboa, 1985.
[59] *Tractatus* , 4.014:"Die Grammophonplatte, der musikalische Gedanke, die Notenschrift, die Schallwellen, stehen alle in jener abbildenden internen Beziehung zu einander, die zwischen Sprache und Welt besteht.
Ihnen allen ist der logische Bau gemeinsam.
(Wie im Märchen die zwei Jünglinge, ihre zwei Pferde und ihre Lilien. Sie sind alle in gewissem Sinne Eins.)"
[60] IDEM, *ibidem*, 2.13: "Den Gegenständen entsprechen im Bilde die Elemente des Bildes."
[61] IDEM, *ibidem*, 2.131: "Die Elemente des Bildes vertreten im Bild die Gegenstände."

A esta relação de correspondência dos elementos dos dois sistemas (proposições e factos) chama Wittgenstein *relação figurativa*, aquela que faz com que a "figura" seja, realmente, figura de alguma coisa:

> 2.1513:"Segundo esta concepção, à figura pertence também a relação figurativa, que a faz figura"[62].

Assim como os objectos no facto estão unidos entre si de um modo determinado[63], e esse modo constitui a estrutura do estado de coisas, assim também os elementos da "figura", que lhes correspondem, devem estar conectados entre si. Essa conexão constitui, de um modo paralelo ao que acontece no facto, a estrutura da "figura":

> 2.14: "A figura consiste em que os seus elementos estão ordenados entre si de modo determinado"[64].

É esta articulação dos elementos da "figura" entre si que determina que também ela pertença, enquanto tal, à categoria dos factos:

> 2.141: "A figura é um facto"[65].

A *estrutura* da "figura" é, portanto, uma das suas condições fundamentais. Como indica Wittgenstein em 2.15, ela é o elemento simétrico da relação que a "figura" mantém com o figurado. De modo que, para a compreensão da "figura" em seu "esse", será importante que a consideremos sempre em associação com o que a torna possível — a *forma de figuração* (Form der Abbildung):

---

[62] IDEM, *ibidem*, 2.1513:"Nach dieser Auffassung gehört also zum Bilde auch noch die abbildende Beziehung, die es zum Bild macht."
[63] IDEM, *ibidem*, 2.031: "Im Sachverhalt verhalten sich die Gegenstände in bestimmter Art und Weise zueinander."
[64] IDEM, *ibidem*, 2.14: "Das Bild besteht darin, daß sich seine Elemente in bestimmter Art und Weise zu einander verhalten."
[65] IDEM, *ibidem*, 2.141: "Das Bild ist eine Tatsache." Como observa M. BLACK (*op. cit.*, 80), um facto só por si não é uma "figura"; torna-se tal, apenas, através da sua relação projectiva com o mundo, que pressupõe a relação figurativa.

2.15: "Que os elementos da figura se ordenem entre si de modo determinado, *mostra* que as coisas se ordenam também entre si do mesmo modo.
Chamemos a esta conexão dos elementos da figura a sua estrutura e, à possibilidade desta, a forma de figuração"[66].

Em 2.151, surge, aparentemente, uma nova definição de *forma de figuração*. Esta define-se, agora, não como a possibilidade da estrutura da "figura", mas como a possibilidade da correspondência do ordenamento dos objectos no facto com o ordenamento dos elementos da figura:

2.151: "A forma de figuração é a possibilidade de as coisas se ordenarem entre si do mesmo modo que os elementos da figura"[67].

É, contudo, viável a conciliação de ambas as definições, se atendermos a que, tal como se afirma em 2.17, a *forma de figuração* é o que a "figura" deve ter em comum com o "figurado":

2.17: "Aquilo que a figura deve ter em comum com a realidade, para poder figurá-la — recta ou falsamente — segundo a sua maneira própria, é a forma de figuração"[68].

---

[66] *Tractatus*, 2.15: "Daß sich die Elemente des Bildes in bestimmter Art und Weise zu einander verhalten, stellt vor, daß sich die Sachen so zu einander verhalten.
Dieser Zusammenhang der Elemente des Bildes heiße seine Struktur und ihre Möglichkeit seine Form der Abbildung." (t.n.).
M. BLACK (*A Companion to Wittgenstein's 'Tractatus'*, 80-82) chama a atenção para o carácter dinâmico da figuração. O paralelismo entre a estrutura do facto-figura e do facto-figurado não é um dado passivo, antes implica a selecção activa da articulação dos elementos da "figura", de modo a permitir-lhe veicular um determinado sentido. Exemplifica, sugestivamente, com a "figura" [O +] que pode ser interpretada como uma relação entre dois sinais (O) e (+), ou entre três, se considerarmos os traços horizontal e vertical da cruz. Daí, a distinção entre a "figura" como um *facto de direito*, a que se poderia chamar a "figura veículo", e a "figura veículo" transformada em "figura de..." a partir da coordenação dos seus elementos com os objectos do facto, de um determinado modo. Em suas próprias palavras: "A complex stipulation to this effect defines what Wittgenstein calls the 'picturing relation' (die abbildende Beziehung, 2.1514)."
[67] *Tractatus*, 2.151: "Die Form der Abbildung ist die Möglichkeit, daß sich die Dinge so zu einander verhalten, wie die Elemente des Bildes."
[68] *Tractatus*, 2.17: "Was das Bild mit der Wirklichkeit gemein haben muß, um sie auf

A "figura" conecta-se, assim, com a realidade por via da *relação figurativa* e simultaneamente da *forma de figuração*, mercê das implicações que entre si mantêm. Esta cumplicidade entre ambas clarifica-se, se pensarmos que a conexão dos elementos da "figura" com os objectos do "facto" (*relação figurativa*) tem de passar pela selecção dos elementos que ofereçam possibilidades de combinações estruturais (*formas de figuração*), isomórficas à estrutura do facto - figurado[69].

Deste modo, a "figura poderá figurar toda a realidade de que tenha a forma"[70], mas não poderá figurar a sua forma de figuração, que apenas exibe[71], pois para o fazer teria de colocar-se fora da sua forma de figuração. Isso significaria que teria de utilizar, para figurar a sua própria forma, uma outra *forma de figuração*, o que é completamente impossível.

Todavia, como Max Black[72] faz notar, o argumento poderia deixar o caminho aberto à possibilidade de uma segunda figura (B) poder figurar a um outro nível, a forma de figuração de uma primeira figura (A), o que implicaria a hipótese de metalinguagens tal como Russell e Carnap admitiram. Mas essa possibilidade fica excluída, se pensarmos que à "figura" pertence a *relação figurativa* (abbildende Beziehung), que exige que os elementos do "facto-figura" estejam em representação dos do "facto-figurado". Como a *forma de figuração* não corresponde a esta condição, uma vez que não é uma combinação possível de objectos, nem um estado de coisas possível, pode compreender-se, então, a razão pela qual, no âmbito das teses fundamentais da "Teoria da Figuração", ela não pode ser figurada por nenhuma proposição que o seja de direito e, em consequência, fique fora de hipótese a possibilidade de uma qualquer metalinguagem.

A doutrina do "mostrar" encontra, assim, no âmbito da "Teoria da Figuração", um primeiro argumento e um primeiro objecto. Wittgenstein não

---

seine Art und Weise — richtig oder falsch — abbilden zu können, ist seine Form der Abbildung."
[69] Cf. A. KENNY, *Wittgenstein*, 61.
[70] *Tractatus*, 2.171: "Das Bild kann jede Wirklichkeit abbilden, deren Form es hat. [...]"
[71] IDEM, *ibidem*, 2.172: "Seine Form der Abbildung aber kann das Bild nicht abbilden; es weist sie auf."
[72] *Op. cit.*, 87.

usa ainda aqui o verbo "zeigen"; a forma verbal escolhida é, nesta primeira aparição do "mostrar", "aufweisen"[73], que tem, não obstante, o mesmo significado. Todavia, a *forma de figuração* não é inefável, na medida em que se presentifica na "figura", pois a compreensão desta pressupõe a apreensão da sua forma de figuração e esta exibe-se, mostra-se[74].

Uma noção que alguns comentadores do *Tractatus* distinguem[75], como não coincidente com a *forma de figuração*, é a de *forma representacional* (Form der Darstellung), que aparece nas seguintes notas:

> 2.173: "A figura representa o seu objecto de uma posição exterior a ela mesma (o seu ponto de vista constitui a sua forma representacional); eis a razão pela qual a figura representa o seu objecto de um modo correcto ou falso."[76]

> 2.174: "Todavia a figura não pode colocar-se fora da sua forma representacional"[77].

Esta noção representaria, para aqueles que a distinguem, obviamente, o aspecto *convencional* da "figura", o que faz com que ela seja apenas uma "figura" e como tal *distinta* do facto figurado; enquanto as expressões *relação figurativa*, *forma de figuração* significariam, pela afirmativa, os aspectos em que ela *toca* a realidade, logo o que faz com que a "figura" figure positivamente. Deste modo, a distinção entre as duas noções expressaria o pensamento de Wittgenstein de que a "figura" só o é, na medida em que nem é completamente idêntica (e se o fosse como discerni-la do facto?), nem completamente distinta daquilo de que é figura (pois, nesse caso, não o poderia representar).

Ao considerarmos a "figura" sob o aspecto meramente positivo da figuração, torna-se evidente que esta pode ser mais ou menos concreta,

---

[73] Cf. *Tractatus*, 2.172.
[74] M. BLACK, *op. cit.*, 87.
[75] É o caso, por exemplo, de A. KENNY (*op. cit.*, 61), ainda que exprima alguma reserva; e de J. GRIFFIN (*op. cit.*, 95-99), que a admite francamente.
[76] *Tractatus*, 2.173: "Das Bild stellt sein Objekt von außerhalb dar (sein Standpunkt ist seine Form der Darstellung), darum stellt das Bild sein Objekt richtig oder falsch dar."
[77] IDEM, *ibidem*, 2.174: "Das Bild kann sich aber nicht außerhalb seiner Form der Darstellung stellen."

mais ou menos abstracta. Por exemplo, a *forma de figuração* do acidente de trânsito, por meio de modelos tridimensionais, é com certeza mais concreta do que a sua representação por um mero desenho bidimensional, e esta última mais concreta que uma simples figuração com letras, em que cada uma delas, por estipulação prévia, representasse cada um dos objectos em causa. A possibilidade de graus diferentes de concretude do modelo, relativamente ao estado de coisas representadas, impõe que um mínimo exigível seja estabelecido como condição de um facto se poder constituir como figura de outro. É esta condição que Wittgenstein designa de *forma lógica*:

> 2.18: "O que cada figura, de qualquer forma, deve sempre ter em comum com a realidade para — recta ou falsamente — a poder figurar é a forma lógica, isto é, a forma da realidade"[78].

Deste modo, a *forma lógica* não é algo distinto da *forma de figuração*, é, antes pelo contrário, o carácter essencial da sua natureza:

> 2.182: "Toda a figura é também uma figura lógica. (Pelo contrário, nem toda a figura, por exemplo, é espacial)"[79].

A contraposição entre forma espacial e forma lógica pretende, justamente enfatizar que a condição mínima da figuração respeita, exclusivamente, a que a ordem de concatenação dos elementos no "facto-figura" corresponda à ordem de concatenação dos objectos, que aqueles representam no "facto-figurado".

A natureza lógica essencial a toda a figuração permite a Wittgenstein afirmar:

> 2.19: "A figura lógica pode representar o mundo"[80].

---

[78] IDEM, *ibidem*, 2.18: "Was jedes Bild, welcher Form immer, mit der Wirklichkeit gemein haben muß, um sie überhaupt - richtig oder falsch - abbilden zu können, ist die logische Form, das ist, die Form der Wirklichkeit".
[79] IDEM, *ibidem*, 2.182: "Jedes Bild ist *auch* ein logisches. (Dagegen ist z. B nicht jedes Bild ein räumliches.)"
[80] IDEM, *ibidem*, 2.19: "Das logische Bild kann die Welt abbilden."

O que a "figura" representa não é, pois, necessariamente, um estado de coisas existentes, mas, em virtude da sua natureza *lógica*, apenas representa a *possibilidade* de uma situação e, como tal, a existência ou não-existência de um estado de coisas:

> 2.201: "A figura faz figurar a realidade, enquanto representa uma *possibilidade* de existência ou não-existência de estado de coisas"[81].

A "figura" tem, assim, o poder de representar, independentemente de ser verdadeira ou falsa, pois, para isso, a única condição é a possibilidade lógica de ordenamento dos elementos que a constituem, dentro da legitimidade que lhe é conferida pelo conjunto das regras às quais obedece a figuração.[82]

Assim, nenhuma "figura" mostra, por si, se é verdadeira ou falsa. Há que compará-la com a realidade para o sabermos. O que ela representa, é apenas a possibilidade de um estado de coisas e nisso consiste o seu *sentido*:

> 2.221: "O que a figura representa é o seu sentido"[83].

Daí, a série de teses que se lhe seguem:

> 2.222: "A sua verdade ou falsidade consiste no acordo ou desacordo do seu sentido com a realidade."[84]

---

[81] IDEM, *ibidem*, 2.201: "Das Bild bildet die Wirklichkeit ab, indem es eine Möglichkeit des Bestehens und Nichtbestehens von Sachverhalten darstellt."
[82] Cf. M. BLACK, *op. cit.*, 93.
[83] *Tractatus*, 2.221: "Was das Bild darstellt, ist sein Sinn."
Max BLACK (*op. cit.*, 93) chama a atenção para o modo como deve ser entendida, neste contexto, a forma verbal alemã "darstellt". Segundo ele, incorrer-se-ia em grave erro ao traduzi-la por "representar", considerar que a "figura" "representa" o seu sentido do mesmo modo que os elementos da figura "representam" (go proxy for) os objectos correspondentes do facto figurado. O valor semântico de "darstellt" é aqui antes, o de "mostrar".
[84] *Tractatus*, 2.222: "In der Übereinstimmung oder Nichtübereinstimmung seines Sinnes mit der Wirklichkeit besteht seine Wahrheit oder Falschheit."

2.223: "Para saber se a figura é verdadeira ou falsa, devemos compará-la com a realidade."[85]

2.224: "Só pela figura, não se pode saber se é verdadeira ou falsa."[86]

2.225: "Uma figura verdadeira *a priori* não existe"[87].

Deste modo, devem considerar-se na "figura" dois aspectos distintos: em primeiro lugar, *que ela é uma "figura" de algo*; em segundo, se, enquanto tal, ela o é de *um modo exacto ou inexacto*. Ao primeiro aspecto corresponde o que chamamos o *seu sentido*; ao segundo, o seu *valor de verdade*.

E o que se diz da "figura" em geral, vale, na totalidade, para esses dois modos particulares dela que são: o pensamento e a proposição.

Do pensamento dá-se a seguinte definição:

3: "A figura lógica dos factos é o pensamento"[88].

---

[85] IDEM, *ibidem*, 2.223: "Um zu erkennen, ob das Bild wahr oder falsch ist, müssen wir es mit der Wirklichkeit vergleichen."
[86] IDEM, *ibidem*, 2.224: "Aus dem Bild allein ist nicht zu erkennen, ob est wahr oder falsch ist.".
[87] IDEM, *ibidem*, 2.225: "Ein a priori wahres Bild gibt es nicht."
[88] IDEM, *ibidem*, 3: "Das logische Bild der Tatsachen ist der Gedanke."
M. BLACK (*op. cit.*, 93) considera que Wittgenstein se afasta da concepção fregeana do pensamento, ao defini-lo, na nota 4, como uma proposição com sentido. O pensamento não é, por isso, para Wittgenstein, *o sentido ideal de uma proposição*. Posição algo diferente é a defendida por O. ARABI (*op. cit.*, 45), que considera que o jovem Wittgenstein, sob este aspecto, não modifica, de um modo essencial, a concepção de Frege; também esta implicava serem os pensamentos entidades eternas e imperceptíveis, dos quais as proposições eram a expressão linguística. Reconhece, todavia, que Wittgenstein chega a uma concepção mais empírica, que se afasta bastante da concepção idealista de Frege, ao admitir entidades psíquicas como constituintes do pensamento, segundo o que sugere na resposta a Russell em carta de 19.8.19, escrita de Monte Cassino.
Evocamo-la aqui: " ' ... But a Gedanke is a Tatsache: what are its constituents and components, and what is their relation to those of the pictured Tatsache?'
I don't know *what* the constituents of a thought are but I know *that* it must have such constituents which correspond to the words of Language. Again the kind of relation of the constituents of the thought and of the picture fact is irrelevant. It would be a matter of psychology to find it out." (L. WITTGENSTEIN, *Letters to Russell, Keynes and Moore*, 72).

E da relação entre pensamento e proposição, esclarece-se :

> 3.1: "Na proposição, o pensamento expressa-se de modo perceptível aos sentidos" [89].

De observar que qualquer "figura", de facto, deverá ser entendida como expressão perceptível do pensamento, seja qual for a sua *forma representacional*, uma vez que ela só poderá figurar em virtude da sua *forma lógica*. De modo que o que cabe dizer da relação do pensamento com a proposição, parece ser igualmente válido para todas as formas da figuração em geral. Logo, o *método de projecção* em que consiste o pensamento do sentido da proposição — de que trataremos adiante — é extensivo à totalidade das figurações; todas elas, portanto, e não apenas os enunciados linguísticos, deverão ser consideradas formas perceptíveis de expressão de pensamento, uma vez que este constitui uma espécie de elo[90] entre a proposição e o mundo; acrescenta-se ainda em 4.014 que toda a figuração ocorre numa relação paralela à da linguagem com o mundo[91].

A perspectiva, todavia, em que Wittgenstein aborda a problemática do pensamento, é fundamentalmente lógico-linguística, de modo que as teses, que elabora, se centram quase exclusivamente sobre as coordenadas dessa relação. Esta é a razão pela qual Wittgenstein podia remeter para posterior investigação psicológica, o que, no pensamento, enquanto figuração, constituiria a sua *forma representacional*.

Nos limites das suas preocupações lógico-linguísticas Wittgenstein condensa, em reduzido número de parágrafos, as teses consequentes à concepção do pensamento como "figura" e "figura lógica" por excelência. Assim, admitir que se possa pensar fora das leis da lógica — o que suscitaria uma contradição nos termos — seria tão absurdo como representar uma figura espacial sem obedecer às leis da geometria:

---

[89] *Tractatus*, 3.1: "Im Satz drückt sich der Gedanke sinnlich wahrnehmbar aus."
[90] Cf. A. KENNY, *op. cit.*, 63.
[91] *Tractatus*, 4.014: "Die Grammophonplatte, der musikalische Gedanke, die Notenschrift, die Schallwellen, stehen alle in jener abbildenden internen Beziehung zu einander, die zwischen Sprache und Welt besteht.
Ihnen allen ist der logische Bau gemeinsam. / ... / ."

3.03: "Não pode haver pensamento de algo ilógico, porque para isso ser-nos-ia necessário pensar ilogicamente."[92]

3.031: "Disse-se que Deus tudo podia criar excepto o que fosse contrário às leis lógicas. Nós nem mesmo podíamos dizer de um mundo *ilógico* qual seria o seu aspecto."[93]

3.032: "É tão impossível representar, através da linguagem, alguma coisa contrária à lógica quanto, em geometria, representar pelas suas coordenadas uma figura que contradiga as leis do espaço ou indicar as coordenadas de um ponto que não exista"[94].

E uma vez que não se pode pensar fora das leis da lógica, segue-se que só podemos pensar coisas possíveis:

3.02: "O pensamento contém a possibilidade da situação da qual ele é o pensamento. O que é pensável é também possível"[95].

A relação *pensamento/proposição*, ou seja, a relação lógico-linguística evolui, ao longo do texto, desde a tese inicial exposta em 3.1 — onde a proposição é considerada como expressão sensível do pensamento —, até às teses das notas 3.5 e 4, sempre no sentido de uma mais íntima aproximação dos dois termos, culminando na sua identidade.

Este processo só ganha verdadeiramente significado à luz da noção de *método projectivo* (Die Projektionsmethode), introduzida em 3.11:

"Usamos o sinal sensível (sonoro ou escrito, etc.) da proposição, como projecção da situação possível.

O método projectivo é o pensar o sentido da proposição"[96].

---

[92] IDEM, *ibidem*, 3.03: " Wir können nichts Unlogisches denken, weil wir sonst unlogisch denken müßten." (t.n.)

[93] IDEM, *ibidem*, 3.031: "Man sagte einmal, daß Gott alles schaffen könne, nur nichts, was den 'logischen' Gesetzen zuwider wäre.–Wir könnten nämlich von einer unlogischen'Welt nicht *sagen*, wie sie aussähe." (t.n.)

[94] IDEM, *ibidem*, 3.032: "Etwas 'der Logik Widersprechendes' in der Sprache darstellen, kann man ebensowenig, wie in der Geometrie eine den Gesetzen des Raumes widersprechende Figur durch ihre Koordinaten darstellen; oder die Koordinaten eines Punktes angeben, welcher nicht existiert."

[95] IDEM, *ibidem*, 3.02: "Der Gedanke enthält die Möglichkeit der Sachlage, die er denkt. Was denkbar ist, ist auch möglich." (t.n.)

[96] IDEM, *ibidem*, 3.11: "Wir benützen das sinnlich wahrnehmbare Zeichen (Laut -

Max Black⁹⁷ interpreta o sentido da expressão como equivalente a *relação figurativa* (abbildende Beziehung). Assim sendo, *o pensar o sentido da proposição* corresponderia à *actividade estipuladora* e *selectiva dos sinais* de modo a, de acordo com as suas características (forma de figuração), fazê-los representar os objectos, atendendo à estrutura da sua coordenação (a forma lógica) no estado de coisas a figurar.

Como tal, o *método projectivo*, "o pensar o sentido da proposição" consistiria, fundamentalmente, no acto pelo qual o sinal se institui em símbolo, o enunciado linguístico (sinal proposicional) se converte em proposição:

> 3.12: "Ao sinal mediante o qual expressamos o pensamento, chamo sinal proposicional. E a proposição é o sinal proposicional na sua relação projectiva com o mundo"⁹⁸.

As notas 3.14 a 3.1432 tematizam, no âmbito desta problemática, a factualidade do sinal proposicional, em virtude da sua condição de "figura-veículo". A relação especular e simétrica da "figura" com o mundo pressupõe a tese de que só um facto pode figurar um outro facto. Esta tese constitui o conteúdo da nota 3.1432, que condensa o fundamental acerca do desenvolvimento temático em causa do seguinte modo:

> 3.1432: "Não devemos dizer: 'O sinal complexo 'aRb' ' diz que 'a' se encontra na relação R com 'b', mas: *Que* 'a' se encontre numa certa relação com 'b', diz *que* 'aRb' "⁹⁹.

-oder Schriftzeichen etc.) des Satzes als Projektion der möglichen Sachlage. Die Projektionsmethode ist das Denken des Satz-Sinnes."
⁹⁷ *Op. cit.*, 100.
⁹⁸ *Tractatus*, 3.12: "Das Zeichen, durch welches wir den Gedanken ausdrücken, nenne ich das Satzzeichen. Und der Staz ist das Satzzeichen in seiner projektiven Beziehung zur Welt."
⁹⁹ IDEM, *ibidem*, 3.1432: "Nicht: 'Das komplexe Zeichen 'aRb' sagt, daß a in der Beziehung R zu b steht', sondern: *Daß* 'a' in einer gewissen Beziehung zu 'b' steht, sagt, *daß* aRb."
As referências de Wittgenstein a esta matéria, in "Notes on Logic" *(Tagebücher*, Appendix I, 187-225), ajudam a clarificar o seu pensamento neste ponto: "Symbols are not what they seem to be. In ‹aRb›, ‹R› looks like a substantive, but it is not one. What simbolizes in ‹aRb› is that ‹R›occurs between ‹a›and ‹b›. Hence ‹R›is *not* the indefinable in ‹aRb›." (IDEM, *ibidem*, 205).
E mais adiante (IDEM, *ibidem*, 221), acrescenta: "In aRb it is not the complex that

Assim, o sinal complexo *aRb* não deve ser considerado o *nome* da situação que descreve; mas antes o facto (sinal proposicional) que a figura. É o carácter factual proposicional que o torna apto a veicular um sentido, ou seja, a figurar a possibilidade de uma situação, mercê do *método projectivo*, segundo o qual duas *estruturas*, pelas correspondências estabelecidas, se tornam simétricas. A estrutura factual do sinal ganha significado lógico e devém, consequentemente, uma proposição. Daí que Wittgenstein afirme:

> 3.5: "O sinal proposicional aplicado, pensado, é o pensamento"[100].

E, em nota posterior, numa total redução do pensamento (na sua dimensão lógica) à proposição, explicitamente declare:

> 4: "O pensamento é a proposição com sentido"[101].

Da corporificação do pensamento no sinal proposicional, de que resulta a proposição, se segue, em consequência, não só a relação que os elementos desta hão-de manter em suas conexões com o pensamento, enquanto figura lógica dos factos, como também, e através deste, com o mundo. A tese que atravessa esta dupla relação afirma que a proposição há--de reflectir, em virtude da sua natureza de "figura", a multiplicidade lógica da situação de que é figura. E, nesta condição, espelhando a estrutura, ela deve manter com o espelhado, mercê de correlações tácitas, o paralelismo numérico exigido pela pluralidade dos elementos que nela se encontram coordenados.

Assim, fica estabelecido em 3.2 que:

> "Na proposição o pensamento pode ser expresso de modo que aos objectos do pensamento correspondam os elementos do sinal proposicional"[102].

---

symbolizes but the fact that the symbol *a* stands in a certain relation to the symbol *b*. Thus facts are symbolized by facts, or more correctly: that a certain thing is the case in the symbol says that a certain thing is the case in the world".
100 *Tractatus*, 3.5: "Das angewandte, gedachte, Satzzeichen ist der Gedanke."
101 IDEM, *ibidem*, 4: "Der Gedanke ist der sinnvolle Satz."
102 IDEM, *ibidem*, 3.2: "Im Satze kann der Gedanke so ausgedrückt sein, daß den Gegenständen des Gedankens Elemente des Satzzeichens entsprechen."

Estes elementos, que emergem da análise completa da proposição, designa-os Wittgenstein por "sinais simples" :

> 3.201: "Designo tais elementos por 'sinais simples' e tal proposição 'completamente analisada'[103].

São eles que constituem os "nomes" propriamente ditos:

> 3.202: "Chamam-se nomes aos sinais simples empregues na proposição."[104]

O significado do nome é o *objecto*,

> 3.203: " O nome significa o objecto. O objecto é a significação do nome. ('A' é o mesmo sinal que 'A')"[105]

e consequentemente, na proposição, ele é o seu representante (3.22)[106], uma vez que:

> 3.21: "À configuração dos sinais simples na proposição corresponde a configuração dos objectos na situação"[107].

Os nomes são elementos simples, inanalisáveis:

> 3.26: "O nome não pode ser ulteriormente analisado mediante uma definição: é um sinal primitivo"[108].

---

[103] IDEM, *ibidem*, 3.201: "Diese Elemente nenne ich 'einfache Zeichen' und den Satz 'vollständig analysiert'."
[104] IDEM, *ibidem*, 3.202: "Die im Satze angewandten einfachen Zeichen heißen Namen."
[105] IDEM, *ibidem*, 3.203: "Der Name bedeutet den Gegenstand. Der Gegenstand ist seine Bedeutung. ('A' ist dasselbe Zeichen wie 'A'.)."
Sobre o problema do significado dos nomes, cf.: H. ISHIGURO "Use and reference of names", in: P. WINCH (ed.), *Studies in the Philosophy of Wittgenstein*, London/New York, 1969, 20-50; M. HELME, "An elucidation of *Tractatus* 3.263", *The Southern Journal of Philosophy*, 17 (1979), 323-334.
[106] *Tractatus*, 3.22: "Der Name vertritt im Satz den Gegenstand."
[107] IDEM, *ibidem*, 3.21: "Der Konfiguration der einfachen Zeichen im Satzzeichen entspricht die Konfiguration der Gegenstände in der Sachlage."
[108] IDEM, *ibidem*, 3.26: "Der Name ist durch keine Definition weiter zu zergliedern: er ist ein Urzeichen."

Todavia encontram-se, quanto ao seu significado, numa dependência total relativamente à proposição:

> 3.3: "Só a proposição tem sentido; só no contexto da proposição o nome tem significado"[109].

O nome, como todo e qualquer sinal, resulta de convenções arbitrárias:

> 3.322: "O nosso uso do mesmo sinal para significar dois objectos diferentes não pode nunca indicar uma característica comum aos dois, se o usarmos em dois *modos de significação diferentes*. Porque o sinal é, efectivamente, arbitrário. Poder-se-iam escolher, igualmente, dois sinais diferentes; onde residiria, então, o que há de comum na designação?"[110]

Em consequência, uma determinada combinação de sinais só não terá sentido se o *sinal* não *simbolizar*, isto é, se a convenção, que determina a relação do sinal com a realidade, não tiver sido convenientemente estabelecida:

> 5.4733: "Frege diz que toda a proposição regularmente constituída deve ter um sentido. Eu digo que toda a proposição possível está legitimamente construída e, se ela não tem sentido, isso só pode residir no facto de não termos dado *significado* a qualquer uma das suas partes constitutivas.
> (Mesmo quando pensamos tê-lo feito)

---

[109] IDEM, *ibidem*, 3.3: "Nur der Satz hat Sinn; nur im Zusammenhange des Satzes hat ein Name Bedeutung."
Seguindo a lição de M. BLACK (*op. cit.*, 129), o que Wittgenstein aqui pretende dizer é que os nomes só têm "uso" como partes de proposições. Fora desse contexto, o significado do nome é meramente potencial, uma vez que às palavras pertence a possibilidade de representar, na proposição, coisas determinadas, quando usadas segundo os critérios das convenções normativas estabelecidas.
[110] *Tractatus*, 3.322: "Es kann nie das gemeinsame Merkmal zweier Gegenstände anzeigen, daß wir sie mit demselben Zeichen, aber durch zwei verschiedene *Bezeichnungsweisen* bezeichnen. Denn das Zeichen ist ja willkürlich. Man könnte also auch zwei verschiedene Zeichen wählen, und wo bliebe dann das Gemeinsame in der Bezeichnung" (t. n.).

Assim, a razão por que 'Sócrates é idêntico' nada diz, está em não termos dado significado *adjectival* à palavra 'idêntico: Porque, se ela figura como sinal de igualdade, esta palavra simboliza de um outro modo - a relação simbólica é outra -, logo o símbolo também é diferente nos dois casos; só acidentalmente o sinal é comum aos dois símbolos"[111].

No entanto, porque a proposição não é um mero conjunto de nomes, mas o reflexo da *estrutura lógica* do facto figurado, as correlações entre aqueles na proposição não podem ser arbitrárias, antes hão-de estar subordinadas a normas de combinação. Estas são as regras sintácticas, sem as quais o sinal não simboliza:

3.32: "O sinal é o aspecto perceptível do símbolo."[112]

3.326: "Para reconhecer o símbolo no sinal, deve-se considerá-lo no seu uso com sentido."[113]

3.334: "As regras da sintaxe lógica devem entender-se por si (serem evidentes). Que se saiba apenas como é que cada sinal designa"[114].

---

[111] IDEM, *ibidem*, 5.4733: "Frege sagt: Jeder rechtmäßig gebildete Satz muß einen Sinn haben; und ich sage: Jeder mögliche Satz ist rechtmäßig gebildet, und wenn er keinen Sinn hat, so kann das nur daran liegen, daß wir einigen seiner Bestandteile keine *Bedeutung* gegeben haben.
(Wenn wir auch glauben, es getan zu haben..)
So sagt 'Sokrates ist identisch' darum nichts, weil wir dem Wort 'identisch' als *Eigenschaftswort keine* Bedeutung gegeben haben. Denn, wenn es als Gleichheitszeichen auftritt, so symbolisiert es auf ganz andere Art und Weise - die bezeichnende Beziehung ist eine andere, - also ist auch Symbol in beiden Fällen ganz verschieden; die beiden Symbole haben nur das Zeichen zufällig miteinander gemein." (t. n.)
[112] IDEM, *ibidem*, 3.32: "Das Zeichen ist das sinnlich Warhnehmbare am Symbol." (t. n.)
[113] IDEM, *ibidem*, 3.326: "Um das Symbol am Zeichen zu erkennen, muß man auf den sinnvollen Gebrauch achten."
[114] IDEM, *ibidem*, 3.334: "Die Regeln der logischen Syntax müssen sich von selbst verstehen, wenn man nur weiß, wie ein jedes Zeichen bezeichnet."

Mas, uma vez estas regras estabelecidas, elas definem o âmbito de todas as combinatórias possíveis e são, por isso, o suporte lógico da criatividade linguística:

> 4.03: "Uma proposição deve comunicar um sentido novo por meio de velhas expressões [...]"[115].

Apesar do carácter convencional, que subjaz ao estabelecimento das regras sintácticas, estas, enquanto normas das combinatórias linguísticas, hão-de ser, em sua especificidade, de natureza tal que garantam que a relação entre a proposição e a situação seja de *carácter interno*, o que pressupõe a identidade de uma mesma multiplicidade lógica nas estruturas que lhe são comuns:

> 4.023: "A realidade deve ser fixada através da proposição, por um sim ou um não.
> Por isso (a realidade) deve ser completamente descrita por ela.
> A proposição é a descrição de um estado de coisas.
> Como a descrição descreve um objecto, segundo as suas propriedades externas, assim a proposição descreve a realidade segundo as suas propriedades internas.
> A proposição constrói o mundo com a ajuda de andaimes lógicos e, por isso, pode ver-se na proposição, *se* for verdadeira, a estrutura lógica da realidade. Podem *tirar-se conclusões* de uma proposição falsa"[116].

É, portanto, a *forma lógica* das proposições que garante a identidade das estruturas e a *relação interna* que elas mantêm com as situações que descrevem. Enquanto tal, a *forma lógica* é a condição de toda a figuração e,

---

[115] IDEM, *ibidem*, 4.03: "Ein Satz muß mit alten Ausdrücken einen neuen Sinn mitteilen / ... /"
[116] IDEM, *ibidem*, 4.023: "Die Wirklichkeit muß durch den Satz auf ja oder nein fixiert sein.
Dazu muß sie durch ihn vollständig beschrieben werden.
Der Satz ist die Beschreibung eines Sachverhaltes.
Wie die Beschreibung einen Gegenstand nach seinen externen Eigenschaften, so beschreibt der Satz die Wirklichkeit nach ihren internen Eigenschaften.
Der Satz konstruiert eine Welt mit Hilfe eines logischen Gerüstes und darum kann

de acordo com o atrás afirmado para a figuração em geral, ela *mostra-se*, *reflecte-se* na proposição, sem que, todavia, possa ser descrita por qualquer uma delas[117].

Mas esta relação interna respeita, apenas, insistimos, a relação da proposição com uma situação possível. Por conseguinte, o valor de verdade desta só poderá ser determinado a partir do seu confronto com a realidade:

> 4.05: "A realidade é confrontada com a proposição."[118]

> 4.06: "A proposição só pode ser falsa ou verdadeira enquanto é figura da realidade"[119].

O que significa que a proposição mantém, em relação à realidade, uma posição que é também de independência, em virtude do seu carácter bipolar, ou seja, dos dois pólos de verdade implícitos no seu sentido[120]; daqui decorre a tese de que não há proposições propriamente ditas, que possam ser verdadeiras *a priori*.

Estas são, em síntese, as teses fundamentais que caracterizam a proposição enquanto "modelo lógico" de uma situação possível, isto é, "figura" daquilo que descreve.

I.5 Dos estatutos semânticos: do "nome" e dos diferentes tipos de "proposições"

Nomes e proposições têm, como ao vimos, diferentes estatutos semânticos: os nomes são os elementos últimos e inanalisáveis das proposições e estas não são nomes complexos.

As proposições têm *sentido* (Sinn); enquanto os nomes têm apenas *significado* (Bedeutung). Distinção que Wittgenstein descreve

---

man am Satz auch sehen, wie sich alles Logische verhält, *wenn* er wahr ist. Man kann aus einem falschen Satz *Schlüsse ziehen.*"
[117] Cf. IDEM, *ibidem*, 4.12 e 4.121, *supra*, 276 e 277.
[118] IDEM, *ibidem*, 4.05: "Die Wirklichkeit wird mit dem Satz verglichen."
[119] IDEM, *ibidem*, 4.06 : "Nur dadurch kann der Satz wahr oder falsch sein, indem er ein Bild der Wirklichkeit ist."
[120] Cf. A. KENNY, *op. cit.*, 69.

metaforicamente, ao estabelecer a analogia entre o *ponto* e o *nome*, entre a *flecha* e a proposição:

> 3.144: "Podem descrever-se, não se podem *denominar* situações.
> (Os nomes são semelhantes aos pontos; as proposições às flechas, elas têm sentido)"[121].

O *ponto* representa o elemento, a entidade geométrica sem dimensão alguma; a *flecha* indica a direcção de um movimento.

Tal como o *ponto* é uma abstracção, figura ideal que só no espaço encontra a sua concretude, assim também o *nome*, fora da proposição onde adquire o seu significado, é uma mera abstracção semântica[122]. Esta dependência do significado dos nomes relativamente à proposição é tão absoluta que a sua compreensão implica a mediação de "elucidações" que, em si, não são outra coisa que proposições que os contenham:

> 3.263: "Os significados dos sinais primitivos podem ser explicados através de elucidações. Estas são proposições que contêm os sinais primitivos. Deste modo, elas não podem ser compreendidas, a não ser que os significados desses sinais sejam já conhecidos."[123]

> 4.026: "Os significados dos sinais simples (das palavras) devem ser explicados para que os compreendamos.
> Mas nós entendemo-nos com as proposições"[124].

---

[121] *Tractatus*, 3.144: "Sachlagen kann man beschreiben, nicht *benennen*. (Namen gleichen Punkten, Sätze Pfeilen, sie haben Sinn.)"
[122] Cf. IDEM, *ibidem*, 3.3.
[123] IDEM, *ibidem*, 3.263: "Die Bedeutungen von Urzeichen können durch Erläuterungen erklärt werden. Erläuterungen sind Sätze, welche die Urzeichen enthalten. Sie können also nur verstanden werden, wenn die Bedeutungen dieser Zeichen bereits bekannt sind."
[124] IDEM, *ibidem*, 4.026: "Die Bedeutungen der einfachen Zeichen (der Wörter) müssen uns erklärt werden, daß wir sie verstehen.
Mit den Sätzen aber verständigen wir uns." (t. n.).

Ao contrário, o *sentido* de uma proposição não precisa de ser explicado, uma vez que ela contém o seu próprio sentido, enquanto "figura" que é da realidade:

> 4.064: "É necessário que cada proposição tenha *já* um sentido: a afirmação não lho pode conferir, porque ela afirma precisamente o sentido. E o mesmo se aplica à negação, etc."[125].

> 4.021: "A proposição é uma figura da realidade: porque eu conheço o estado de coisas que ela representa, se compreendo a proposição. E compreendo a proposição sem que o sentido me tenha sido explicado"[126].

Mas o que a proposição figura, graças à sua estrutura lógica, é a possibilidade de uma configuração de objectos[127]. E fá-lo por meio de um movimento que, na expressão de David Pears[128], consiste em "barrar" certas possibilidades. Assim, por exemplo, a proposição "~p" "barra" a possibilidade da proposição "p", isto é, diz que ela não é o caso e

> 4.0641: "[...] determina um lugar lógico com ajuda da proposição negada, ao mesmo tempo que descreve esta última como encontrando-se fora deste lugar.
> [...]"[129].

---

[125] IDEM, *ibidem*, 4.064: "Jeder Satz muß *schon* einen Sinn haben; die Bejahung kann ihn ihm geben, denn sie bejaht ja gerade den Sinn. Und dasselbe gilt von der Verneinung, etc."

[126] IDEM, *ibidem*, 4.021: "Der Satz ist ein Bild der Wirklichkeit: Denn ich kenne die von ihm dargestellte Sachlage, wenn ich den Satz verstehe. Und den Satz verstehe ich, ohne daß mir sein Sinn erklärt wurde."

[127] IDEM, *ibidem*, 4.2: "Der Sinn des Satzes ist seine Übereinstimmung, und Nichtübereinstimmung mit den Möglichkeiten des Bestehens und Nichtbestehens der Sachverhalte."

[128] *Wittgenstein*, 69.

[129] *Tractatus*, 4.0641: "[Der verneinende Satz] bestimmt einen logischen Ort mit Hilfe des logischen Ortes des verneinten Satzes, indem er jenen außerhalb diesem liegend beschreibt.
[...]."

Deste modo, toda a proposição realiza um *movimento* na direcção de um determinado lugar lógico, o lugar lógico do facto de que ela é a "figura"[130]. E, neste seu modo peculiar de ser se funda a analogia entre si e a *flecha*.

O sentido de uma proposição é, pois, a situação possível, que ela representa no espaço lógico. A linguagem significativa poderá descrever todos os factos possíveis e, consequentemente, não só os possíveis existentes. A proposição descreve estados de coisas e estes, enquanto configurações de objectos, são meras possibilidades cuja actualidade é sempre contingente. A linguagem significativa é, então, aquela que descreve factos - possíveis e actuais - e, como tal, aquela que mantém uma relação projectiva com o mundo.

Porém, fora da linguagem significativa (conjunto das proposições *com sentido* - sinnvoll)[131] estende-se um amplo espaço do discurso humano, cujo domínio é partilhado por dois tipos diferentes de proposições: as proposições *sem-sentido* (sinnlos) e as proposições *contra-sentido* (unsinnig).

As proposições que, no *Tractatus*, são designadas por *proposições sem-sentido*, coincidem em toda a sua extensão com as pseudoproposições lógicas - tautologias e contradições - que não descrevem factos, nem violam nenhuma regra da sintaxe lógica[132], o que é referido nas notas 4.461; 4.4611; 5.132; 5.1362.

Mais amplo é o domínio abrangido pelo termo "Unsinn" e o seu derivado "unsinnig".

No Proémio ao *Tractatus*, Wittgenstein indica-lhe a fronteira, ao afirmar que tudo o que se encontra para além do limite da linguagem significativa é simplesmente *contra-sentido*[133].

---

[130] IDEM, *ibidem*, 1.13: "Die Tatsachen im logischen Raum sind die Welt."
[131] O adjectivo "sinnvoll" aparece várias vezes no *Tractatus*, a caracterizar sempre o substantivo "Satz". Assim em 3.4; 4; 5.1241; 6.1263; 6.1264; 6.31. Há uma única excepção, em 4.243, onde caracteriza "Zeich". Cf., a propósito da linguagem significativa, o artigo de W. LÜTTERFELDS, "Die Dialektik 'Sinvoller Sprache' in Wittgenstein's *Tractatus* ", *Zeitschrift für philosophische Forschung*, 28 (1974), 562-584. Para uma visão global dos critérios determinantes das proposições que se situam além do sentido, cf. J. E. BICKENBACH, "The status of the propositions in the *Tractatus*", *Dialogue*, 13 (1974), 763-772.
[132] Cf. M. BLACK, *op. cit.*, 160.
[133] *Tractatus*, "Vorwort": "Die Grenze wird also nur in der Sprache gezogen werden können und was jenseits der Grenze liegt, wird einfach Unsinn sein."

Quer sob a forma de substantivo "Unsinn" e "Unsinnigkeit", quer sob a forma de adjectivo "unsinnig" o termo aparece no *Tractatus*, nas notas 4.003; 4.1272; 4.1274; 5.473; 5.5303; 5.5351; 5.5571; 6.51; 6.54.

Por linguagem *contra-sentido* (unsinnig) Wittgenstein entende toda a linguagem que, não descrevendo factos, nem possíveis nem actuais, se comporta todavia como tal, numa infracção à forma lógica que se revela no mundo e na linguagem. De acordo com o autor do *Tractatus*, estariam nessa situação a maior parte das proposições e das questões que se escreveram sobre temas filosóficos:

> 4.003: "A maior parte das proposições e questões que se escreveram em filosofia não são falsas, mas contra-sentido.
> A questões deste género não podemos de facto responder, mas apenas estabelecer o seu contra-sentido. [...]"[134]

Integram esta categoria todos os enunciados que falem com impropriedade de conceitos formais como se de conceitos propriamente ditos se tratasse, i. e., todos os enunciados que, abusivamente, pretendam descrever o que se mostra no simbolismo lógico.

As proposições do *Tractatus* participam deste mesmo *contra-sentido*: comportam-se, aparentemente, como proposições significativas, falando, não obstante, daquilo de que não se pode falar.

Por este processo, Wittgenstein indicava não estar o "discurso *contra-sentido* " isento de funcionalidade e alcance.

Reconhece-o em 6.54, quando escreve:

> "As minhas proposições são clarificadoras, de tal maneira que quem me compreende as reconhece por fim como contra-sentido, se saíu

---

[134] *Tractatus*, 4.003: "Die meisten Sätze und Fragen, welche über philosophische Dinge geschrieben worden sind, sind nicht falsch, sondern unsinnig. Wir können daher Fragen dieser Art überhaupt nicht beantworten, sondern nur ihre Unsinnigkeit feststellen. [...]".
M. BLACK (*op. cit.*, 160) escreve, em comentário a esta nota: "Husserl (*Untersuchungen*, vol. II, 326) makes a distinction between *Unsinn* and *Widersinn* (or, as we might say, the 'contrasensical'). An example of the former would be 'A man and is', of the latter, 'A round square'. The cases of 'nonsense' that concern W. are like the second example, in which no rules of school grammar are broken, but the destruction of sense arises from violation of the 'deeper' rules of logical syntax."

através delas — por cima delas — para lá delas. (Deve, por assim dizer, deitar fora a escada depois de ter saído através dela).
Deve superar estas proposições: então vê o mundo correctamente"[135].

I.6 Da distinção entre o "uso demonstrativo" e o "uso reflexivo" do verbo "mostrar"

Regressemos à distinção entre "dizer" e "mostrar". Ela é-nos agora fundamental para uma compreensão mais aprofundada daquilo a que podemos chamar o "sentido" do *discurso contra-sentido*, que é a teia do texto do *Tractatus*.

Vimos que a proposição pode figurar toda a realidade, excepto aquilo que deve ter em comum com ela para a poder figurar: a sua forma lógica. Apresentaram-se as razões porque as propriedades lógico-formais não são representáveis do ponto de vista linguístico. Indicaram-se as propriedades que constituem as propriedades internas das proposições, i. e., aquilo sem o qual a proposição é inconcebível[136].

Do mesmo modo se acentuou que, mau grado a irrepresentabilidade pela linguagem dos elementos formais que a estruturam, estes, todavia, "mostram-se" e "exibem-se" através dela. Esta é, pois, uma primeira dimensão do que chamámos o *mostrar-se transcendental*, ou seja, nesta perspectiva, de tudo aquilo que as proposições devem ter em comum com a realidade para a poderem representar — no fundo, as *condições* da representabilidade e da pensabilidade do real. A elas se vem somar a função denotativa dos sinais simples,

---

[135] *Tractatus*, 6.54: "Meine Sätze erläutern dadurch, daß sie der, welcher mich versteht, am Ende als unsinnig erkennt, wenn er durch sie — auf ihnen — über sie hinausgestiegen ist. (Er muß sozusagen die Leiter wegwerfen, nachdem er auf ihr hinaufgestiegen ist.)
Er muß diese Sätze überwinden, dann sieht er die Welt richtig."
[136] Wittgenstein definiu, em 4.123, a *propriedade interna* de um objecto deste modo: "Eine Eigenschaft ist intern, wenn es undenkbar ist, daß ihr Gegenstand sie nicht besitzt. [...]". E em 4.023 escrevera: " [...] Wie die Beschreibung einen Gegenstand nach seinen externen Eigenschaften, so beschreibt der Satz die Wirklichkeit nach ihren internen Eigenschaften.
Der Satz konstruiert eine Welt mit Hilfe eines logischen Gerüstes und darum kann man am Satz auch sehen, wie sich alles Logische verhält, *wenn* er wahr ist [...]".

4.126: "[...] (O nome mostra que ele designa um objecto [...]) [...]"[137].

porquanto a ligação entre a linguagem e o mundo se opera não só mercê do isomorfismo existente entre a proposição e a situação (forma de figuração), como também pela equivalência estabelecida entre o nome e o objecto (relação figurativa)[138].

Em síntese, o *mostrar transcendental* — insistimos: nesta vertente particular — respeita ao que se pode chamar a *forma interna do sentido*[139], ou seja, a dimensão específica do "mostrar" da proposição em que esta, fundamentalmente, mostra que representa[140].

Mas a proposição não mostra somente que representa. *Mostra* também o que *representa*. A proposição *mostra*, sem dúvida, a sua forma lógica: *mostra* que é ou uma proposição significativa, ou uma tautologia, ou uma contradição. Contudo, a proposição significativa, ao apresentar-se enquanto tal, fá-lo pela revelação e afirmação do *seu sentido* e nisso se diferencia das restantes que são, sob esse ponto de vista, vazias de sentido (sinnlos)[141].

A extensão abrangida pela noção de "mostrar" não se esgota, portanto, na forma lógica. A proposição *mostra-se* como "figura" e como "figura" de um determinado estado de coisas possível ou real: ela *mostra* como estão as coisas, se for verdadeira[142]. Este mostrar é necessário para a comunicação do sentido. Pois é o facto de a proposição constituir uma "figura" da realidade que legitima que, através do que ela mostra, se possa compreender o seu sentido, sem que ele tenha de ser explicado: pois, se se compreende a proposição, pode-se conhecer o estado de coisas que ela representa, como escreve Wittgenstein em 4.021[143]. O que significa que é

---

137 IDEM, *ibidem*, 4.126: " [...] (Der Name zeigt, daß er einen Gegenstand bezeichnet [...]) [...]".
138 Cf. J. ZIMMERMANN, *op. cit.*, 23.
139 IDEM, *ibidem*.
140 Cf. D. W. HARWARD, *op. cit.*, 11.
141 *Tractatus*, 4.461: "Der Satz zeigt was er sagt, die Tautologie und die Kontradiktion, daß sie nichts sagen. [...]."
142 IDEM, *ibidem*, 4.022: "Der Satz *zeigt* seinen Sinn.
Der Satz *zeigt*, wie es sich verhält, wenn er wahr ist. Und er *sagt, daß* es sich so verhält."
143 IDEM, *ibidem*, 4.021: "Der Satz ist ein Bild der Wirklichkeit: Denn ich kenne die von ihm dargestellte Sachlage, wenn ich den Satz verstehe. Und den Satz verstehe ich, ohne daß mir sein Sinn erklärt wurde."
P. von MORSTEIN ("Sagen und Zeigen: Einige Bemerkungen zum Verstehen von

esta natureza "figurativa" da proposição, este "mostrar" do seu sentido, que funda o carácter público da linguagem[144].

E nisto consiste, julgamos, a dimensão do "dizer" que a proposição há-de incluir, de acordo com a importante nota 4.022, que, explicitamente, afirma no seu todo:

> "A proposição *mostra* o seu sentido. A proposição *se* é verdadeira *mostra* como as coisas estão. E *diz* que as coisas estão desse modo"[145].

Destaque-se a aparente contradição em que estas teses se encontram com o afirmado em 4.1212,

> "O que *pode* ser mostrado, não pode ser dito."[146]

bem como a acrescida dificuldade que resulta do facto de tudo o que é importante para a comunicação parecer depender, de acordo com o exposto, exclusivamente, dos aspectos que a proposição *mostra* por si.

Ora, é possível, se seguirmos a lição de D. W. Harward[147], solucionar a contradição e superar obstáculos que outros comentadores não têm

---

Sätzen, Sprechakten und Gedichten", in: E. LEINFELLNER et. al. (Hrsg.), *Wittgenstein und sein Einfluß auf die gegenwärtige Philosophie*, Akten des 2. Internationalen Wittgensteins Symposiums 29. August bis 4. September 1977 in Kirchberg (Österreich), 468—470) estabelece um interessante paralelismo entre a concepção das proposições como "figura" e a verdade de um poema ou, por exemplo, de um diagrama de uma estrutura molecular. Todos eles, ao contrário de uma demonstração matemática ou de um argumento filosófico, *iluminam* directamente um domínio da experiência, sem a medição da explicação.

Assim como a compreensão de um diagrama ou de um poema se mostra na capacidade de manejar o campo de experiência por eles iluminado, também compreender uma proposição significa ser capaz de a aplicar a determinada experiência.

[144] Cf. D. W. HARWARD, *op. cit.*, 12.
[145] *Tractatus*, 4.022: "Der Satz *zeigt* seinen Sinn. Der Satz *zeigt*, wie es sich verhält, *wenn* er wahr ist. Und er *sagt*, *daß* es sich verhält."
[146] IDEM, *ibidem*, 4.1212: "Was gezeigt werden *kann*, *kann* nicht gesagt werden."
[147] *Op. cit.*, 8-14.

resolvido de modo satisfatório[148]. É justo distinguir entre um *uso demonstrativo* e um *uso reflexo* do verbo *mostrar* : o primeiro, que se verifica quando, por exemplo, utilizamos uma linguagem para indicar a alguém o que se deve ou não fazer, exige a relação locutor/destinatário; o segundo pode ocorrer mesmo fora desta relação, tal como acontece com os aspectos formais da linguagem. A dimensão de *dizibilidade* da proposição significativa só pode ser entendível no âmbito desta dualidade de sentidos.[149]

Assim, embora as teses das notas 4.021, 4.022, 4.027, 4.03 e 4.0311 defendam a ideia de que o sentido da proposição se nos *mostra* e que ela no-lo comunica directamente, não deixa, todavia, de se impor a necessidade de distinguir *o que se mostra* — o estado de coisas possível, ou seja, o sentido objectivo da proposição — da *indicação* de que o que ela figura se deve verificar na realidade[150]; como "figura que é, a proposição representa a realidade de um modo adequado e é verdadeira, porque representa as coisas do modo como elas estão (o que não anula a possibilidade de o locutor estar errado e de o valor de verdade da proposição só ser determinável mercê de um confronto com a realidade)[151]. O mesmo é dizer que o aspecto assertórico da proposição advém da sua utilização no acto de comunicar. Enquanto tal, não constitui uma distinção real com qualquer significado para a análise atribuirmos a afirmação ao utilizador da linguagem

---

[148] Este intérprete de Wittgenstein (*op. cit.*, 16-18) põe em confronto com a sua própria interpretação as soluções de E. STENIUS (*Wittgenstein's 'Tractatus'. A Critical of its Main Lines of Thought*) e de M. BLACK (*op. cit.*).
A Stenius reconhece o mérito de ter distinguido dois usos do verbo *zeigen*: *to show* e *to depict*. Significando o primeiro: o que se mostra e não pode ser dito; e o segundo: o que se mostra e pode ser dito.
Critica-lhe, todavia, o ter ignorado a diferença entre o *mostrado por nós* e o *mostrado reflexivamente pela proposição*, uma vez que essa omissão permite que interprete que "o que é mostrado" é "o que é dito" — em contradição flagrante com a tese de 4.1212.
A M. Black reprova a tese central da sua interpretação, segundo a qual só a proposição pode dizer, porque o dizer faz parte do sentido, isto é, daquilo que é *mostrado* (em causa, também a contradição com 4.1212), ignorando, ele também, a diferença fundamental entre o *mostrado por nós* e o *mostrar-se reflexivamente*.
[149] Posição diferente é a de A. MAURY (*op. cit.*, 154-157) que, admitindo embora a necessidade de se considerar dois sentidos distintos de "mostrar", é de parecer que as ideias semânticas de Wittgenstein podem ser formuladas sem recurso à noção de "dizer", que tem por supérflua.
[150] Cf. D. W. HARWARD, *op. cit.*, 14.
[151] IDEM, *ibidem*, 12.

mais do que à proposição[152].Esclarecendo melhor: o locutor não diz o que a proposição mostra, pois seria supérfluo; mas a proposição em si mesma é, apenas, a descrição de uma situação possível e, só porque funciona dentro do circuito da comunicação, é também uma *asserção*.

Assim, Wittgenstein pode escrever que a proposição *mostra* e simultaneamente *diz*, sem querer significar com isso que se trata, no interior da proposição, de um modo de duplicação de sentido.

Digamos antes que o "mostrar" do sentido da proposição é um "mostrar" *demonstrativo*, de forma que o acto de indicar por ela implicado (assim vão as coisas) é a dimensão da dizibilidade que lhe é inerente, mercê do uso que dela faz o utilizador da linguagem.

Os limites do dizível, entendido como o que se mostra com sentido, são assim os limites do que pode ser verdadeiro ou falso, logo do que *se apresenta* como a descrição do que é o caso e pode, nessa medida, ser confrontado com a realidade.

No âmbito do objectivamente comunicável, estende-se a realidade empírica experienciável.

Como dissemos e insistimos, as proposições do *Tractatus* não se incluem dentro deste limite: não descrevem estados de coisas possíveis, não são modelos lógicos da realidade, não são enunciados científicos. São pura e simplesmente teses filosóficas — lógico-ontológico-linguísticas —, que estabelecem limites, que falam do dizível e do que se mostra através dele. A dimensão semântica, que lhes pertence, está além do *sentido*, entendido como o *objectivamente comunicável*. Elas são contra-sentido (unsinnig)[153], padecem da loucura de dizer o que não se pode dizer, para - dizendo - traçar os limites da dizibilidade. Por isso são paradoxais. Ao indicarem o espaço do sentido inequívoco, isto é, do susceptível de comunicação directa — do que se oferece à compreensão participada da comunidade dos utilizadores da linguagem, em sentenças passíveis de um valor de verdade —, estas proposições auto-anulam-se pelo que afirmam, e sugerem uma necessidade de legitimação que transcende o meramente afirmado.

Se, como Wittgenstein pensando metaforicamente declarou, as proposições são semelhantes a flechas ao indicarem a direcção de um determinado movimento, as proposições do *Tractatus* exigem uma atenção nova que lhes perscrute a dinâmica e lhes desvele o alvo. Pois, ao diferirem em

---

[152] IDEM, *ibidem*.
[153] Cf. *Tractatus*, 6.54.

seu "modus essendi" da lógica das proposições com sentido, permitem suspeitar de um outro "élan", de uma intenção nova não expressa, que aponta numa direcção não determinável pelo jogo de cálculo das suas tábuas de verdade. Estas podem emergir, na onda desse movimento, como clareiras rasgadas no ímpeto da corrente, que vem doutro lugar e aponta a jusante para um destino mais além. Parafraseando o que Wittgenstein escreveu em 4.115[154], o discurso filosófico do *Tractatus*, ao apresentar, expressamente, o dizível, assinala e indicia o indizível. Algo aí se *mostra* como fundo não explicável nem teorizável, mas de onde brota toda a tentativa de explicação e teorização — o espaço do "sem-resposta", que põe a interrogação e não permite ser interrogado. Uma outra dimensão do "mostrar" nos é assim revelada: o que as proposições do *Tractatus mostram*, já não tem directamente a ver com a "figura" da situação possível, já não é o *mostrar reflexo* dos aspectos formais da linguagem; ao pretenderem falar de tudo isto e ao comportarem-se linguisticamente como se de proposições descritivas se tratasse[155], des-mascaram, em seu "travesti", o dinamismo profundo de onde emanam. O que através delas se *mostra* não é a realidade cinética do factual, captada nos limites determináveis das confirmações contingentes do acontecer, nem a estrutura lógica imutável que condiciona toda a possibilidade, mas algo de vivo, de dinâmico, de indelimitável.

Chamar-lhe-emos a outra *vertente*, a vertente não lógica do *mostrar-se transcendental*. Wittgenstein chamou-lhe, no *Tractatus*, o elemento místico[156].

Se atendermos ao que este jovem admirador de Tolstoï escrevia, na célebre carta a Ficker[157] — que a intenção do *Tractatus* era ética e que a obra *compreendia* duas partes: uma, a que fora escrita; e a outra, a silenciada

---

[154] IDEM, *ibidem*, 4.115: "Sie wird das Unsagbare bedeuten, indem sie das Sagbare klar darstellt."

[155] O professor E. STENIUS (*op. cit.*, 212) considera a "Teoria da Figuração" fundamental para a compreensão do modo como funciona a linguagem não figurativa. Segundo ele, as proposições não-figurativas teriam o *estatuto lógico* de *metáforas sintácticas*, com o que pretende dizer que o seu sentido não é o pressuposto pela sua sintaxe lógica, apesar da nossa impossibilidade de lhe dar forma diferente. Neste caso, todos os enunciados filosóficos seriam *metáforas sintácticas*, expressão que lhe parece preferível a "unsinnig", como o *Tractatus* as classifica.

[156] *Tractatus*, 6.522: "Es gibt allerdings Unaussprechliches. Dies *zeigt* sich, es ist das Mystische."

[157] Cf. *supra*, II parte, A, c. II, 230 n. 5.

— supomos não forçar a lógica inerente ao jogo paralelo destas afirmações ao admitirmos não só uma correspondência de significado entre elas — de modo a interpretar que, se o silenciado não-dito é uma componente da obra, só o pode ser, se de algum modo aí estiver presentificado na especificidade do que se *mostra* no *contra-sentido* do escrito —, como também uma relação muito íntima entre este in-exprimível místico e a intenção ética que penetra o discurso com que fala o texto.

Trazer este fundo ético-místico à linguagem, atraiçoando, paradoxalmente, a intenção mais íntima do *Tractatus*, — a sua própria e muito particular intenção ética — é o objectivo que prosseguiremos nos próximos capítulos.

CAPÍTULO II

DA VOZ QUE FALA NO DIZER SILENCIOSO DO NÃO-ESCRITO

II. 1 A linguagem escada

Às proposições do *Tractatus* poderíamos chamar *proposições totais*, querendo com isto significar não só o modo como se diferenciam das proposições significativas factuais, condicionadas e limitadas à experiência humana sempre particular, mas sobretudo designar o carácter absoluto do seu modo de ser.

O objecto, que descrevem, não é a situação, como um lugar determinado no jogo das múltiplas possibilidades das coordenadas que definem o espaço lógico. O seu objecto é o "esse" do mundo e da linguagem e o modo do "inter-esse" destes dois pólos relacionais. Elas integram, em consequência, totalidades, "mundo", "linguagem", "espaço lógico", ao elucidarem sobre as condições de uma linguagem significativa e ao fundamentarem um critério de sentido. Porque realizam estas duas funções, *mostram* a sua importância e justificam o seu direito a ser, sem contudo legitimarem um estatuto de proposições significativas. Muito pelo contrário, *mostram*, segundo o critério do sentido objectivo, que não têm qualquer fundamento ou significado. Comportam-se de modo análogo ao elemento paradoxal de que fala Gilles Deleuze[1], que se opõe não ao sentido, mas à ausência de sentido[2]. Pois, tal como este elemento paradoxal, as proposições do *Tractatus* são doadoras de sentido. Pertencem simultaneamente às duas séries - dos factos e das proposições (como se viu, a proposição é também um facto)[3] -,

---

[1] *Logique du Sens*, Paris, 1969.
[2] IDEM, *ibidem*, 89: "Le non-sens est à la fois ce qui n'a pas de sens, mais qui, comme tel, s'oppose à l'absence de sens en opérant la donation de sens. Et c'est ce qu'il faut entendre par *non-sense*."
[3] *Tractatus*, 2.141: "Das Bild ist eine Tatsache." IDEM, *ibidem*, 3.14: "Das Satzzeichen besteht darin, daß sich seine Elemente, die Wörter, in ihm auf bestimmte Art und Weise zueinander verhalten.
Das Satzzeichen ist eine Tatsache".

que elas têm por função *coordenar, fazer convergir* (o que efectuam ao estabelecer a "Teoria da Figuração") e *ramificar*, introduzindo nelas disjunções múltiplas (entre as quais, a fundamental "eu/mundo", diversificada especularmente noutras como "lógica/mundo", "linguagem/mundo", por sua vez desdobráveis em "eu/lógica", "eu/linguagem", etc.); estas operações são realizadas mercê do desequilíbrio interno em que reside a própria consistência das proposições do *Tractatus*, ou seja, o de serem, em relação às duas séries, simultaneamente defeito e excesso[4]. Elas são, no que respeita à série do significante (a linguagem), um excesso: uma caixa vazia e um lugar sem ocupante[5] (as totalidades a que se referem estão para além dos limites da experiência); relativamente à série do significado, são um defeito, um supernumerário, um ocupante sem caixa[6] (factos não descritíveis, cuja estrutura só aparentemente respeita à forma lógica da realidade[7]). Séries que elas próprias determinam como *significante* e *significada*, a partir da interioridade da série significante a que pertencem de modo excedentário, e sob o modelo exclusivo dela, *mostrando*, desse modo não só o carácter insuperável da própria linguagem, como a impossibilidade de esta dizer de sua expressividade sem que para tal não tenha de abandonar a forma figurativa, portanto indicadora do seu uso significativo.

Mas dada a necessidade deste desvio da normatividade para a poder estabelecer, desta marginalização possível e obrigada, um outro espaço de expressividade da linguagem se reconhece implicitamente, num palco onde a sintaxe lógica desempenha papel de *como se*, mera *personagem* a mascarar o *actor*.

Como observa P. Hadot: "Há um domínio em que mercê da sua inexactidão, a linguagem mostra o que ela própria não pode exprimir.

---

[4] Cf. G. DELEUZE, *op.cit.*, 66. Aí se expõe como todas estas funções caracterizam o elemento paradoxal, enquanto doador de sentido.
[5] IDEM, *ibidem*, 65.
[6] IDEM, *ibidem*.
[7] A. LAGACHE (*Wittgenstein. La Logique d'un Dieu*, 86-87) considera que este papel - o do elemento paradoxal que faz convergir as duas séries - é desempenhado pela estrutura da proposição significativa. Dificilmente se pode aceitar esta interpretação. A estrutura da proposição, a sua forma lógica é, de acordo com a nota 2.18, a mesma da realidade. Como tal, é impossível concebê-la em excesso na série do significante (a linguagem) e por defeito na série do significado (os factos). Ela é a *condição* quer dos factos (a sua estrutura relacional), quer do sentido das proposições (a reprodução dessa estrutura).

O importante, então, não é o que ela nos diz, mas antes o que nos permite *visar* "[8].

É, enquanto tal, que ela é *mediação*, *acesso* a um outro olhar.

Por isso, a linguagem do *Tractatus* é linguagem-escada[9] cujo lance cobre o espaço de expressividade do texto e onde as proposições se alinham como degraus, que é necessário escalarmos para que uma nova visão - a visão *correcta* do mundo - nos seja revelada.

Do alto onde elas nos conduzem, a *verdade do solipsismo* desvela-se como o objecto dessa visão.

II. 2 Da verdade do solipsismo

Podem determinar-se, como se mostrou, os limites de toda a linguagem significativa, localizando-os nas proposições elementares logicamente independentes e conceber a linguagem como uma estrutura de funções de verdade dessas proposições. Perspectivamos, deste modo, os seus limites no âmbito de uma posição caracteristicamente empirista e positivista. Num primeiro momento, esta é, sem dúvida, a linha de argumentação, que opera no interior do texto e que dá resposta à questão dos limites do pensável (dizível), que Wittgenstein designa no "Proémio" ao *Tractatus* como seu objectivo fundamental. Todavia, se a questão encontra solução a este nível, esta, paradoxalmente, é e não é a totalidade da resposta.

A negação encontra o seu sentido na "Teoria do Mostrar" que implica e integra a verdade da afirmação. Ao substituir a "Teoria dos Tipos" de Russell por uma "Teoria do Simbolismo", Wittgenstein defendia que a linguagem deixa de ser significativa, quando se quer exprimir como linguagem. O que nela se mostra, a linguagem não o pode dizer; e aqui reside a sua

---

8 P. HADOT, "Réflexions sur les limites du langage à propos du *Tractatus logico-philosophicus* de Wittgenstein", *Revue de Métaphysique et de Morale*, 64 (1959), 478: "Il y a tout un domaine où, par son inexactitude même, le langage montre ce qu'il ne peut exprimer. Ce qui compte alors, ce n'est pas ce qu'il nous dit, c'est ce qu'il nous permet de *viser*". (O sublinhado é nosso).

9 Esta designação, conforme o conteúdo da nota 6.54 que compara as proposições do *Tractatus* à escada a abandonar uma vez utilizada, é usada por W. SELLARS e R. J. BERNSTEIN, respectivamente em "Naming and saying", 249-270 e "Wittgenstein's three language", 231-247, in: I. M. COPI e R. W. BEARD (edd.),*Essays on Wittgenstein's 'Tractatus'*.

M. BLACK (*op. cit.*, 377) lembra, a propósito, que a imagem da "escada" ocorre em Mauthner, a quem Wittgenstein se refere na nota 4.0031.

capacidade expressiva: a proposição *mostra* se significa, como significa e o que significa. A proposição mostra, assim, se é uma tautologia, uma proposição ou uma pseudoproposição, pela simples presentificação dos seus aspectos formais. Se significativa, ela mostra também o seu sentido: a *possibilidade* da situação e a *situação* possível que figura, mercê da relação projectiva com o mundo em que se constitui. Esta relação penetra quer o carácter especular da forma lógica proposicional, em sua condição de forma da realidade, quer a relação figurativa em virtude do acto de designação que implica. A dimensão de dizibilidade da proposição situa-se, neste contexto, exclusivamente, no circuito da comunicação inerente ao "esse" da linguagem. É pois a utilização do sinal proposicional, no acto da escrita ou da fala, que diz que *assim vão as coisas*. Consequentemente, os caracteres expressivos das proposições significativas são intrínsecos ao simbolismo que define a linguagem e *presentificam-se* nos modos da sua actualização.

Ora, o que a linguagem exprime através das suas proposições, na perspectiva wittgensteiniana, é o *mundo*. A sua força expressiva é o seu poder de figurar o que acontece[10] ou é possível acontecer. Para que a linguagem dê conta, então, do seu próprio poder expressivo, necessário seria que o acto de comparar a estrutura da linguagem com a estrutura do real fosse possível, o que significaria a possibilidade de o sujeito se situar num ponto exterior à linguagem para poder estabelecer a comparação. Mas essa possibilidade é-lhe vedada: não se pode sair da linguagem para comparar a sua forma lógica com a da estrutura do real. O que significa que a capacidade expressiva da linguagem tem de ser suportada por um argumento transcendental que, com base no carácter significativo daquela e na existência do mundo, conclui pelo paralelismo de ambas as estruturas.

É deste modo que a estrutura lógico-sintáctica da linguagem *mostra* a estrutura do mundo, a partir do interior dela mesma. Por isso, tentar dizer a estrutura lógica do real é, em verdade, procurar dizer o inexprimível, na medida em que ela outra não é que a da própria linguagem.

A linguagem não pode assim representar o que nela se espelha e o que através dela se exprime. Pura e simplesmente, espelha-o, reflecte-o.

A expressividade da linguagem esta não a pode exprimir, o que significa que deixa de ser representativa quando se quer exprimir como linguagem. A sua condenação é a de não se poder dizer a si mesma[11].

---

[10] *Tractatus*, 1: "Die Welt ist alles, was der Fall ist".
[11] P. HADOT, *op. cit.*, 475.

Ela é só o *grande espelho*[12], a mediação total, insuperável. Tudo o mais é reflexo.

A verdade do solipsismo tem, pois, a ver com esta intuição fundamental:

> 5.6: "*Os limites da minha linguagem* constituem os limites do meu mundo"[13].

---

[12] A imagem do "espelho" ocorre nas notas 4.121; 5.511; 6.13.

[13] *Tractatus*, 5.6: "*Die Grenzen meiner Sprache* bedeuten die Grenzen meiner Welt." Data de 1933, tanto quanto temos notícia, a primeira polémica em torno do "solipsismo" do *Tractatus*. Esta teve origem na conferência de L. S. STEBBING, "Logical positivism and analysis", *Proceedings of the British Academy*, XIX (1933), 53-87. Nela tomaram parte R. B. BRAITHWAITE, "Solipsism and the *Common Sense View of the World*", *Analysis*, 1 (1933), 13-15; M. CORNFORTH, "Is solipsism compatible with common sense?", *Analysis*, 1 (1934), 21-27. Um escrito anterior de R. B: BRAITHWAITE, "Philosophy", in: G. H. von WRIGHT (ed.), *University Studies, Cambridge 1933*, London, 1933, 1-32, suscitou a única vinda a público de Wittgenstein em defesa do seu texto, para denunciar o erro da leitura que dele fizera este intérprete (cf. *Mind*, 42 (1933), 415-416). Relativamente ao solipsismo, Braithwaite considerava-o uma consequência da epistemologia do *Tractatus*, de cariz positivista, que levava a não reconhecer como válido todo e qualquer conhecimento não redutível à experiência pessoal do sujeito. Mais perto de nós, posição sensivelmente idêntica foi assumida por R. W. MILLER, "Solipsism in the *Tractatus*", *Journal of the History of Philosophy*, XVIII, nº 1 (Jan. 1980), 57-74.

Esta polémica sofreu nova orientação, sobretudo a partir do momento em que ficou excluída a interpretação solipsista do *Tractatus*, baseada no carácter privado da linguagem (cf. nota 16). A partir de então, a atenção dos intérpretes tem sido atraída para a determinação do carácter específico desse solipsismo e para o fundamento da indizibilidade da sua verdade (*Tractatus*, 5.62). Com algumas nuances, a tendência geral é para aproximar o "solipsismo" do *Tractatus* do idealismo transcendental, mais ou menos kantiano, mais ou menos schopenhaueriano. Assim, por exemplo, G. E. M. ANSCOMBE (*An Introduction to Wittgenstein's 'Tractatus'*, 166 sqq.) e D. PEARS (*Wittgenstein*, 86-91) acentuam sobretudo a analogia com Schopenhauer. E. STENIUS (*Wittgenstein's 'Tractatus'. A Critical Exposition of its Main Lines of Thought*, 220-222), J. HINTIKKA ("On Wittgenstein 'solipsism' ", in: I.M. COPI e R. W. BEARD (edd.), *Essays on Wittgenstein's 'Tractatus'*, 157-161) e A. J. AYER (*Wittgenstein ou le Génie Face à la Métaphysique*, 53-54) aproximam-no do idealismo transcendental kantiano, enfatizando o carácter *linguístico* do solipsismo do *Tractatus*; para P. M. S. HACKER (*Insight and Illusion. Wittgenstein on Philosophy and the Metaphysics of Experience*, Oxford, 1972, 76) trata-se de um "solipsismo transcendental", uma síntese não muito fiel da doutrina kantiana da apercepção e da reificação da unidade de consciência de Schopenhauer; posição algo semelhante é defendida por B. WILLIAMS ("Wittgenstein and idealism", in: G. VESEY (ed.), *Understanding Wittgenstein*, London, 1974, 76-95); para A. GARCIA SUÁREZ ("Es el lenguaje del *Tractatus* un lenguaje privado?", *Teorema* (1972), 127-

5.61: "A lógica enche o mundo: os limites do mundo são também os seus próprios limites.

Em lógica, por isso, não podemos dizer: no mundo existe esta e aquela coisa e aquela outra, não.

Isto de facto pareceria pressupor que excluímos certas possibilidades e isto não pode acontecer, pois de outro modo a lógica deveria passar por cima dos limites do mundo: isto é, como se ela pudesse considerar estes limites também do outro lado.

Aquilo que não podemos pensar, não o podemos pensar; também não podemos *dizer*, aquilo que não podemos pensar"[14].

5.62: "Esta observação dá-nos a chave para decidir a questão, de quanto de verdade há no solipsismo.

Na realidade, aquilo que o solipsismo *quer dizer* é inteiramente justo, só que não se pode *dizer*, antes se mostra.

Que o mundo seja o *meu* mundo, revela-se no facto de os limites da linguagem (da única linguagem que eu compreendo) constituirem os limites do *meu* mundo"[15].

-129 - volume monográfico sobre o *Tractatus Logico-Philosophicus*), o solipsismo do *Tractatus* é um "solipsismo transcendental", pois o "sujeito metafísico" wittgensteiniano identifica-se com a "unidade transcendental da apercepção" kantiana; P. L. de SANTA MARIA DELGADO (*Introducción a Wittgenstein. Sujeto, Mente y Conduta*, 63-66) considera que o que distingue, fundamentalmente, o solipsismo de Wittgenstein do modelo clássico é o facto de aquele se caracterizar como um solipsismo sem sujeito.
No que respeita à *indizibilidade* do solipsismo (*Tractatus*, 5.62), de um modo geral, estes intérpretes reconhecem a *ilegitimidade*, na perspectiva wittgensteiniana, de falar do "eu", diferindo, muito embora, as razões por eles aduzidas.

[14] IDEM, *ibidem*, 5.61: "Die Logik erfüllt die Welt ; die Grenzen der Welt sind auch ihre Grenzen.
Wir können also in der Logik nicht sagen:Das und das gibt es in der Welt, jenes nicht. Das würde nämlich scheinbar voraussetzen, daß wir gewisse Möglichkeiten ausschließen und dies kann nicht der Fall sein, da sonst die Logik über die Grenzen der Welt hinaus müßte: wenn sie nämlich diese Grenzen auch von der anderen Seite betrachten könnte.
Was wir nicht denken können, das können wir nicht denken; wir können also auch nicht *sagen*, was wir nicht denken können".

[15] IDEM, *ibidem*, 5.62: "Diese Bemerkung gibt den Schlüssel zur Entscheidung der Frage, inwieweit der Solipsismus eine Wahrheit ist.
Was der Solipsismus nämlich *meint*, ist ganz richtig, nur läßt es sich nicht *sagen*, sondern es zeigt sich.

O argumento, que discorre através das três notas, determina duas incidências fundamentais: a da coincidência dos limites do mundo e da linguagem, mercê da estrutura lógica que lhes é comum - expressão da tese da impossibilidade de dizer o real fora do modelo da nossa própria linguagem; a da coincidência da linguagem, cujos limites são os do mundo, com a "minha linguagem", a "única linguagem que eu compreendo" e consequentemente a coincidência implicada do "mundo" com o "*meu mundo*" - a tese solipsística.

A *verdade do solipsismo* consistirá, então, no que se *mostra* duplamente na linguagem: que a manifestação do mundo só na linguagem acontece, que só ela faz doação de mundo; *e a implícita relação da linguagem com o sujeito que a questiona nos seus limites e a interroga na qualidade da única linguagem que entende, logo aquela mesmo em que ele formula a sua própria questão*. Só o sujeito que interroga pode designar a linguagem de "minha linguagem"; e, embora conheça, no acto em que a questiona, a impossibilidade de a ultrapassar, reconhece-se a si mesmo como autor da questão e, *por esse seu acto*, se descobre também em sua condição de limite e de fronteira:

> 5.632: "O sujeito não pertence ao mundo, mas constitui um limite do mundo"[16].

Daß die Welt *meine* Welt ist, das zeigt sich darin, daß die Grenzen *der* Sprache (der Sprache, die allein ich verstehe) die Grenzen *meiner* Welt bedeuten". (t.n.).
M. BLACK (*op. cit.*, 309), E. STENIUS (*op. cit.*, 221), J. HINTIKKA (*op. cit.*, 157-161) e B. RUSSELL ("Introduction" ao *Tractatus Logico-Philosophicus*, ed. cit., XVIII) traduzem a expressão "der Sprache die allein ich verstehe" por: "the only language which I understand". Os tradutores da segunda versão, D.F. Pears e B.F. Mcguinness conferem-lhe uma inflexão mais subjectivista: "of that language which alone I understand". Nesta mesma linha a traduz J.O. URMSON (*Philosophical Analysis. Its Development between the two World Wars*, Oxford, ^{3}1960, 135): "*the* language which I alone understand".
G.E. M. ANSCOMBE (*op. cit.*, 167) tradu-la por: "the only language that I understand", mas explica, em nota de rodapé, ter corrigido a tradução que aparece na primeira edição deste seu texto ("the language that only I understand"), pelo facto de entretanto ter tido conhecimento de que fora encontrada uma cópia da primeira edição do *Tractatus*, onde o próprio Wittgenstein corrige a afirmação nesse sentido. Desse testemunho documental se teve conhecimento através de C. LEWY, " A note on the text of the *Tractatus*", *Mind*, 76 (1967), 417-423.
16 *Tractatus*, 5.632: "Das Subjekt gehört nicht zur Welt, sondern es ist eine Grenze der Welt."
Original e, quanto a nós, bem contrária às teses do *Tractatus*, é a leitura que sobre

Deste sujeito, cujo estatuto é ser limite e fronteira do mundo, como é óbvio, nada se pode afirmar. A linguagem insensata, que diz o inexprimível, manifesta-lhe a presença e designa-o de "eu metafísico" e "eu filosófico":

> 5.641: "Existe, portanto, na verdade, um sentido segundo o qual na filosofia se pode falar do Eu de maneira não psicológica.
> O Eu entra na filosofia pelo facto de que o 'mundo é o meu mundo'.
> O Eu filosófico não é o homem, nem é o corpo humano, nem sequer a alma humana, de que trata a psicologia, mas o sujeito metafísico, o limite - não uma parte do mundo"[17].

Para precisar em que sentido se deve compreender este limite, Wittgenstein recorre à metáfora do olho e do seu campo de visão,

> 5.633: "Onde, no mundo, é possível observar um sujeito metafísico? Dirás que o caso é perfeitamente semelhante ao do olho e do campo visual. Mas, na realidade, *não* vês o olho.
> E nada no campo *visual* permite concluir que ele é visto por um olho"[18].

---

esta temática delas faz H. ISHIGURO ("Thought and will in Wittgenstein's *Tractatus*", in : E. MORSCHER e R. STRANZINGER (Hrsg.), *Ethik. Grundlagen, Probleme und Anwendungen. Akten des 5. Internationalen Wittgenstein Symposiums, 25. bis 31. August 1980, Kirchberg/Wechsel (Österreich)*, 455-463), quando afirma que, mesmo para o *Tractatus*, "a world is where I find many agents as well as things". Consequentemente, para este intérprete, o sujeito é também uma realidade no mundo. Sobre a relação entre as teses wittgensteinianas acerca do "sujeito" e as de Descartes, Hume e Kant, cf. P. F. STRAWSON, I*ndividuals*, London, 1959, c. III. Para uma crítica da interpretação de Strawson, cf. C. D. ROLLINS, "Personal predicates", The *Philosophical Quarterly*, 10 (1960), 1-11.

[17] IDEM, *ibidem*, 5.641: "Es gibt also wirklich einen Sinn, in welchem in der Philosophie nicht-psychologisch vom Ich die Rede sein kann.
Das Ich tritt in die Philosophie dadurch ein, daß die 'Welt meine Welt ist'.
Das philosophische Ich ist nicht der Mensch, nicht der menschliche Körper, oder die menschliche Seele, von der die Psychologie handelt, sondern das metaphysische Subjekt, die Grenze - nicht ein Teil der Welt".

[18] IDEM, *ibidem*, 5.633: "Wo in der Welt ist eine metaphysisches Subjekt zu merken? Du sagst, es verhält sich hier ganz, wie mit Auge und Gesichtsfeld. Aber das Auge siehst du wirklich *nicht*.
Und nichts *am Gesichtsfeld* läßt darauf schließen, daß es von einem Auge gesehen wird".

ou mesmo à representação imagética — talvez por a julgar mais impressiva — da nota

5.6331: "É que o campo visual não tem uma forma como esta:

„ 19

Num certo sentido, esse limite não existe. Não aparece no que é *iluminado*, o mundo, uma vez que não faz parte dele.

J. BOUVERESSE (*Le Mythe de l'Intériorité. Expérience, Signification et Langage Privé chez Wittgenstein*, Paris, 1976, 126-129) apresenta uma interessante interpretação da metáfora do olho e do seu campo visual.
Segundo ele, a maior parte dos intérpretes de Wittgenstein falseiam o seu sentido, ao darem como suposto que o aspecto sugestivo da metáfora reside na impossibilidade de o olho se ver a si próprio. Mostrando que da verdade desta constatação não se segue de imediato que o olho não faça parte do campo visual - o olho não é visível para mim, mas é-o para os outros, tal como os olhos dos outros o são para mim)- , e que essa interpretação atraiçoa o fundamental do pensamento de Wittgenstein (a irrealidade de um sujeito pensante enquanto objecto mundano), Bouveresse considera que a analogia só é entendível se apoiada na tese da nota 5.634, que desenvolve o pensamento da nota 5.633. Na continuidade da afirmação de 5.633, de que "nichts *am Gesichtsfeld* läßt darauf schließen, daß es von einem Auge gesehen wird", diz-se em 5.634: "Das hängt damit zusammen, daß kein Teil unserer Erfahrung auch *a priori* ist".
Assim, o decisivo da metáfora é a *conexão lógica,* que não *empírica,* entre o olho e o seu campo visual. A *conexão lógica* é a que caracteriza a relação *entre* o que conhece e o conhecido, tal como se expõe em 5.1362: "Der Zusammenhang von Wissen und Gewußtem, ist der der logischen Notwendigkeit."
Desse modo, porque a relação do sujeito com o mundo é necessária, o sujeito não pode fazer parte do mundo, onde tudo é contingente; além de que é a própria realidade do mundo que implica a do sujeito para o qual ele é. Daí, que este não possa estar contido nela.
Aceitamos a interpretação no que ela tem de essencial: a relação lógica implícita na metáfora. Todavia, discordamos da redução do sujeito, ao sujeito cognoscente, como se mostrará no desenvolvimento do nosso texto.
19 *Tractatus*, 5.6331: "Das Gesichtsfeld hat nämlich nicht etwa eine solche Form:

".

Esta ausência do sujeito no mundo encontra expressão linguística nas teses das notas 5.541 e 5.542:

> 5.541: "Parece, à primeira vista, que uma proposição se pode encontrar noutra também, de modo diverso.
> Isto especialmente em certas formas proposicionais de psicologia, como 'A crê que p acontece', ou 'A pensa p', etc.
> Numa visão superficial pode parecer que aqui a proposição p esteja numa certa relação com o objecto A.
> (E na moderna teoria do conhecimento (Russell, Moore, etc.) estas proposições foram na verdade concebidas assim.)"[20]

> 5.542: "Mas é bem claro que 'A crê p', 'A pensa p', 'A diz p' são da forma ' 'p' diz p'. E aqui trata-se não da coordenação de um facto e de um objecto, mas da coordenação de factos mediante os seus objectos"[21].

As teses aqui expostas constituem um argumento neo-humiano contra a concepção cartesiana do sujeito pensante[22], a substância espiritual para a qual há mundo mas que é também uma parte do mundo. A novidade da

---

[20] IDEM, ibidem, 5.541: "Auf den ersten Blick scheint es, als könne ein Satz in einem anderen auch auf andere Weise vorkommen.
Besonders in gewissen Satzformen der Psychologie, wie 'A glaubt, daß p der Fall ist', oder 'A denkt p', etc.
Hier scheint es nämlich oberflächlich, als stünde der Staz p zu einem Gegenstand A in einer Art von Relation.
(Und in der modernen Erkenntnistheorie (Russell, Moore, etc.) sind jene Sätze auch so aufgefaßt worden)".

[21] IDEM, ibidem, 5.542: "Es ist aber klar, daß "A glaubt, daß p', 'A denkt p', 'A sagt p' von der Form ' 'p' sagt p' sind: Und hier handelt es sich nicht um ein Zuordnung von einer Tatsache und einem Gegenstand, sondern um die Zuordnung von Tatsachen durch Zuordnung ihrer Gegenstände".
Para a génese do interesse de Wittgenstein pelas proposições intencionais, cf. P. M. S. HACKER, *Insight and Illusion. Wittgenstein on Philosophy and Metaphysics of Experience*, 60-62. Para um exame da relação dos enunciados intencionais e da noção de sujeito, cf. D. FAVRHOLDT, "*Tractatus* 5.542", *Mind*, 73 (1964), 557-562.
Para uma perspectiva crítica das diversas análises destes enunciados, cf. J. ROSENBERG, "Intentionality and self in the *Tractatus*", *Noûs*, 2 (1968), 341-358.

[22] Cf. P.M.S. HACKER, *op. cit.*, 62; IDEM, "Wittgenstein's doctrine of the soul in the *Tractatus*", *Kantstudien*, 62 (1971) 162-171; e J. BOUVERESSE, *op. cit.*, 131.

crítica está em que a análise incide agora sobre a linguagem, enquanto "espelho" do mundo. Assim, a nova metodologia toma a forma de uma análise da estrutura lógico-sintáctica do discurso. E, como tal, é no âmbito de uma tese geral sobre a linguagem - a tese da extensionalidade - que se inserem as duas notas que transcrevemos.

Elas são antecedidas pela nota 5.54 que defende que:

> "Na forma proposicional geral, uma proposição encontra-se noutra, só como base das operações de verdade"[23].

Ora, as proposições da forma "A diz p", "A pensa p", "A crê p", isto é, formas proposicionais de natureza psicológica, parecem ser uma excepção a esse princípio. A verdade da proposição "A crê p" não pode depender do valor de verdade da proposição p, pois será verdadeira desde que p seja efectivamente o objecto de crença de A. Como tal, o valor de verdade da proposição "A crê p" não depende - como deveria, de acordo com o princípio da extensionalidade - do valor de verdade das proposições suas componentes.

Wittgenstien introduz uma correcção na solução proposta por Russell[24] e com ela resolve a dificuldade:não se trata, como se lê em 5.541 e 5.542, da relação entre um objecto A e um facto p, mas sim de "uma coordenação de factos, mediante os seus objectos".

Deste modo, segundo o autor do *Tractatus*, as formas proposicionais, tais como "A diz p" ou "A pensa p" etc., mostram à luz de uma análise não superficial, serem da forma " 'p' diz p".

Na opinião de Urmson, estamos perante "uma passagem de obscuridade quase impenetrável"[25].

---

[23] *Tractatus*, 5.54: "In der allgemeinen Satzform kommt der Satz im Satze nur als Basis der Wahrheitsoperationen vor".

[24] "On the nature of truth", *Proceedings of the Aristotelian Society*, London, 7 (1906-7), 28-49; IDEM, *Principia Mathematica,*I,Cambridge, 1910, 43-44; IDEM, *ibidem*, Appendix C, vol.I, ²1935, 661.
As críticas de Wittgenstein tiveram um efeito muito forte sobre o pensamento de Russell. Cf. L. WITTGENSTEIN, *Letters to Russell, Keyns and Moore*, 24; e B. RUSSELL, *My Philosophical Development*, 110-127.

[25] *Op. cit.*, 133: "[...] Passage of almost impenetrable obscurity"; também citado por I. M. COPI, "*Tractatus* 5.542", in: I. M. COPI e R. W. BEARD (edd.), *Essays on Wittgenstein's Tractatus*, 163-165.

Na verdade, são múltiplas as interpretações e as divergências. De um modo geral, a controvérsia tem o seu ponto de incidência na leitura que cada um dos intérpretes faz dos factos coordenados em " 'p' diz p". Que representa o primeiro 'p': uma série de acontecimentos mentais, um sinal proposicional ou uma proposição?[26]

Irving Copi[27] fez uma análise muito atenta da notação do *Tractatus* e pôde concluir que o que é simbolizado pelo sinal 'p', na quase totalidade das suas ocorrências, são proposições, como se evidencia nas notas 5.12, 5.123, 5.1241, 5.1311, 5.152; 5.44; 5.512 e 5.513[28].

---

[26] Ilustramos a diversidade de interpretações com alguns exemplos: M. BLACK (*A Companion to Wittgenstein's 'Tractatus'*, 300) interpreta o primeiro 'p' como o enunciado que tem por significado p; G. E. ANSCOMBE (*op. cit.*, 90) faz uma leitura semelhante, mas já com alguma nuance, ao admitir que o que está a ser considerado é o sinal proposicional, *mental ou físico*, embora seja da opinião que o que Wittgenstein teria em mente seria sinal físico; para I. M. COPI ("*Tractatus* 5.542", in: I. M. COPI e R. W. BEARD (edd.), *op. cit.*, 165) os elementos referidos são, respectivamente, uma proposição ('p') e o facto possível ou actual, por ela figurado (p); em contrapartida, para J. BOUVERESSE (*op. cit.*, 132) a relação referida é a de um sinal proposicional com uma proposição.

[27] I. M. COPI, *op. cit.*, 163.

[28] *Tractatus*, 5.12:"Insbesondere folgt die Wahrheit eines Satzes 'p' aus der Wahrheit eins anderen 'q', wenn alle Wahrheitsgründe des zweiten Wahrheitsgründe des ersten sind."

IDEM, *ibidem*, 5.123: "Wenn ein Gott eine Welt erschafft, worin gewisse Sätze wahr sind, so schafft er damit auch schon eine Welt, in welcher alle ihre Folgesätze stimmen. Und ähnlich könnte er keine Welt schaffen, worin der Satz 'p' wahr ist, ohne seine sämtlichen Gegenstände zu schaffen."

IDEM, *ibidem*, 5.1241: " 'p.q' ist einer der Sätze, welche 'p' bejahen und zugleich einer der Sätze, welche 'q' bejahen.
Zwei Sätze sind einander entgegengesetzt, wenn es keinen sinnvollen Satz gibt, der sie beide bejaht.
Jeder Satz, der einem anderen widerspricht, verneint ihn."

IDEM, *ibidem*, 5.1311: "Wenn wir von pvq und $\sim$p auf q schließen, so ist hier durch die Bezeicnungsweise die Beziehung der Satzformen von 'p v q' und '$\sim$ p' verhüllt. Schreiben wir aber z. B. statt 'p v q' 'p|q.|.p|q', und statt '$\sim$ p' 'p|q' (p|q = weder p, noch q), so wird der innere Zusammenhang offenbar.
(Daß man aus (x). fx auf fa schließen kann, das zeigt, daß die Allgemeinheit auch im Symbol '(x). fx' vorhanden ist.)"

IDEM, *ibidem*, 5.152: "Sätze, welche keine Wahrheitsargumente mit einander gemein haben, nennen wir von einander unabhängig.
Zwei Elementarsätze geben einander die Wahrscheinlichkeit 1/2.
Folgt p aus q, so gibt der Satz 'q' dem Satz 'p' die Wahrscheinlichkeit l. Die Gewißheit

Todavia, aparecem também os símbolos p e q sem aspas, referidos a proposições, como acontece em 4.24 e 5.141[29]. Por sua vez, a nota 5.43 não deixa qualquer dúvida de que Wittgenstein usa também o sinal p para simbolizar um facto[30].

O resultado desta análise de Irving Copi parece-nos ser suficiente para provar que as interpretações da nota 5.542, que entendem os factos

---

des logischen Schlusses ist ein Grenzfall der Wahrscheinlichkeit. (Anwendung auf Tautologie und Kontradiktion.)"
IDEM, *ibidem*, 5.44: "Die Wahrheitsfunktionen sind keine materiellen Funktionen. Wenn man z. B. eine Bejahung durch doppelte Verneinung erzeugen kann, ist dann die Verneinung - in irgendeinem Sinn - in der Bejahung enthalten? Verneint ' ~~ p' ~p, oder bejaht es p; oder beides?
Der Satz '~~p' handelt nicht von der Verneinung wie von einem Gegenstand; wohl aber ist die Möglichkeit der Verneinung in der Bejahung bereits präjudiziert. Und gäbe es einen Gegenstand, der '~' hieße, so müßte '~~p' etwas anderes sagen als 'p'. Denn der eine Satz würde dann eben von ~ handeln, der andere nicht."
IDEM, *ibidem*, 5.512: " '~p' ist wahr, wenn 'p' falsch ist. Also in dem wahren Satz '~p' ist 'p' ein falscher Satz. Wie kann ihn nun der Strich '~' mit der Wirklichkeit zum Stimmen bringen?
Das, was in '~p' verneint, ist aber nicht das '~', sondern dasjenige, was allen Zeichen dieser Notation, welche p verneinen, gemeinsam ist.
Also die gemeinsame Regel, nach welcher '~p', '~~~p', '~pv~p', '~p.~p', etc. etc. (ad. inf.) gebildet werden. Und dies Gemeinsame spiegelt die Verneinung wider".
IDEM, *ibidem*, 5.513: "Man könnte sagen: Das Gemeinsame aller Symbole, die sowohl p als q bejahen, ist der Satz 'p.q'. Das Gemeinsame aller Symbole die entweder p oder q bejahen, ist der Satz 'pvq'.
Und so kann man sagen: Zwei Sätze sind einander entgegengesetzt, wenn sie nichts miteinander gemein haben, und: Jeder Satz hat nur ein Negativ, weil es nur einen Satz gibt, der ganz außerhalb seiner liegt.
Es zeigt sich so auch in Russells Notation, daß 'q: pv~p' dasselbe sagt wie 'q'; daß 'pv~p' nichts sagt."

[29] IDEM, *ibidem*, 4.24: "Die Namen sind die einfachen Symbole, ich deute sie durch einzelne Buchstaben ('x', 'y', 'z') an.
Den Elementarsatz schreibe ich als Funktion der Namen in der Form: 'fx', 'ψ(x,y)', etc.
Oder ich deute ihn durch die Buchstaben p, q, r, an."
IDEM, *ibidem*, 5.141: "Folgt p aus q und q aus p, so sind sie ein und derselbe Satz."

[30] IDEM, *ibidem*, 5.43: "Daß aus einer Tatsache p unendlich viele *andere* folgen sollten, nämlich ~~p, ~~~~p, etc., ist doch von vornherein kaum zu glauben. Und nicht weniger merkwürdig ist, daß die unendliche Anzahl der Sätze der Logik (der Mathematik) aus einem halben Dutzend 'Grundgesetzen 'folgen".
Alle Sätze der Logik sagen aber dasselbe. Nämlich Nichts."

coordenados nas formas proposicionais de natureza psicológica como proposições ('p') e os factos por elas figurados (p), não contrariam, pelo menos, a regra geral da notação do *Tractatus*. A nosso ver, elas têm o mérito de se integrarem com coerência na "Teoria da Figuração".

Tal como o interpretamos, o que se diz em 5.541 e 5.542 é que "A pensa p" não tem outra efectuação linguística a não ser a proposição 'p', que é um sinal proposicional interpretado, ou seja, a proposição na sua projecção ao mundo. O mesmo é válido para as restantes formas proposicionais de natureza psicológica.

Dado o carácter insuperável da linguagem e a sua natureza proposicional figurativa, o manifestado, no espaço de iluminação que ela desvela, são os "modelos" ou "figuras" da realidade por nós construídos. Dizer que "A pensa...", "A crê..." ou "A diz..." são outras tantas formas de dizer que "*nós construímos modelos*" ou "figuras" dos factos[31]. Simplesmente, que nós construímos figuras dos factos, é algo que só se pode dizer na linguagem *contra-sentido* do *Tractatus*, que tenta dizer o indizível.

A linguagem é uma efectuação, logo, tomada como objecto, ela é somente o todo proposicional (conjunto de modelos ou figuras). O sujeito que efectiva ou realiza o modelo, é o seu limite, a sua fronteira. O que o modelo pressupõe, enquanto construção, como condição da sua possibilidade, mostra-se nela como ex-posto e nunca como exposto. Desse modo, ao nível da linguagem com-sentido, as proposições ou são as funções de verdade de proposições elementares ou são proposições elementares, que figuram combinações de objectos simples. Somente a lógica interna à própria linguagem, o seu jogo de ser, não consente que entre esses objectos simples se encontre um que se possa conceber como um sujeito unitário, uma realidade substancial simples.

E eis-nos no cerne do argumento neo-humiano, que aparece como inferência das teses propostas no âmbito da análise destas formas proposicionais:

> 5.5421: "O que revela que a alma - o sujeito, etc. -, como é concebida superficialmente na psicologia de hoje, é um absurdo.
> Uma alma composta não seria mais uma alma"[32].

---

31 IDEM, *ibidem*, 2.1: "Wir machen uns Bilder der Tatsachen."
32 IDEM, *ibidem*, 5.5421: "Dies zeigt auch, daß die Seele - das Subjekt etc. - wie sie in der heutigen oberflächlichen Psychologie aufgefaßt wird, ein Unding ist.
Eine zusammengesetzte Seele wäre nämlich keine Seele mehr."

Pois, se a análise se detém no estudo das crenças, dos pensamentos, etc., não pode deixar de incidir sobre uma realidade *múltipla e factual*, que são os diversos modelos de mundo que eles constituem. A esse nível, nada como um *sujeito*, uma *realidade unitária*, suporte das representações, se pode revelar como fazendo parte do mundo:

> 5.631: "O sujeito que pensa, que tem representações não existe.
> Se eu escrevesse um livro 'o mundo como eu o encontrei' deveria falar nele do meu corpo, quais os membros que obedecem à minha vontade, quais os que não obedecem, etc.; isto é um método para isolar o sujeito, ou melhor para mostrar que, num sentido importante, não existe sujeito: dele só, na verdade, *não* se poderia falar nesse livro"[33].

Wittgenstein associa nesta nota, ainda que de modo não muito claro, o sujeito das representações ao sujeito da vontade. A associação não extrapola o argumento. Pressupõe a tese fundamental da coincidência dos limites da minha linguagem com os limites do mundo e, portanto, a estrutura lógica extensional de ambos, o que se traduz num contingentismo radical[34].

---

33 IDEM, *ibidem*, 5.631: "Das denkende, vorstellende, Subjekt gibt es nicht. Wenn ich ein Buch schriebe 'Die Welt, wie ich sie vorfand', so wäre darin auch über meinen Leib zu berichten und zu sagen, welch Glieder meinem Willen unterstehen und nicht etc., dies ist nämlich eine Methode, das Subjekt zu isolieren, oder vielmehr zu zeigen, daß es in einem wichtigen Sinne kein Subjekt gibt: Von ihm allein nämlich könnte in diesem Buche *nicht* die Rede sein. "
A interpretação de E. SCHLOSSBERGER ("The self in Wittgenstein's *Tractatus*", in: E. LEINFELLNER et al. (Hrsg.), *Wittgenstein und sein Einfluß auf die gegenwärtige Philosophie, Akten des 2. Internationalen Wittgenstein Symposiums 29. August bis 4. September 1977 in Kirchberg (Österreich)*, 147-150), do "eu empírico" como um conjunto de proposições é compatível com o que acima dizemos, embora, no curto artigo do autor a afirmação não venha suficientemente fundada e nós não concordemos com a designação de "eu empírico", nunca usada no *Tractatus* por Wittgenstein.
34 *Tractatus*, 5.634: "Das hängt damit zusammen, daß kein Teil unserer Erfahrung auch *a priori* ist.
Alles, was wir sehen, könnte auch anders sein.
Alles, was wir überhaupt beschreiben können, könnte auch anders sein.
Es gibt keine Ordnung der Dinge a priori."

Como em capítulo anterior se estudou[35], a este contingentismo radical, a esta ausência de necessidade interna[36], associa-se a impotência da vontade em sua relação com o mundo[37]. Como tal, entre os factos do mundo que constituem a minha experiência nada pode ser descrito como um sujeito de um acto, elo primeiro determinante de uma cadeia de acontecimentos. Na minha experiência encontram-se, naturalmente, os *meus* projectos, as *minhas* crenças, os *meus* actos, que se podem descrever como acontecimentos no mundo, mas não um *eu*, sujeito da vontade, suporte de um acto causal, que se mostra à análise como "pura superstição"[38].

Em definitivo, o sujeito cartesiano não faz parte do mundo — a análise linguística revela-o como puro *fantasma* e nada mais.

II. 3 Da potência da vontade: as representações do mundo

Todavia, o discurso que diz o indizível sinaliza, em sua marginalidade, um *operador existencial*, que se presentifica no acto de rebeldia contra a lógica da linguagem, para, num jogo de paradoxo, a poder manifestar. O manifestante, que manifesta o carácter insuperável da linguagem por esse modo, revela, nesse mesmo acto, a qualidade lógico-construtora da sua operação, através das pseudoproposições (modelos ou figuras) com as quais expressa as totalidades inexprimíveis - mundo, linguagem, espaço lógico. E desvela, na e pela construção abusiva de estruturas, que em sua efectivação regular constituem o lugar do sentido, a *dimensão projectiva* do seu "élan" em direcção a um saber unificado, além do conhecimento das proposições descritivas em que o mundo da experiência se vai cientificamente organizando. Este operador desnuda a concretude do seu "esse" neste interesse existencial pela *totalidade do sentido*, que determina o acto linguístico da construção dos *pseudomodelos* do discurso *contra--sentido*: ser, ao mesmo tempo, as duas dimensões do *fazer-sob-forma-de--projecto-que-se-sabe*, que, nos *Tagebücher*, mostrava ser a estrutura do que aí Wittgenstein designa por *vontade*. Esta, em virtude das determinações simbióticas do seu acto, revela-se como operador existencial,

---

[35] Cf. *supra*, II parte, A, c. III.
[36] Cf. *Tractatus*, 5.1361 ; 5.1362.
[37] IDEM, *ibidem*, 6.373 ; 6.374.
[38] IDEM, *ibidem*, 5.1361.

cuja operação lógico-linguística se caracteriza por uma dupla vectorização: a orientação à totalidade e o poder de negação, como condição do estabelecimento do limite e do reconhecimento da diferença.

Que o acto deste operador pressupõe esta dupla vectorização no cumprimento das suas funções lógico-linguísticas, mostra-se: quer no *fazer* que corresponde à construção dos modelos, entre os quais, o modelo por excelência, a proposição; quer na operação de produzir a linguagem em sua expressão puramente lógica, ou seja, a operação que a atravessa enquanto conjunto de proposições com sentido, na interrelação que as religa a um mesmo espaço lógico. Pois, por um lado, o "modelo" ou "figura" só se constitui na referência à *totalidade das regras* que definem a projecção, regras de estrutura e de designação, e no acto de *negação*, — implícito à sua *forma representacional* (Form der Darstellung)—, pelo qual o modelo se determina como o "outro" que *reflecte* sendo *idêntico* (isomórfico), justamente porque *não* é o mesmo. E, por outro lado, a linguagem, enquanto estrutura lógica e todo relacional, capaz de exprimir as mútuas relações internas em que se encontram as proposições[39], implica, por sua vez, uma produção no interior de si mesma, uma "operação"[40], de modo tal que podemos representar qualquer proposição como obtida a partir de outra:

> 5.21: "A fim de realçar estas relações internas, podemos adoptar o seguinte modo de expressão: nós podemos representar uma proposição como resultado de outras proposições (as quais são as bases da operação)"[41].

E esta operação, que liga entre si todas as proposições dentro de um espaço lógico, onde o sentido de cada uma se define em relação à totalidade[42] é, em suma, uma operação de negação.

---

[39] IDEM, *ibidem*, 5.2: "Die Strukturen der Sätze stehen in internen Beziehungen zu einander."

[40] IDEM, *ibidem*, 5.23: "Die Operation ist das, was mit dem einen Satz geschehen muß, um aus ihm den anderen zu machen."

[41] IDEM, *ibidem*, 5.21: "Wir können diese internen Beziehungen dadurch in unserer Ausdrucksweise hervorheben, daß wir einen Satz als Resultat einer Operation darstellen, die ihn aus anderen Sätzen (den Basen der Operation) hervorbringt."

[42] IDEM, *ibidem*, 3.4: "Der Satz bestimmt einen Ort im logischen Raum. Die Existenz dieses logischen Ortes ist durch die Existenz der Bestandteile allein verbürgt, durch die Existenz des sinnvollen Satzes."
IDEM, *ibidem*, 3.42: "Obwohl der Satz nur einen Ort des logischen Raumes

Permita-se-nos que relembremos as duas notas já citadas[43]:

6: "A forma geral das funções de verdade é $[\bar{p},\bar{\xi},N(\bar{\xi})]$.
Esta é a forma geral da proposição"[44].

6.001: "O que apenas diz que cada proposição é um resultado da sucessiva aplicação da operação N' $(\bar{\xi})$ às proposições elementares"[45].

O jogo deste operador existencial em relação à linguagem caracteriza-se, deste modo, por uma relação à *totalidade diferenciada*, uma vez que cada elemento só se define pela sua posição no todo, e se delimita no acto operante da negação.

E, em virtude do jogo especular da linguagem em relação com o mundo - relação diferencial, todavia, mercê da forma representacional do "modelo" ou "figura" e que pressupõe a possibilidade de negação - pode dizer-se que a relação do operador existencial com o mundo há-de padecer de um mesmo modo de caracterização: a relação a uma totalidade, um espaço lógico, cujos elementos se organizam numa unidade interrelacional de factos:

1.13: "Os factos no espaço lógico são o mundo"[46].

---

bestimmen darf, so muß doch durch ihn schon der ganze logische Raum gegeben sein.
(Sonst würden durch die Verneinung, die logische Summe, das logische Produkt, etc. immer neue Elemente - in Koordination - eingeführt.).
(Das logische Gerüst um das Bild herum bestimmt den logischen Raum. Der Satz durchgreift den ganzen logischen Raum.)"
43 Cf. *supra*, 262.
44 *Tractatus*, 6: "Die allgemeine Form der Wahrheitsfunktion ist: $[\bar{p},\bar{\xi},N(\bar{\xi})]$.
Dies ist die allgemeine Form des Satzes".
45 IDEM, *ibidem*, 6.001: "Dies sagt nichts anderes, als daß jeder Satz ein Resultat der successiven Anwendung der Operation N' $(\bar{\xi})$ auf die Elementarsätze ist".
46 IDEM, *ibidem*, 1.13: "Die Tatsachen im logischen Raum sind die Welt".
A este propósito, deve salientar-se, que a operação da negação, que está na base da construção da linguagem na sua expressão lógica, é a mesma que constitui a essência da descrição. Assim em 5.471, Wittgenstein defendia, como já anteriormente se viu, (cf. *supra*,261) que "Die allgemeine Satzform ist das Wesen des Satzes".; e em 5.4711 que:"Das Wesen des Satzes angeben, heißt, das Wesen aller Beschreibung angeben, also das Wesen der Welt."

É portanto, para este operador existencial que o mundo se constitui como mundo, um espaço lógico, logo uma unidade de sentido.

Como já foi referido, este operador existencial *mostra* participar da mesma estrutura daquilo que, nos *Tagebücher,* Wittgenstein designava por vontade: um "fazer" que é, simultaneamente, "representação" (construção de "modelos" e produção do discurso) e "desejo" (interesse pela unidade de sentido, vectorização para a totalidade), marcado, na sua operação fundamental, pelo poder de negação.

Da vontade se diz explicitamente no *Tractatus*, como em capítulo anterior se realçou[47], reafirmando a tese dos *Tagebücher*, que:

6.373: "O mundo é independente da minha vontade"[48].

Pois, recusada a existência de um elo causal na série dos acontecimentos que constituem a nossa experiência de mundo e a consequente desmistificação da vontade como causa entre as causas, compreende-se que a *actualização* de qualquer estado de coisas se efectiva na independência total das suas representações. Nesta perspectiva, o que ressalta é a mais completa *impotência* da vontade em relação aos acontecimentos mundanos. Estes são indiferentes, na singularidade do seu acontecer, às representações da vontade. Todavia, porque toda a representação implica uma referência à totalidade, a vontade mantém, por este facto, uma relação extremamente íntima com a *representação* do mundo, enquanto todo limitado, o mesmo é dizer, com *os limites do mundo*. Ou seja, é ao nível da representação e, por isso, do discurso, que esses limites são pressupostos e manifestam a posição da vontade frente ao mundo.

Vimos como quer as proposições quer os factos só têm sentido na sua relação à totalidade do espaço lógico e como a estrutura lógica da linguagem é o "reflexo" da estrutura lógica do mundo. Deste modo, um determinado universo linguístico, cuja lógica profunda[49] é a mesma da realidade, constitui

---

[47] Cf. *supra*, II parte, A, c. III.4.
[48] *Tractatus*, 6.373: "Die Welt ist unabhängig von meinem Willen".
[49] Wittgenstein em 4.0031 fala da *lógica aparente* da linguagem em confronto com a *lógica real*, a que nós chamamos, por contraste com a primeira que é a de superfície, lógica *profunda*.
Recordamos o conteúdo da nota 4.0031 do *Tractatus*: "Alle Philosophie ist 'Sprachkritik' ". (Allerdings nicht im Sinne Mauthners.) Russells Verdienst ist es,

a facticidade dentro da qual a vontade recebe e constrói a sua representação do mundo. A vontade é, portanto, confrontada, à partida, com o mundo como totalidade, através da linguagem (ou das linguagens), em que pensa, imagina ou crê - expressões do seu acto construtor de representações de mundo. E, se bem que as proposições da nossa linguagem ordinária estejam logicamente em ordem tal como estão - como o reconhece Wittgenstein na nota 5.5563[50] —, no entanto, dada a extraordinária complexidade das convenções implícitas à sua constituição, é "humanamente impossível" a apreensão directa e simples da lógica que a estrutura:

> 4.002: "O homem possui a faculdade de construir linguagens, as quais podem exprimir a totalidade do sentido sem nenhuma noção do modo como cada palavra significa. - Precisamente como se fala sem se ter conhecimento de como são produzidos os sons singulares.
> A linguagem ordinária é uma parte do organismo humano e não menos complicada que ele.
> É humanamente impossível inferir-se de imediato, a partir dela, a lógica da nossa linguagem.
> A linguagem reveste o pensamento. E de modo tal que, da forma externa do traje, não se pode concluir a forma do pensamento revestido; porque a forma exterior do traje visa algo diferente de permitir reconhecer a forma do corpo.
> Os arranjos tácitos para a compreensão da linguagem ordinária são enormemente complicados"[51].

---

gezeigt zu haben, daß die scheinbare logische Form des Satzes nicht seine wirkliche sein muß".

[50] IDEM, *ibidem*, 5.5563: "Alle Sätze unserer Umgangssprache sind tatsächlich, so wie wir sie sind, logisch wollkommen geordnet. — Jenes Einfachste, was wir hier angeben sollen, ist nicht ein Gleichnis der Wahrheit, sondern die volle Wahrheit selbst.
(Unsere Probleme sind nicht abstrakt, sondern vielleicht die konkretesten, die es gibt.)"

[51] IDEM, *ibidem*, 4.002: "Der Mensch besitzt die Fähigkeit Sprachen zu bauen, womit sich jeder Sinn ausdrücken läßt, ohne eine Ahnung davon zu haben, wie und was jedes Wort bedeutet. — Wie man auch spricht, ohne zu wissen, wie die einzelnen Laute hervorgebracht werden.
Die Umgangssprache ist ein Teil des menschlichen Organismus und nicht weniger kompliziert als dieser.

E dessa complexidade resulta a dificuldade maior que é a de apreender, no sinal, o símbolo. A ausência de uma análise cuidada e profunda pode permitir confusões e impossibilitar essa apreensão, como quando, por exemplo, se não tem em atenção que sinais idênticos podem simbolizar de modo diferente, ou que uma utilização exteriormente idêntica de duas palavras não significa que designem do mesmo modo.

Wittgenstein escreve em 3.323:

> "Na linguagem ordinária acontece muito frequentemente que a mesma palavra designa de maneiras diversas - isto é, que pertence a diversos símbolos -, ou que duas palavras, que designam de modo diverso na proposição, são aparentemente usadas da mesma maneira.
> Assim, a palavra 'é' figura como cópula, como sinal de identidade e como expressão de existência; 'existir' figura como um verbo intransitivo, tal como 'ir'; 'idêntico' como adjectivo; falamos de *alguma coisa*, mas também de que *alguma coisa* acontece.
> Na proposição "O Verde é verde" - onde a primeira palavra é um nome próprio e a última um adjectivo -, estas palavras não têm somente significados diferentes, mas são *símbolos diferentes*"[52].

Daí Wittgenstein considerar que, nesta complexa e tantas vezes ambígua forma de sinalização, resida a principal fonte das pseudoquestões e

---

Es ist menschenunmöglich, die Sprachlogik aus ihr unmittelbar zu entnehmen.
Die Sprache verkleidet den Gedanken. Und zwar so, daß man nach der äußeren Form des Kleides, nicht auf die Form des bekleideten Gedankens schließen kann; weil die äußere Form des Kleides nach ganz anderen Zwecken gebildet ist als danach, die Form des Körpers erkennen zu lassen.
Die stillschweigenden Abmachungen zum Verständnis der Umgangssprache sind enorm kompliziert".
[52] IDEM, *ibidem*, 3.323: "In der Umgangssprache kommt es ungemein häufig vor, daß dasselbe Wort auf verschiedene Art und Weise bezeichnet - also verschiedenen Symbolen angehört - , oder, daß zwei Wörter, die auf verschiedene Art und Weise bezeichnen, äußerlich in der gleichen Weise im Satze angewandt werden.
So erscheint das Wort 'ist' als Kopula, als Gleichheitszeichen und als Ausdruck der Existenz; 'existieren' als intransitives Zeitwort wie 'gehen'; 'identisch' als Eigenschaftswort; wir reden von *Etwas*, aber auch davon, daß *etwas* geschieht.
(Im Satze 'Grün ist grün' - wo das erste Wort ein Personenname, das letzte ein Eigenschaftswort ist - haben diese Worte nicht einfach verschiedene Bedeutung, sondern es sind *verschiedene Symbole*)".

proposições filosóficas, uma vez que ela dificulta a visão imediata da lógica da nossa linguagem:

> 3.324: "É assim que, facilmente, se originam as confusões fundamentais (das quais toda a filosofia está repleta)"[53].

O carácter contra-sentido das proposições filosóficas deriva, pois, de uma infracção às regras da lógica profunda da linguagem, embora sem violentar, aparentemente, nenhuma regra da sintaxe gramatical. Digamos que a infracção reside no facto de não se considerar o uso significativo do sinal[54]; por isso, o que dessa desatenção resulta, não é um sentido falso[55], mas a total ausência de *sentido*, pois que o sinal deixa de significar fora das regras sintácticas convencionalmente estabelecidas, que definem a sua função simbolizante.

Se o desconhecimento da lógica da linguagem está na origem das questões e das proposições filosóficas, isso significa, então, que dele derivam as representações do *mundo*, do *eu* e das *relações entre ambos*, a que podemos chamar de alienatórias, na medida em que, ao separarem-se da lógica da realidade, desenraizam desta o sujeito do discurso, mercê do seu carácter fantasmático. Entre estas representações Wittgenstein distingue a "concepção moderna do mundo", que "assenta na ilusão de que as pretensas leis naturais constituiriam as explicações dos fenómenos naturais"[56], e permite pensar que por elas tudo fique explicado[57]. Concepção que, se atendermos ao contexto em que a sua

---

53 IDEM, *ibidem*, 3.324: "So entstehen leicht die fundamentalsten Verwechslungen (deren die ganze Philosophie voll ist)." (t.n.).
54 IDEM, *ibidem*, 3.326: "Um das Symbol am Zeichen zu erkennen, muß man auf den sinnvollen Gebrauch achten."
55 IDEM, *ibidem*, 5.4732: "Wir können einem Zeichen nicht den unrechten Sinn geben."
56 IDEM, *ibidem*, 6.371: "Der ganzen modernen Weltanschauung liegt die Täuschung zugrunde, daß die sogenannten Naturgesetze die Erklärungen der Naturerscheinungen seien."
57 IDEM, *ibidem*, 6.372: "So bleiben sie bei den Naturgesetzen als bei etwas Unantastbarem stehen, wie die älteren bei Gott und dem Schicksal.
Und sie haben ja beide Recht, und Unrecht. Die Alten sind allerdings insofern klarer, als sie einen klaren Abschluß anerkennen, während es bei dem neuen System scheinen soll, als sei *alles* erklärt".

crítica aparece, tem a ver com a crença num nexo causal e com a concepção da vontade como uma causa entre as diversas causas intramundanas[58].

Consequentemente abusivas porque irrealistas, serão em suma todas as representações que não considerem a estrutura extensional do mundo, tal como ela é pressuposta reflectir-se na independência lógica das proposições elementares, de que são funções de verdade todas as proposições significativas da nossa linguagem.

Os limites do mundo podem, por conseguinte, *alargar* ou *diminuir*, de acordo com as representações, que dele fazemos.

Por exemplo, as representações, que não tenham em consideração a estrutura lógica da realidade, o radical contingentismo do acontecimento factual, a ausência da hierarquia axiológica[59], podem conduzir a concepções que recusam e ,consequentemente, limitam a *pluridimensionalidade do real*, reduzindo-o às dimensões de uma visão selectiva e estreita. Os prejuízos racistas e "chauvinistas" são bons exemplos desse tipo de atitude mental. Ambos pressupõem a existência de uma conexão necessária entre diferentes estados de coisas e de um determinismo axiológico, no interior da estrutura lógica do acontecer mundano. Situam-se, paradoxalmente, ao mesmo tempo, em infracção à única necessidade, a lógica, que se exprime em proposições tautológicas tais como: p∨~p.

---

[58] As notas 6.371 e 6.372 vêm na sequência daquelas em que Wittgenstein expõe o seu pensamento sobre a *lei da causalidade* e o *fundamento da indução*. A nota que as precede (6.37) claramente diz que a única necessidade é de natureza lógica:"Einen Zwang, nach dem Eines geschehen müßte, weil etwas anderes geschehen ist, gibt es nicht. Es gibt nur eine *logische* Notwendigkeit".
Por sua vez, é na continuidade delas que, na nota 6.373, se afirma a independência do mundo em relação à vontade, e na nota 6.374, ao explicar-se esta afirmação, se recusa a existência de qualquer conexão lógica ou física entre aquela e o mundo.
M. BLACK (*op. cit.*, 365-366), a propósito desta associação que Wittgenstein parece estabelecer entre a explicação científica e uma pressuposta conexão necessária entre os fenómenos, faz o seguinte comentário: "W.'s attitude towards the concept of explanation is distinctly unsympathetic. To insist that a genuine explanation must, *per impossibile*, demonstrate a necessary connexion between natural phenomena is to make an unconscionable demand and to ignore how explanation is actually used, in science and elsewhere. It is not unfair to say that in his brief remarks about explanation (as well as about induction and causality) W. merely exposes a rationalistic prejudice."
[59] Cf. *supra*, II parte, A, c. III.4.

As tautologias deixam o espaço lógico vazio, ao admitirem a totalidade das possibilidades. Só os factos ocupam um lugar nesse espaço, ao efectivarem algumas de entre elas. Mas o carácter acidental da experiência, o seu total casualismo, não permite, com base nela, qualquer juízo de valor absoluto[60]. De acordo com a estrutura lógica do real ou, de modo mais adequadamente wittgensteiniano, de acordo com a lógica profunda da nossa linguagem, a representação ou o discurso correcto têm de respeitar a regra tautológica de que algo pode ser ou não ser o caso, se se quiserem devidamente situadas no todo do espaço lógico, que lhes confere a plenitude do sentido. (A proposição com legitimidade construída apresentará sempre os dois pólos de verdade).

A necessidade, porque meramente lógica, respeita apenas à relação entre as proposições factuais e é, por isso, de natureza exclusivamente formal: nada tem a ver com a relação entre os objectos e as suas propriedades externas, e de estas entre si - o que significa que ficam de fora dela quaisquer relações tão concretas como qualidades inerentes à natureza necessária de um povo ou de uma raça, por exemplo. Introduzir o operador "deve", com o sentido de que algo será necessariamente o caso, contraria a estrutura lógica do real[61], porque reduz e limita o espaço da possibilidade total[62].

---

[60] Sobre o valor do conhecimento baseado na experiência é notória a proposição de Wittgenstein a respeito da indução.
Depois de a ter definido, em 6.363, como uma regra de procedimento ["Der Vorgang der Induktion besteht darin, daß wir das *einfachste* Gesetz annehmen, das mit unseren Erfahrungen in Einklang zu bringen ist"], recusa-lhe, em seguida, na nota 6.3631, qualquer fundamento de natureza lógica: "Dieser Vorgang hat aber keine logische, sondern nur eine psychologische Begründung.
Es ist klar, daß kein Grund vorhanden ist, zu glauben, es werde nun auch wirklich der einfachste Fall eintreten". E como a única necessidade e certeza pertencem exclusivamente ao domínio da lógica, escreve em 6.36311: "Daß die Sonne morgen aufgehen wird, ist eine Hypothese; und das heißt: wir *wissen* nicht, ob sie aufgehen wird".
[61] Cf. *supra*, II parte, B, c. III.4.
[62] Tal como S. P. HUGHES (*op. cit.*, 12) sugere, a simpatia de Wittgenstein pela obra de Nestroy, onde inclusive vai buscar o mote das *Philosophische Untersuchungen*, pode encontrar a sua razão de ser no facto de este satirizar, nas suas comédias, os preconceitos mais divulgados do seu tempo; estes assentavam, fundamentalmente, em juízos paradoxais que podem bem exemplificar aquilo que, de acordo com a perspectiva wittgensteiniana, se pode considerar uma infracção à

Compreende-se que Wittgenstein, que negara a possibilidade de a vontade interferir pontualmente nos acontecimentos mundanos, e proclamara a sua total impotência frente a uma facticidade que se lhe escapa e se mostra muitas vezes contrária aos seus projectos, mas reconhecera, em contrapartida, a importância fundamental do seu exercício na representação e, consequentemente sobre as representações do mundo, enquanto totalidade, não lhe recuse estatuto ético e o faça residir neste seu acto essencialmente determinante para os limites definidores dessa totalidade:

> 6.43: "Se a vontade boa ou má muda o mundo, só pode mudar os limites do mundo, não os factos; não aquilo que pode ser expresso pela linguagem.
> Numa palavra, o mundo deve tornar-se, por isso, inteiramente outro.
> Deve, por assim dizer, diminuir ou aumentar enquanto totalidade.
> O mundo do homem feliz é diferente do do homem infeliz"[63].

Estamos longe da reflexão mais minuciosa sobre o "homem feliz", que Wittgenstein nos oferece nos *Tagebücher*[64]. É, no entanto, perceptível que nos movemos no mesmo espaço de compreensão: o que então era fundamental mantém-se e o que foi retirado, só o foi ao nível da explicitação, porque se conserva implícito no que se considerou ser o necessário na economia do texto.

---

lógica profunda da linguagem. Hughes mostra como essa afinidade é real, na exploração cómica do preconceito contra os ruivos, que é o tema da comédia de Nestroy, *O Talismã*, e que assenta no paradoxo: "Redheads must be firebugs because the colour of such people hair and the colour of fire are the same". (Cf. J. NESTROY, *Three Comedies: A Man Full of Nothing, The Talisman, Love Affairs and Wedding Bells*, trans. by M. Knight & J. Fabry, New York, 1967.). Este paradoxo assenta no seguinte raciocínio: Os ruivos têm em comum com o fogo a cor; por isso, devem partilhar outras propriedades com o fogo; por exemplo, os seus cabelos devem ser incendiários e eles devem destruir tudo aquilo em que tocam, etc. (NESTROY, *op. cit.*, 100 e 104).
O carácter paradoxal destas afirmações reside, sobretudo, na confusão entre a verdade lógica, que é necessária, e a factual, que é contingente.
[63] *Tractatus*, 6.43: "Wenn das gute oder böse Wollen die Welt ändert, so kann es nur die Grenzen der Welt ändern, nicht die Tatsachen; nicht das, was durch die Sprache ausgedrückt werden kann.
Kurz, die Welt muß dann dadurch überhaupt eine andere werden. Sie muß sozusagen als Ganzes abnehmen oder zunehmen.
Die Welt des Glücklichen ist eine andere als die des Unglücklichen" (t.n.).

Se não, vejamos: a vontade não pode alterar o que se expressa pela linguagem, isto é, os factos. Ela tem pura e simplesmente a ver com as representações, o que significa que os projectos humanos, expressão dos nossos desejos, estão continuamente sujeitos ao malogro. E estão-no quanto mais contrários à lógica do real eles forem. Os prejuízos e os preconceitos sofrem esta sorte pelo confronto com o facto real que os põe em causa. A concepção mais alienatória da vontade parece, nesta perspectiva, ser aquela que desconhece a sua impotência em alterar os acontecimentos mundanos e a deixa, por isso, mais exposta à vicissitude e ao infortúnio - causas da infelicidade e ocasiões de negação de sentido e de recusa do mundo.

Fica assim implícita uma estreita ligação entre o desconhecimento da lógica do real (por desconhecimento da lógica profunda da nossa linguagem que a reflecte), a redução dos limites do mundo, enquanto totalidade (pela não admissão da pluridimensionalidade das possibilidades da factualidade em que se resolve) e o risco de se ser infeliz (pelo malogro das nossas crenças e projectos).

E, como é à vontade, no seu jogo relacional com o mundo, enquanto todo limitado, que é atribuído um estatuto ético (a *boa* ou *má* vontade pode alterar os limites do mundo, fazendo-o aumentar ou diminuir, enquanto totalidade) - jogo que encontra expressão nas representações do mundo determinantes da vida feliz ou infeliz - parece justo inferir-se que o imperativo

---

64 M. BLACK (*op. cit.*, 372) sumaria essa análise da seguinte forma: "The happy man fulfils the purpose of existence (*Zweck des Daseins*, 73 (19)), is satisfied, is at peace (*befriedigt*), needs no purpose outside life (73 (20)), is therefore without fear even of death (74 (17)) and is without hope (76 (13)). He lives in the present, not in time (74 (18)), he is in accord (*in Übereinstimmung*) with the world - and this is what "being happy" means (75 (4)). The happy life is self-justifying. The only *right* life (78 (11)), it can renounce the amenities of the world (81 (6)). It is to be achieved through the life of knowledge (81 (4)) and through contemplation of the beautiful (86(9)"

Os números indicados dentro de parêntesis correspondem, respectivamente, à página da edição inglesa dos *Tagebücher* (*Notebooks 1914-1916*, ed. by G. H. von Wright e G. E. M. Anscombe, ed. cit.) e do parágrafo referido.

Todos estes temas foram por nós desenvolvidos na primeira parte deste trabalho, à excepção do último, relativamente ao qual mostraremos, em páginas posteriores, a nossa interpretação pessoal.

Pareceu-nos, todavia, importante esta recapitulação sucinta, mas precisa, no momento em que nos voltamos a encontrar com a mesma temática, agora no âmbito do *Tractatus*.

"sê feliz!" é, ainda aqui, o imperativo ético absoluto, a questão em si tautológica, que se justifica por si mesma, como claramente Wittgenstein o diz nos *Tagebücher*[65].

O mundo do homem infeliz é, nesta perspectiva, um mundo irreal, fantasmático, cuja incidência com a realidade pode acontecer, mas por mera casualidade[66]. O mundo do homem feliz, em contrapartida, não pode, pelas mesmas razões, ser outro senão aquele cuja representação é coincidente com a lógica do real, aquele que, em sua totalidade limitada, se sobrepõe, sem acréscimo ou defeito, ao mundo experienciável dos factos. O homem feliz é, por esse motivo, o que vive de acordo com o mundo, no reconhecimento e na aceitação do contingentismo radical do acontecer, aberto à pluridimensionalidade das possibilidades.

Viver de acordo com a estrutura lógica do real consiste, para a vontade, em posicionar-se frente ao mundo numa relação paradoxal: simultaneamente em abertura à totalidade e em simbiose completa e serena com a singularidade do acontecer fáctico. É que, na lógica da nossa linguagem e, por consequência, do nosso mundo, insere-se um jogo paradoxal, muito particular, entre a parte e o todo: o particular só tem sentido na sua referência à totalidade, mas esta não tem outra presentificação que não seja a de estar virtualmente contida na parte. Teses, como a da nota 5.524, são exemplo claro dessa relação:

> "Se forem dados objectos, então e ao mesmo tempo, *todos* os objectos são dados.
> Se forem dadas proposições elementares, então e ao mesmo tempo, *todas* as proposições elementares são dadas"[67].

Estas afirmações são corolário da tese ontológica de que conhecer um objecto é conhecer o conjunto das possibilidades da sua ocorrência em estados de coisas, logo as suas possibilidades de combinatória com a totalidade dos objectos[68]. Como a proposição elementar consiste em

---

[65] Cf. *Tagebücher*, 30.7.16.
[66] Cf. *Tractatus*, 6.374.
[67] *Tractatus*, 5.524: "Wenn die Gegenstände gegeben sind, so sind uns damit auch schon *alle* Gegenstände gegeben.
Wenn die Elementarsätze gegeben sind, so sind damit auch *alle* Elementarsätze gegeben."
[68] Cf. IDEM, *ibidem*, 2.0123 e 2.013.

nomes[69], que não aparecem senão no contexto destas proposições[70], e que significam os objectos[71], segue-se, necessariamente, que dada uma proposição elementar são dados objectos, e dados estes, são dados, ao mesmo tempo, todos os objectos. Mas, dados todos os objectos, estão dadas, por consequência, as suas possibilidades combinatórias, ou seja, a totalidade dos estados de coisas possíveis[72]; estes são representados pelas proposições elementares, condições de verdade das proposições complexas, como se sabe.

A esta construção lógica, cujo movimento se processa, num sentido ascensional, do simples para o composto, corresponde o movimento inverso que nos permite dizer que, dada uma proposição complexa, todo o espaço lógico é por ela implicado, ou seja, a totalidade das conexões possíveis entre os nomes, que espelha as correspondentes combinações entre os objectos por eles significados. É desse modo que os factos, no espaço lógico, constituem o mundo[73]. Em cada estado de coisas existentes é a totalidade que se presentifica.

É, pois, na mais plena concretude de sentido, que o mundo, como todo limitado, se dá e se oferece, na particularidade das situações.

Wittgenstein di-lo, em nossa opinião, na nota 5.5563, ao associar o carácter concreto dos nossos problemas à defesa da legitimidade lógica da linguagem ordinária:

> "Todas as proposições da nossa linguagem ordinária estão, efectivamente, tal como estão, logicamente ordenadas. Esta coisa totalmente simples que aqui devemos indicar não é uma imagem da verdade, mas a verdade em si mesma.
> (Os nossos problemas não são abstractos, mas os mais concretos, talvez, que há.)"[74].

---

[69] Cf. IDEM, ibidem, 4.22.
[70] Cf. IDEM, ibidem, 4.23.
[71] Cf. IDEM, ibidem, 3.201 e 3.202.
[72] Cf. IDEM, ibidem, 2.0124.
[73] Cf. IDEM, ibidem, 1.13.
[74] IDEM, ibidem, 5.5563: "Alle Sätze unserer Umgangssprache sind tatsächlich, so wie sie sind, logisch vollkommen geordnet. — Jenes Einfachste, was wir hier angeben sollen, ist nicht ein Gleichnis der Wahrheit, sondern die volle Wahrheit selbst.
(Unsere Probleme sind nicht abstrakt, sondern vielleicht die konkretesten, die es gibt.)" (t.n.).

Tal como as proposições da linguagem ordinária estão em perfeita ordem lógica na medida em que o seu sentido se determina na relação que mantêm com a totalidade do espaço lógico, assim os nossos problemas, cujos dados são os factos da nossa experiência mundana, se dimensionam no espaço de intersecção das coordenadas do existente e do possível, ou seja, na presentificação implícita da realidade total. Mas, embora seja precisamente nesse espaço que se situa o domínio do mais radical contingentismo — a ausência absoluta de um curso de acontecimentos determinados com rigor[75] —, o mundo é, em seu advento, sempre totalidade, unidade de sentido, presença.

Por essa razão se pode dizer que aquele que vive de acordo com o mundo vive na intemporalidade da presença adveniente da singularidade que o manifesta:

> 6.4311: "[...] Se por eternidade se entende não uma duração temporal sem fim, mas a intemporalidade, então vive eternamente quem vive no presente"[76].

O mundo e a vida homogenizam-se, então, na simbiose profunda da vontade — desejo e representação — com a estrutura lógica do real.

As proposições,

> 5.621: "A vida e o mundo são uma só coisa."[77]

> 5.63: "Eu sou o meu mundo. (O microcosmos)."[78]

que reaparecem no *Tractatus*, depois de as termos encontrado nos *Tagebücher*[79], iluminam-se na clareira aberta deste contexto e *mostram* o sentido do que Wittgenstein afirma quando escreve:

> 5.64: "Vê-se aqui que o solipsismo, desenvolvido rigorosamente, coincide com o puro realismo. O Eu do solipsismo reduz-se a um ponto inextenso, e permanece a realidade coordenada a ele"[80].

---

[75] IDEM, *ibidem*, 1.21: "Eines kann der Fall sein oder nicht der Fall sein und alles übrige gleich bleiben."
[76] IDEM, *ibidem*, 6.4311: "[...] Wenn man unter Ewigkeit nicht unendliche Zeitdauer, sondern Unzeitlichkeit versteht, dann lebt der ewig, der in der Gegenwart lebt. [...]"
[77] IDEM, *ibidem*, 5.621: "Die Welt und das Leben sind Eins".
[78] IDEM, *ibidem*, 5.63: "Ich bin meine Welt. (Der Mikrokosmos.)"
[79] Cf. *Tagebücher*, 24.7.16; 12.10.16.
[80] *Tractatus*, 5.64: "Hier sieht man, daß der Solipsismus, streng durchgeführt, mit

II. 4 A dimensão ética do solipsismo realista

Não se tem *o* mundo, se não se vive com o mundo, isto é, sem esta simbiose osmótica de mundo e vida, mediada pela compreensão da lógica profunda da nossa linguagem. Fora dela, podem ter-se *mundos*, outros, cujos limites serão os da incompreensão dos limites da nossa linguagem.

A verdade solipsística, essa, mantém-se inalterável, na flutuação admitida dos limites da linguagem, uma vez que tudo se dá e acontece no seio da palavra: a inteligibilidade dos fracassos e das frustrações, o discurso da falência das representações de mundo e o próprio movimento da onda das suas substituições.

A intuição fundamental do carácter insuperável da linguagem, que se exprime na tese solipsística, não é mesmo alterada ou alterável pela admissão do confronto das construções representativas de mundo com o mundo da nossa experiência, dado que esta é vivida linguisticamente.

Mas a compreensão da verdade do solipsismo — que integra esta outra (a wittgensteiniana) de que, desenvolvido rigorosamente, aquele conduz ao realismo pela redução do estatuto do sujeito ao de limite de mundo ou de ponto inextenso, restando apenas a realidade que lhe está coordenada[81]—, só acontece, mercê de uma reflexão filosófica sobre a linguagem, que se propõe esclarecer os limites da "expressão dos pensamentos"[82].

Esta reflexão apresenta-se como uma actividade da vontade — o operador existencial que é polarizado pela totalidade e cuja operação fundamental é a negação. A pergunta que põe e a que responde, no *contra--sentido* do discurso marginal do indizível, revela a dupla vectorização do seu acto vocacional: a unidade do sentido, que se perfila no horizonte de um todo apetecido e a recusa individualizante (negação) das interpretações e das respostas *já-aí*, postas, agora, em re-equacionamento pela necessidade, da parte do interrogante, de apropriação da sua verdade existencial[83].

A questão filosófica é, deste modo, a expressão de uma vontade que se confronta com o todo da sua facticidade, a existência, e a interroga no seio

---

dem reinen Realismus zusammenfällt. Das Ich des Solipsismus schrumpft zum ausdehnungslosen Punkt zusammen, und es bleibt die ihm koordinierte Realität."
[81] Cf. IDEM, *ibidem*, 5.64.
[82] Cf. IDEM, *ibidem*, "Vorwort".
[83] Recordemos o que Wittgenstein escrevera nos *Tagebücher*, em 2.9.16: "Was andere mir auf der Welt über die Welt sagten, ist ein ganz kleiner und nebensächlicher Teil meiner Welt-Erfahrung."

da insatisfação de uma fissura dentro dela, nascida do intervalo do desejo e da sua consecução. Ela irrompe da necessidade de superação da ruptura fundamental, a que opõe o "eu" e o "mundo", induzida nessa dinâmica pela força atractiva e compulsória da reposição da totalidade.

O solipsismo realista é, na perspectiva do *Tractatus*, a expressão acabada[84] desse esforço teórico, com vista à dimensão praxística do seu resultado. Pela *mostração* da pertença inseparável do mundo à linguagem e pela visão da sua estrutura profunda, é-se conduzido à *libertação* das representações alienatórias do desejo, mistificadoras do ser da subjectividade e do mundo e da relação em que mutuamente se constituem. A reflexão interessada e apropriante, ao permitir a visão correcta expressa no solipsismo realista, liberta o espaço de possibilidade para a apetência fusionista do sujeito da questão: o *viver de acordo* com o mundo, a totalidade presentificada no acontecimento singular adveniente, através de uma reorientação dos seus projectos, sempre possível, mercê do poder de negação inerente ao seu acto essencial. A relação opositiva eu/mundo é integrada e superada, então, na perspectiva do realismo solipsista e encontra tradução linguística na expressão o "meu mundo".

Paradoxalmente, a subjectividade ganha-se e conquista-se no mesmo acto em que se perde - o acto de reconversão da vontade, mediado pela compreensão da im-potência que a afecta: recusa a alterar, a modificar, a determinar o acontecer no seu modo; assunção da vida e da sua realidade plural, pela determinação de ser, numa consonância plena com o devir em sua concretude.

---

[84] *Tractatus*, "Vorwort": "Wenn diese Arbeit einen Wert hat, so besteht er in Zweierlei. Erstens darin, daß in ihr Gedanken ausgedrückt sind, und dieser Wert wird umso größer sein, je besser die Gedanken ausgedrückt sind. - Hier bin ich mir bewußt, weit hinter dem Möglichen zurückgeblieben zu sein. Einfach darum, weil meine Kraft zur Bewältigung der Aufgabe zu gering ist. - Mögen andere kommen und es besser machen.
Dagegen scheint mir die *Wahrheit* der hier mitgeteilten Gedanken unantastbar und definitiv. Ich bin also der Meinung, die Probleme im Wesentlichen endgültig gelöst zu haben."

II. 5 A dimensão mística do solipsismo realista

Mas o desvendado pela reflexão apropriante sobre os limites do exprimível, que conduzia ao solipsismo realista e que só pôde dizer das possibilidades da dizibilidade na infracção mais flagrante às suas regras, é, verdadeiramente e só, o que a si se *mostra* na e pela linguagem: o seu carácter expressivo e a impossibilidade de o dizer, bem como a dinâmica existencial que a põe em questão.

O acto de desvendar realiza constatações: mostra o que, ao olhar, pode passar despercebido pela interposição de representações, que o ocultem. O discurso *contra-sentido*, que diz o indizível que é o objecto desse olhar, não atinge, todavia, o nível da *explicação*. O que se *mostra*, é a presença insuperável duma estrutura e de factos: o ser-no-mundo pela mediação absoluta da linguagem. O critério do discurso *com sentido*, no âmbito dos pressupostos lógico-linguísticos, mostra a impossibilidade de ultrapassar o nível da *descrição*, de modo que mesmo os grandes sistemas científicos, como, por exemplo, o sistema da mecânica de Newton, nada mais exprimem que a "descrição do mundo de uma forma unificada" e segundo princípios de natureza opcional[85]. O que significa que, nem mesmo ao nível dos

---

[85] IDEM, *ibidem*, 6.341: "Die Newtonsche Mechanik z. B. bringt die Weltbeschreibung auf eine einheitliche Form. Denken wir uns eine weiße Fläche, auf der unregelmäßige schwarze Flecken wären. Wir sagen nun: Was für ein Bild immer hierdurch entsteht, immer kann ich seiner Beschreibung beliebig nahe kommen, indem ich die Fläche mit einem entsprechend feinen quadratischen Netzwerk bedecke und nun von jedem Quadrat sage, daß es weiß oder schwarz ist. Ich werde auf diese Weise die Beschreibung der Fläche auf eine einheitliche Form gebracht haben. Diese Form ist beliebig, denn ich hätte mit dem gleichen Erfolge ein Netz aus dreieckigen oder sechseckigen Maschen verwenden können. Es kann sein, daß die Beschreibung mit Hilfe eines Dreiecks-Netzes einfacher geworden wäre; daß heißt, daß wir die Fläche mit einem gröberen Dreiecks-Netz genauer beschreiben könnten als mit einem feineren quadratischen (oder umgekehrt) usw. Den verschiedenen Netzen entsprechen verschiedenen Systeme der Weltbeschreibung. Die Mechanik bestimmt eine Form der Weltbeschreibung, indem sie sagt: Alle Sätze der Weltbeschreibung müssen aus einer Anzahl gegebener Sätzer - den mechanischen Axiomen - auf eine gegebene Art und Weise erhalten werden. Hierdurch liefert sie die Bausteine zum Bau des wissenschaftlichen Gebäudes und sagt: Welches Gebäude immer du aufführen willst, jedes mußt du irgendwie mit diesen und nur diesen Bausteinen zusammenbringen.
(Wie man mit dem Zahlensystem jede beliebige Anzahl, so muß man mit dem System der Mechanik jeden beliebigen Satz der Physik hinschreiben können.)"

fenómenos meramente naturais, algo fica explicado. Essa fora precisamente a grande ilusão dos modernos[86].

Na verdade, o que o olho, que vê correctamente o mundo, desoculta, é o *espelho* e a *direcção* do seu olhar que o procura, ou seja, a existência na manifestabilidade do seu *como*, jamais no seu *porquê*.

Compreender a lógica profunda da nossa linguagem, a sua sintaxe e, através dela, a estrutura extensional do mundo — no acto de questionamento de uma vontade capaz de uma atitude transcendental, que coloca a linguagem e o mundo (totalidades) como seu objecto intencional, movida por uma dinâmica orientada para a unidade —, é mantermo-nos numa compreensão que se detém somente ao nível dos dados. E estes pertencem ao problema e não à sua solução.

O *porquê* da existência em seu *como*, eis o "enigma" não resolúvel no âmbito da vida — precisamente em virtude do seu *como* — , por mais que a imaginemos num prolongamento infinito, mesmo na hipótese da imortalidade da alma:

> 6.4312: "A imortalidade temporal da alma humana, isto é, a sua eterna sobrevivência mesmo depois da morte, não só não é de algum modo garantida, como é suposição que não consegue o que com ela sempre se quis alcançar. Está resolvido, porventura, o enigma pelo facto de eu sobreviver eternamente? Não é esta vida eterna tão enigmática como a presente? A solução do enigma da vida, no espaço e no tempo, encontra-se *fora* do espaço e do tempo.
> (Não se trata aqui de resolver problemas da ciência da natureza.)"[87].

O "enigma" apresenta-se, então, como a questão sem resposta. E em coerência com o critério de sentido que estabelece que a legitimidade da proposição reside na possibilidade de ser verdadeira ou falsa, assim a legitimidade da "questão" se reconhece consistir, exclusivamente, na que

---

[86] Cf. IDEM, *ibidem*, 6.371.
[87] IDEM, *ibidem*, 6.4312: "Die zeitliche Unsterblichkeit der Seele des Menschen, das heißt also ihr ewiges Fortleben nach dem Tode, ist nicht nur auf keine Weise verbürgt, sondern vor allem leistet diese Annahme gar nicht das, was man immer mit ihr erreichen wollte. Wird denn dadurch ein Rätsel gelöst, daß ich ewig fortlebe? Ist denn dieses ewige Leben dann nicht ebenso rätselhaft wie das gegenwärtige? Die

permite uma resposta que se expresse em proposições legítimas. Fora destes critérios, o que resta são pseudoproposições e pseudoquestões. Uma questão irrespondível é uma pseudoquestão. O *porquê* da existência em seu *como*, o grande enigma, é, por excelência, a questão sem resposta, em virtude dos pressupostos lógico-linguísticos do pensável.

Dentro desta lógica, situa-se a afirmação paradoxal de que o "enigma" não existe:

> 6.5: "Para uma resposta que não se pode exprimir, também não se pode exprimir a pergunta.
> Não existe *o enigma*.
> Se se pode fazer uma pergunta, então *pode* também ser respondida"[88].

Mas esta compreensão só tem lugar pela reflexão da vontade, em ordem à apropriação da sua verdade existencial, o que se efectiva no acto da conversão da vontade à *globalidade* dos aspectos que integram essa verdade. Logo, ela há-de pressupor também a exclusão da pergunta, ao inserir o desejo na forma do devir do que se presentifica e se dá na singularidade do acontecimento.

O mundo da vontade *reconvertida* é o mundo da vontade *consentida* - o mundo do homem feliz: a vida pulsando em "saggèzza", serenamente, com seu próprio ritmo, recolhida a si e sendo, sem fissura, totalidade plena:

> 6.521: "A solução do problema da vida conhece-se ao desaparecer este problema.
> (Não é esta a razão pela qual homens, para quem o sentido da vida, depois de longas dúvidas, se tornou claro, não puderam dizer em que consiste este sentido?)"[89].

Lösung des Rätsels des Lebens in Raum und Zeit liegt *außerhalb* von Raum und Zeit.
(Nicht Probleme der Naturwissenschaft sind ja zu lösen.)"
[88] IDEM, *ibidem*, 6.5: "Zur einer Antwort, die man nicht aussprechen kann, kann man auch die Frage nicht aussprechen.
Das Rätsel gibt es nicht.
Wenn sich eine Frage überhaupt stellen läßt, so *kann* sie auch beantwortet werden."
[89] IDEM, *ibidem*, 6.521: "Die Lösung des Problems des Lebens merkt man am Verschwinden dieses Problems.
(Ist nicht dies der Grund, warum Menschen, denen der Sinn des Lebens nach langen

O mundo do homem feliz, do homem reencontrado em sua condição de ser-no-mundo, consentâneo com os seus limites, é o mundo do homem "para quem o sentido da vida ... se tornou claro". A sua verdade é uma verdade tautológica: o que existe, existe; e paradoxal: tudo continua o mesmo e nada já é o mesmo. Mas a tautologia é uma proposição sem sentido e o paradoxo uma proposição contra-sentido. A verdade do homem feliz é, por isso, inexprimível:

> 6.522: "Existe certamente o inexprimível. *Mostra-se*, é o místico"[90].

E se esta verdade inexprimível é a verdade de uma experiência mística é porque a ela só ascende aquele que, pela contemplação (visão) e participação afectiva (sentir) na totalidade, deixa que a existência se manifeste em sua presentificação unitária:

> 6.44: "Não é o *como* é o mundo que é o místico, mas *que* ele seja (exista)."[91]

> 6.45: "A visão do mundo *sub specie aeterni* é a sua visão como um todo limitado.
> O sentir do mundo como um todo limitado é o místico"[92].

Zweifeln klar wurde, warum diese dann nicht sagen konnten, worin dieser Sinn bestand.)".
[90] IDEM, *ibidem*, 6.522: "Es gibt allerdings Unaussprechliches. Dies *zeigt* sich, es ist das Mystische."
[91] IDEM, *ibidem*, 6.44: "Nicht *wie* die Welt ist, ist das Mystische, sondern *daß* sie ist."
[92] IDEM, *ibidem*, 6.45: "Die Anschauung der Welt sub specie aeterni ist ihre Anschauung als - begrenztes - Ganzes.
Das Gefühl der Welt als begrenztes Ganzes ist das Mystische."
Julgamos ter mostrado, ao longo desta secção e das anteriores que a preparam, quão simplista é a interpretação que afirma ser Wittgenstein um místico só porque rejeita a metafísica entendida como uma "filosofia do universo como um todo ou uma filosofia acerca do transcendental". Deste modo, o que não pode ser posto em palavras é remetido para a esfera do sentimento. Cf. J. HARTNACK, *Wittgenstein and Modern Philosophy*, 40.

II. 6 O "mostrar-se" transcendental do místico

Porém, esta experiência mística, em si mesma não exprimível, é a fonte de onde emana uma nova relação do "sujeito da linguagem" com o "mundo da linguagem". Ela recoloca o discurso no âmbito da sintaxe lógica e condu--lo, à função essencial de "figura" da facticidade, na nudez do reflexo que não deforma nem compõe, mas *mostra* e *espelha* simplesmente. Colhe e preserva, na palavra, o discorrer da existência na banalidade da sua facticidade evanescente, libertando-a para ser o espaço onde a vida se diz e se reflecte, na concretude das suas dimensões.

O discurso do homem feliz tem, deste modo, uma estética e esta não conhece outra norma senão a de obedecer, em sua estrutura, à "forma da realidade" imperante. Neste sentido, pode falar-se da convertibilidade da ética e da estética.

A estética é, nesta perspectiva, a expressão do indizível através do dizível. Ela é, enquanto estilo, a forma lógica do mundo a reflectir-se através da presentificação da singularidade do acontecimento, na representação, emocionalmente serena, de uma vontade apropriada da sua realidade existencial.

Compreende-se que Wittgenstein, que salientara acerca da lógica, a sua natureza transcendental[93], possa, em plena coerência, afirmar também:

> 6.421: "É claro que a ética não se pode exprimir.
> *A ética é transcendental.*
> (Ética e estética são uma só coisa)"[94].

É que a ética e a estética, tal como a lógica, penetram o dizível e são, em si mesmas, indizíveis[95].

---

[93] Cf. *Tractatus*, 6.13.

[94] IDEM, ibidem, 6.421: "Es ist klar, daß sich die Ethik nicht aussprechen läßt. *Die Ethik ist transcendental.*
(Ethik und Aesthetik sind Eins.)".
(O sublinhado é nosso).

[95] O testemunho de P. ENGELMANN (*Ludwig Wittgenstein. Briefe und Begegnungen*, 62-73) sobre o que, ao tempo em que escrevia o *Tractatus*, Wittgenstein considerava ser literariamente importante, apoia a leitura que destas teses fazemos. É paradigmático o comentário que, por escrito, em carta datada de

A resolução da estética na ética não exprime, na perspectiva wittgensteiniana tal como a entendemos, uma subordinação da arte à moral[96]. O que a

---

9.4.17, lhe mereceu o poema de Uhland; o próprio Engelmann lho enviara movido pela impressão profunda que ele lhe provocara.
O poema merece ser transcrito para melhor se poder apreender o sentido da apreciação de Wittgenstein:
"Graf Eberhards Weißdorn
Graf Eberhard im Bart/Vom Würtemberger Land,/Er kam auf frommer Fahrt/Zu Palästinas Strand.
Daselbst er einstmals ritt/Durch einen frischen Wald;/Ein grünes Reis er schnitt/Von einem Weißdorn bald.
Er steckt es mit Bedacht/Auf seinen Eisenhut;/Er trug es in der Schlacht/Und über Meeres Flut.
Und als er war daheim,/Er's in die Erde steckt,/Wo bald manch neuen Keim/Der milde Frühling weckt.
Der Graf, getreu und gut,/Besucht' es jedes Jahr,/Erfreute dran den Mut,/Wie es gewachsen war.
Der Herr war alt und laß,/Das Reislein war ein Baum,/Darunter oftmals saß/Der Greis in tiefem Traum.
Die Wölbung, hoch und breit,/Mit sanftem Rauschen mahnt/Ihn an die alte Zeit/Und an das ferne Land.
São estas as palavras do autor do *Tractatus*:"Das Uhlandsche Gedicht ist wirklich großartig. Und es ist so: Wenn man sich nicht bemüht, das Unaussprechliche auszusprechen, so geht *nichts* verloren. Sondern Unaussprechliche ist, - unaussprechlich - in dem Ausgesprochenen enthalten!" (*ibidem*, 62)
Paul Engelmann observa de forma profunda e bem elucidativa:"Jeder dieser Verse Uhlands war für sich einfach, aber auch nicht 'schlicht' sondern sachlich ('Er kam auf frommer Fahrt zu Palästinas Strand'), so daß man von keiner einzigen dieser Zeilen, jede für sich genommen, hätte entzückt sein können. Aber das ganze Gedicht gab in 28 Zeilen das Bild eines Lebens. Der Eindruck war so stark, daß ich verstand, daß hier eine höhere Stufe der Dichtung und der Sprache da sei, für die ich bisher kein Organ besessen hatte.
Wittgensteins Brief hat mir zu meiner großen Freude gezeigt, daß er meinen Eindruck teile. Er hat die Sache natürlich viel tiefer erfaßt als ich, und ich messe der Formulierung, in der er seinen Eindruck wiedergibt, große Bedeutung bei. Denn seine Erkenntnis von dem, was ein Satz nicht aussprechen kann, weil es sich an ihm zeigt, die ich ja für den Kern des *Tractatus* halte, obwohl sie in diesem Buch nur angedeutet ist, scheint mir in diesem Brief einen bleibenden Ausdruck gefunden zu haben." (*ibidem*, 64).
[96] P. ENGELMANN (*op. cit.*, 104) observa, a propósito da nota 6.421: "Ich vermute daß der Satz des *Tractatus*: 'Ethik und Ästhetik sind eins' zu den am meisten mißverstandenen Sätzen des Buches gehört. Man kann doch bei einem so umfassenden und tiefen Denker nicht vermuten, er hätte damit sagen wollen, es

palavra "ética" exprime, de acordo com a presente leitura dos textos do pensador austríaco, não é um conjunto de normas ou de valores, aceites como princípios orientadores do comportamento e da acção numa determinada época e sociedade. Ela aparece-nos antes como expressão de uma atitude global perante a vida, uma forma de a compreender e de a viver, um modo de existir em sintonia profunda com ela, na assunção plena da condição humana. Deste modo, a coincidência nos termos exprime, parece-nos, uma dupla verdade: que todo o discurso reflecte o modo de estar na vida; que, se estamos, realmente, perante uma nova atitude global em relação à existência, as diversas expressões artísticas, que dela emergirem, trarão necessariamente a sua marca.

Assim, atravessando, em toda a sua extensão, os diversos níveis de discurso - o da banalidade quotidiana, o da arte, o da filosofia - a mesma realidade, liberta e expurgada da retórica do discurso alienado (seja dos empolamentos convencional e falsamente moralistas, seja da exuberância do enfeite na arte, seja dos desvarios das construções metafísicas), deve-se expor como a marca e o sinal da conversão libertadora da vontade[97].

---

bestehe überhaupt kein Unterschied zwischen Ethik und Ästhetik. Der Satz steht ja in Klammern, wird also nur apropos gesagt als etwas an jener Stelle nicht Auszusprechendes, das aber nur dort nicht stillschweigend übergangen werden soll; jedoch geschieht es als eine nötige Erinnerung an eine beim verstehenden Leser *vorausgesetzte* Erkenntnis. Die Einsicht in den wesentlichen Zusammenhang zwischen dem Ästhetischen (offenbar auch dem Logischen) und dem Ethischen liegt, wenn auch unter einem anderen Aspekt, auch Krausens Kritik der dichterischen Sprache zugrunde."

Refira-se apenas, a título meramente anedótico, o comentário satírico, em verso, às posições teóricas de Wittgenstein sobre a ética e a estética. Cf. J. BELL, "An epistle on the subject of the ethical and aesthetic belief of Herr Ludwig Wittgenstein", in: I. M. COPI e R. W. BEARD, *Essays on Wittgenstein's 'Tractatus'*, 67-73.

[97] Para um conhecimento pormenorizado da panorâmica das preocupações estético-morais da Viena contemporânea de Wittgenstein, cf. A. JANIK e S. TOULMIN (*op. cit.*, 71-95). Estes autores procuram mostrar como as contradições e os paradoxos dominantes no império húngaro, que contaminavam a sua realidade político-social, foram determinantes no alertar da "intelligentzia" vienense para a necessidade de operar, através da revolução na arte, uma profunda transformação moral. Deixam patente como essa revolução se processou mediante uma metodologia comum, que impôs à generalidade dos domínios da criação artística uma mesma reflexão sobre a linguagem enquanto expressão e meio de comunicação. De certo modo, os resultados, obtidos em todos os domínios da arte foram convergentes, sob a forma de uma procura da autenticidade, encontrada na simplicidade sem artifício, que radica no reencontro do homem com a sua realidade existencial.

A resolução da estética na ética não exprime, na perspectiva wittgensteiniana tal como a entendemos, uma subordinação da arte à moral[96]. O que a

---

9.4.17, lhe mereceu o poema de Uhland; o próprio Engelmann lho enviara movido pela impressão profunda que ele lhe provocara.
O poema merece ser transcrito para melhor se poder apreender o sentido da apreciação de Wittgenstein:
"*Graf Eberhards Weißdorn*
Graf Eberhard im Bart/Vom Würtemberger Land,/Er kam auf frommer Fahrt/Zu Palästinas Strand.
Daselbst er einstmals ritt/Durch einen frischen Wald;/Ein grünes Reis er schnitt/Von einem Weißdorn bald.
Er steckt es mit Bedacht/Auf seinen Eisenhut;/Er trug es in der Schlacht/Und über Meeres Flut.
Und als er war daheim,/Er's in die Erde steckt,/Wo bald manch neuen Keim/Der milde Frühling weckt.
Der Graf, getreu und gut,/Besucht' es jedes Jahr,/Erfreute dran den Mut,/Wie es gewachsen war.
Der Herr war alt und laß,/Das Reislein war ein Baum,/Darunter oftmals saß/Der Greis in tiefem Traum.
Die Wölbung, hoch und breit,/Mit sanftem Rauschen mahnt/Ihn an die alte Zeit/Und an das ferne Land.
São estas as palavras do autor do *Tractatus*:"Das Uhlandsche Gedicht ist wirklich großartig. Und es ist so: Wenn man sich nicht bemüht, das Unaussprechliche auszusprechen, so geht *nichts* verloren. Sondern Unaussprechliche ist, - unaussprechlich - in dem Ausgesprochenen enthalten!" (*ibidem*, 62)
Paul Engelmann observa de forma profunda e bem elucidativa:"Jeder dieser Verse Uhlands war für sich einfach, aber auch nicht 'schlicht' sondern sachlich ('Er kam auf frommer Fahrt zu Palästinas Strand'), so daß man von keiner einzigen dieser Zeilen, jede für sich genommen, hätte entzückt sein können. Aber das ganze Gedicht gab in 28 Zeilen das Bild eines Lebens. Der Eindruck war so stark, daß ich verstand, daß hier eine höhere Stufe der Dichtung und der Sprache da sei, für die ich bisher kein Organ besessen hatte.
Wittgensteins Brief hat mir zu meiner großen Freude gezeigt, daß er meinen Eindruck teile. Er hat die Sache natürlich viel tiefer erfaßt als ich, und ich messe der Formulierung, in der er seinen Eindruck wiedergibt, große Bedeutung bei. Denn seine Erkenntnis von dem, was ein Satz nicht aussprechen kann, weil es sich an ihm zeigt, die ich ja für den Kern des *Tractatus* halte, obwohl sie in diesem Buch nur angedeutet ist, scheint mir in diesem Brief einen bleibenden Ausdruck gefunden zu haben." (*ibidem*, 64)
[96] P. ENGELMANN (*op. cit.*, 104) observa, a propósito da nota 6.421: "Ich vermute daß der Satz des*Tractatus*: 'Ethik und Ästhetik sind eins' zu den am meisten mißverstandenen Sätzen des Buches gehört. Man kann doch bei einem so umfassenden und tiefen Denker nicht vermuten, er hätte damit sagen wollen, es

palavra "ética" exprime, de acordo com a presente leitura dos textos do pensador austríaco, não é um conjunto de normas ou de valores, aceites como princípios orientadores do comportamento e da acção numa determinada época e sociedade. Ela aparece-nos antes como expressão de uma atitude global perante a vida, uma forma de a compreender e de a viver, um modo de existir em sintonia profunda com ela, na assunção plena da condição humana. Deste modo, a coincidência nos termos exprime, parece-nos, uma dupla verdade: que todo o discurso reflecte o modo de estar na vida; que, se estamos, realmente, perante uma nova atitude global em relação à existência, as diversas expressões artísticas, que dela emergirem, trarão necessariamente a sua marca.

Assim, atravessando, em toda a sua extensão, os diversos níveis de discurso - o da banalidade quotidiana, o da arte, o da filosofia - a mesma realidade, liberta e expurgada da retórica do discurso alienado (seja dos empolamentos convencional e falsamente moralistas, seja da exuberância do enfeite na arte, seja dos desvarios das construções metafísicas), deve-se expor como a marca e o sinal da conversão libertadora da vontade[97].

---

bestehe überhaupt kein Unterschied zwischen Ethik und Ästhetik. Der Satz steht ja in Klammern, wird also nur apropos gesagt als etwas an jener Stelle nicht Auszusprechendes, das aber nur dort nicht stillschweigend übergangen werden soll; jedoch geschieht es als eine nötige Erinnerung an eine beim verstehenden Leser *vorausgesetzte* Erkenntnis. Die Einsicht in den wesentlichen Zusammenhang zwischen dem Ästhetischen (offenbar auch dem Logischen) und dem Ethischen liegt, wenn auch unter einem anderen Aspekt, auch Krausens Kritik der dichterischen Sprache zugrunde."
Refira-se apenas, a título meramente anedótico, o comentário satírico, em verso, às posições teóricas de Wittgenstein sobre a ética e a estética. Cf. J. BELL, "An epistle on the subject of the ethical and aesthetic belief of Herr Ludwig Wittgenstein", in: I. M. COPI e R. W. BEARD, *Essays on Wittgenstein's 'Tractatus'*, 67-73.
[97] Para um conhecimento pormenorizado da panorâmica das preocupações estético-morais da Viena contemporânea de Wittgenstein, cf. A. JANIK e S. TOULMIN (*op. cit.*, 71-95). Estes autores procuram mostrar como as contradições e os paradoxos dominantes no império húngaro, que contaminavam a sua realidade político-social, foram determinantes no alertar da "intelligentzia" vienense para a necessidade de operar, através da revolução na arte, uma profunda transformação moral. Deixam patente como essa revolução se processou mediante uma metodologia comum, que impôs à generalidade dos domínios da criação artística uma mesma reflexão sobre a linguagem enquanto expressão e meio de comunicação. De certo modo, os resultados, obtidos em todos os domínios da arte foram convergentes, sob a forma de uma procura da autenticidade, encontrada na simplicidade sem artifício, que radica no reencontro do homem com a sua realidade existencial.

Então, ética e estética, porque identificadas na sua raiz existencial, serão a expressão da mesma recusa: a negação da vontade em pactuar com o que não seja a densidade da vida a manifestar-se na "banalidade" do seu acontecer[98].

Foi, todavia, P. ENGELMANN (*op. cit.*, 101-110) quem primeiro chamou a atenção para a afinidade de ideias entre Wittgenstein e dois dos seus mais ilustres contemporâneos: Karl Kraus e Adolf Loos. O primeiro foi um polemista poderoso, cuja virulência castigou impiedosamente a condição espiritual da Viena do seu tempo, assente no pressuposto de que a linguagem de um indivíduo revela a sua personalidade moral e através dela, indirectamente, se manifesta o valor cultural de toda a época. A relação entre linguagem, lógica e moralidade era, em seu entender, tão íntima que denunciava, nas violações gramaticais, defeitos de pensamento e, nestes, deformações morais. A técnica de Kraus consisitia, por isso, de modo essencial, em citar as frases dos seus adversários, permitindo que o vazio ou a falsidade das ideias manifestasse a distorção das intenções, na transparência do que na linguagem está implícito, independentemente do que ela diz.

Por sua vez, a aproximação entre Adolf Loos, o arquitecto (entre outras muitas coisas), e Wittgenstein era tal que, como conta Engelmann, aquele teria chegado a dizer ao autor do *Tractatus*: "Sie sind ich!" (IDEM, *ibidem*, 106).

O princípio inspirador da renovação que Adolf Loos pretendia na arte, conciliava-se, no essencial, com o aforismo final do *Tractatus*, que manda silenciar sobre o que não se pode falar. Recomendava, ele também, o silêncio que contrapunha às teorizações falazes sobre o estilo (as novas ou as velhas formas avidamente procuradas pelos arquitectos do seu tempo); no seu ponto de vista aquele só precisava, para emergir, de um novo espírito.

São suas estas afirmações que Paul Engelmann transcreve: "Neue Formen? Wie uninteressant! Auf den neuen Geist kommt es an. Der macht selbst aus den alten Formen das, was wir neue Menschen brauchen." (IDEM, *ibidem*, 107).

[98] São ainda palavras de P. ENGELMANN (*op. cit.*, 66) que citamos, em referência à admiração com que Wittgenstein distinguia a obra de Mörike, *Mozart auf der Reise nach Prag*: "Und wieder gilt seine Begeisterung hier dem (im hohen Sinne des Wortes) Banalen. Die Bedeutung dieser Banalität, die mit der innersten Problematik des moralisch - ästhetischen Zeitgeschehens, der Grenze zwischen dem seelisch Echten und Falschen aufs engste verbunden ist, wurde von Kraus entdeckt und behandelt. (Es ist das Problem von Loos in der Architektur.) Und es ist immer das Einfachste, das, wenn es gelingt, allein ins Schwarze trifft."

CAPÍTULO III

A DIMENSÃO ÉTICA DO FILOSOFAR

III. 1 A função ética do filosofar como análise da linguagem

À luz das análises precedentes se infere quão longe está a "clarificação lógica do pensamento"[1], em que se resolve a filosofia para o jovem Wittgenstein, da intenção que lhe preside para um espírito positivista.

Na aparente linearidade do pensamento, que no *Tractatus* se expõe, dissemina-se uma complexa teia de relações, cujo nó temático é a "Doutrina da distinção entre 'dizer' e 'mostrar'". Esta aponta num sentido que se distancia, em essência, de qualquer posição defensora de princípios, que, por si mesmos, sejam redutores do que se possa entender por experiência. Se os valores de verdade e falsidade só têm valimento no âmbito do discurso factual — que tem no discurso científico a sua melhor expressão —, à realidade existencial humana outras experiências se oferecem, não traduzíveis em proposições empiricamente verificáveis. São experiências que radicam na dialéctica do jogo da relação da vontade com o mundo, donde emerge, inclusive, a questão filosófica do sentido, como tão claramente se podia ler nos *Tagebücher*[2]. Das possibilidades múltiplas, permitidas por esse relacionamento, dá conta a diversidade de discursos, em que essa relação simultaneamente se interpreta e exprime.

E, uma vez que o "topos" da ética se desvela, na reflexão de Wittgenstein, situado no espaço delimitado por esse jogo, cuja dinâmica colhe o impulso inicial de um "élan" fusionista orientado para a totalidade — como o movimento vocacionado de uma vontade, da qual a operação fundamental é a negação —, as formas plurais de discursos aí germinados não somente são, por essa contaminação originária, expressões de uma esteticidade possível, como trazem consigo a marca do "pathos" congénito, unitário e totalizante. Todavia, em virtude do papel mediador da negação no acto posicional das totalidades pensadas, é sempre admissível a

---

[1] Cf. *Tractatus*, 4.112.
[2] *Tagebücher*, 11.6.16.

possibilidade de que a sua obtenção tenha sido conseguida à custa de reduções graves na diversidade múltipla e contrastante dos aspectos mais chocantes ou mais rebeldes do humanamente experienciável, obliterando, desse modo, a estrutura extensional do mundo e traindo a lógica profunda da linguagem que a reflecte.

Consequentemente, se o discurso filosófico é sempre ético por causa da natureza do solo onde radica e as grandes construções sistemáticas filosóficas podem, a esta luz, ser consideradas como efectivações, mais ou menos conseguidas, de uma permanente e idêntica apetência da totalidade de sentido, o criticismo filosófico — do qual a proposta wittgensteiniana do filosofar, como actividade clarificadora das proposições, é uma expressão contemporânea[3] —, apresenta-se como a atitude vigilante que, em resposta a uma exigência, se exerce na cautela de impedir as soluções que estão para além dos limites da possibilidade do conhecimento humano. Essa vigilância é, obviamente, ainda de natureza ética.

A filosofia, não como doutrina mas como actividade clarificadora da lógica do pensamento, e o seu "justo método", que se explicita na nota 6.53[4], superam a negatividade de que parecem estar imbuídos[5], na positividade da função ética que os suporta: a libertação do discurso da vacuidade semântica das construções do desejo não contempladoras da lógica profunda da linguagem, alienatórias e desenraizantes do humano de sua condição humana.

Esta filosofia da libertação, que se propõe no *Tractatus*, tem sobretudo a ver com a *filosofia como existência*, mais do que *como conteúdo*, que se

---

[3] Cf. D. PEARS, *Wittgenstein* 26.

[4] Permitimo-nos recordar aqui o conteúdo desta nota:
"Die richtige Methode der Philosophie wäre eigentlich die: Nichts zu sagen, als was sich sagen läßt, also Sätze der Naturwissenschaft - also etwas, was mit Philosophie nichts zu tun hat - ‚und dann immer, wenn ein anderer etwas Metaphysisches sagen wollte, ihm nachzuweisen, daß er gewissen Zeichen in seinen Sätzen keine Bedeutung gegeben hat. Diese Methode wäre für den anderen unbefriedigend - er hätte nicht das Gefühl, daß wir ihn Philosophie lehrten - aber *sie* wäre die einzig streng richtige."

[5] Cf. M. BLACK, *A Companion to Wittgenstein's 'Tractatus'*, 377: " [...] Why does W. call the procedure described in this section the only correct method? Perhaps he is taking for granted that we can communicate only what can be said (cf. 7), i.e., that we cannot show another what shows itself to us (6.522 b). If this is so, the task of 'the heir of the subject which used to be called philosophie' (*Blue Book*, 28) can only be negative)."

inaugura com Sócrates. A maiêutica socrática que, de certo modo, já fora paradigmática para Kierkegaard[6], poderíamos dizê-lo sem grande receio de errar, que intencionalmente querida ou não, é-o também para Wittgenstein. O silêncio final, para que nos remete o *Tractatus*, traduzível em termos de ironia socrática no "só sei que nada sei", tem de se interpretar como esse ponto de partida privilegiado, inaugural do "bios theorétikos", de que nos fala na nota 6.53.

Este "bios theorétikos", como "pathos" moral, caracteriza-se pelo empenho em exorcizar o discurso metafísico, discurso que, segundo a tradição, pressupôs a transparência do ser ao pensar e que encontrou na sistemática hegeliana, porventura, a sua forma mais perfeita e acabada. O empenho, que o define, encontra eco num certo esforço contemporâneo contra o dogmatismo das ideologias, abrindo-se para um espaço de experiências plurais, onde tem lugar o jogo multiforme das metamorfoseadas des-ocultações do ser. Por isso, ele está, na leitura moral que nos permite, em luta contra todas as hierarquias axiológicas que, no âmbito das ideologias, tomaram forma, contra todo o pensar maniqueísta do real, enfim contra todas as subordinações e estrangulamentos do existir pelos sistemas, quer os que criam as desigualdades, quer os que forçam o real a submeter-se-lhes, dolorosamente, sem permitirem que a existência possa eclodir no espaço da diferença de que ela se reclama[7]. Consequentemente, o

---

[6] E. LOURENÇO, (*Heterodoxia II. Ensaios*, Coimbra, 1967, 79-80) escreve: "Faz parte do mistério humano de Kierkegaard, daquilo que ele chamava a 'sua relação com Deus', o facto paradoxal de ter tomado como figura arquétipa da sua reflexão um habitante de um mundo anterior ao Cristianismo. Se não fosse uma heresia atribuir a um homem que em grau iminente e inconfundível foi ele mesmo, o propósito de repetir uma vida exemplar, podia dizer-se que Kierkegaard quis repetir num contexto histórico cristão o destino místico de Sócrates. A presença de Sócrates ao longo da emaranhada trama da criação kierkegaardiana é mais constante e profunda que a de Virgílio na *Divina Comédia*. À entrada do mundo da salvação Dante deixa a mão do Mestre. Kierkegaard é inconcebível sem a sombra do personagem mais raro da especulação ocidental e só não o abandona à entrada do mundo cristão, como é em perpétua 'referência a Sócrates', segundo a rubrica profética da sua tese de doutoramento, que o seu combate com as dificuldades do Cristianismo se desenrola".

[7] Cf. P. M. LUCCHETTA, "La presenza di pensatori russi in Wittgenstein", *Sapienza*, 33 (1980), 56-78 e 200-222.
Neste artigo, a autora elabora a tese de que é possível reconhecer a existência de

pensamento de Wittgenstein oferece-se à reflexão, no amplo desdobramento de níveis em que o seu sentido se articula, como ocasião do pensar da marginalidade relativamente aos sistemas, na variedade de interpretações teóricas e existenciais que a sua relação comporta.

III.2 A função ética da especulação sobre os limites da linguagem
Tractatus: um texto de comunicação indirecta

No *Tractatus*, Wittgenstein reequaciona, à sua maneira, a relação sistema/existência. A esta luz clarifica-se, quanto a nós, a presença doutrinária de Kierkegaard no texto do pensador austríaco, e deixa-se ver mais nitidamente a originalidade da sua resposta. E é só pela *mediação* desse reequacionamento, que a actividade analítica, expurgadora das construções discursivas fantasmáticas do desejo, ganha estatuto ético e se liberta das interpretações positivistas, também elas ainda metafísicas em seu labor antimetafísico[8].

Com Kierkegaard, ele proclama a irredutibilidade do ser ao sistema, exclui do discurso do "logos" (o discurso do sentido) a zona em que mergulha a existência (o verdadeiramente importante[9]) e define-lhe o território num

---

ideais comuns entre Wittgenstein e o anarquismo russo, sobretudo o de Kropotkin, se excluirmos os aspectos violentos de algumas das suas posições. Abona esta opinião o facto de a obra do pensador russo fazer parte da biblioteca da família de Wittgenstein, onde se encontram também livros pessoais do filósofo.
Se é plausível esta tese, já não nos parece sê-lo a defendida por A. W. LEVI ("The biographical sources of Wittgenstein's ethic's", *Telos*, 38 (1979), 63-76) que pretende estabelecer uma ligação directa entre as posições éticas de Wittgenstein e o sentimento de culpa derivado da sua pressuposta homossexualidade. Posições críticas a esta tese encontram-se em T. RUDEBUSH e W. M. BERG, "On Wittgenstein: a reply to Levi", *Telos*, 40 (1979), 150-160; A. JANIK, "Philosophical sources of Wittgenstein's ethics", *Telos*, 44 (1980), 131-144.

[8] A. PATRI (in: *Tractatus Logico-Philosophicus*, trad. par Pierre Klossowski, 176) em nota de rodapé, comenta a nota 6.53: "Le texte montre clairement que pour W. la destruction de la métaphysique (située au-delà des possibilités du langage) entraîne celle de la philosophie. Il ne saurait donc être question pour lui de se rallier à un positivisme ou de construire une philosophie anti-métaphysique comme ont cru pouvoir le faire pour leur propre compte les théoriciens de l'École de Vienne."

[9] *Tractatus*, 6.432: "*Wie* die Welt ist, ist für das Höhere vollkommen gleichgültig. Gott offenbart sich nicht *in* der Welt."
Não seguimos a tradução de A. V. Pinto que, diferentemente dos tradutores ingleses

espaço a que talvez possamos chamar, com alguma justeza, "surreal"[10], (considerando o real o dado pelo mundo do "logos"), desvela as tensões paradoxais do movimento que o dinamiza, ao mesmo tempo que recusa à racionalidade dedutiva ou indutiva, quer operando no discurso científico, quer realizando a construção metafísica sistemática a pretensão de traçar destinos, logo de dar forma à história assim, encerra, numa linha horizôntica de silêncio, o sentido da existência.

Mas a esta temática, obviamente kierkegaardiana, é-lhe dada por Wittgenstein uma formulação, agora sim, verdadeiramente filosófica, que a aborda, de acordo com o espírito da mais pura tradição clássica especulativa, no interior de uma construção rigorosamente sistemática[11]. O *Tractatus* contém uma ontologia, uma lógica, uma filosofia da linguagem, uma teoria da ciência, uma estética e uma ética[12], isto é, um conjunto coerente de disciplinas, em cujas soluções um mesmo princípio, aí instaurado como "critério de sentido", desempenha a função de princípio fundante de todo o sistema. Todavia, esta construção sistemática é atravessada por uma dialéctica interna, desenvolvida pela exigência do próprio princípio que a suporta e que é determinante da sua auto-anulação. O sistema anula-se,

---

e franceses, verte "das Höhere" por "ser superior", antecipando o período seguinte, que explicitaria, apenas, o anteriormente dito. Preferimos-lhe as versões indicadas, que optam por uma tradução mais literal, na medida em que ela é, por sua natureza adjectiva, predicável de extensões do real, não meramente redutíveis ao ser divino, o que se nos apresenta mais consentâneo com a interpretação que fazemos do texto do *Tractatus*.
IDEM, *ibidem*, 6.52: "Wir fühlen, daß selbst, wenn alle *möglichen* wissenschaftlichen Fragen beantwortet sind, unsere Lebensprobleme noch gar nicht berührt sind. Freilich bleibt dann eben keine Frage mehr; und eben dies ist die Antwort."
[10] Cf. M. BENSE, *Hegel y Kierkegaard. Una Investigación de Princípios*, trad. esp. de G. Floris Margadant, México, 1969, 46. O autor escreve aí: "Por lo tanto, quisiera proponer expresamente que debe calificarse de surreal el ser del existir; con esto quiero demostrar que para el 'existir' la diferencia epistemológica establecida entre el objeto y el sujeto, carece de sentido. La filosofía de la existencia es, por lo tanto, un surrealismo filosófico, y como el existir se relaciona indiferente, paradójicamente, con el lenguaje que significa y enuncia, quiero añadir que el surrealismo de la existencia consiste en la suprarracionalidad de su expresión."
[11] Cf. W. SCHULZ, *Wittgenstein. La Negación de la Filosofia*, 12. Este autor defende opinião oposta, recusando-se a ver no *Tractatus* o carácter sistemático que outros lhe reconhecem.
[12] Entenda-se que consideramos as proposições estético-éticas do *Tractatus* como teses, embora de sentido negativo.

paradoxalmente, enquanto sistema. A proposição final, que exige que "sobre aquilo de que se não pode falar, nos devemos calar"[13], não abarca apenas as proposições da estética ou da ética, ou quaisquer proposições de natureza metafísica, mas é, por estranho que possa parecer, extensiva à totalidade das proposições do *Tractatus*, inclusive, extensiva, paradoxalmente, a si mesma. Pois, se o critério de sentido, que as proposições do *Tractatus* instauram, impõe que só às proposições factuais (relativas a factos empíricos no mundo) o possamos atribuir, as *proposições totais* (proposições sobre todas as proposições, ou seja, sobre a linguagem em geral e a sua relação com o mundo) - sejam elas de natureza ontológica, como as teses 1[14] e 2[15], que pretendem efectuar a fundamentação ontológica do critério de sentido ou de natureza lógico-sintáctica, como as teses 5[16] e 6[17], ou como as teses 3[18] e 4[19], que articulam as teses ontológicas com as lógico-sintácticas — todas elas, ao incidirem sobre a totalidade que é o conjunto de condições que torna possível uma linguagem significativa, são, segundo o critério que permitem estabelecer, sem qualquer fundamento ou significado.

O paradoxo instala-se no ser do próprio sistema: ele só é possível mercê daquilo que diz ser impossível, ou seja, o sistema só se constitui para, no acto em que se nega, negar a pretensão a qualquer sistema para além do das proposições das ciências positivas. O indizível deve dizer as razões da sua indizibilidade. Mas, uma vez realizada a experiência paradoxal deste jogo de linguagem, ela oferece-se como pórtico, cuja ombreira é necessário ultrapassar para que se ofereça ao olhar contemplador a visão "correcta" do mundo.

Não quer, então, isto dizer que só pela mediação do "paradoxo" essa visão é possível? Que é necessário manter essa mediação para que a visão essencial não se nos escape? E que só na *contradição*, que o sistema instaura, nos é permitido manter a irredutibilidade do ser ao pensar, porque

---

[13] Cf. *Tractatus*, 7: "Wovon man nicht sprechen kann, darüber muß man schweigen".
[14] IDEM, *ibidem*, 1: "Die Welt ist alles, was der Fall ist."
[15] IDEM, *ibidem*, 2: "Was der Fall ist, die Tatsache, ist das Bestehen von Sachverhalten."
[16] IDEM, *ibidem*, 5: "Der Satz ist eine Wahrheitsfunktion der Elementarsätze. (Der Elementarsätze ist eine Wahrheitsfunktion seiner selbst)".
[17] IDEM, *ibidem*, 6: "Die allgemeine Form der Wahrheitsfunktion ist: $[\bar{p}, \bar{\xi}, N(\bar{\xi})]$".
[18] IDEM, *ibidem*, 3: "Das logische Bild der Tatsachen ist der Gedanke."
[19] IDEM, *ibidem*, 4: "Der Gedanke ist der sinnvolle Satz."

este é o sistema, e o objecto da justa visão é precisamente essa irredutibilidade?

A distinção entre "sagen" e "zeigen", que o próprio *Tractatus* estabelece, aplicada ao *Tractatus* "qua" texto, *mostra* que ele está marcado interiormente por uma tensão que polariza os dois discursos (o que aí toma forma e o que este diz ser o possível) de estatutos semânticos de tal forma diferentes e aparentemente antagónicos, que a polarização pressupõe um *factor dinâmico* de que essa diferença será o sinal. E este *mostra* ser, não um operador lógico, mas existencial: uma dinâmica do desejo, comummente descrita como desejo de ser feliz. Uma realidade que *implica* o "sistema" e que, paradoxalmente, nele e por ele se assume como o "outro", ou seja, aquele que, ao mesmo tempo, se revela e oculta. A existência *mostra-se*, mas é inexprimível[20]. Tal como em Kierkegaard[21], ela é o lugar de complementaridade e de confronto do ser e do pensar, uma determinação de um e outro, mas nunca do mesmo modo e ao mesmo tempo.

Max Bense, para quem uma das tarefas do pensamento filosófico consistia justamente na harmonização do sistema com a existência, propõe, para a sua efectuação, a seguinte tese, que contém duas condições: "Há uma relação filosófica entre sistema e existência, quando se demonstra que existe uma metafísica (ou seja, um conjunto de princípios elementares de índole metafísica) que precede um sistema (ou seja, um conjunto coerente de disciplinas), que também implica a filosofia existencial, ou quando se demonstra que não existe tal metafísica"[22].

Nós diríamos que o *Tractatus* satisfaz as duas condições em que a relação sistema/existência aqui se enuncia. Pois atendendo ao carácter paradoxal da sua tese, esta satisfaz *simultaneamente* ao que na tese de Max Bense se apresenta de forma disjuntiva.

Assim, de acordo com a primeira fórmula, há nele um conjunto de princípios elementares, que precedem e constituem um conjunto coerente

---

20 IDEM, *ibidem*, 6.44: "Nicht *wie* die Welt ist, ist das Mystische, sondern *daß* sie ist."; 6.522 "Es gibt allerdings Unaussprechliches. Dies *zeigt* sich, es ist das Mystische."
21 Cf. M. BENSE, *op. cit.*, 35.
22 IDEM, *ibidem*, 73: "Hay una relación filosófica entre sistema y existencia, cuando se demuestra que existe una metafísica (o sea una multitud de principios elementales de índole metafísica) que precede a un sistema (o sea un conjunto coherente de disciplinas), que también implica la filosofia existencial, o cuando se demuestra que no existe tal metafísica."

de disciplinas (a ontologia, a lógica, a filosofia da linguagem, a teoria da ciência, a estética, a ética do *Tractatus*), e que implicam o "salto" do pensar para o ser; e responde, pelo movimento negativo em que tal metafísica se anula, à segunda condição, ou seja, nega legitimidade a quaisquer princípios elementares de índole metafísica, quer para constituirem tais disciplinas, quer para darem origem a uma filosofia da existência. Anula, no mesmo acto pelo qual mantém a tensão entre pensar e ser, não só o direito do sistema a dizer o ser, como também o do ser a enunciar-se teoricamente: no mesmo acto se repudia a filosofia sistemática idealista e as filosofias da existência, enquanto formas de pensamento geradas na oposição que os sistemas lhes mereciam.

E, assim, enquanto a polémica existencial de Kierkegaard contra o sistema hegeliano se situa fora do sistema, invocando a sua experiência pessoal de fé, impossível de reduzir a "um qualquer exercício intelectual ou mesmo à mais pura e legítima das contemplações"[23], é dentro do sistema e através dele que o "salto" wittgensteiniano entre o pensar e o ser se opera, no mesmo acto em que, ao recusar à linguagem a possibilidade de se constituir em enunciados existenciais com sentido, institui o silêncio como o autêntico meio de comunicação da verdade existencial.[24]

Da natureza paradoxal do texto do *Tractatus* resulta o seu hibridismo, enquanto género literário. Simultaneamente "obra literária e filosófica", assim o classifica Wittgenstein na carta em que o oferecia a Ficker para publicação[25].

Com efeito, o *Tractatus*, para além de pretender *representar uma realidade* (como objectivo próprio do sistema), visa alcançar um *efeito fundamental* (tal como a literatura filosófica religiosa de Kierkegaard). Concilia uma precipitação literária do pensar (que procede logicamente e conclui sobre o ser da realidade) com a expressão literária de uma *meditação* (que

---

[23] E. LOURENÇO, *op. cit.*, 89.
[24] A proibição de falar daquilo que transcende os limites da linguagem, tal como Wittgenstein os entende, teria, na opinião de M. CRISTALDI (cf. *Wittgenstein. L'Ontologia Inibita*, 1970), impedido o pensador austríaco de desenvolver, como Heidegger uma "ontologia fundamental", cujos traços são detectáveis no *Tractatus*.
[25] G. H. von WRIGHT ("Historical Introduction. The origin of *Tractatus Logico-Philosophicus*" in: L. WITTGENSTEIN, *Prototractatus*, 14): "Die Arbeit ist streng philosophisch und zugleich literarisch..."

procede existencialmente e é a expressão de uma realidade, a da existência humana num acto espiritual)[26].

A reflexão sobre a linguagem em Wittgenstein implica, como Zimmermann também reconhece, um estatuto análogo à reflexão sobre a existência em Kierkegaard[27]. Ambas são percorridas por uma mesma exigência espiritual: uma paixão da subjectividade (desejo do eu)[28], que as determina como auto-reflexão (esforço clarificador de compreensão de si mesmo), cujas metodologias diferem por motivos histórico-culturais. Por isso, ambas as reflexões, ao quererem comunicar-se, o fazem sob o modo da *comunicação indirecta* própria do pensamento subjectivo (como Kierkegaard designa a sua meditação existencial)[29].

A ideia de comunicação indirecta, que é para o pensador dinarmaquês a comunicação essencial, contém já em si a ideia da "dupla reflexão", característica do pensamento subjectivo. Pois, como é óbvio, o que profundamente distingue o pensador objectivo do subjectivo, na concepção kierkegaardiana, é a indiferença do primeiro em relação ao sujeito pensante e à existência, enquanto aquele está, "qua" existente, "infinitamente interessado no seu próprio pensamento, no qual existe[30]. Daí, a dupla vertente da reflexão do pensador subjectivo: ele pensa o geral, a ideia, mas ele existe neste pensamento e assimila-o ao seu eu profundo. Isto é, a reflexão subjectiva implica a relação pessoal do sujeito existente com a ideia, ou seja, o movimento espiritual da *apropriação*[31].

Então, se o pensador subjectivo quer comunicar e o essencial é ser compreendido, uma vez que "a inteligência profunda da mensagem consiste justamente na sua apropriação pelo indivíduo"[32], a forma de comunicação

---

[26] Segundo as distinções estabelecidas por M. BENSE, *op. cit.*, 25-38.
[27] Cf. J. ZIMMERMANN, *Wittgensteins sprachphilosophische Hermeneutik*, 47.
[28] A expressão deverá ser entendida no duplo sentido de genitivo subjectivo e genitivo objectivo.
[29] Cf. S. KIERKEGAARD, *Post-scriptum Définitif et non Scientifique aux Miettes Philosophiques*, 70.
Kierkegaard não emprega neste texto propriamente a designação de "comunicação indirecta", mas ela é sugerida, por contraposição, à "comunicação directa", que é recusada como modo de comunicar a verdade subjectiva.
[30] IDEM, *ibidem*, 69-70: "[le penseur subjectif est comme existant] infiniment intéressé à sa propre pensée dans laquelle il est existant."
[31] Cf. IDEM, *ibidem*, 72.
[32] IDEM, *ibidem*, 73: "[...] l'intelligence profonde du message consiste justement dans son appropriation par l'Individu."

terá necessariamente de se diferençar do tipo de comunicação em que o conteúdo da mensagem é de natureza meramente objectiva.

A dimensão subjectiva da mensagem, isto é, a relação pessoal do sujeito existente com a ideia, há-de comunicar-se, não sob a forma enunciativa dos conteúdos temáticos, objectivos e isentos de qualquer espécie de compromisso existencial com o sujeito, mas de um modo indirecto, sob uma forma expressiva e "elaborada com arte"[33], como insiste Kierkegaard.

O que está em causa, é a dimensão pragmática da comunicação: o *efeito*, ou seja, a sua eficácia sob a forma de uma conversão espiritual - mas que só se produzirá, se as dimensões sintáctica e semântica do texto da mensagem forem suficientemente expressivas para presentificarem a "verdade subjectiva", que quer comunicar-se.

Mas, uma vez que essa verdade subjectiva, que tenta verbalizar-se pela comunicação, é, em ambos os pensadores, uma experiência do "paradoxo" vivida pela subjectividade (no plano religioso por Kierkegaard, no plano ético por Wittgenstein), o texto da informação não deverá explicar, o que seria contraditório pois o paradoxo se anularia, mas *mostrar* o paradoxo enquanto tal[34]. O que significa que o discurso, que mostrará o paradoxo, virá necessariamente afectado pela natureza do objecto que se mostra. Daí que, em ambos os pensadores, esta verbalização se apresente como uma luta contra os limites da linguagem, como um esforço para dizer o indizível.

Em consequência, a comunicação indirecta determinará um novo tipo de exigência, que se impõe como condição/limitação à compreensão do sentido da mensagem: quem compreende o discurso "contra-sentido" apropria-se nele, apenas, do que através de si próprio implicitamente já compreendeu[35].

Wittgenstein defende tese idêntica no Proémio do *Tractatus*, pondo-a como condição "sine qua non" da sua compreensão:

> "O presente livro será talvez só compreendido por aquele que já pensou por sua conta própria as ideias que nele são expressas - ou ao menos ideias semelhantes"[36].

---

[33] Cf. IDEM, *ibidem*, 71.
[34] Cf. IDEM, *ibidem*, 205.
[35] Cf. J. ZIMMERMANN, *op. cit.*, 47.
[36] *Tractatus,* "Vorwort": "Dieses Buch wird vielleicht nur der verstehen, der die Gedanken, die darin ausgedrückt sind - oder doch ähnliche Gedanken - schon selbst einmal gedacht hat."

E continua este pensamento:

"Não é portanto um texto escolar"[37]

que parece reflectir esse outro de Kierkegaard, quando diz:

> "O método indirecto faz da comunicação uma arte diferente daquela que na generalidade é admitida, quando se imagina que o papel do pensador é o de apresentar a sua mensagem a uma pessoa instruída para que esta a julgue, ou a uma ignorante para que se instrua"[38].

A comunicação indirecta não propõe um conteúdo para repetição e recitação[39], mas o discurso oferece-se aí como o meio de libertação do outro[40] — , funcionando como uma "piedosa fraude" que permita o "salto" para a interioridade e subjectividade. A comunicação indirecta é, na palavra de Kierkegaard, "o adeus da objectividade"[41].

O mesmo "adeus" que ecoa nas derradeiras palavras do *Tractatus*, onde, como bem viu Zimmermann[42], o acento é posto não sobre o conhecimento objectivo, mas sobre a apropriação subjectiva:

> 6.54: "As minhas proposições são clarificadoras, de tal maneira que quem me compreende, as reconhece por fim como contra-sentido, se sair através delas - por cima delas - para lá delas. (Deve, por assim dizer, deitar fora a escada depois de ter saído através dela).
> Deve superar estas proposições: então vê o mundo correctamente"[43].

---

[37] IDEM, *ibidem*: "Es ist also kein Lehrbuch."
[38] S. KIERKEGAARD (*op. cit.*, 257): "La méthode indirecte fait de la communication un art différent de ce que l'on admet généralement, quand on s'imagine que le rôle du penseur est de présenter son message à une personne instruite pour qu'elle en juge, ou à un ignorant pour qu'il s'en instruise".
[39] Cf. IDEM, *ibidem*, 70.
[40] Cf. IDEM, *ibidem*, 71.
[41] IDEM, *ibidem*, 75: "[C'est le mot] d'adieu de l'objectivité à la subjectivité."
[42] *Op. cit.*, 47.
[43] *Tractatus*, 6.54: "Meine Sätze erläutern dadurch, daß sie der, welcher mich versteht, am Ende als unsinnig erkennt, wenn er durch sie - auf ihnen - über sie hinausgestiegen ist. (Er muß sozusagen die Leiter wegwerfen, nachdem er auf ihr hinaufgestiegen ist).
Er muß diese Sätze überwinden, dann sieht er die Welt richtig."

O *pensador abstracto* (cujo pensamento se move numa zona de pensamento puro) e o *pensador existencial* (cujo pensamento não é mais fim em si mesmo e se coloca ao serviço da existência[44]) consubstanciam-se, em unidade perfeita, no acto da escrita do *Tractatus*. O discurso, que aí se inscreve, joga no espaço da interacção de dois idiomas diferenciados: o idioma leibniziano — formal, universal; e o kierkegaardiano — cujo entendimento exige "aproximação da existência que fala"[45].

Entender essa convergência dos dois idiomas é ler o *Tractatus* como acto espiritual de meditação, que realiza o "salto" entre pensar e ser, real e efectivamente, de proposição em proposição (degrau em degrau, na metáfora final da escada, *die Leiter*). É lê-lo como o acto apaixonado do *sujeito do discurso*, um desejo infinito de ser feliz, que realiza na e pela reflexão sobre a linguagem — o grande espelho[46] — "o acto de apropriação" que lhe permite resolver o seu diferendo com o mundo numa outra realização de poder, do qual um *novo discurso* é a "ratio cognoscendi". E é da diferença lógica entre os discursos possíveis, que emergem na relação dialéctica de poder *do sujeito do discurso* com o *mundo do discurso* e se *mostram* no texto do *Tractatus* na tensão paradoxal da dizibilidade do indizível, que resultam os diferentes registos literários em que se inscreve.

Nesta tensão, o sentido, como se viu, resulta do não-sentido.

É a este nível de compreensão que o texto do *Tractatus* se oferece como obra de arte e a sua mensagem é poética.

Mendelsohn, que Kierkegaard cita, viu no "salto" o "extremo grau lírico do pensamento", porque "o pensamento lírico, ao pretender superar-se, aspira a manifestar o paradoxo"[47].

É, pois, pelo paradoxo em que se instaura, que o *Tractatus* pode realizar a função eminentemente cognitiva que Gadamer reconhece ser a da obra de arte, enquanto "mundo metamorfoseado"[48].

---

[44] Distinção estabelecida por O. F. BOLLNOW, *Filosofia Existencial*, 16.
[45] Cf. M. BENSE, *op. cit.*, 39.
[46] A metáfora do espelho aparece nos *Tagebücher*, em registos de 24.1.15 e 6.3.15. A "Teoria da Figuração", como vimos, esclarece-a.
[47] S. KIERKEGAARD (*op. cit.*, 99): "Mendelsohn, qui a aussi donné son mot sur cette question, a d'ailleurs fort correctement vu dans le saut l'extrême degré lyrique de la pensée. Car, la pensée lyrique cherchant à se surpasser, elle aspire à découvrir le paradoxe".
[48] Cf. H.-G. GADAMER, *Vérité et Méthode*, Paris, 1976, 27-60.

Como sistema teórico, o *Tractatus* delimita-se numa totalidade coerente e harmónica, determinada pelo acto organizador do princípio de onde decorre, e constitui-se, assim, como um mundo fechado sobre si mesmo, que tem nele a sua própria medida. Nessa condição, não se deixa medir com nada que lhe seja exterior, pois não pode ser comparado com a realidade que nos é familiar: as suas proposições situam-se além do critério da verificabilidade por elas próprias instituído, e as unidades significativas últimas que elas estabelecem - as proposições elementares - resultam em meras hipóteses teóricas, na impossibilidade prática de lhes encontrar modelo que as interprete.

O discurso sistemático des-cobre, na ausência dessa relação *directa* com o "real", a sua natureza "surreal".

Todavia, o sistema, obra de arte, não perde, por essa sua condição, a função cognitiva de que se reclama e que o justifica, muito pelo contrário. A experiência por ele possibilitada é des-veladora, porque ilumina, pela recorrência ao subterfúgio metafórico[49] da dizibilidade do indizível, os limites do pensável. Permite assim, ao sujeito que a realiza, a apropriação da finitude essencial da sua situação humana e reintegrá-la eticamente na vivência da quotidianidade.

Insista-se, porém, em que, de acordo com o autor do *Tractatus*, a continuidade de sentido entre o vivido da experiência quotidiana e a experiência da sua verdade, "transposta" na obra pelo reflexo transfigurador que a des-cobre, se reserva exclusivamente àquele que se antecipara na questão em que ela o questiona. Só para este ela vale como mediação consigo mesmo, libertando-o para a experiência do sentido.

Deste caberia também dizer: "o que o arranca a tudo, devolve-lhe, ao mesmo tempo, a totalidade do seu ser"[50].

---

[49] Recordamos que E. STENIUS (*Wittgenstein's Tractatus. A Critical Exposition of its Main Lines of Thought*, 211-213) considera, no âmbito da "Teoria da Figuração" do *Tractatus*, todas as proposições filosóficas como "metáforas sintácticas".
[50] H.-G. GADAMER (*op. cit.*, 55): "Ce qui l'arrache à tout lui rend en même temps la totalité de son être."

CAPÍTULO IV

"KERYGMA" CRISTÃO E "ÉTICA" WITTGENSTEINIANA

O silêncio, a que nos remete a proposição 7 do *Tractatus*, é, em sua significação última, uma recusa à teorização da experiência do Sentido: ela é inquestionável no seu fundo misterioso[1].

A experiência do Sentido vive-se, mostra-se, concretiza-se existencialmente numa postura particular face ao acontecer mundano. É vivida pela subjectividade na plenitude da coincidência e da identidade, no acto de conversão à totalidade, sempre mediado pela emergência da singularidade do acontecer fáctico e da exigência que ele transporta consigo.

E, se essa experiência pode aceder à linguagem em expressões que são já do domínio religioso, a transposição do registo discursivo não pode, todavia, ser entendida como passagem a um transcendente fundante e, enquanto tal, explicativo.

Wittgenstein é elucidativo, a este propósito, em "A lecture on ethics"[2], texto bastante posterior ao *Tractatus*, mas onde o fundamental das teses

---

[1] A mesma ideia reaparece (cf. F. WAISMANN, *Ludwig Wittgenstein und der Wiener Kreis, Schriften 3*, Frankfurt am Main, 1967, 115) afirmada em comentário a propósito da *Ética* de M. Schlick: "Schlick sagt, es gab in der theologischen Ethik zwei Auffassungen vom Wesen des Guten: nach der flacheren Deutung ist das Gute deshalb gut, weil Gott es will; nach der tieferen Deutung will Gott das Gute deshalb, weil es gut ist. Ich meine, daß die erste Auffassung die tiefere ist: Gut ist was Gott befiehlt. Denn sie schneidet den Weg einer jeden Erklärung, 'warum' es gut ist, ab, während gerade die zweite Auffassung die flache, die rationalistische ist, die so tut, 'als ob' das, was gut ist, noch begründet werden könnte.
Die erste Auffassung sagt klar, daß das Wesen des Guten nichts mit den Tatsachen zu tun hat und daher durch keinen Satz erklärt werden kann".

[2] Este texto foi publicado pela primeira vez em The *Philosophical Review*, 74 (1965), 3-12.
Segundo os editores desta primeira publicação, Wittgenstein deve ter redigido esta conferência entre Setembro de 1929 e Dezembro de 1930, para ser pronunciada em Cambridge, possivelmente perante a sociedade chamada "The Heretics". Foi reimpressa por J. H. GILL (ed.), *Philosophy Today*, I, New York, 1968, 4-14, e, traduzida para francês por Jacques Fauve in: L. WITTGENSTEIN, *Leçons et*

éticas se mantêm: segundo o autor, as expressões que *descrevem*, na linguagem contra-sentido, as experiências que parecem, em certo sentido, ter "um valor intrínseco absoluto"[3], ou seja ético[4] — como "espanta-me a existência do mundo"[5], "tenho a minha consciência tranquila; nada me pode atingir, seja o que for"[6,] e todas as que dão forma linguística ao sentimento de culpabilidade[7] — encontram em sua opinião, equivalência no discurso da

---

Conversations sur l'Esthétique, la Psychologie, et la Croyance Religieuse, Suivies de "Conférence sur l'Éthique", Paris, 1971, 141-155.
Não admira o interesse dos intérpretes do pensamento ético de Wittgenstein por este texto, pela razão óbvia da natureza da temática e do carácter público, logo mais claro e explicativo, da conferência em si. De um modo geral, todos os intérpretes se lhe referem quando se debruçam sobre o pensamento ético de Wittgenstein. Alguns textos, porém, são-lhe exclusivamente dedicados: T. REDPATH, "Wittgenstein and ethics", in: A. AMBROSE e M. LAZEROWITZ (edd.), *Ludwig Wittgenstein. Philosophy and Language*, London/New York, 1972, 95-119. (O autor considera a atitude ética de Wittgenstein não só aceitável mas admirável. Critica, apenas, a palavra "nonsensical" para classificar os juízos de valor, que julga demasiado forte e susceptível de trair, pelo seu significado, o essencial daquela atitude). Para uma posição oposta relativamente ao valor filosófico do texto, cf.: E. D. KLEMKE, "Wittgenstein's *Lecture on Ethics*", *Journal of Value Inquiry*, 9 (1975), 118-127; como chamada de atenção para a centralidade do problema da obrigação moral na temática da conferência, cf.: R. A. PUTNAM, "Remarks on Wittgenstein's *Lecture on Ethics*", in: R. HALLER und W. GRASSL (Hrsg.), *Sprache, Logik und Philosophie. Akten des 4. Internationalen Wittgenstein Symposiums, 28. August bis 2. September 1979, Kirchberg/Wechsel (Österreich)*, Wien, 1980, 309-312.
Sobre a evolução que caracteriza as teses wittgensteinianas sobre a linguagem na época em que escreve a conferência, cf. R. RHEES, "Some developments in Wittgenstein's of ethics", *The Philosophical Review*, 74 (1965), 17-26; reimpresso em R. RHEES, *Discussion of Wittgenstein*, London; 1970, 94-103. A função da linguagem é ainda fundamentalmente descritiva.
[3] L. WITTGENSTEIN, "A lecture on ethics", *The Philosophical Review*, 74 (1965), 10: "[Now the three experiences...seem...] to have in some sense an intrinsic, absolute value."
[4] Cf. IDEM, *ibidem*, 11.
[5] IDEM, *ibidem*, 8: " 'I wonder at the existence of the world.' " No *Tractatus*, correspondem-lhe as notas 6.44 e 6.45.
[6] IDEM, *ibidem*, 8: "I am safe, nothing can injure me whatever happens."
A expressão traduz o apaziguamento do homem que vive no presente, o homem feliz dos *Tagebücher*, e remete-nos para as notas 6.43 e 6.4311 do *Tractatus*.
[7] Sem correspondência directa em nenhuma nota do *Tractatus*, mas implícita, enquanto contraposta à experiência do "apaziguamento"; ela é, todavia, referida de

alegoria religiosa - respectivamente nas afirmações "Deus criou o mundo"[8], "sentimo-nos seguros na mão de Deus"[9] e "Deus reprova a nossa conduta"[10] . O que significa, claramente, na perspectiva deste admirador de Tolstoï, que se a verbalização da experiência do Sentido pode concretizar-se ao nível da linguagem religiosa, ela pode encontrar aí certa força expressiva, mas não permite nenhuma interpretação que nos conduza à sua explicação. A interpretação dos símbolos visaria a experiência, que remeteria outra vez para os símbolos como via única e exclusiva de a *designar*, e neste círculo se movimentaria a compreensão sem dele poder sair, prisioneira de uma relação de mera expressividade: linguagem simbólica/experiência do Sentido[11] .

Pois, se o "mundo do homem feliz" é diferente do "mundo do homem infeliz", a diferença reside naquela outra que se efectiva numa diversa relação da vontade com o mundo, mediada pelo movimento dialéctico desta, o da sua conversão, que acontece no acto reflexivo de apropriação da verdade da sua im-potência constitutiva. Essa vivência mostrou-se ser a ocasião privilegiada da emergência da subjectividade, nela e por ela se pondo, no des-velamento paradoxal de que, só na sua auto-negação, repousava o suporte em que se edificava.

E é precisamente por sua natureza vivencial, que essa experiência se torna incomunicável directamente em seu fundo. O carácter simbólico do discurso indica-a, designa-a, mas não só não a explica, como nem tão pouco

---

modo explícito na "consciência culpada" de que fala nos *Tagebücher*, em registo de 8.7.16.

[8] "A lecture on ethics", 10:"[For the first of them is, I believe, exactly what people were referring to when they said that] God had created the world".

[9] IDEM, *ibidem*, 10: "[and the experience of absolute safety has been described by saying that] we feel safe in the hands of God."

[10] IDEM, *ibidem*, 10: "[A third experience of the same kind is that of feeling guilty and again this was described by the phrase that] God disapproves of our conduct."

[11] IDEM, *ibidem*, 9-10: "And when we say 'This man's life was valuable' we don't mean it in the same sense in which we would speak of some valuable jewelry but there seems to be some sort of analogy. Now all religious terms seem in this sense to be used as similes or allegorically [...] Thus in ethical and religious language we seem constantly to be using similes. But a simile must be the simile for *something*. And if I can describe a fact by means of a simile I must also be able to drop the simile and to describe the facts without it. Now in our case as soon as we try to drop the simile and simply to state the facts which stand behind it, we find that there are no such facts. And so, what at first appeared to be a simile now seems to be mere nonsense."

a descreve[12]. Como é confirmado nas palavras de Wittgenstein que Friedrich Waismann anotou:

> "A ética não se pode ensinar. [...] Na minha conferência sobre ética, no final, falei na primeira pessoa: creio que isto é algo de muito essencial, porque nada disto se pode comprovar e eu somente me posso apresentar como personalidade e falar na primeira pessoa"[13].

Daí resulta que a natureza fundamental de o *Tractatus*, enquanto *acto ético*, é obra de comunicação indirecta, cujo valor se há-de medir não tanto pelo que de repetível contém, mas pela dinâmica existencial, que pretende suscitar.

Nesta perspectiva, o texto legitima-se na força do testemunho que comporta. A recusa da ética é a afirmação do místico: o inefável, o vivido na experiência do Sentido, que, todavia, se mostra em presentificações múltiplas, cuja unidade encontra o seu suporte no *consentimento* da vida, mediado pela apropriação da lógica profunda do real, no acto da vontade convertida.

Nenhuma expressão linguística o descreve, nenhum enunciado com sentido o explica - a linguagem, não obstante, acolhe-o na revolução por ela mesma sofrida, ao expurgar-se das formas não respeitadoras das estruturas sintácticas em que as palavras encontram o seu sentido.

A linguagem religiosa fica, assim, em seu alegorismo, um simulacro de um simulacro que não chega a ser, como diz em "A lecture on ethics"[14], embora mantenha a sua força expressiva, ao indicar a "experiência", não redutível a factos, do *reencontro*, à luz da justa visão, da vontade com o mundo, posicionado este em sua totalidade limitada.

---

12 IDEM, *ibidem*, 11:"Now when this is urged against me I at once see clearly, as it were in a flash of light, not only that no description that I can think of would do to describe what I mean by absolute value, but that I would reject every significant description that anybody could possibly suggest, *ab initio*, on the ground of its significance. That is to say: I see now that these nonsensical expressions were not nonsensical because I had not yet found the correct expressions, but that their nonsensicality was their very essence."

13 *Op.cit.*, 117: "Das Ethische kann man nicht lehren. [...] Ich habe in meinem Vortrag über Ethik zum Schluß in der ersten Person gesprochen: Ich glaube, daß das etwas ganz Wesentliches ist. Hier läßt sich nichts mehr konstatieren; ich kann nur als Persönlichkeit hervortreten und in der ersten Person sprechen."

14 "A lecture on ethics", ed. cit.,10.

A onto-*logia* do *Tractatus*, que preside às teses de conteúdo positivo e negativo, que nesse texto se expõem, é apenas a luz que possibilita a visão —o visionado mostra-se e é outro. O que significa que a reflexão lógico--linguística, que aí se verifica, funciona *instrumentalmente*, posta ao serviço de um objectivo que a implica, mas que a transcende. E quando olhamos na direcção para que aponta — a experiência do Sentido, em seu fundo intransferível e não directamente comunicável - o que se nos depara, radica e desenvolve-se num solo, que obedece a uma lógica que não é a de inspiração matemática, que se colhe no *Tractatus* e, consequentemente, não é por ela captável. Aquela é a lógica da dialéctica da vontade, atravessada pelo desejo de ser feliz, que aí se des-vela como *originário ético*, in-fundado e ilimitado em sua aspiração, orientada para a totalidade.

E, se, ao intérprete de Wittgenstein, esta compreensão do seu pensamento só foi acessível na relação intertextual que pôde estabelecer, foi também a partir de textos, particularmente o *Resumo do Evangelho* de Tolstoï, que o vivido da experiência pessoal do filósofo se iluminou e ganhou significado para ele, o que em si não é indiferente sob o ponto de vista filosófico.

Não o é, porque, em primeiro lugar, denuncia o acto de uma compreensão hermenêutica — de Tolstoï, em relação aos evangelhos sinópticos, de Wittgenstein, em relação ao evangelho de Tolstoï —, que não é contemplado nos limites em que o pensamento se define no âmbito das teses lógico-linguísticas do *Tractatus* e se constitui assim como um excedente, com o qual elas devem ser confrontadas e revistas; em segundo lugar, porque o que se *mostra* na linguagem contra-sentido da dizibilidade do indizível, e que tem a ver com o modo como o homem e o pensador Wittgenstein viveu e compreendeu a questão do Sentido da vida, está marcado não só pela natureza religiosa do texto, que a iluminou, como pela historicidade profunda, que o atravessa.

Não é, de modo algum, indiferente à compreensão que do *originário ético* teve Wittgenstein, quando o refere ao desejo de felicidade e à sua apetência de totalidade, a natureza religiosa do *Resumo do Evangelho* de Tolstoï. Muito antes de Wittgenstein, Kant, no século XVIII, seguindo embora metodologia diferente, claramente especificara o "esse" do objecto religioso como objecto inteiro da vontade, ou seja, exigência de totalidade que, no entender do filósofo de Konisberg, se apresenta como a síntese da virtude e da felicidade[15]. Ao defini-lo deste modo, mostrara como o problema da religião, sob o ponto de vista de representação, tem a ver directamente com um "esquematismo do desejo da totalidade"[16], já da "competência de uma imaginação mítico-poética que respeita à perfeição do desejo de ser", como diz Paul Ricoeur[17]. Daí resulta que o Cristo de Kant não é só o arquétipo do bom princípio, mas fundamentalmente o "exemplar do soberano bem "[18]. Como tal, ainda na opinião de Ricoeur, o que, no plano da fé, se propõe à reflexão filosófica, não é uma sacralização da proibição, mas a mensagem da "boa- nova", no testemunho da pessoa de Cristo, o "*analogon* do soberano bem", ou seja, da reconciliação total da razão (proibição) e da natureza (desejo)[19].

É, pois, neste "*analogon* do soberano bem" que, no evangelho de Tolstoï perde a dimensão teológica e se reduz aos limites de um arquétipo da possibilidade humana, que colhe o fundo kerygmático e existencial da proposta ética de Wittgenstein, enquanto ela se desenrola no espaço do movimento dialéctico de uma vontade que se revela ser, simultaneamente, desejo (orientação para a totalidade) e razão (da qual a operação lógica essencial é a negação) e cuja completude só acontece na síntese das duas dimensões. O horizonte de significação ética para que abre, dispõe na mediação das negações — a da potência causante da vontade e a da normatividade — a suspensão de categorias éticas tradicionais como *dever*, *castigo* e *recompensa*, que suportam a concepção jurídica da consciência moral, preenchendo o lugar por elas deixado em aberto com a conversão da vontade à lógica profunda do real de onde emerge a aceitação compreensiva da sua pluralidade diferencial e a disponibilidade ao que advém e se mostra em sua novidade imperante. A superação da concepção da *consciência-tribunal* e das figuras, que lhe são inerentes, da acusação e da culpabilidade,

---

[15] Cf. E. KANT, *Critique de la Raison Pratique*, l. 2, trad. par J. Gibelin, Paris, 1965.
[16] P. RICOEUR, "Demythiser l'accusation", in: *Démythisation et Morale, Actes du Colloque Organisé par le Centre Internationale d'Études Humanistes et par l'Institut d'Études Philosophiques de Rome, Rome 7-12 janvier 1965*, 58: "La question de la religion [...] se déploie au niveau d'un schématisme du désir de la totalité [...]"
[17] Cf. *Ibidem*, 59 "Je dirai dans mon langage [...] il ressortit à une imagination mythico-poétique, qui concerne *l'achèvement* du désir d'être."
[18] Cf. IDEM, *ibidem*.
[19] Cf. IDEM, *ibidem*, 58-59.

bem como a renúncia ao ponto de vista pessoal e a abertura ao todo tal como ele é — elementos estruturantes da experiência do Sentido que se mostram no *Tractatus* — são a denúncia flagrante da presença do reflexo histórico-cultural da teologia do amor, mercê de aprofundamentos que o jogo temporal das experiências e das ideias foi cavando no terreno do "êthos" judaico-cristão, ao qual o filósofo pertence, como a um destino[20]. Pois, sob essas aquisições da experiência humana ocidental, pulsam sublimações e asceses, lutos e ultrapassagens de limiares — como os das epigéneses cúmplices: acusação, sentimento de culpabilidade, desejo de consolação —, que são toda uma história de "promoção do sentido", acontecida no "elemento da palavra", e que constituem os documentos e o solo cultural onde tomou forma o "nó ķerygmático da ética"[21].

A renúncia ao Pai, que é também renúncia a ser consolado, tradu-la Wittgenstein na renúncia ao Tu supremo e pessoal da religião[22],

---

[20] Entenda-se esta palavra no sentido que Heidegger lhe dá.
[21] A expressão é de P. RICOEUR, *op.cit.*, 55.
Como julgamos ter-se tornado óbvio ao longo do nosso trabalho, a tese que defendemos exclui-se, pelos argumentos a que recorre, da discussão tecida à volta da questão de saber se Wittgenstein, num ou noutro momento da sua vida, se aproximou ou não da fé católica. A afirmação de que isso aconteceu nos últimos anos da vida de filósofo foi feita por M. CRANSTON, "L. Wittgenstein", *World Review* (December, 1951), 21-24, e logo desmentida por G. E. ANSCOMBE, "Wittgenstein", carta a *World Review* (January, 1952), 3, que nega que Wittgenstein tenha tido qualquer crença religiosa, embora fosse do conhecimento da autora que ele lia o *Novo Testamento*. Para um estudo das implicações ético-religiosas do *Tractatus*, cf., ainda que defendendo teses diferentes das nossas, W. D. HUDSON, *Wittgenstein and Religious Belief*, New York/London,1975. Em 1954, por parte de alguns sectores representantes do catolicismo, foi despoletada uma polémica em *The Tablet*, centrada sobre a questão da incompatibilidade das doutrinas do *Tractatus* com a fé católica. (cf. G. FRONGIA, *Guida alla Letteratura su Wittgenstein. Storia e Analisi della Critica*, 63-67.)
Para uma outra análise, mas ainda do ponto de vista do catolicismo, cf. B. DALY, "Logical positivism metaphysics and ethics: Ludwig Wittgenstein", *Irish Theological Quarterly*, 23 (1956), 111-150. Para a relação de Wittgenstein com o cristianismo, cf. F. PARAK, "Ludwig Wittgensteins Verhältnis zum Christentum", in: E. LEINFELLNER et al. (Hrsg.) *Wittgenstein und sein Einfluß auf die gegenwärtige Philosophie, Akten des 2. Internationalen Wittgenstein Symposiums 29. August bis 4. September 1977 in Kirchberg (Österreich)*, 91-94.
[22] *Tagebücher*, 8.7.16: "Um glücklich zu leben, muß ich in Übereinstimmung sein mit der Welt. Und dies *heißt* ja 'glücklich sein'.
Ich bin dann sozusagen in Übereinstimmung mit jenem fremden Willen, von dem ich

experienciando, no deserto da "morte de Deus", anunciada por Nietzsche, a fé de Job. Pois ajustar-se-lhe-iam, em adequação plena, os traços definidores em que ela se retrata, na palavra impressiva de Paul Ricoeur: "Job, com efeito, não recebe nenhuma explicação quanto ao sentido do sofrimento, a sua fé é somente subtraída a toda a visão moral do mundo. Em contrapartida, não lhe é mostrada senão a grandeza do todo, sem que o ponto de vista finito do seu desejo receba daí, directamente, um sentido. Uma via está assim aberta: a da reconciliação não narcísica; eu renuncio ao meu ponto de vista, amo o todo, tal como ele é"[23].

Só a indiferença do jovem Wittgenstein em relação à História[24] não lhe permitiu compreender a insuficiência do seu logicismo para apreender a densidade com que a dimensão temporal carrega de sentido o "logos", à luz do qual o sujeito e o seu mundo se abrem e se dizem e onde coincidem, prolarizados embora pela sua diferença, os nihilismos teístas e ateístas que aí se dispõem, em virtude do fundo matricial simbólico comum de onde emergem.

O dis-curso do "êthos" judaico-cristão, apropriado e recriado nas reinterpretações múltiplas que o movimento sinuoso do acontecer histórico, em relação dialéctica com o nosso desejo, vai originando, é, afinal, o "não-dito" do silêncio da experiência do Sentido, para o qual nos remete a última proposição do *Tractatus*.[25]

---

abhängig erscheine. Das heißt: 'ich tue den Willen Gottes'."
[23] *Op.cit.*, 63-64: "Job, en effet, ne reçoit aucune explication quant au sens de sa souffrance; sa foi est seulement soustraite à toute vision morale du monde. En retour, il ne lui est montré que la grandeur du tout, sans que le point de vue fini de son désir en reçoive directement un sens. Une voie est ainsi ouverte: celle de la réconciliation non narcissique; je renonce à mon point de vue, j'aime le tout, tel qu'il *est*."
[24] *Tagebücher*, 2.9.16: "Was geht mich die Geschichte an? Meine Welt ist die erste und einzige!"
[25] Como diz lapidarmente M. B. PEREIRA (*Experiência e sentido*, 392): "[...] a genuína concepção bíblica e cristã da existência é a *presença intensa de sentido* no caminhar histórico do homem." (O sublinhado é nosso)

CAPÍTULO V

CONSIDERAÇÕES FINAIS

V. 1 Confronto de interpretações

Num estudo comparativo do segundo Wittgenstein com o pensamento budista, Chris Gudmunsen afirma que "Wittgenstein representa uma orientação religiosa da filosofia 'inglesa' "[1]. Não, — explica — porque entenda a sua filosofia como uma religião, mas por reconhecer, na atitude wittgensteiniana para com a filosofia, os traços de uma verdadeira "religião filosófica"[2]. Nesta atitude salienta a compreensão da função terapêutica da filosofia, cujo suporte é a ideia de que a reflexão sobre a linguagem deve conduzir a um efeito catártico, libertador[3]. Do ponto de vista de Gudmunsen, Wittgenstein "ofereceu libertação de uma espécie que os filósofos do Ocidente normalmente não oferecem"[4]. Wittgenstein teria sinceramente desejado mudar as pessoas, conferindo, ao encontro do exercício intelectual em que dimensionava as suas aulas, a ocasião privilegiada para a renovaçào das mentalidades. Esta concebia-a como postura moral radicalmente nova face à vida[5]. Evoca Gudmunsen, a propósito, o misto de censura e desencanto que se desprende das palavras de Wittgenstein, na carta dirigida ao seu aluno e amigo Norman Malcolm, datada de Novembro de 1944:

> "Qual a finalidade de estudar filosofia, se ela apenas vos capacita para falar com certa plausibilidade sobre algumas questões abstrusas de lógica, etc., e não melhora a vossa maneira de ver as questões

---

[1] *Wittgenstein and Buddhism*, London, 1986, 69: [...] Wittgenstein represents a religious trend of 'British' philosophy."
[2] Cf. IDEM, *ibidem*.
[3] Cf. IDEM, *ibidem*, 67-69.
[4] IDEM, *ibidem*, 70: "Wittgenstein, then, offered liberation of a kind which Western philosophers have not normally offered."
[5] Cf. IDEM, *ibidem*.

importantes da vida quotidiana, nem vos torna mais conscientes do que qualquer ... jornalista, no uso das frases PERIGOSAS, que tais pessoas usam para os seus próprios fins?"[6]

E argumenta com a opinião de K. T. Fann, que compara o filósofo austríaco a um mestre de Zen: "O estado de 'iluminação', no qual a mente é liberta das questões filosóficas, não é diferente do estado de 'claridade completa', que Wittgenstein procurava"[7].

Em suma, para Gudmunsen a filosofia de Wittgenstein "não era meramente a filosofia académica que deixa as pessoas tal como as encontra"[8].

Não esteve, nos objectivos do nosso trabalho, uma reflexão sobre a produção e o exercício filosófico de Wittgenstein, após a escrita e a publicação do *Tractatus Logico-Philosophicus*. Como se verifica pela leitura do último capítulo, do período que media entre a data dessa publicação e a dos seus últimos escritos, apenas aparece, no nosso texto, uma breve referência a "A lecture on ethics" e só enquanto nela se prolonga um pensamento sobre linguagem e experiência ética em nuances que nos pareceram de interesse realçar, no âmbito do fundamentalmente visado pela nossa indagação. Vem isto a propósito de dizermos que, a serem justas — e é nossa convicção que o são — as teses que reconhecem, na escrita e na docência do Wittgenstein pós-*Tractatus*, uma exemplar intenção e utilização libertadora, expressivas de uma preocupação muito particular com os

---

[6] N. MALCOLM, *Ludwig Wittgenstein. A Memoir*, 35: "what is the use of studying philosophy if all that it does for you is to enable you to talk with some plausibility about some abstruse questions of logic, etc., and if it does not improve your thinking about the important questions of everyday life, if it does not make you more conscientious than any ... journalist in the use of the DANGEROUS phrases such people use for their own ends."

[7] *Wittgenstein's Conception of Philosophy*, Berkeley, 1969, 110: "The state of 'enlightenment' in which the mind is free from philosophical questions is not unlike the state of 'complete clarity' which Wittgenstein was searching for." Para o estudo do confronto entre a ética de Wittgenstein e a de algumas seitas do Budismo Zen, cf.: C. H. COX and J. W. COX, "The mystical experience. With an emphasis on Wittgenstein and Zen", *Religious Studies*, 12 (1976), 483-491; W. H. BRUENING, "The ethics of silence", *Indian Philosophical Quarterly*, 7 (1979), 51-59. Um número mais significativo de estudos deste teor incide, sobretudo, sobre o pensamento do segundo Wittgenstein.

[8] *Op. cit.*, 70: "His was not merely the usual academic philosophy which left one as instrument found one."

outros[9], elas provam que uma mesma inspiração profunda e uma mesma ideia ligam e dão unidade à sua pedagogia filosófica, da primeira à última obra.

Surpreendendo um dia um habitante da aldeia onde exercia a penosa docência de crianças, actividade que, com tanto entusiasmo, havia abraçado, Wittgenstein afirmava-lhe ser "evangelista" mesmo sem ser cristão e esclarecia-o para maior confusão, não querer com isso dizer ser um "evangélico", o que significaria pertencer à respectiva seita protestante[10]. Nesta afirmação de Wittgenstein nós encontramos a fórmula, que enuncia o que consideramos ser o mais essencial da sua atitude perante a existência, que ilumina e dá Sentido ao seu esforço especulativo: ser evangelista, sem ser cristão. Se atendermos ao testemunho de Paul Engelmann sobre o posicionamento religioso de Wittgenstein e ao trabalho de interpretação levado a cabo ao longo dos capítulos anteriores, a distinção estabelecida entre os termos torna-se-nos clara. Ser cristão remeteria para relações com dogmas, crença e transcendência, enquanto ser evangelista não. Ser evangelista — excluídas aquelas relações — designaria um modo de ser conforme ao Evangelho, num entendimento e numa compreensão que passa marginalmente às Igrejas. Mas, mesmo neste sentido, implicava para Wittgenstein uma dimensão vivencial praxística e salvífica[11], que ele exercia pedagogicamente. A função libertadora da filosofia, através da reflexão sobre a linguagem, que pretendia desfazer "os nós do pensamento"[12], foi o modo wittgensteiniano de ser evangelista. E, nesta acção, que caracteriza o magistério filosófico de Wittgenstein, reconhecemos o exercício continuado

---

[9] Cf. IDEM, *ibidem*, 73.
Este autor cita palavras de R. JAGER (*The Development of Bertrand Russell's Philosophy*, 1972, 421), confirmativas de uma idêntica opinião: "[Russell] did not hesitate for a moment to compare his definition of a number with his definition of a person. Russell found this comparison logically illuminating, and it is; Wittgenstein would have found it humanly scandalous, and it is."
[10] Cf. W. W. BARTLEY, *Wittgenstein*, London, 1974, 71.
[11] Recordemos: o *Resumo do Evangelho* de Tolstoï fora o livro que lhe salvara a vida, o livro que ele aconselha a Ficker, em estado depressivo, como a palavra salvadora. Cf. L. WITTGENSTEIN. "Letters to Ludwig von Ficker", (trans. by B. Gillette, edited by A. JANIK) carta de 24 de Julho de 1915, in: C. G. LUCKHARDT (ed.), *Wittgenstein. Sources and Perspectives*, 90-91.
[12] Cf. L. WITTGENSTEIN, *Zettel*, §452 in: L. WITTGENSTEIN, *Schriften V*, Frankfurt am Main, 1970.

do "élan", que deu corpo e forma à sua primeira obra publicada, o *Tractatus Logico-Philosophicus*, seja qual for a amplitude daquilo que o vai diferenciando[13].

Seguindo o caminho indicado por Paul Engelmann e reindicado por A. Janik e S. Toulmin, intentámos percorrer as vias de um pensamento que se cruzou — nas orientações imprevisíveis e indetermináveis das veredas — com o cristianismo tolstoïano, e surpreender, de forma quase iniciática, no hermetismo do jogo das des-ocultações, o segredo do místico, que se mostra sem se deixar dizer. O acto hermenêutico des-velador desdobrou o texto e ensaiou trazer à presença o não-escrito da escrita, a face oculta de Janus, esse outro olhar complementar da totalidade, que descobre a manifestação do indizível na dizibilidade do mundo. A última "morada" da ascese, suposta pela escalada da iniciação, não radicaliza, opondo-os na sua heterogeneidade, saber e viver, saber e praxis ética[14]. As oposições esbatem-se e dialectizam-se, na relação múltipla e essencial da vontade com o mundo. O discurso do mundo é sempre o discurso de uma vontade ética, no seu fundo imperscrutável. O saber, todo o saber, reflecte, na diversidade dos horizontes que define, o movimento desiderativo de apropriação de totalidade e sentido (a que chamamos verdade), e a operação, limitante e superadora, do poder de negar — os dois modos da manifestabilidade do

---

[13] A partir dos últimos anos da década de 60 e posteriormente à publicação de inéditos de Wittgenstein — que preenchem o espaço da sua reflexão entre o *Tractatus Logico-Philosophicus* e as *Philosophische Untersuchungen* —, a relação entre a primeira e a segunda obra começou a afirmar-se mais no sentido da unidade, embora sob duas orientações diferentes: uma que a perspectiva geneticamente, salientando a evolução; outra mais radical, que acentua as analogias, mesmo onde a diferença parecia mais notória. Representantes da primeira orientação são as seguintes publicações: K. T. FANN, *Wittgenstein's Conception of Philosophy*, J. BOGEN, *Wittgenstein's Philosophy of Language. Some Aspects of its Development*, London/New York, 1972; P. HACKER, "Frege and the private language argument", *Idealistic Studies* 2 (1972), 265-287; A. KENNY, *Wittgenstein*; G. HOTTOIS, *La Philosophie du Langage de Ludwig Wittgenstein*.
Entre os representantes da segunda orientação, podem indicar-se: S. TOULMIN, "Ludwig Wittgenstein", *Encounter*, 32 (1969), 58-71; S. M. ENGEL, *Wittgenstein's Doctrine of the Tyranny of Language. An Historical and Critical Examination of his 'Blue Book'*, The Hague, 1971; D. PEARS, *Wittgenstein*; J. BOUVERESSE "Wittgenstein et la philosophie", *Bulletin de la Société Française de Philosophie*, 67 (1973), 85-122; A. JANIK and S. TOULMIN, *Wittgenstein, Vienne et la Modernité*.
[14] Tese defendida por J. VICENTE ARREGUI, *Acción y Sentido en Wittgenstein*, Pamplona,1984, 102-113.

acto único e transcendental do que se designa por vontade. Tal como o *Tractatus* não admite uma interpretação unívoca do sentido — concepção pictórica do sentido e o SENTIDO da vida não são a mesma coisa[15] —, também não acolhe uma só concepção do saber.

A reflexão filosófica, que dimensiona o *Tractatus* enquanto *acto ético*, não se pode reduzir, como o entende Jorge Vicente Arregui, à indicação da "necessidade de superar a filosofia em benefício da práxis ética"[16], limitando o saber ao conhecimento científico. É a própria natureza do acto dessa reflexão que mostra, no paradoxo que a atravessa, a compreensão do fundo matricial, onde germina o impulso construtor filosófico e o define como ético em sua especificidade. E "se a filosofia, enquanto saber supremo, se autodissolve e só se justifica como uma actividade"[17], a transmutação processada exprime uma inteligência mais profunda, um conhecimento mais abrangente e penetrante que nega a mediação, conservando-a, todavia, para a superar. Não é o "irracionalismo" — suposto, por exemplo, nas interpretações de Ferrater Mora[18], G. Lukács[19], e mais próximo de nós, em Jorge Vicente Arregui[20], entre outros[21] —, o último horizonte da visão, que

---

[15] Cf. J. MONTOYA SÁENZ, "La filosofia de lo 'místico' en el *Tractatus* de Wittgenstein", *Anales del Seminario de Metafísica*, 4 (1969), 59-74; M. BLACK, *A Companion to Wittgenstein's 'Tractatus'*, 370.

[16] *Op. cit.*, 109: " 'El *Tractatus* es un acto ético', se ha escrito, y lo es en cuanto que muestra la necesidad de superar la filosofia en beneficio de la praxis ética".

[17] IDEM, *ibìdem*: "La expresión máxima del saber, la filosofía, se autodisuelve, y sólo se justifica como una actividad."

[18] "Wittgenstein o la destrucción", in: *Cuestiones Disputadas*, Madrid, 1955, 178--191.

[19] *Die Zerstörung der Vernunft*, Berlim, 1954, 617.

[20] *Op. cit.*, 102-113.

[21] A posição de J. BOUVERESSE (*Wittgenstein: La Rime et la Raison. Science, Éthique et Esthétique*), é a este respeito, extremamente interessante. Pois, se por um lado considera que "le philosophe moral ne peut évidemment manquer d'interpréter les propos de Wittgenstein sur l'éthique comme une critique dévastatrice et sa position théorique comme une forme particulièrement rigoureuse de scepticisme ou d'agnosticisme" (ibidem, 12), por outro lado, reconhece que, com os elementos de que hoje dispomos, podemos compreender ser intenção de Wittgenstein tentar, em relação à ética, "lui procurer le refuge le plus sûr qui soit contre toute espèce de doute, de discussion et de controverse" (*ibidem*).
Mais: para ele a ligação da ética à razão é tão íntima — e isto seria o que, pelo menos em parte, Wittgenstein pretenderia dizer —, que, em seu entender, "il est difficile de dire *a priori* dans quelle mesure l'éthique peut être fondeé sur la raison plutôt que l'inverse" (*ibidem*, 11).

alcança ser a visão correcta do mundo. Esta é uma visão libertadora e dinâmica. Aquele que a experiencia e a apropria, renasce, na vontade convertida, para uma nova habitação do mundo. Mas esta não se situa "além de toda a lógica e de toda a reflexão"[22]; antes, pelo contrário, deve acontecer no acto em que o discurso contra-sentido expõe, na expressão proibitiva das totalidades, a estrutura ontológica do mundo e refere a transgressão ao impulso de um questionante preocupado com o sentido, na experiência da fractura entre o desejo e o que lhe resiste. A vontade convertida tem também um "logos": o "logos" que é conforme à estrutura extensional do mundo, porque a vontade convertida é uma vontade consentida. Mas, conversão e consentimento só são concebíveis pela mediação da visão da estrutura onto-lógica do mundo na medida em que o que fez aparecer o visionado, visava além deste o que, só mediante este, podia vir a ser: a procura do sentido, como a possibilidade de ser feliz.

Esta visão define-se como duplamente medial: desalienatória das representações fantasmáticas do desejo e, paradoxalmente, normativa, ao revelar a impossibilidade de uma outra norma, além do acontecer fáctico: possibilidade e acidentalidade, equidistância e neutralidade axiológica. Mas, insista-se, o que lhe confere este duplo carácter medial é apenas a dimensão desiderativa do questionante — a vontade — e o seu desiderato: ser feliz. Este é o aspecto que os intérpretes de Wittgenstein têm desconhecido e que confere ao nosso trabalho a sua novidade.

Se o desejar ser feliz é a questão tautológica por excelência — o infundado, ao qual se recusam todos os porquês — e a ética não encontra, no saber filosófico, o seu fundamento, nem mesmo expressão conceptual

---

Só que esta defesa do racionalismo ético não fica, em momento algum da exposição, suficientemente fundamentada. A articulação entre os diferentes aspectos do elemento místico — que Bouveresse considera, por analogia, um género, relativamente ao qual os elementos onto-lógico, estético e ético, seriam as espécies — parece-lhe obscura (*ibidem*, 55). O que significa que a ética e a onto-logia não aparecem, na sua interpretação, entrelaçadas. A vontade, que é, aliás, objecto de uma extensa análise (*ibidem*, 117-151), não mostra, na sua interpretação, qualquer ligação particular com o "logos" da lógica. Ora como, na perspectiva wittgensteiniana o sujeito da vontade é o suporte da Moral, a afirmação de Jacques Bouveresse, mesmo que aceitável (modificada, embora), fica todavia sem apoio no seu texto.

22 J. VICENTE ARREGUI, *op. cit.* 109: "Pero esta justa visión sólo es posible más allá de toda lógica y de toda reflexión [...]". A este propósito, cf.: B. BLANSHARD, "The new subjectivism in ethics", in : P. EDWARDS e A. PAP (edd.), *A Modern Introduction to Philosophy*, New York, 1957, 434-441.

que a torne comunicável, todavia a reflexão e a lógica são os pressupostos mediais e terminais da vontade convertida, no seu consentimento em ser de acordo com o que advém e acontece. A visão conversora deverá manter-se na durabilidade do que tem que permanecer, mesmo quando exige o abandono da via que lhe deu acesso.

Também a "saggèzza" própria da conversão não conduz nem ao passivismo indiferente, meramente contemplativo, de um olhar que olha, como parece insinuar Eddy Zemach[23], nem é suportada por uma concepção pessimista de inspiração schopenhaueriana[24]. A conversão não é renúncia ao desejo. Nada do que é mundo, vida, se anula. O mundo do homem feliz não se contrai, mas expande-se. Acolhe a pluridimensionalidade dos possíveis, assume o que aparece na dizibilidade permitida nos limites da lógica da linguagem e o indizível que a penetra e nela se presentifica. O desejo de ser feliz, o "élan" germinal que pulsa no esforço proibido e proibitivo da construção metafísica mediadora, desabrocha na maturescência da abertura consentida a si e ao outro. Este desejo não é o mal a irradiar, nem a condenação fatalista só ultrapassada no Nirvana. É, sim, movimento impulsionador de colmatação de fracturas, divisões, dissenções, mesmo se para as superar, tem de as reconhecer e assumir. A reorientação do desejo é apenas um outro modo de desejar. Repousa no olhar que desnuda, em cada singular, a presentificação da totalidade, sem, todavia, anular a diferença. Não estamos no universo metafísico de Schopenhauer: a realidade fenoménica não esconde, na exteriorização da diversidade dos indivíduos e

---

[23] "Wittgenstein's philosophy of the mystical", in: I. M. COPI and R. W. BEARD (edd.), *Essays on Wittgenstein's 'Tractatus'* , 359-375.

[24] Cf. IDEM, *ibidem*, 371.
Vários são os intérpretes que têm aproximado o primeiro pensamento de Wittgenstein das teses filosóficas de Schopenhauer. Assim: P. T. GEACH, "Review of Colombo's italian translation of *Tractatus*", *The Philosophical Review*, 66 (1957), 556-559; G. E. M. ANSCOMBE, *An Introduction to Wittgenstein's 'Tractatus'* ". P. GARDINER, *Schopenhauer*, Harmondsworth, 1963, 275-282; A. S. JANIK, "Schopenhauer and the early Wittgenstein", *Philosophical Studies*, 15 (1966), 76-95, S. M. ENGEL, "Schopanhauer's impact on Wittgenstein", *Journal of the History of Philosophy*, 7 (1969), 285-302; M. MICHELETTI, *op. cit.*; A. P. GRIFFITHS, "Wittgenstein, Schopenhauer and ethics" in: G. VESEY et al. *Understanding Wittgenstein*, London and Basingstoke, 1974, 96-116; J. S. CLEGG, "Logical mysticism and the cultural setting of Wittgenstein's *Tractatus*", *Schopenhauer Jahrbuch*, 59 (1978), 29-47; R. B. GOODMAN, "Schopenhauer and Wittgenstein on ethics", *Journal of the History of Philosophy*, 17 (1979), 437-447.

da sua tipologia ideal, uma oculta interioridade comum, uma mesma vontade de viver, a expressar-se espacialmente na corporificação individualizante[25]. Não só a terminologia não faz parte do vocabulário filosófico wittgensteiniano, como ainda lhe é estranha a concepção ontológica que nela se formula. A totalidade presentificada é a do espaço lógico, noção que designa relação e pluralidade, abertura indefinida a possíveis, a qual exclui, para a compreensão ética, o determinado necessitante e a reificação do "esse" da essência absoluta.

Ressaltam ainda, da nossa hermenêutica dos textos wittgensteinianos da primeira fase, dimensões teóricas, que se colocam, pela sua diferença de horizonte, fora de certas dificuldades teóricas respeitantes à conexão entre a ontologia e a ética de Schopenhauer. Por exemplo, Patrick Gardiner[26] denuncia o hiato teórico, inscrito no pensamento de Schopenhauer, que não permite dar resposta à questão da capacidade de uma vontade individual, egotista e egoísta, cega e irracional, para transcender os modos individuais do conhecimento, que se expressa nos comportamentos morais altamente classificados. Mas a possibilidade de entender o acto da vontade, nos dois aspectos da sua manifestabilidade, desejo e razão (poder de negação) — como nos parece evidente no jogo do "dizer" e do "mostrar", aplicado ao próprio texto do *Tractatus* "qua" obra —, permite compreender o movimento dialéctico do querer, a ascese enquanto transcendência e aceitação, pela mediação da renúncia a renunciar, afectivamente orientada para a totalidade.

A conversão possível é um "sim" à vida, a uma totalidade fragmentada e fragmentária, plural e liberta de qualquer nexo lógico necessitante, que integra, por isso, o agir efectivo, que é o querer, nos acasos e acidentes imprevisíveis dos resultados, que não comanda.

A expressão que designa a manifestabilidade da conversão é apaziguamento, serenidade: disponibilidade para o experienciar diversificado do que advém diferindo, sem renunciar à criatividade do desejo — esclarecido pela visão mediadora —, na lucidez antecipada da possibilidade de malogro, que já não põe, todavia, a exigência da consolação.

---

[25] P. GARDINER, *op. cit.*, 279 e G. E. M. ANSCOMBE, *op. cit.*, 171-172, chamam a atenção para esta diferença entre o pensamento de Schopenhauer e o de Wittgenstein, muito embora ambos reconheçam que há, nos *Tagebücher*, determinadas afirmações susceptíveis de um interpretação desta natureza.
[26] *Op. cit.*, 277.

V. 2 Do sentido da compreensão wittgensteiniana da ética para a experiência contemporânea do mundo

A noção de *serenidade* é uma das mais significativas das tradições espirituais oriental e ocidental. Ocupa lugar central nas preocupações do pensamento oriental, na religião ocidental, e o pensamento filosófico europeu integrou-a em várias das suas expressões. Recebe, em cada uma destas tradições, como é óbvio, sentidos técnicos definidos em contextos conceptuais altamente elaborados, o que não obsta que não haja dessa noção uma compreensão pré-teorética ao nível das pessoas comuns, mesmo naquelas que não perfilhem uma crença particular.

Como Charles Crittenden propõe, no seu artigo *Serenity*[27], é possível o confronto entre o "quies" dos Padres do Deserto, o "moksa" do Māhāyana Budista e o "hysuchia" do epicurista.

Numa e noutra tradição, a noção aparece, de ordinário, associada quer à ideia de *imperturbabilidade*, quer à aceitação de uma certa mundividência. Mas também, em ambas as tradições, se distingue a mera imperturbabilidade da verdadeira serenidade espiritual, e esta do estar simplesmente na posse de uma teoria das coisas ou do mundo[28].

A oriente, Candrakīrti doutrinava: "Embora uma certa imperturbabilidade seja comum ao homem vulgar, que não atingiu a tranquilidade de espírito, e ao santo que a atingiu, há todavia uma grande diferença"[29]. E defendia que a serenidade pressupõe uma compreensão da verdadeira natureza das coisas, não confundível com o simples dispor de uma verdadeira exposição das mesmas.

A ocidente, João o Solitário, representante da tradição cristã dos Padres do Deserto, descriminava entre o homem espiritual (Pneumatikos) e o homem racional e virtuoso (Psychicos)[30], que domina as suas paixões, sem contudo ter atingido a verdadeira liberdade espiritual[31]; tal como em

---

27 *Journal of Indian Philosophy*, 12 (1984), 202.
28 Cf. IDEM, *ibidem*, 203-204.
29 *Lucid Exposition of the Middle Way: the Essential Chapters from the Prasanapadā Candrakïrti*, trad. do sânscrito por M. Sprung, Boulder, Colo., 1979, 180: "Just as though a certain imperturbability is common to the ordinary man who has not achieved a tranquil mind and to the saint who has, there is a great difference." *Apud* Charles CRITTENDEN, *op. cit.*, 203.
30 Cf. T. MERTON, "The spiritual fathers in the desert tradition", in: *Contemplation in a World of Action*, New York, 1973, 303.
31 Cf. IDEM, *ibidem*, 304.

Candrakīrti, a exigência de uma compreensão particular, neste caso, a dos mistérios, conduz à liberdade autêntica, identificada com verdadeiro amor a Deus[32].

Nestes aspectos fundamentais, as duas tradições parecem, pois, coincidir em absoluto.

Sem estar propriamente interessado na análise histórico-comparativa (ainda que se apoie nos dados que ela fornece), nem em abordagens psicológicas ou fenomenológicas da noção de serenidade espiritual, mas perseguindo o que designa por características lógicas — logo os conceitos e as suas implicações relevantes — Charles Crittenden define-a como a atitude de aceitação da realidade como um todo[33]; são características suas não estar necessariamente fundada em teorias, apresentar manifestações comportamentais e não ser passageira[34].

O comportamento da pessoa tranquila caracterizar-se-ia, sobretudo, na perspectiva da sua análise, por um sentido de confiança e de segurança[35], que lembra expressões usadas por Wittgenstein em "A lecture on ethics", para corporificar verbalmente a experiência ética e não só; mas a analogia é mais profunda: a atitude de aceitação da realidade como um todo assenta, antes de mais, numa compreensão *inexprimível proposicionalmente*[36].

A relação entre atitude e teoria é complexa. Não faz parte do conceito geral de atitude de aceitação da realidade como um todo a posse de uma teoria apropriada ou a aceitação de um mandamento que a torne possível. Ela funda-se numa *compreensão*, mas esta é, não obstante, inexprimível em si mesma.

Assim, a relação da teoria com a atitude só é concebível a dois níveis: no da justificação ou no da via ou meio para alcançar essa compreensão.

No que respeita à consideração da teoria como justificação, poder-se-á dizer que, só na perspectiva da crença, a explicação, como elaboração dogmática ou conceptual, se pode qualificar como adequada. Pois, um cristão ou um budista darão naturalmente explicações diferentes para a adopção da atitude[37]. Embora, fora dessa perspectiva, se não possa falar em teoria adequada, há que reconhecer, todavia, restrições ou limitações

---

[32] Cf. IDEM, *ibidem*.
[33] Cf. Charles CRITTENDEN, *op. cit.*, 206.
[34] Cf. IDEM, *ibidem*, 207.
[35] Cf. IDEM, *ibidem*.
[36] Cf. IDEM, *ibidem*, 209.
[37] Cf. IDEM, *ibidem*.

teóricas, pois certas mundividências dificilmente poderão ser consideradas compatíveis com a atitude serena[38].

À questão de como se chega ao estado superior de serenidade, a resposta parece, na generalidade, a ocidente e a oriente, ser conforme à ideia do "domínio dos desejos egoístas" ou "desprendimento do eu", "de modo a poder considerar-se isto como um factor *típico*, se não mesmo *necessário*, para alcançar esta condição"[39].

Com referência às técnicas e práticas conhecidas como adoptadas pelas diversas tradições, asiáticas e ocidental cristã, Charles Crittenden reconhece, em todas elas, uma orientação intencional, no sentido de provocar uma revolução nos velhos hábitos de pensar[40]. No seu ponto de vista, isto significaria um abandono da atitude natural, ou seja, uma subtracção ao sistema das concepções baseadas exclusivamente numa perspectiva social. Só a suspensão deste contexto, que situa o indivíduo e lhe determina um lugar entre as coisas, valoradas segundo motivações diferentes, lhe permitiria a visão para a qual o mundo, como um todo, fosse o seu objecto[41]. Refere, a propósito, a passagem dos *Tagebücher* de Wittgenstein: "No modo vulgar de ver, consideram-se os objectos colocando-nos, por assim dizer, entre eles; no modo de ver *sub specie aeternitatis*, consideramo-los do exterior"[42].

E, quase a concluir a sua análise, Charles Crittenden diz aquilo que nos parece altamente interessante: "Experienciar estas práticas não é com certeza suficiente para alcançar a desejada atitude e é extremamente difícil desenredar os vários elementos psicológicos, que isto incluiria. Deve haver pelo menos um abandono dos velhos hábitos de pensar e a adopção de novos, baseados na conquista da possibilidade de olhar para as coisas do ponto de vista da realidade como um todo, e também deve haver uma

---

38 Cf. IDEM, *ibidem*, 209-210.
39 Cf. IDEM, *ibidem*, 211: " [...] so one might take this as a *typical* even if not *necessary* part of achieving this condition".
Cf. T. MERTON, *op. cit.*, 301: "In the language of the Fathers, this transformation was the result of a complete substitution of God's will for the will of the individual ego".
40 *Op. cit.*, 212.
41 Cf. IDEM, *ibidem*, 211.
42 Cf. IDEM, *ibidem*, n. 21; *Tagebücher*, 7.10.16.

aceitação das coisas a este nível — talvez como vistas sob o modo de uma descrição metafísica"[43].

É a "este nível", justamente, que a relação entre a teoria e a atitude, como procuramos mostrar ao longo deste trabalho, se tece e entretece no *Tractatus Logico-Philosophicus* de Wittgenstein. O *Tractatus* oferece-se como a possibilidade de *experienciar* a visão *sub specie aeterni* do mundo. Constitui-se como um exercício e uma prática, entre as possíveis; não necessariamente eficaz, pois nenhuma delas o é, como via e meio para a Serenidade. A visão metafísica mediadora, se própria, não há-de significar ser a absolutamente adequada — o que atravessa e se situa para além do problema epistemológico da objectividade do que é verdadeiro ou muito simplesmente do que se entende por Verdade.

O valor espiritual da Serenidade tem uma tradição, que é velha de séculos e faz parte do património civilizacional de uma grande parte da humanidade, pelo menos daquela cuja experiência nos é melhor conhecida. As diferenças "nuançadas" de que se reveste a oriente e a ocidente, não podem ser, naturalmente, desvalorizadas, como também o não pode ser o facto indesmentível, mas inextricável, do seu entrosamento histórico.

O artigo de Charles Crittenden sobre a Serenidade, que parece não ter outras pretensões para além das meramente teóricas de clarificação de conceitos[44], no âmbito de uma investigação orientada para o confronto dos valores espirituais comuns a duas tradições simultaneamente próximas e afastadas, tem, todavia, para nós, um significado sintomático. O "sintoma" torna-se perceptível, quando o integramos no fenómeno do aparecimento de uma ampla e crescente literatura filosófica sobre o conceito de felicidade, da qual nos dão conta Douglas Den Uyl e Tibor R. Machan, no seu artigo intitulado, "I. Recent work on the concept of happiness"[45].

---

[43] C. CRITTENDEN, *op. cit.*, 212: "Undergoing these practices is of course not sufficient to bring about the desired attitude and it is extremely difficult to untangle the various psychological elements this would include. There must be at least a release of hold habits of thinking and the adoption of new ones based on a grasp of the possibility of looking at things from the standpoint of reality as a whole, and also there must be an acceptance of things at this level — perhaps as seen under a metaphysical description."

[44] Cf. IDEM, *ibidem*, 201.

[45] *American Philosophical Quarterly*, 20,2 (1983), 115-134.

Dir-se-ia que esta reflexão cresce, na justa proporção em que "o deserto cresce":

"Num mundo natural desnaturalizado, num mundo humano desumanizado, num mundo social e socialista dessocializado, em suma, num mundo desrealizado"[46], o ser do homem está ameaçado do mais profundo desenraizamento[47].

A situação evangélica da tentação do deserto reintroduz-se, e impõe de novo o seu valor paradigmático. Na transposição alegórica, ressalta a ameaça de todas as perdições, que actuam no espaço das fracturas deixadas em aberto pela perda dos grandes referenciais cosmo-teo-antropo-onto-lógicos, sobre os quais o homem fundara e construíra, metafísica, real e utopicamente, a sua morada.

Os grandes pensadores do nosso século é sobre essa fractura que os reencontramos.

Que liga, por exemplo, o apaziguamento do homem feliz wittgensteiniano à "Gelassenheit" heideggeriana e os religa reiterativamente à tradição?

Num dos mais belos e tempestivos textos contemporâneos sobre a ética, pode ler-se: "Todos nós procuramos instalar-nos — prática e ideologicamente (muitas vezes no pequeno niilismo; o grande niilismo que nos engloba trará ainda mais desmoronamentos, incluindo o da fé nos remédios) —, no desconhecimento da potência da tradição e pouco abertos à renovação e à 'saggèzza'"[48].

Previsão. Diagnóstico.

Retomemos o caminho com os Mestres do Deserto.

Eles falam de oásis ...

---

[46] K. AXELOS, *Pour une Éthique Problématique*, Paris, 1972, 112: "Dans un monde naturel dénaturalisé, dans un monde social et socialist désocialisé, bref, dans un monde réel déréalisé [...]".

[47] Cf. M. HEIDEGGER, "Sérénité", trad. par A. Préau, in: *Questions III*, trad. par A. Préau, J. Hervier et R. Munier, Paris, 1968, 169.

[48] Cf. K. AXELOS, *op. cit.*, 116-117: "Tout le monde cherche à se caser — pratiquement et idéologiquement (très souvent dans le petit nihilisme; le grand nihilisme qui nous englobe apportera encore plusieurs effondrements y compris celui de la foi dans les remèdes) —, méconnaissant la puissance de la tradition et peu ouvert à la rénovation et à la sagesse".

BIBLIOGRAFIA

I. Obras de L. Wittgenstein citadas no texto:

— *Tagebücher 1914-1916*, in: L. WITTGENSTEIN, *Schriften 1*, Frankfurt am Main, ^{4}1980.
— *Tractatus logico-philosophicus*, in: L. WITTGENSTEIN, *Schriften 1*, Frankfurt am Main, ^{4}1980.
— "Notes on logic" (September 1913), in: *Tagebücher 1914-1916*, Appendix I, 186-225.
— "Notes dictated to Moore in Norway" (April 1914), in: *Tagebücher 1914--1916*, Appendix I, 226-253.
— *Prototractatus. An Early Version of 'Tractatus Logico-Philosophicus'*, trans. by D. F. Pears and B. F. McGuinness, ed. by B. F. McGuinness, T. Nyberg, G. H. von Wright, Ithaca/New York, 1971.
— "A lecture on ethics", *The Philosophical Review*, 74 (1965), 3-12.
— Zettel, in: L. WITTGENSTEIN, *Schriften 5*, Frankfurt am Main, 1970.
— Philosophische Untersuchungen, in L. WITTGENSTEIN, *Schriften 1*, Frankfurt am Main, ^{4}1980.

Apontamentos de conversas e cartas:
— F. WAISMANN, *Ludwig Wittgenstein und der Wiener Kreis*, in: L. WITTGENSTEIN, *Schriften 3*, Frankfurt am Main, 1967.
— "Letters to Ludwig von Ficker" (trans. by B. Gillette; ed. by A. Janik), in: C. G. LUCKHARDT (ed.), *Wittgenstein. Sources and Perspectives*, Hassoks/Sussex, 1979.
— *Letters to Russell, Keynes and Moore*, ed. by G. H. von Wright, assisted by B. F. MacGuinness, Oxford, 1974.
— "Letter to the editor of *Mind*", *Mind*, 42 (1933), 415-416.
— "Briefe von Ludwig Wittgenstein", in: P. ENGELMANN, *Ludwig Wittgenstein. Briefe und Begegnungen*, hrsg. von B. F. McGuinness, Wien und München, 1970, 15-40.
— "Wittgenstein's letters to Norman Malcolm", in: N. MALCOLM, *Ludwig Wittgenstein. A Memoir,* Oxford/New York, ^{2}1984, 85-134.

II. Outras edições, traduções e obras de L. Wittgenstein:

— *Notebooks 1914-1916*, trans. by G. E. M. Anscombe, ed. by G. H. von Wright and G. E. M. Anscombe, Oxford 1961; ²1979.
Carnets 1914-1916, trad. par G. G. Granger, Paris, 1971.
Diário Filosófico, trad. de J. Muñoz, Barcelona, 1982.
— "Logisch-philosophische Abhandlung", *Anna len der Naturphilosophie*, 14 (1921), 185-262.
Tractatus Logico-Philosophicus, trans. by C. K. Ogden and F. P. Ramsey, int. by B. Russell, London, 1922; cor. rep., 1933; rep. (with index) by M. Black, 1955.
Tractatus Logico-Philosophicus, trans. by D. Pears and B. F. McGuinness, London, 1961; ²1971.
Tractatus Logico-Philosophicus, trad. di G. C. M. Colombo, Milano/Roma, 1954.
Tractatus Logico-Philosophicus, trad. di A. G. Conte, Torino, 1964.
Tractatus Logico-Philosophicus, trad. par P. Klossowski, Paris, 1961.
Tractatus Logico-Philosophicus, trad. de A. Giannotti, São Paulo, 1968.
— "Notes on logic" (September 1913), *The Journal of Philosophy*, 54 (1957), 230-244; rep. in: *Notebooks 1914-1916*, Appendix I.
"Notes sur la logique" in: *Carnets 1914-1916*, Appendice I, trad. par G. G. Granger, Paris, 1971.
"Notas sobre lógica", trad. de J. Ll. Blasco y A. García Suárez, volume monográfico sobre o *Tractatus Logico-Philosophicus*, *Teorema*, (1972), 7-47.
— "Notes dictated to Moore in Norway" (April 1914), in: *Notebooks 1914--1916*, Appendix II.
"Notes dictées à G. E. Moore en Norvège" (avril 1914), in: *Carnets 1914--1916*, Appendice II, trad. par G. G. Granger, Paris, 1971.
— *Wörtebuch für Volksschulen*, Wien, 1926; ²1977.
— "Some remarks on logical form", *Proceedings of the Aristotelian Society*, Suppl., 9 (1929), 162-171; rep. in: I. M. COPI and R. W. BEARD, *Essays on Wittgenstein's 'Tractatus'*, London 1966, 31-37.
— "A lecture on ethics", in: J. H. GILL (ed.), *Philosophy Today*, I, New York, 1968, 4-14.
"Conférence sur l'Éthique", in: L. WITTGENSTEIN, *Leçons et Conversations sur l'Esthétique, la Psychologie et la Croyance Religieuse, Suivies de Conférence sur l'Éthique*, trad. par J. Fauve, Paris, 1971.

Philosophische Bemerkungen, ed. by R. Rhees, Oxford, 1965.
Philosophische Bemerkungen, in: L. WITTGENSTEIN, *Schriften 2*, 1970.
Philosophical Remarks, trans. by G. E. M. Anscombe, New York, 1968. ·
Remarques Philosophiques, trad. par J. Fauve, Paris, 1975.
— G. E. MOORE, "Wittgenstein's lectures in 1930-33". Part I, *Mind*, 63 (1954), 1-15; Part 2, *Mind*, 63 (1954), 289-315; Part 3, *Mind*, 64 (1955), 1-27; "Two corrections", *Mind*, 64 (1955), 264.
— "Bemerkungen über Frazers 'The Golden Bough'", *Synthese*, 17 (1967), 233-253.
"Remarks on Frazer's 'Golden Bough'", (trans. by J. Beversluis), in: C. G. LUCKHARDT (ed.), *Wittgenstein. Sources and Perspectives*, Ithaca/New York, 1979, 61-81.
Note sul Ramo d'Oro di Frazer, trad. di S. de Waal, Milano, 1975.
— *Philosophische Grammatik*, ed. by R. Rhees, Oxford, 1969.
Philosophische Grammatik, in: L. WITTGENSTEIN, *Schriften 4*, Frankfurt am Main, 1969.
Philosophical Grammar, trans. by A. Kenny, ed. by R. Rhees, Oxford, 1974.
Grammaire Philosophique, trad. par M.-A. Lescourret, Paris, 1980.
— *Preliminary Studies for the 'Philosophical Investigations', Generally Known as the Blue and Brown Books*, Oxford, 1958; cor. rep., 1960; ^{2}1969.
Das Blaue Buch und *Einige Philosophische Betrachtung*, in: L. WITTGENSTEIN, *Schriften 5*, Frankfurt am Main, 1970.
Le Cahier Bleu et le Cahier Brun. Études Préliminaires aux 'Investigations Philosophiques', trad. par G. Durand, Paris, 1965.
Los Cuadernos Azul y Marrón, trad. de F. Garcia, Madrid, 1968.
— "Notes for lectures on 'Private Experience' and 'Sense Data' ", *The Philosophical Review*, 77 (1968), 271-320.
— *Bemerkungen über die Grundlagen der Mathematik*, in: L. WITTGENSTEIN, *Schriften 6*, Frankfurt am Main, 1974.
Remarks on the Foundation of Mathematics, trans. by G. E. M. Anscombe, ed. by G. H. von Wright, R. Rhees and G. E. M. Anscombe, Cambridge, 1978.
— *Lectures and Conversations on Aesthetics, Psychology and Religious Belief*, ed. by C. Barrett, Oxford, 1966.
Vorlesungen und Gespräche über Ästhetik, Psychologie und Religion, übers. u. eingel. von Eberhard Bubser, hersg. von C. Barrett, Göttingen, 1968.

Leçons et Conversations sur l'Esthétique, la Psychologie et la Croyance Religieuse, Suivies de Conférence sur l'Éthique, trad. par J. Fauve, Paris, 1971.
Lezioni e Conversazioni sull'Etica, l'Estetica, la Psicologia e la Credenza Religiosa, Milano, 1967.
Estética, Psicoanálisis y Religión, Buenos Aires, 1976.
Estética, Psicologia e Religião. Palestras e Conversações, trad. de J. P. Paes, São Paulo, 1970.
— *Philosophische Untersuchungen - Philosophical Investigations*, trans. by G. E. M. Anscombe, Oxford, 1953; ^{2}1958; ^{3}1967.
Philosophical Investigations (english text only), 3d ed. (with index) rep., Oxford, 1969.
Recherches Philosophiques, trad. par P. Klossowski, Paris, 1961.
— *Zettel*, trans. by G. E. M. Anscombe, ed. by G.E. M. Anscombe and G. H. von Wright, Oxford, 1967.
Fiches, trad. par J. Fauve, Paris, 1970.
— *On Certainty*, trans. by D. Paul and G. E. M. Anscombe, ed. by G. E. M. Anscombe and G. H. von Wright, Oxford, 1969.
Über Gewissheit, hrsg. von G. E. M. Anscombe und G. H. von Wright, Frankfurt am Main, 1970.
De la Certitude, trad. par J. Fauve, Paris, 1976.
— "Ursache und Wirkung. Intuitives Erfassen", trans. by P. Winch, *Philosophia* (Israel), 6 (1976), 427-445.
— *Vermischte Bemerkungen - Culture and Value*, trans. by P. Winch, ed. by G. H. von Wright in collaboration with H. Nyman, Oxford, 1980.
— *Remarks on Colour*, trans. by L. L. McAlister and M. Schättle, ed. by G. E. M. Anscombe, Oxford, 1978.
Anotações sobre as Cores, trad. de F. Nogueira e M. J. Freitas, revista por A. Morão, Lisboa, 1987.

Cartas
— "Some letters of Wittgenstein, 1912-1939", *Hermathena*, 97 (1963), 57--65.
— *Briefe an Ludwig von Ficker*, hrsg. von G. H. von Wright, Salzburg, 1969.
— *Letters to C. K. Ogden*, Oxford, 1973.

III. Obras de L. Tolstoï citadas no texto:

— *Abrégé de l'Évangile*, texte présenté, établi, traduit et confronté avec l'Édition synodale et la Bible de Jérusalem, thèse complémentaire en vue du doctorat ès-lettres présentée par N. Weisbein, Paris, 1969.
— "Pensées de Tolstoï", in: OSSIP-LOURIÉ, *La Philosophie de Tolstoï, Suivies de ses Pensées*, Paris, ^{5}1931.

IV. Edições, traduções e outras obras de L. Tolstoï

— *Kurze Darlegung des Evangelium*, Leipzig, 1982.[1]
— *L'Abrégé de l'Évangile*, trad. par T. de Wyzewa et G. Art, Paris, 1895.
— *A Confession. The Gospel in Brief. What I Believe*, London, 1974.
— *Obras Completas*, I-VI, Lisboa, 1968-1971.

IV. Obras de consulta citadas no texto:

L. ADLER, *Ludwig Wittgenstein. Eine existenzielle Deutung*, Basel und München, 1976.
S. AGOSTINHO, *As Confissões*, trad. de J. O. Santos, S. J. e A. A. de Pina, S. J., Porto, ^{2}1942.
J. ALFARO, S. J., "Ludwig Wittgenstein ante la cuestión del sentido de la vida", *Gregorianum*, 67, 4 (1986), 693-744.
E. B. ALLAIRE, "*Tractatus* 6 3751" in: I. M. COPI and R. W. BEARD (edd.), *Essays on Wittgenstein's 'Tractatus'*, London, 1966, 181-193.
E. B. ALLAIRE, "The *Tractatus*: nominalist or realistic?", in I. M. COPI and R. W. BEARD, (edd.), *Essays on Wittgenstein's 'Tractatus'*, London, 1966, 325-341.
G. E. M. ANSCOMBE, *An Introduction to Wittgenstein's 'Tractatus'*, London, 1959.

---

[1] O exemplar desta tradução que pertenceu a Wittgenstein, encontra-se no Museu Wittgenstein, em Kirchberg am Wechsel (Cf. R. M. DAVISON, "Wittgenstein and Tolstoy", in: E. LEINFELLNER et al., *Wittgenstein und sein Einfluß auf die gegenwärtige Philosophie, Akten des 2. Internationalert Wittgenstein Symposiums 29. August bis 4. September 1977 in Kirchberg (Österreich)*, Wien, ^{2}1980, 53n.22).

G. E. M. ANSCOMBE, "Mr. Copi on 'Objects, properties and relations in the *Tractatus*'", in: I. M. COPI and R. W. BEARD (edd.), *Essays on Wittgenstein's 'Tractatus'*, London, 1966, 187-188.

G. E. M. ANSCOMBE, "Retractation", *Analysis*, 26(1965), 33-36.

G. E. M. ANSCOMBE, "Wittgenstein", carta a *World Review*, (Jan. 1952), 3.

K. - O. APEL, "Wittgenstein y Heidegger: la pregunta por el sentido del ser y la sospecha de carencia de sentido dirigida contra toda metafísica", in: *La Transformación de la Filosofia*, I, trad. de A. Cortina, J. Chamorro y J. Conill, Madrid, 1985, 217-264.

O. ARABI, *Wittgenstein. Langage et Ontologie*, Paris, 1982.

K. AXELOS, *Pour une Éthique Problématique*, Paris, 1972.

A. J. AYER, "Atomic propositions", *Analysis*, 1(1933), 2-6.

A. J. AYER, *Wittgenstein ou le Génie Face à la Métaphysique*, trad. par R. Davreu, Paris, 1986.

P. BACHMAIER, "Zeigen: Zentralbegriff im Werk Wittgensteins", in: E. LEINFELLNER et al. (Hrsg), *Wittgenstein und sein Einfluß auf die gegenwärtige Philosophie, Akten des Internationalen Wittgenstein Symposiums 29. August bis 4. September 1977 in Kirchberg (Österreich)*, Wien, ^{2}1980, 245-247.

I. BACHMANN, "Zu einem Kapitel der jüngsten Philosophiegeschichte" in: I. BACHMANN et al., *Arbeiten über Wittgenstein*, Frankfurt, 1960, 7--15.

W. W. BARTLEY, *Wittgenstein*, London, 1974.

W. BAUM, "Wittgensteins Tolstojaniches Christentum", *Conceptus*, 11, 28--30 (1977), 339-349.

W. BAUM, "L. Wittgenstein's world view", *Ratio*, 22 (1980), 64-74.

J. BELL, " An epistle on the subject of the ethical and aesthetic belief of Herr Ludwig Wittgenstein to Richard Braithwaite, Esq., M. A.", in: I. M. COPI and R. W. BEARD (edd.), *Essays on Wittgenstein 'Tractatus'*, London, 1966, 67-73.

R. H. BELL, "Kierkegaard and Wittgenstein: two strategies for understanding theology", *Illif Review*, 31 (1974), 21-34.

R. H. BELL and R. E. HUSTWITT (edd.), *Essays on Kierkegaard and Wittgenstein*, College of Wooster, 1978.

M. BENSE, *Hegel y Kierkegaard. Una Investigación de Princípios*, trad. de G. F. Margadant, México, 1969.

G. BERKELEY, *Philosophical Commentaries*, in: *The Works of George Berkeley Bishop of Cloyne*, I, ed. by A. A. Luce and T. E. Jessop, Edinburgh, 1948-1957.

R. J. BERNSTEIN, "Notice of 'Notebooks'", *Review of Metaphysics*, 15 (1961), 197.

R. J. BERNSTEIN, "Wittgenstein's three language" in: I. M. COPI and R. W. BEARD (edd.), *Essays on Wittgenstein's 'Tractatus'*, London, 1966, 231-247.

Bíblia Ilustrada, trad. do texto original e notas por um grupo de Professores da Sagrada Escritura, 2 voll., Porto, 1957.

J. E. BICKENBACH, "The status of the propositions in the *Tractatus* ", *Dialogue*, 13 (1974), 763-772.

S. L. BINDEMAN, *The Role of Silence in the Philosophies of M. Heidegger and L. Wittgenstein*, London, 1979.

M. BLACK, *A Companion to Wittgenstein's 'Tractatus"*, Cambridge, 1964.

M. BLACK, "Critical notice of *Notebooks* ", *Mind*, 73 (1964) 132-141.

B. BLANSHARD, "The new subjectivism in ethics", in: P. EDWARD and A. PAP (edd.), *Modern Introduction to Philosophy*, New York, 1957, 434-441.

J. BOGEN, *Wittgenstein's Philosophy of Language. Some Aspects of its Development,* London/New York, 1972.

O. F. BOLLNOW, *Filosofia Existencial*, trad. de L. C. de Moncada, Coimbra, 1946.

J. BOUVERESSE, *Le Mythe de l'Intériorité. Expérience, Signification et Langage Privé chez Wittgenstein*, Paris, 1976.

J. BOUVERESSE, "La voie et le moyen", *Critique*, 28 (1972), 444-459.

J. BOUVERESSE, "Wittgenstein et la philosophie", *Bulletin de la Societé Française de Philosophie*, 67 (1973), 85-122.

J. BOUVERESSE, *Wittgenstein: La Rime et la Raison. Science, Éthique et Esthétique*, Paris, 1973.

R. B. BRAITHWAITE, "Philosophy", in: G. H. von WRIGHT (ed.), *University Studies, Cambridge 1933*, London, 1933, 1-32.

R. B. BRAITHWAITE, "Solipsism and the *Common Sense View of the World?" Analysis*, 1 (1933), 13-15.

K. BRITTON, "Portrait of a philosopher", in: K. T. FANN (ed.), *Ludwig Wittgenstein: The Man and his Philosophy*, New Jersey/Sussex, 1978, 56-63.

W. H. BRUENING, "The ethics of silence", *Indian Philosophical Quarterly*, 7 (1979), 51-59.

J. CALLOUD, *L'Analyse Structurale du Récit. Éléments de Méthode*, Lyon, 1973.

S. CAVELL, "Existentialism and analytic philosophy", *Daedalus*, 93 (1964), 946-974.

F. CHIODI, "Essere e linguaggio in Heidegger e nel *Tractatus* di Wittgenstein", *Rivista di Filosofia*, 46 (1955), 170-191.

J. S. CLEGG, "Logical mysticism and the cultural setting of Wittgenstein's *Tractatus* ", *Schopenhauer Jahrbuch*, 59 (1978), 29-47.

I. M. COPI, "Frege and Wittgenstein's *Tractatus*", *Philosophia* (Israel), 6 (1976), 447-461.

I. M. COPI, "Objects, properties and relations in the *Tractatus*", in: I. M. COPI and R. W. BEARD (edd.), *Essays on Wittgenstein's 'Tractatus'*, London, 1966, 167-186.

I. M. COPI, "Review of *Notebooks* ", *The Journal of Philosophy*, 60 (1963), 764-768.

I. M. COPI, "*Tractatus* 5.542", in: I. M. COPI and R. W. BEARD (edd.), *Essays on Wittgenstein's 'Tractatus'*, London, 1966, 163-165.

I. M. COPI and R. W. BEARD (edd.), *Essays on Wittgenstein's 'Tractatus'*, London, 1966.

M. CORNFORTH, "Is solipsism compatible with common sense?", *Analysis*, 1 (1934), 21-27.

H. T. COSTELLO, "Logic in 1914 and now", *The Journal of Philosophy*, 54 (1957), 245-260.

C. H. COX and J. W. COX, "The mystical experience. With an emphasis on Wittgenstein and Zen", *Religious Studies*, London, 12 (1976), 483-491.

M. CRANSTON, "L. Wittgenstein", *World Review*, (Dec. 1951), 21-24.

M. W. CRISTALDI, "Nota sulla possibilità di un 'ontologia del linguaggio in Wittgenstein e in Heidegger", *Teoresi*, 22 (1967), 47--86.

M. W. CRISTALDI, *Wittgenstein. L'Ontologia Inibita*, Bologna, 1970.

C. CRITTENDEN, "Serenity", *Journal of Indian Philosophy*, 12 (1984) 201--214.

E. DAITZ, "The picture theory of meaning", *Mind*, 42 (1953), 184-220.

G. B. DALY, "Logical positivism metaphysics and ethics: Ludwig Wittgenstein", *Irish Theological Quarterly*, 23 (1956), 111-150.
G. B. DALY, "Wittgenstein's 'objects'", *Irish Theological Quarterly*, 23 (1956), 413-414.
C. B. DANIELS and J. DAVISON, "Ontology and method in Wittgenstein's *Tractatus*", *Noûs*, 7 (1973), 233-247.
I. DAVIE, "Review of *Notebooks*, Anscombe, and Stenius", *Tablet*, 215 (May 6, 1961), 440.
R. M. DAVISON, "Wittgenstein and Tolstoy", in: E. LEINFELLNER et al. (Hrsg.), *Wittgenstein und sein Einfluß auf die gegenwärtige Philosophie, Akten des 2 Internationalen Wittgenstein Symposiums 29. August bis 4. September 1977 in Kirchberg (Österreich)*, Wien, ^{2}1980, 490-492.
G. DELEUZE, *Logique du Sens*, Paris, 1969.
J. B. DEVANT, "Wittgenstein on Russell's theory of types", *Notre Dame Journal of Formal Logic*, 16 (1975), 102-108.
M. DUMMETT, "Lo sfondo logico del *Tractatus* ", apêndice à tradução italiana do *Tractatus Logico-Philosophicus*, trad. di G. C. M. Colombo, Milano/Roma, 1954, 303-311.
M. DUMMETT, "Truth", *Proceedings of the Aristotelian Society*, 59 (1958), 141-162.

S. M. ENGEL, "Schopenhauer's impact on Wittgenstein", *Journal of the History of Philosophy*, 7 (1969), 285-302.
S. M. ENGEL, "Wittgenstein, existentialism and the history of philosophy", in: B. SCHLUDERMANN (ed.), *Deutung und Bedeutung*, Paris, 1973, 228-247.
S. M. ENGEL, *Wittgenstein's Doctrine of the Tyranny of Language. An Historical and Critical Examination of his 'Blue Book'*, The Hague, 1971.
P. ENGELMANN, *Ludwig Wittgenstein. Briefe und Begegnungen*, hrsg. von B. F. McGuinness, Wien und München, 1970.
S. A. ERICKSON, "Meaning and language", *Man and World*, 1 (1968), 563-586.
E. EVANS, "About 'aRb'", in: I. M. COPI and R. W. BEARD (edd.), *Essays on Wittgenstein's 'Tractatus'*, London, 1966, 195-199.
E. EVANS, "*Tractatus*, 3.1432", in: I. M. COPI and R. W. BEARD (edd.), *Essays on Wittgenstein's 'Tractatus'*, London, 1966, 133-135.

K. T. FANN, *Wittgenstein's Conception of Philosophy*, Berkeley, 1969.

K. T. FANN (ed.) *Ludwig Wittgenstein: The Man and his Philosophy*, New Jersey/Sussex, 1978.

D. FAVRHOLDT, "*Tractatus* 5.542", *Mind*, 73 (1964), 557-562.

T. A. FAY, "Early Heidegger and Wittgenstein on worl", *Philosophical Studies*, 21 (1972), 161-171.

T. A. FAY, "Heidegger and Wittgenstein on the question of ordinary language", *Philosohy Today*, 23 (1979), 154-159.

T. A. FAY, "Two approaches to the philosophy of ordinary language. Heidegger and Wittgenstein", *Rivista Critica di Storia della Filosofia*, 35 (1980), 79-86.

J. K. FEIBLEMAN, *Inside the Great Mirror*, The Hague, 1973.

J. FERRATER MORA, "Wittgenstein o la destrucción", in: *Cuestiones Disputadas*, Madrid, 1955, 178-191.

L. FICKER, "Rilke und der unbekannte Freund", *Der Brenner*, 18 (1954), 234-248.

H. L. R. FINCH, *Wittgenstein: the Early Philosophy. An Exposition of the 'Tractatus'*, New York, 1971.

P. FOUGEYROLLAS, *A Filosofia em Questão*, trad. de R. Corbisier, Rio de Janeiro, 1967.

M. FRAYN, "Russell and Wittgenstein", *Commentary*, 43 (1967), 68-75.

R. FREUNDLICH, "Logik und Mystik", *Zeitschrift für philosophische Forschung*, 7 (1953), 554-570.

G. FRONGIA, *Guida alla Letteratura su Wittgenstein*, Urbino, 1980.

H.-G. GADAMER, *Vérité et Méthode*, trad. par E. SACRE, Paris ^{2}1966, réimp. 1976.

M. P. GALLAGHER, "Wittgenstein's admiration for Kierkeggard", *The Month*, 225 (1968), 43-49.

A. GARCIA SUÁREZ, "Es el lenguage del *Tractatus* un lenguaje privado?", volume monográfico sobre o *Tractatus Logico-Philosophicus*, *Teorema*, (1972), 117-129.

P. GARDINER, *Schopenhauer*, Harmondsworth, 1963.

D. A. T. GASKING, " Anderson and the *Tractatus*. An essay in philosophical translation", *Australasian Journal of Philosophy*, 27 (1949), 1-26.

P. T. GEACH, "Review of Colombo's italian translation of *Tractatus*", *The Philosophical Review*, 66 (1957), 556-559.

P. T. GEACH, "Saying and showing in Frege and Wittgenstein", in: J. HINTIKKA (ed.), *Essays on Wittgenstein in Honour of G. H. von Wright*, Amsterdam, 1976, 54-70.

A. GEORGE, *Para Ler o Evangelho Segundo S. Lucas*, trad. de P. H. Alves, Lisboa, 1979.

E. GILSON, *L'Esprit de la Philosophie Médièvale*, Paris, ²1948.

E. GILSON, *La Philosophie au Moyen Âge*, Paris, ²1952.

R. A. GOFF, "Wittgenstein's tools and Heidegger's implements", *Man and World*, 1 (1968), 447-462.

R. B. GOODMAN, "Schopenhauer and Wittgenstein on ethics", *Journal of the History of Philosophy*, 17 (1979), 437-444.

G. G. GRANGER, "Introduction", in: L. WITTGENSTEIN, *Carnets 1914-1916*, trad. par G. G. Granger, Paris, 1971.

J. GRATTAN-GUINNESS, "On Russell's logicism and its influence 1910--1930", in: H. BERGHEL, A. HÜBNER, E. KÖHLER (Hrsg.), *Wittgenstein, der Wiener Kraus und der Kritische Rationalismus, Akten des 3. Internationalen Wittgenstein Symposiums, 13. bis 19. August 1978, Kirchberg am Wechsel (Österreich)*, Wien, 1979, 275-279.

A. J. GREIMAS, *Sémantique Structurale*, Paris, 1976.

J. GREISCH, *Herméneutique et Grammatologie*, Paris, 1977.

J. GRIFFIN, *Witt genstein's Logical Atomism*, Oxford, ²1965.

A. P. GRIFFITHS, "Wittgenstein, Schopenhauer and ethics", in: G. VESEY et al., *Understanding Wittgenstein*, London/Basingstoke, 1974, 96-116.

G. GUDMUNSEN, *Wittgenstein and Buddhism*, London, 1986.

P. M. S. HACKER, "Frege and the private language argument", *Idealistic Studies*, 2 (1972), 265-287.

P. M. S. HACKER, "Frege and Wittgenstein on elucidations", *Mind*, 74 (1975), 601-609.

P. M. S. HACKER, *Insight and Ilusion. Wittgenstein on Philosophy and the Metaphysics of Experience*, Oxford, 1972.

P. M. S. HACKER, "Semantic holism: Frege and Wittgenstein", in: C. G. LUCKHARDT (ed.), *Wittgenstein. Sources and Perspectives*, Hassoks/Sussex, 1979, 213-242.

P. M. S. HACKER, "Wittgenstein's doctrine of the soul in the *Tractatus*", *Kantstudien*, 62 (1971), 162-171.

P. HADOT, "Réflexions sur les limites du langage à propos du *Tractatus logico-philosophicus* de Wittgenstein", *Revue de Métaphysique et de Morale*, 64 (1959), 469-484.
C. HAMBURG, "Wherof one cannot speak", *The Journal of Philososphy*, 50 (1953), 662-664.
K. HARRIES, "Wittgenstein and Heidegger", *The Journal of Value Inquiry*, 2 (1968), 281-291.
W. D. HART, "The whole sense of the *Tractatus*", *The Journal of Philosophy*, 98 (1971), 273-288.
J. HARTNACK, *Wittgenstein and Modern Philosophy*, trans. by M. Cranston, New York/London, 1965.
W. D. HARWARD, *Wittgenstein's Saying and Showing Themes*, Bonn, 1976.
B. HAWKINS, "Note on a doctrine of Frege and Wittgenstein", *Mind*, 75 (1966), 583-585.
M. HEIDEGGER, "Sérénité", trad. par A. Préau, in: *Questions III*, trad. par A. Préau, J. Hervier et R. Munier, Paris, 1968.
E. HELLER, "A symposium: assessment of the man and the philosopher, I", in: K. T. FANN (ed.), *Ludwig Wittgenstein: The Man and his Philosophy*, New Jersey/Sussex, 1978, 64-66.
M. HELME, "An elucidation of *Tractatus* 3.263", *The Southern Journal of Philosophy*, 17 (1979), 323-334.
J. HINTIKKA, "On Wittgenstein's 'solipsism'", in: I. M. COPI and R. W. BEARD (edd.), *Essays on Wittgenstein's 'Tractatus'*, London, 1966, 157--161.
J. HINTIKKA, "Wittgenstein's semantical kantianism", in: E. MORSCHER und R. STRANZINGER, (Hrsg.), *Ethik. Grundlagen, Probleme und Anwendungen, Akten des 5. Internationalen Wittgenstein Symposiums 25. bis 31. August 1980, Kirchberg/Wechsel (Österreich)*, Wien, 1981, 375-390.
I. HORGBY, "The double awareness in Heidegger and Wittgenstein", *Inquiry*, 2 (1959), 235-264.
G. HOTTOIS, "Aspects du rapprochement par K.-O. Apel de la philosophie de M. Heidegger et la philosophie de L. Wittgenstein", *Revue Internationale de Philosophie*, 30 (1976), 450-485.
G. HOTTOIS, *La Philosophie du Langage de Ludwig Wittgenstein*, Bruxelles, 1976.

W. HUBER, H. PIRON, A VERGOTE, *A Psicanálise Ciência do Homem*, trad. de Dr. R. da Fonseca, Lisboa, s. d.

W. D. HUDSON, *Wittgenstein and Religious Belief*, New York/London, 1975.

S. P. HUGHES, *Showing the Meaning of Life: The Moral Value of Wittgenstein's Philososphical Methods*, Michigan/London, 1981.

M. T. IGLÉSIAS, "Russell's introduction to Wittgenstein's *Tractatus* ", *Russell*, (1977), 21-38.

C. IMBERT, "L'héritage frégéen du *Tractatus*", in: G. G. GRANGER (ed.), *Wittgenstein et le Problème d'une Philosophie de la Science*, Paris, 1970, 59-76.

INTISAR-UL-HAQUE, "Wittgenstein on number", *International Philosophical Quarterly*, 18 (1978), 33-48.

H. ISHIGURO, "Thought and will in Wittgenstein's *Tractatus*", in: E. MORSCHER und R. STRANZINGER (Hrsg.), *Ethik. Grundlagen, Probleme und Anwendungen, Akten des 5. Internationalen Wittgenstein Symposiums 25. bis 31. August 1980, Kirchberg/Wechsel (Österreich)*, Wien, 1981, 455-463.

H. ISHIGURO, "Use and reference of names", in: P. WINCH (ed.), *Studies in the Philosophy of Wittgenstein*, London/New York, 1969, 20-50.

A. S. JANIK, "Philosophical sources of Wittgenstein's ethics", *Telos*, 44 (1980), 131-144.

A. S. JANIK, "Schopenhauer and the early Wittgenstein", *Philosophical Studies*, 15 (1966), 76-95.

A. S. JANIK et S. TOULMIN, *Wittgenstein, Vienne et la Modernité*, trad. par J. Bernard, Paris, 1978.

R. H. JOHNSON, *The Concept of Existence in the 'Concluding Unscientific Postscript'*, The Hague, 1972.

E. KANT, *Critique de la Raison Pratique*, trad. par J. GIBELIN, Paris, 1965.

A. KENNY, *Wittgenstein*, trad. de A. Deãno, Madrid, 1974.

D. KEYT, "A new interpretation of the *Tractatus* examined", *The Philosophical Review*, 74 (1965), 229-239.

D. KEYT, "Wittgenstein's notion of an object", in: I. M. COPI and R. W. BEARD (edd.), *Essays on Wittgenstein's 'Tractatus'*, London, 1966, 289-303.

D. KEYT, "Wittgenstein's picture theory of language", in: I. M. COPI and R. W. BEARD (edd.), *Essays on Wittgenstein's 'Tractatus'*, London, 1966, 377-392.
S. KIERKEGAARD, *Post-Scriptum Définitif et non Scientifique aux Miettes Philosophiques*, I, *Oeuvres Complètes*, T. X, Paris, 1977.
E. D. KLEMKE, "Wittgenstein's *Lecture on Ethics*", *Journal of Value Inquiry*, 9 (1975), 118-127.
E. H. W. KLUGE, "Objects as universals: a re-appraisal of the *Tractatus* ", *Dialogue*, 12 (1973), 64-77.
W. KOENNE, "Die Beziehung Wittgensteins zu Frege im *Tractatus* ", *Wissenschaft und Weltbild*, 26 (1973), 135-145.

J. LADRIÈRE, "Avant-propos", in: A.-L. DESCAMPS et al., *Genèse et Structure d'un Texte du Nouveau Testament. Étude Interdisciplinaire du Chapitre 11 de l'Évangile de Jean*, Paris/Louvain-la-Neuve, 1981, 3-9.
G. LAFON, "Propositions pour une lecture sémiotique", in: A.-L. DESCAMPS et al., *Genèse et Structure d'un Texte du Nouveau Testament. Étude Interdisciplinaire du Chapitre 11 de l'Évangile de Jean*, Paris/Louvain-la-Neuve, 1981, 185-211.
A. LAGACHE, *Wittgenstein. La Logique d'un Dieu*, Paris, 1975.
P. LAIN ENTRALGO, "Creación, respuesta y responsabilidad", in: A. ALBARRACIN TEULON et al., *Homenaje a Xavier Zubiri*, II, Madrid, 1970, 163-177.
H. LEBLANC, "That *Principia Mathematica*, first edition, has a predicative interpretation after all", *Journal of Philosophical Logic*, 4 (1975), 67--70.
B. LEITNER, *The Architecture of Ludwig Wittgenstein*, London, 1973.
LÉON-DUFOUR, *Les Évangiles et l'Histoire de Jésus*, Paris, 1963.
A. W. LEVI, "The biographical sources of Wittgenstein's ethics", *Telos*, 38 (1979), 63-76.
A. W. LEVI, "Wittgenstein as dialectician", in: K. T. FANN (ed.), *Ludwig Wittgenstein: The Man and his Philosophy*, New Jersey/Sussex, 1978, 366-379.
E. LÉVINAS, *Éthique et Infini. Dialogues avec Philippe Nemo*, Paris, 1982.
C. LEWY, "A note on the text of *Tractatus*", *Mind*, 76 (1967), 416-423.
J. P. LEYVRAZ, "Bertrand Russell et l'impact de Wittgenstein", *Revue Internationale de Philosophie*, 26 (1972), 461-482.

E. LOURENÇO, *Heterodoxia II. Ensaios*, Coimbra, 1967.
H. LÜBBE, "Wittgenstein - ein Existentialist?", *Philosophisches Jahrbuch*, 69 (1962), 311-324.
P. M. LUCCHETTA, "La presenza di pensatori russi in Wittgenstein", *Sapienza*, 33 (1980), 56-78 e 200-222.
J. LUDWIG, "Substance and simple objects in *Tractatus* 202 ff.", *Philosophical Studies*, 29 (1976), 307-318.
G. LUKÁCS, D*ie Zerstörung der Vernunft*, Berlin, 1954.
W. LÜTTERFELDS, "Die Dialektik 'Sinvoller Sprache' in Wittgensteins *Tractatus Logico-Philosophicus*", *Zeitschrift für philosophische Forschung*, 28 (1974), 562-584.

D. MAGNANINI, "Tolstoy and Wittgenstein as 'Imitators of Christ'", in: E. LEINFELLNER et al. (Hrsg.), *Wittgenstein und sein Einfluß auf die gegenwärtige Philosophie, Akten des 2. Internationalen Wittgenstein Symposiums 29. August bis 4. September 1977 in Kirchberg (Österreich)*, Wien, ²1980, 490-492.
N. MALCOLM, *Ludwig Wittgenstein. A Memoir*, Oxford/New York, ²1984.
J.-F. MALHERBE, "Genèse et/ou structure? A propos de l'articulabilité des approches historico-critique et structurale", in: A.-L. DESCAMPS et al., *Genèse et Structure d'un Texte du Nouveau Testament. Étude Interdisciplinaire du Chapitre 11 de l'Évangile de Jean*, Paris/Louvain-la-Neuve, 1981, 151-163.
R. MANDEL, "Heidegger and Wittgenstein. A second kantian revolution", in: M. MURRAY (ed.), *Heidegger and Modern Philosophy. Critical Essays*, New Haven, 1978, 259-270.
A. MAURY, *The Concepts of 'Sinn' and 'Gegenstand' in Wittgenstein's 'Tractatus'*, Amsterdam, 1977.
W. MAYS, "Recollections of Wittgenstein", in: K. T. FANN (ed.), *Ludwig Wittgenstein: The Man and his Philosophy*, New Jersey/Sussex, 1978, 79-88.
P. McCORMICK, E. SCHAPER, J. M. HEATON, "Symposium on saying and showing in Heidegger and Wittgenstein", *The Journal of the British Society for Phenomenology*, 3 (1972), 27-35, 36-41, 42-45.
B. F. McGUINNESS, "Bertrand Russell's and Ludwig Wittgenstein's 'Notes on Logic' ", *Revue Internationale de Philosophie*, 26 (1972), 444-460.

B. F. McGUINNESS, "The mysticism of the *Tractatus*", *The Philosophical Review*, 75 (1966), 305-328.

B. F. McGUINNESS, "Pictures and form in Wittgenstein's *Tractatus*", in: I. M. COPI and R. W. BEARD (edd.), *Essays on Wittgenstein's 'Tractatus'*, London, 1966, 137-156.

T. MERTON, "The spiritual fathers in the desert tradition", in: *Contemplation in a World of Action*, New York, 1973, 282-305.

M. MICHELETTI, *Lo Schopenhauerismo di Ludwig Wittgenstein*, Padova, 1973.

B. MIJUSKOVIC, "The simplicity argument in Wittgenstein and Russell", *Critica*, 8 (1976), 85-103.

R. W. MILLER, "Solipsism in the *Tractatus* ", *Journal of the History of Philosophy*, XVIII, nº1 (Jan. 1980), 57-74.

Moderno Dicionário da Língua Portuguesa, I, Círculo de Leitores, 1985.

J. MONTOYA SÁENZ, "La filosofia de lo 'místico' en el *Tractatus* de Wittgenstein", *Anales del Seminario de Metafísica*, 4 (1969), 59--74.

G. E. MOORE, "An autobiography", in: P. SCHILPP (ed.), *The Philosophy of G. E. Moore*, New York, ^{2}1952, 3-39.

G. E. MOORE, "Memoirs of Wittgenstein, III", in: K. T. FANN (ed.), *Ludwig Wittgenstein: The Man and his Philosophy*, New Jersey/Sussex, 1978, 39-40.

J. MORAN, *Toward the World and Wisdom of Wittgenstein's 'Tractatus'*, The Hague/Paris, 1973.

J. C. MORRISON, "Heidegger's criticism of Wittgenstein's conception of truth", *Man and World*, 21 (1969), 551-573.

P. von MORSTEIN, "Sagen und Zeigen: Einige Bemerkungen zum Verstehen von Sätzen, Sprechakten und Gedichten", in: E. LEINFELLNER et al. (Hrsg.), *Wittgenstein und sein Einfluß auf die gegenwärtige Philosophie, Akten des 2. Internationalen Wittgenstein Symposiums 29. August bis 4. September 1977 in Kirchberg (Österreich)*, Wien, ^{2}1980, 468-470.

P. MOURLON-BEERNAERT, S. J. "Parallélisme entre Jean 11 et 12. Étude de structure littéraire et théologique", in: A.-L. DESCAMPS et al., *Genèse et Structure d'un Texte du Nouveau Testament. Étude Interdisciplinaire du Chapitre 11 de l'Évangile de Jean*, Paris/Louvain-la-Neuve, 1981, 123-149.

R. MUEHLMANN, "Russell and Wittgenstein on identity", *The Philosophical Quarterly*, 19 (1969), 221-230.

A. MÜLLER, *Ontologie in Wittgenstein's 'Tractatus'*, Bonn, 1967.

J. NESTROY, *Three Comedies: A Man Full of Nothing, The Talisman, Love Affairs and Wedding Bells*, trans. by M. Knight & J. Fabry, New York, 1967.

H. W. NOONAN, "*Tractatus*, 2. 0211-2.0212", *Analysis*, 36 (1975), 147-149.

J. NORMAN, "Russell and *Tractatus* 3.1432", *Analysis*, 29 (1967), 190-192.

OSSIP-LOURIÉ, *La Philosophie de Tolstöi Suivie de ses Pensées*, Paris, ^{5}1931.

E. PANOVA, "Kant's influence on the *Tractatus logico-philosophicus*", in: R. HALLER und W. GRASSL (Hrsg.), *Sprache, Logik und Philosophie, Akten des 4. Internationalen Wittgenstein Symposiums 28. August bis 2. September 1979, Kirchberg/Wechsel (Österreich)*, Wien, 1980, 272-274.

F. PARAK, "Ludwig Wittgensteins Verhältnis zum Christentum", in: E. LEINFELLNER et al. (Hrsg.) *Wittgenstein und sein Einfluß auf die gegenwärtige Philosophie, Akten des 2. Internationalen Wittgenstein Symposiums 29. August bis 4. September 1977 in Kirchberg (Österreich)*, Wien, ^{2}1980, 91-94.

F. PASCAL, "Wittgenstein: a personal memoir", in: R. RHEES (ed.), *Ludwig Wittgenstein. Personal Recollections*, Totowa/New Jersey, 1981, 26-62.

A. PATRI, notes in: L. Wittgenstein, *Tractatus Logico-Philosophicus*, trad. par P. Klossowski, Paris, 1961.

D. et A. PATTE, *Pour une Exégèse Structurale*, Paris, 1978.

D. F. PEARS, "Logical atomism: Russell and Wittgenstein", in: A. J. AYER et al., *The Revolution in Philosophy*, London, 1956, 44-55.

D. F. PEARS, "The relation between Wittgenstein's picture theory of propositions and Russell's theories of judgement", in: C. G. LUCKHARDT (ed.), *Wittgenstein. Sources and Perspectives*, Hassoks/Sussex, 1979, 190-212.

D. F. PEARS, *Wittgenstein*, Glasgow, ^{7}1981.

M. B. PEREIRA, "Experiência e sentido", Separata de *Biblos*, LV (1979), 289-401.

A. V. PINTO, S. J., *Introdução ao 'Tractatus Logico-Philosophicus'*, Braga, 1982.

H. PIRON e A. VERGOTE, "O exercício da psicanálise em Freud e a descoberta dos conceitos psicanalíticos", in: W. HUBER, H. PIRON, A VERGOTE, *A Psicanálise Ciência do Homem*, trad. de Dr. R. da Fonseca, Lisboa, s. d.

G. PITCHER, *The Philosophy of Wittgenstein*, Englewood Cliffs, 1964.

R. D. PREUS, "Review of *Notebooks*", *Concordia Theological Monthly*, 33 (1962), 120.

G. L. PROCTOR, "Scientific laws and scientific objects in the *Tractatus*", in: I. M. COPI and R. W. BEARD (edd.), *Essays on Wittgenstein's 'Tractatus'*, London, 1966, 201-216.

R. A. PUTNAM, "Remarks on Wittgenstein's *Lecture on Ethics*", in: R. HALLER und W. GRASSL (Hrsg.), *Sprache, Logik und Philosophie, Akten des 4. Internationalen Wittgenstein Symposiums 28. August bis 2. September 1979 in Kirchberg/Wechsel (Österreich)*, Wien, 1980, 309-312.

F. P. RAMSEY, "Review of *Tractatus*", in: I. M. COPI and R. W. BEARD (edd.), *Essays on Wittgenstein's 'Tractatus'*, London, 1966, 9-23.

T. REDPATH, "Wittgenstein and ethics", in: A. AMBROSE and M. LAZEROWITH (edd.), *Ludwig Wittgenstein: Philosophy and Language*, London/New York, 1972, 95-119.

R. RHEES (ed.), *Ludwig Wittgenstein. Personal Recollections*, Totowa/New Jersey, 1981.

R. RHEES, "Miss Anscombe on the *Tractatus*", *The Philosophical Quartely*, 10 (1960), 21-31.

R. RHEES, "Some developments in Wittgenstein's of ethics", *The Philosophical Review*, 74 (1965), 17-26; rep. in: R. RHEES. *Discussions of Wittgenstein*, London, 1970, 94-103.

P. RICOEUR, *Le Conflit des Interprétations*, Paris, 1969.

P. RICOEUR, "Démythiser l'accusation", in: *Démythisation et Morale, Actes du Colloque Organisé par le Centre International d'Études Humanistes et par l'Institut d'Études Philosophiques de Rome, Rome, 7-12 janvier 1965*, Paris, 1965, 49-65.

P. RICOEUR, "Qu'est-ce qu'un texte? Expliquer et comprendre", in: R. BUBNER, K. CRAMER, R. WIEHL (Hrsg.), *Hermeneutik und Dialektik. Aufsätze*, Tübingen, 1970.

J. M. RITERIS, "Early Wittgenstein's 'fundamental mistake'", *Journal of Thought*, 6 (1971), 240-245.

E. RIVERSO, *Il Pensiero di Ludwig Wittgenstein*, Napoli, ²1970.

E. RIVERSO, "Review of *Notebooks* ", *Rassegna di Scienze Filosofische*, 15 (1962), 252.

J. H. ROBINSON, "Seeing the world aright: a study of Wittgenstein's pretractarian *Notebooks* ", *Dissertation Abstracts*, 36 (1975) 1585 A.

D. A. ROHATYN, "A note on Heidegger and Wittgenstein", *Philosophy Today*, 15 (1971), 67-71.

C. D. ROLLINS, "Personal predicates", *The Philosophical Quarterly*, 10 (1960), 1-11.

D. ROPS, *A Igreja dos Apóstolos e dos Mártires*, trad. do Prof. E Pinheiro, Porto, 1956.

J. F. ROSENBERG, "Intentionality and self in the *Tractatus* ", *Noûs*, 2 (1968), 341-358.

T. RUDEBUSH, W. M. BERG, "On Wittgenstein: a reply to Levi", *Telos*, 40 (1979), 150-160.

B. RUSSELL, *Autobiography*, 3 voll., London, 1967-69.

B. RUSSELL, "Introduction", in: L. WITTGENSTEIN, *Tractatus Logico-Philosophicus*, new trans. by D. F. PEARS & B. F. McGUINNESS, London/New York, 1969, IX-XII.

B. RUSSELL, "Memoirs of Wittgenstein, I", in: K. T. FANN (ed.), *Ludwig Wittgenstein: The Man and his Philosophy*, New Jersey/Sussex, 1978, 30-33.

B. RUSSELL, *My Philosophical Development*, London, 1959.

B. RUSSELL, "On the nature of truth", *Proceedings of the Aristotelian Society*, 7 (1906-7), 28-49.

B. RUSSELL, *Principia Mathematica*, Cambridge, 1910; Appendix C, vol. I, ²1935, 661.

B. RUSSELL, "Russell & Wittgenstein. Selections from his *My Philosophical Development* ", *Encounter*, (Jan. 1959), 8-9.

B. RUSSELL, "The philosophy of logical atomism", in: *Logic and Knowledge*, London, 1956, 177-343.

P. L. de SANTA MARIA DELGADO, *Introducción a Wittgenstein. Sujeto, Mente y Conduta*, Barcelona, 1986.

J. P. SARTRE, *La Transcendance de l'Ego. Esquisse d'une Description Phénoménologique*, Paris, 1965.

E. SCHLOSSBERGER, "The self in Wittgenstein's *Tractatus*", in: E. LEINFELLNER et al. (Hrsg.), *Wittgenstein und sein Einfluß auf die gegenwärtige Philosophie, Akten des 2. Internationalen Wittgenstein, Symposiums 29. August bis 4. September 1977 in Kirchberg (Österreich)*, Wien, ²1980, 147-150.

W. SCHULZ, *Wittgenstein. La Negación de la Filosofía*, trad. de J. Montoya Sáenz, Madrid, 1970.

H. R. G. SCHWYZER, "Wittgenstein's picture theory of language", in: I. M. COPI and R. W. BEARD (edd.), *Essays on Wittgenstein's 'Tractatus'*, London, 1966, 271-288.

W. SELLARS, "Naming and saying, in: I. M. COPI and R. W. BEARD (edd.), *Essays on Wittgenstein's 'Tractatus'*, London, 1966, 249-270.

D. S. SHWAYDER, "Gegenstände and other matters: a review discussion of James Griffin, *Wittgenstein's Logical Atomism* ", *Inquiry*, 7 (1964), 387-413.

B. SMITH, "Law and eschatology in Wittgenstein's *Tractatus*", *Inquiry*, 21 (1978), 425-441.

B. SMITH, "Wittgenstein and the background of austrian philosophy", in: E. LEINFELLNER et al. (Hrsg.), *Wittgenstein und sein Einfluß auf die gegenwärtige Philosophie, Akten des 2. Internationalen Wittgenstein, Symposiums 29. August bis 4. September 1977 in Kirchberg (Österreich)*, Wien, ²1980, 31-35.

L. S. STEBBING, "Logical positivism and analysis", *Proceeding of the British Academy*, XIX (1933), 53-88.

W. STEGMÜLLER, *Aufsätze zu Kant und Wittgenstein*, Darmstadt, 1970.

W. STEGMÜLLER, "L. Wittgenstein als Ontologe, Isomorphietheoretiker Transzendentalphilosoph und Konstruktivist", *Philosophische Rundschau*, 13 (1965), 116-152.

E. STENIUS, "Miss Anscombe's retractation", *Analysis*, 27 (1967), 86-96.

E. STENIUS, "The sentence as a function of its constituents in Frege and in the *Tractatus* ", in: J. HINTIKKA (ed.), *Essays on Wittgenstein in Honour of G. H. von Wright*, Amsterdam, 1976, 71-84.

E. STENIUS, "Wittgenstein's picture theory. A reply to Mr. H. R. G. Schwyzer", in: I. M. COPI and R. W. BEARD (edd.), *Essays on Wittgenstein's 'Tractatus'*, London, 1966, 312-323.

E. STENIUS, *Wittgenstein's 'Tractatus'. A Critical Exposition of its Main Lines of Thought*, Oxford, 1964.
P. F. STRAWSON, *Individuals*, London, 1959.
R. SUSZKO, "Ontology in the *Tractatus* of L. Wittgenstein", *Notre Dame Journal of Formal Logic*, 9 (1968), 7 -33.

A. TANQUEREY, *Compêndio de Teologia Ascética e Mística*, trad. do Rev. P. Dr. J. F. Fontes, Porto, ^{5}1955.
S. TOULMIN, "Ludwig Wittgenstein", *Encounter*, 32 (1969), 58-71.
I. TRETHOWAN, "Importance of Wittgenstein", *Tablet*, 203 (1954), 140.
M. TRINCHERO, "Review of *Noteboks* ", *Rivista di Filosofia*, 55 (1964),495--497.

J. O. URMSON, *Philosophical Analysis. Its Development between the two World Wars*, Oxford, ^{3}1960.
D. D. UYL and T. R. MACHAN, "I. Recent works on the concept of happiness", *American Philosophycal Quarterly*, 20, 2 (1983), 115-134.
A. VERGOTE, "La loi morale et le péché originel a la lumière de la psychanalyse", in: *Démythisation et Morale, Actes du Coloque Organisé par le Centre International d'Études Humanistes et par l'Institut d'Études Philosophiques de Rome, Rome 7-12 janvier*, Paris, 1965, 189-204.
A. VERGOTE, "Psicanálise e antropologia filosófica", in: W. HUBER, H. PIRON, A. VERGOTE, *A Psicanálise Ciência do Homem*, trad. de Dr. R. da Fonseca, Lisboa, s. d.
J. VICENTE ARREGUI, *Acción y Sentido en Wittgenstein*, Pamplona, 1984.
H. VISSER, Wittgenstein as a non-kantian philosopher", in: E. MORSCHER und R. STRANZINGER (Hrsg.), *Ethik. Grundlagen, Probleme und Anwendungen, Akten des 5. Internationalen Wittgenstein Symposiums 25. bis 31. August 1980, Kirchberg/Wechsel (Österreich)*, Wien, 1981, 399-405.

J. WALKER, "Wittgenstein's earlier ethics", *American Philosophical Quarterly*, 5 (1968), 219-232.

R. C. S. WALKER, "Transcendental idealism: Kant's reply to Wittgenstein", in: E. MORSCHER und R. STRANZINGER (Hrsg.), *Ethik, Grundlagen, Probleme und Anwendungen, Akten des 5. Internationalen Wittgenstein Symposiums 25. bis 31. August, 1980, Kirchberg/Wechsel (Österreich)*, Wien, 1981, 391-398.

E. WASMUTH, "Das Schweigen L. Wittgensteins über das Mystiche im *Tractatus Logico-Philosophicus* ", *Wort und Wahrheit*, 7 (Nov. 1952), 815-822.

G. M. WEIL, "Esotericism and the double awareness", *Inquiry*, 3 (1960), 61--72.

G. WEILER, "Review of *Notebooks* ", *Philosophical Books*, 2 (1961), 16-18.

J. R. WEINBERG, "Are there ultimate simples?", in: I. M. COPI and R. W. BEARD (edd.), *Essays on Wittgenstein's 'Tractatus'*, London, 1966, 75-85.

N. WEISBEIN, "Préface", in: L. TOLSTOÏ, *Abrégé de l'Évangile*, texte présenté, établi, traduit et confronté avec l'Édition synodale et la Bible de Jérusalem, thèse complémentaire en vue du docorat ès-lettres présentée par N. Weisbein, Paris, 1969, VII-XVII.

D. WEISSMAN, "Ontology in the *Tractatus*", *Philosophy and Phenomenological Research*, 27 (1967), 475-501.

R. WHITE, "Wittgenstein on identity", *Proceedings of the Aristotelian Society*, 78 (1977), 157-174.

P. WIENPAHL, "Wittgenstein's *Notebooks 1914-1916* ", *Inquiry*, 12 (1969), 287-316.

B. WILLIAMS, "Wittgenstein and idealism", in: G. VESEY (ed.), *Understanding Wittgenstein*, London, 1974, 76-95.

R. H. WISAN, "A note on silence", *The Journal of Philosophy*, 53 (1956), 448-450.

H. WITTGENSTEIN, "Mein Bruder Ludwig", in: R. RHEES (ed.), *Ludwig Wittgenstein. Personal Recollections*, Totowa/New Jersey, 1981, 14-25.

B. WOLNIEWICZ, "A difference between Russell's and Wittgenstein's logical atomism", *Akten des XIV. Internationalen Kongress der Philosophie*, Wien, 2 (1969), 263-267.

G. H. von WRIGHT, "A biographical sketch", in: N. MALCOLM, *Ludwig Wittgenstein. A Memoir*, Oxford/New York, ^{2}1984, 1-20.

G. H. von WRIGHT, "Historical introduction. The origin of Wittgenstein's *Tractatus* ", in: L. WITTGENSTEIN, *Prototractatus. An Early Version of 'Tractatus Logico-Philosophicus'*, Ithaca/New York, 1971, 1-34.

G. H. von WRIGHT, "The Wittgenstein papers", in: *Wittgenstein*, Oxford, 1982, 35-62.

G. H. von WRIGHT and G. E. M. ANSCOMBE, "Editor's preface", in: L. WITTGENSTEIN, *Notebooks 1914-1916*, Oxford, 1969, V-VI.

E. WÜST, "Wittgenstein, Kant und Probleme der Ethik", in: E. MORSCHER und R. STRANZINGER (Hrsg.), *Ethik. Grundlagen, Probleme und Anwendungen, Akten des 5. Internationalen Wittgenstein Symposiums 25. bis 31. August, 1980, Kirchberg/Wechsel (Österreich)*, Wien, 1981, 426-428.

E. ZEMACH, "Wittgenstein's philosophy of mystical", in: I. M. COPI and R. W. BEARD (edd.), *Essays on Wittgenstein's 'Tractatus'*, London, 1966, 359-375.

J. ZIMMERMANN, *Wittgensteins sprachphilosophische Hermeneutik*, Frankfurt am Main, 1975.

ÍNDICE DE AUTORES

ADLER, L. - 39 n. 34
AGOSTINHO, S. - 144 n.20; 205; 205 n.76; 206; 206 n.79; 207; 207 n.83; 208; 208 nn.86, 87, 89; 209; 214; 214 n.7
ALFARO, J. - 24 n.5
ALLAIRE, E. B. - 259 n.69
ANSCOMBE. G. E. M. - nn.1,2; 32; 32 n.3; 230 n.6; 237; 258; 259 n.69; 278 n.120; 331 n.13; 333 n.15; 338 n.26; 352 n.64; 387 n.21; 395 n.24; 396 n.25.
APEL, K. - O. - 40 n.36
ARABI, O. - 244 n.32; 305 n.88
AXELOS, K. - 401 nn.46,48
AYER, A. J. - 222 n.2; 246 n.37; 260 n.69; 331 n.13

BACHMAIER, P. - 282 n.2
BACHMANN, I. - 231 n.9
BARTLEY, W. W. - 391 n.10
BAUM, W. - 24 n.5; 111 n.1
BEARD, R. W. - 45 n.46; 50 n.67; 259 n.69; 274 n.111; 295 n.46; 329 n.9; 331 n.13; 337 n.25; 338 n.26; 364 n.96; 395 n.23
BELL, J. - 364 n.96
BELL, R. H. - 39 n.35
BENSE, M. - 371 n.10; 373; 373 nn.21, 22; 375 n.26; 378 n.45
BERG, W. M. - 370 n.7
BERKELEY, G. - 23 n.3
BERNSTEIN, R. J. - 23 n.1; 329 n.9
BICKENBACH, J. E. - 317 n.131
BINDEMAN, S. L. - 40 n.36
BLACK, M. - 23 n.1; 227 n.12; 231;
232; 232 nn.11, 12; 244 n.32; 426, n.35; 2549 n.44; 251 n.47; 252 nn.50, 53; 254 n.57; 259 n.69; 261 nn.78, 80; 263 n.84; 266 n.94; 267 n.97; 271 n.103; 272 n.108; 275 n.113; 299 n.65; 300 n.66; 301; 302 n.74; 304 nn.82,83; 305 n.88; 308; 311 n.109; 317 n.132; 318 n.134; 322 n.148; 368 n.5; 393 n.15
BLASHARD, B. - 394 n.22
BOGEN, J. - 392 n.13
BOLLNOW, O. F. - 97; 97 n.119; 98 n.123; 378 n.44
BOUVERESSE, J. - 23 n.1; 114; 114 n.8; 115; 115 n.8; 116; 116 n.10; 130; 155; 156 n.45; 161 n.58; 163; 163 n.60; 192; 192 n.34; 201; 201 n.62; 209; 209 nn.92, 93; 335 n.18; 336 n.22; 338 n.26; 392 n.13; 393-394 n.21
BRAITHWAITE, R. B. - 331 n.13
BRITTON, K. - 44 n.43
BRUENING, W. H. - 390 n.7
BOLTZMANN, L. - 35; 36, 36 n.18; 39; 244 n.32

CALLOUD, J. - 79; 79 n.84
CAVELL, S. - 39 nn.34, 35
CHIODI, F. - 40 n.36
CLEGG, J. S. - 395 n.24
COPI, I. M. - 23 n.1; 45 n.46; 50 n.67; 221 n.1; n.1; 259 n.69; 274 n.111; 295 n.46; 329 n.9; 331 n.13; 337 n.25; 338; 338 nn.26, 27; 339; 364 n.96; 395 n.23

CONFORTH, H. T. - 331 n.13
COSTELLO, H. T. - 44 n.43
COX, C.H. - 390 n.7
COX, J. W. - 390 n.7
CRANSTON, M. - 251 n.47; 387 n.21
CRISTALD, M. W. - 40 n.36; 374 n. 24
CRITTENDEN, C. - 397; 397 nn.28, 29; 398; 398 nn.33-37; 399; 399 nn.38-42; 400; 400 nn.43,44

DAITZ, E. - 295 n.46
DALY, G. B. - 259 n.69; 387 n.21
DANIELS, C. B. - 251 n.47; 259 n.69
DAVIE, I. - 23 n.1
DAVISON, J. - 251 n.47; 259 n.69
DAVISON, R. M. - 111 n.1
DELEUZE, G. - 327; 327 nn.1,2; 328 nn.4-6
DEVANT, J. B. - 222 n.2
DOSTOIEVSKI - 214; 124 n.17; 140 n.7; 197
DUMMET, M. - 221 n.1

ENGEL, S. M. - 39 n.34; 392 n.13; 395 n.24
ENGELMANN, P. - 26 n.10; 29 n.21; 33; 34 n.12; 38; 38 n.28; 49; 49 nn.65, 66; 204; 205 n.73; 224; 224 n.5; 225; 225 nn.6-8; 229; 229 n.3; 232 n.13; 278 n.119; 362 n.95; 363 nn.95-96; 391; 392
ERICKSON, S. A.- 40 n.36
ESPINOSA - 227 n.12; 267 n.97
EVANS, E. - 259 n.69; 295 n.46

FANN, K. T. - 24 n.4; 25 n.6; 35 n.14; 36 n.19; 37 n.24; 44 n.43; 390; 392 n.13
FAVRHOLDT, D. - 237; 336 n.21
FAY, T. A. - 40 n.36
FEIBLEMAN, J. K. - 239 n.16
FERRATER MORA, J. - 393
FICKER, L. von - 29; 29 n.21; 34; 38 n.32; 46 n.57; 229; 233; 234; 324; 374; 391 n.11
FINCH, H. L. R. - 114 n.8
FOUGEYROLLAS, P. - 17; 17 n.5
FRAYN, M. - 22 n.2
FREGE, F. L. G. - 34; 34 n.9; 35; 36; 37; 39; 221; 221 n.1; 222 nn. 1,2; 223; 224; 248; 257 n.63; 286; 286 n.17; 288; 292; 293 n.42; 305 n.88; 311; 312 n.111; 392 n.13
FREUNDLICH, R. - 230 n.6
FRONGIA, G. - 229 n.2; 387 n.21

GADAMER, H. - G. - 378; 378 n.48; 379 n.50
GALLAGHER, M. P. - 39 n.35
GARCIA SUÁREZ, A. - 331 n.13;
GARDINER, P. - 395 n.24; 396; 396 nn.25, 26
GASKING, D. A. T. - 230 n.6
GEACH, P. T. - 221 n.1; 251 n.47; 395 n.24
GEORGE, A. - 70 nn. 67, 68, 70, 71, 73; 71 n.74
GILSON, E. - 205; 205 n.76; 206 nn. 77, 79; 207 nn.80-84; 208 nn.85-89; 209 n.90; 214 n.7
GOFF, R. A. - 40 n.36
GOODMAN, R. B. - 395 n.24
GRANGER, G. G. - 23; 23 n.2; 237
GRATTAN-GUINNESS, I. - 25 n.8
GREIMAS, A. J. - 59 n.33; 61; 78 n.83
GREISCH, J. - 16 nn.2,3
GRIFFIN, J. - 259 n.69; 286; 286 nn.18, 19; 287; 287 n.24; 288 n.25; 290 n.33; 292 n.40; 296; 296 nn.51, 52; 297 n.52; 302 n.75
GRIFFITHS, A. P. - 395 n.24
GUDMUNSEN, C. - 389; 389 nn.1 - 5; 390; 391 n.9

HACKER, P. M. S. - 21 n.1; 222 n.1; 331 n.13; 336 nn.21, 22; 392 n.13

HADOT, P. - 328; 329 n.8; 330 n.11
HAMBURG, C - 231 n.9
HARRIES, K. - 40 n.36
HART, W. D. - 230 n.6
HARTNACK, J. - 251 n.47; 361 n.92
HARWARD, W. D. - 282 n.2; 286 n.21; 320 n.140; 321; 321 n.144; 322 nn.150, 151; 323 n.152
HAWKINS, B. - 221 n.1
HEATON, J. M. - 40 n.36
HEIDEGGER, M. - 16; 40; 40 n.36; 41; 177 n.98; 249 n.44; 374 n.24; 387 n.20; 401 n.47
HELLER, E. - 35 n.14
HELME, M. - 310 n.105
HINTIKKA, J. - 49 n.64; 221 n.1; 331 n.13; 333 n.15
HORGBY, I. - 40 n.36
HOTTOIS, G. - 40 n.36; 236; 236 n.3; 237 nn. 4,5; 392 n.13
HUBER, W. - 100 n.124; 103 n.5; 209 n.91
HUDSON, W. D. - 387 n.21
HUGHES, S. P. - 190; 190 n.30; 196 n.49; 198; 198 n.55; 274 n.111; 351, 352 n.62
HUME. D. - 149; 334 n.16
HUSTWITT, R. E. - 39 n.35

IGLÉSIAS, M. T. - 222 n.2
IMBERT, C. - 221 n.1
INTISAR-UL-HAQUE - 221 n.1
ISHIGURO, H. - 310 n.105; 334 .16
JAMES, W. - 45; 46 n.50; 224
JANIK, A. S. - 29 n.21; 33; 33 nn.5,6; 34; 34 nn.7,9-1235; 35 nn. 13-17; 36 n.18; 37; 46 n.57; 222; 229 n.1; 236 n.2; 271 n.106; 296; 297 nn.53--55; 364 n.97; 370 n.7; 391 n.11; 392; 392 n.13; 395 n.24
JOÃO (Ev.) - 18 n.6; 49; 49 n.66; 54; 54 n.15; 56; 114; 127; 127 n.22
JOHNSON, R. H. - 39 n.35

KANT, E. - 48, 49 n.64; 334 n.16; 385; 386; 386 n.15
KENNY, A. - 238 nn.9-12; 239 n.15; 248 n.43; 262 n.82; 301 n.69; 302 n.75; 306 n.90; 314 n.120; 392 n.13
KEYNES - 25 n.9; 41 n.37; 42; 43 n.41; 45 n.47; 46 n.51; 224 n.3; 250 n.47; 281 n.1; 305 n.88; 337 n.24
KEYT, D. - 259 n.69; 295 n.46
KIERKEGAARD, S. - 36; 36 n.18; 39; 39 n.35; 45; 227; 227 n.11; 369 n.6; 370; 371 n.10; 373; 374; 375; 375 nn.29-32; 376; 376 nn.33, 34; 377; 377 nn.38-41; 378; 378 n.47
KLEMKE, E. D. - 382 n.2
KLUGE, E. H. W. - 259 n.69
KOENNE, W. - 221 n.1

LADRIÈRE, J. - 18 n.6
LAFON, G. - 58; 59 nn.32-39; 66 n.63; 77 n.80; nn.81, 82
LAGACHE, A. - 159; 159 n.51; 161 n.57; 328 n.7
LAIN ENTRALGO, P. - 26; 26 nn.11, 12; 27 nn.13-18; 28; 28 nn.19,20; 226 n.10
LEBLANC, H. - 222 n.2
LEITNER, B. - 34 n.12
LÉON-DUFOUR, X. - 70 nn.69,70
LEVI, A. W. - 25 n.6; 370 n.7
LEVINAS, E. - 15; 15 n.1; 16; 16 n.4
LEWY, C. - 333 n.15
LEYVRAZ, J. P. - 222 n.2
LOURENÇO, E. - 369 n.6; 374; n.23
LÜBBE, H. - 39 n.34
LUCAS (Ev.) - 66; 69; 70; 85; 85 nn. 2,94; 86; 86 n.96
LUCCETTA, P. M. - 369 n.7
LUKÁCS, G. -393
LÜTTERFELDS, W. - 317 n.131

MAGNANINI, D. - 111 n.1
MALCOLM, N. - 24 n.4; 36 n.19; 37 n.25; 291 n.38; 295 n.46; 296 n.48; 389; 390 n.6
MALHERBE, J. F. - 19; 19 n.7
MANDEL, R. - 40 n.36
MATEUS (Ev.) - 56; 66; 69; 70; 85; 85 n.91; 87 n.100; 91 n.107
MAURY, A. - 259 n.69; 282; 282 n.3; 322 n.149
MAUTHNER - 271; 271, 272 n.106; 329 n.9; 345 n.49
MAYS, W. - 36 n.19
MCCORMICK, P. 40 n.36
MCGUINNESS, B. F. - 26 n.10; 50 n.67; 222 n.2; 251 n.47; 259 n.69; 261 n.78; 262 n.82; 274 n.111; 333 n.15
MENDELSOHN - 378; 378 n.47
MERTON, T - 397 nn.30, 31; 398 n.32; 399 n.39
MICHELETTI, M. - 48 n.62; 111 n.1; 395 n.24
MIJUSKOVIC, B. -222 n.2
MILLER, R. W. - 331 n.13
MONTOYA SÁENZ, J. - 251 n.47; 393 n.15
MOORE, G. E. - 25 n.9; 34; 37 n.24; 41 n.37; 43 n.41; 44; 44 n.42; 45 n.47; 46 n.51; 224 n.3; 227 n.12; 250 n.47; 263 n.84; 281 n.1; 286; 286 n.20; 287 n.22; 289; 289 n.28; 305 n.88; 336; 336 n.20; 337 n.24
MORAN, J. - 192 n.35
MORRISON, J. C. - 40 n.36
MORSTEIN P. von - 320 n.143
MOURLON-BEERNAERT, P. - 71 nn. 75, 76; 72 n.77
MUEHLMANN, R. - 222 n.2
MÜLLER, A. W. - 251 n.47

NESTROY, J. - 351 n.62
NEWTON - 358; 358 n.85
NIETZSCHE - 16; 17; 388

NORMAN, J. - 222 n.2

OSSIP-LOURIÉ - 57 n.29; 110 n.31; 196 n.50

PANOVA, E. - 49 n.64
PARAK, F. - 387 n.21
PASCAL, F. - 32 n.4
PATRI, A. - 249 n.44; 370 n.8
PATTE, A. - 58; 59 n.49; 60 nn.41-44; 61 nn.45-49; 75 n.78; 78; 78 n.83; 79 n.84; 79 n.84; 80 n.85; 81 nn.86,87; 83 n.89
PATTE, D. - 58; 59 n.40; 60 nn.41-44; 61 nn.45-49; 75 n.78; 78; 78 n.843; 80 n.85; 81 nn.86, 87; 83 n.89
PEARS, D. F. - 25 nn.7,8; 34 n.9; 222 n.2; 237; 237 nn.6,7; 238 n.8; 239 nn.17-19; 240 nn. 20-23; 241 nn. 24, 25; 242 nn. 26 - 28; 243; 243 nn. 29,30; 244 n.31; 245 n.33; 246; 249; 249 nn.45-46; 251 n.47; 262 n.82; 316; 331 n.13; 333 n.15; 368 n.3; 392 n.13
PEREIRA, M. B. - 124 n.16; 388 n.25
PINTO A. V. - 230 n.6; 248 n.43; 262 n.81; 297; 297 n.56; 370 n.9
PIRON, H. - 100 n.24; 103 n.5; 209; 209 n.91
PITCHER, P. - 251 n.47; 259 n.69
PREUS, R. D. - 23 n.1
PROCTOR, G. L. - 259 n.69
PUTNAM, R. A. - 382 n.2

RAMSEY, F. P. - 45 n.46; 227 n.12; 261 n.78; 297 n.52
REDPATH, T. - 382 n.2
RHEES, R. - 32 n.4; 38 n.31; 230 n.6; 382 n.2
RICOEUR, P. - 19; 61 n.48; 177 n.98; 386; 386 nn.16-19; 387 n.21; 388
RITERIS, J. - 259 n.69
RIVERSO, E. - 23 n.1; 229 n.2

ROBINSON, J. H. - 23 n.1
ROHATYN, D. A. - 40 n.36
ROLLINS, C. D. - 334 n.16
ROPS, D. - 206 n.78;
ROSENBERG, J. - 336 n.21
RUDEBUSH, T. - 370 n.7
RUSSELL, B. - 25; 25 n.8,9; 34; 34 n.9; 35; 36 37; 37 n.24; 39; 41; 41 n.37; 42; 43; 43 n.41; 44 n.43; 45; 45 n.47; 46; 46 n.51; 221; 222 n.2; 223; 224; 224 n.3; 229; 229 n.2; 238; 248; 250 n.47; 251 n.47; 257 n.63; 262 n.82; 271; 271 n.106; 281; 281 n.1; 286; 287; 287 n.25; 292; 293 n.42; 302; 305 n.88; 329; 333 n.15; 336; 336 n.20; 337; 337 n.24; 339 n.28; 345 n.49; 391 n.9

SANTA MARIA DELGADO, P.L. - 250 n.47; 332 n.13
SARTRE, J. P. - 179 n.105
SCHAPER, E. - 40 n.36
SCHLICK, M. - 297 n.52; 381 n.1
SCHLOSSBERGER, E. - 341 n.33
SCHOPENHAUER - 48; 395; 395 n.24; 396; 396 n.25
SCHULZ, W. - 371 n.11
SCHWIZER, H. R. G. - 259 n.69
SILESIUS, A. - 45; 45 n.49
SMITH, B. - 26 n.10; 35 n.14
SÓCRATES - 312; 312 n.11; 369; 369 n.6
STEBBING, L. S. - 331 n.13
STEGMÜLLER - 48 n.64; 237
STENIUS, E. - 48 n.64; 221 n.1; 235--236 n.1; 251 n.47; 259 n.69; 266 n.92, 94; 331 n.13; 333 n.15
STRAWSON, P. F. - 334 n.16
SUSZKO, R. - 251 n.47

TANQUEREY, A. - 203 nn.66-69; 205 nn. 74,75
TOMÁS, S. - 203

TOLSTOÏ, L. - 19; 36; 36 n.18; 38; 38 n.31; 39; 46; 46 nn.55,56; 49; 49 n.6; 50; 50 n.67; 51 51 n.1; 52; 52 nn.2, 6-10; 53; 53 nn.11-13; 54; 54 nn.14,15; 55; 55 n.16; 56; 56 nn.19--21; 57; 57 nn.26-29; 58; 58 n.29; 62 nn.51-55; 63 nn.56-61; 64 n.62; 66; 68; 69 n.66; 70; 71; 72; 76 n.79; 84; 85; 85 nn.90,95; 86; 86 nn.96,97; 87 nn.97,98; 88 n.101; 89 nn.102-104; 90 nn.105,106; 91 n.107; 92 nn.107-110; 93 nn.111-112; 94; 94 nn.116-118; 97; 97 nn.120-122; 98; 99; 100; 107; 109; 110; 110 n.31; 111; 111 n.1; 113; 114; 114 n.7; 116; 118; 118 n.13; 119; 119 n13; 120; 120; n.14; 125; 125 n.19; 127; 127; n.21; 130; 133; 137 n.28; 140; 140 n.7; 158; 196 n.50; 209; 223; 224; 228; 265; 324; 383; 385; 386; 391; n.11
TOULMIN, S. - 33; 33 nn.5,6; 34; 34 nn.7,9-12; 35; 35 nn.13-17; 36 n.18; 37; 222; 229 n.1; 136 n.2; 271 n.106; 297; 297 nn.52-55; 364 n.97; 392; 392 n.13
TRINCHERO, M. - 23 n.1

UHLAND - 363 n.95;
URMSON, J. O. - 333 n.15; 337
UYL, D. D. - 400

VERGOTE, A. - 100 nn.124-125; 101; 101 nn.1-3; 102 n.4; 103 nn.5-8; 104; 104 nn.9-12; 105; 105 nn.13-18; 106 nn.19-21; 107; 107 nn.22-27; 108; 108 n.28; 109; 109 n.29; 110 n.30; 209; 209 n.91
VICENTE ARREGUI, J. - 392 n. 14; 393; 393 nn.16,17; 394 n.22
VISSER, H. - 49 n.64;

WAISMANN, F. - 381 n.1; 384

WALKER, J. - 196 n.49; 198
WALKER, R. C. S. - 49 n.64;
WASMUTH, E. - 230 n.6
WEIL. G. M. - 40 n.36
WEILER, G. - 23 n.1
WEINBERG, J. R. - 259 n.69
WEISBEIN, N. - 51; 51 n.1; 52 nn.3-6; 55; 55 nn.16-18; 56 nn.20,22-24; 57 n.25; 87 n.97; 125; 125 n.19; 126 n.20
WEISSMAND, D. - 251 n.47
WHITE, R. - 221 n.1
WHITEHED - 238; 248; 286
WIENPAHL, P. - 23 n.1
WILLIAMS, B. - 331 n.13
WISAN, R. H. - 231 n.9

WITTGENSTEIN, H. - 38 n.31; 46 n.56
WITTGENSTEINM L. - *passim*
WOLNIEWICZ, B. - 251 n.47
WRIGHT, G. H. von - 23 n.1; 24 n.4; 29 n.21; 31 nn.1,2; 32; 32 n.3; 36; 36 nn. 19-23; 37 nn.24-27; 38 nn.29--33; 221 n.1; 229 n.4; 230 n.5; 295 n.46; 296; 331 n.13; 352 n.64; 374 n.25
WÜSTE, E. - 48 n.64

ZEMACH, E. - 50 n.67; 395; 395 nn.23--24
ZIMMERMANN, J. - 284; 285; 285 nn.12,13,15; 320 n.138, 139; 375; 375 n.27

Índice Geral

Introdução 15

I Parte
Da génese do *Tractatus Logico-Philosophicus* de Ludwig Wittgenstein

C.I   Um "Diário de Guerra". Onde, a guerra? 23
C.II   Questões preliminares a uma resposta 31
C.III   *Resumo do Evangelho* de L. Tolstoï - "O livro que me salvou a vida!" 51
   III.1 - Origem e objectivo da obra 51
   III.2 - Análise do conteúdo existencial do *Resumo do Evangelho* 58
      III.2.1 - Considerações metodológicas 58
      III.2.2 - Delimitação do conjunto textual 62
      III.2.3 - Articulação do conjunto textual 64
      III.2.4 - Semântica do conjunto textual 65
      III.2.5 - Dramatização do conjunto textual 78
      III.2.6 - Re-escrita "poética" do texto. Da beatitude 84
      III.2.7 - Significado existencial da "religião prática" de Tolstoï. Limites de uma leitura 97
C.IV   Contributos teóricos para a compreensão da dimensão ético-mística da beatitude 101
   IV.1 - A concepção psicanalítica e as concepções filosóficas da moral 101
   IV.2 - A emergência da consciência moral: o processo da sua formação 102
   IV.3 - A consciência moral e a razão 103

IV.4 - A dialéctica da razão e do desejo. Moral da Razão e Moral da
Felicidade e do Amor 104
IV.5 - Dimensão ético-mística da "religião prática" de Tolstoï 107
C.V. Da presença do *Resumo do Evangelho* de L. Tolstoï
nos *Tagebücher 1914-1916*: O sentido da vida 111
C.VI. O "estatuto" da vontade humana 139
   VI.1- Da impotência da vontade 141
   VI.2- Da potência da vontade 162
      VI.2.1 - O significado da vontade 162
      VI.2.2 - A relação da vontade com o mundo 166
      VI.2.3 - A relação da vontade com o sujeito metafísico 169
C.VII Da conexão da ética com o mundo 181
   VII.1 - A renúncia como forma de libertação. Sentido da categoria
místico-existencial da "repetição" 181
   VII.2 - A ética enquanto "condição de mundo".
O mundo do homem feliz 186
   VII.3 - O "problema da vida". Sentido ético da assunção do mundo 190
   VII.4 - O sentido do "mundo visto sub specie aeternitatis":
a intemporalidade e o apaziguamento 193
   VII.5 - O sentido ético do medo da morte 199
   VII.6 - O sentido ético do suicídio, enquanto "pecado elementar" ... 202
C.VIII Carácter fundamental da ética. Sentido de um caminho de
reflexão 211

II Parte
Tractatus: um acto ético. Exercício de releitura

A
C.I Dos *Tagebücher* ao *Tractatus Logico-Philosophicus*: a filiação
genética 221

C.II   Da intenção ética do *Tractatus* — 229
C.III A estrutura onto-lógica do mundo. A visão *sub specie aeterni* — 235
   III.1 - Da necessidade lógica aos limites da linguagem — 235
   III.2 - Necessidade e possibilidade. Da relação: lógica, linguagem, mundo — 248
   III.3 - Da forma geral das proposições à "essência do mundo" — 259
   III.4 - A dimensão ética da compreensão da "essência do mundo". A impotência da vontade — 264

B

C.I   Do "dizer" e do "mostrar" — 281
   I.1 - Preliminares à exposição da "Teoria da distinção entre o 'dizer' e o 'mostrar'" — 281
   I.2 - A genealogia da "Teoria da distinção entre o 'dizer' e o 'mostrar'" — 286
   I.3 - A posição da "Teoria da distinção entre o 'dizer' e o 'mostrar'" no *Tractatus* — 290
   I.4 - A "Teoria da Figuração" — 294
   I.5 - Dos estatutos semânticos: do "nome" e dos diferentes tipos de "proposições" — 314
   I.6 - Da distinção entre o "uso demonstrativo" e o "uso reflexivo" do verbo "mostrar" — 319
C.II Da voz que fala no dizer silencioso do não-escrito — 327
   II.1 - A linguagem escada — 327
   II.2 - Da verdade do solipsismo — 329
   II.3 - Da potência da vontade: as representações do mundo — 342
   II.4 - A dimensão ética do solipsismo realista — 356
   II.5 - A dimensão mística do solipsismo realista — 358
   II.6 - O "mostrar-se" transcendental do místico — 362

C.III A dimensão ética do filosofar ... 367
  III.1 - A função ética do filosofar como análise da linguagem ... 367
  III.2 - A função ética da especulação sobre os limites da linguagem.
    Tractatus: um texto de comunicação indirecta ... 370
C.IV "Kerygma" cristão e "ética" wittgensteiniana ... 381
C.V Considerações finais ... 389
  V.1 - Confronto de interpretações ... 389
  V.2 - Do sentido da compreensão wittgensteiniana da ética
    para a experiência contemporânea do mundo ... 397
Bibliografia ... 403
Índice de autores ... 429
Índice geral ... 437

Composto e impresso
na G. C.—Gráfica de Coimbra, Lda.
Tiragem, 2100 ex.—Outubro, 1989

Depósito Legal n.º 30137/89